高职高专"十二五"规划教材
21世纪高职高专能力本位型系列规划教材·工商管理系列

连锁经营与管理
（第2版）

宋之苓 ◎ 主　编

苗晓娜　李　为　　◎ 副主编
范　森　韩国立

内 容 简 介

本书以培养学生的实践能力为根本目标,按照教学过程"实践性、开放性和职业性"的要求,结合当前连锁行业发展的前沿问题编写而成。本书内容共分 10 章,在介绍连锁经营基础知识和基本原理的基础上,讲述了连锁经营战略决策、连锁企业的店铺开发、连锁企业的内部组织管理、连锁企业的商品管理、连锁经营管理信息系统、连锁企业的价格策略、连锁企业的促销策略、连锁企业的物流管理等内容,知识面宽泛,实用性强。本书章节编排是根据学生的学习进程展开的,以连锁行业的职业标准目标贯穿全书,并围绕职业能力目标来设计课程训练内容。

本书可作为高职高专工商管理、市场营销类专业及其相关专业的教材,也可作为各类零售企业、物流企业的业务及管理人员的培训教材。

图书在版编目(CIP)数据

连锁经营与管理/宋之苓主编. —2版. —北京:北京大学出版社,2015.10
（21世纪高职高专能力本位型系列规划教材·工商管理系列）
ISBN 978-7-301-26213-9

Ⅰ.①连… Ⅱ.①宋… Ⅲ.①连锁经营—经营管理—高等职业教育—教材 Ⅳ.①F717.6

中国版本图书馆 CIP 数据核字（2015）第 200977 号

书　　　名	连锁经营与管理（第2版）
著作责任者	宋之苓　主编
策划编辑	蔡华兵
责任编辑	蔡华兵
标准书号	ISBN 978-7-301-26213-9
出版发行	北京大学出版社
地　　址	北京市海淀区成府路 205 号　100871
网　　址	http://www.pup.cn　新浪微博:@北京大学出版社
电子信箱	pup_6@163.com
电　　话	邮购部 62752015　发行部 62750672　编辑部 62750667
印刷者	北京鑫海金澳胶印有限公司
经销者	新华书店
	787 毫米×1092 毫米　16 开本　19.25 印张　453 千字
	2010 年 8 月第 1 版
	2015 年 10 月第 2 版　2021 年 1 月第 4 次印刷
定　　价	43.00 元

未经许可,不得以任何方式复制或抄袭本书之部分或全部内容。
版权所有,侵权必究
举报电话:010-62752024　电子信箱:fd@pup.pku.edu.cn
图书如有印装质量问题,请与出版部联系,电话:010-62756370

前　言

连锁经营是指一个企业（或企业集团），以同样的方式、同样的价格在多处同样命名（店铺的装修及商品陈列也差不多）的店铺里，出售某一种（类、品牌）商品或提供某种服务的经营模式。连锁经营企业在核心企业或总部的统一领导、组织下，由分散的、经营同类商品或服务的门店，通过集中进货、统一管理的规范化经营，实现规模效益。连锁经营是当今世界许多国家普遍采用的一种现代化的商业经营模式，也是我国现代流通业发展的主流模式，在商业实践中得到了广泛运用。

目前，我国连锁经营行业发展迅速，但是连锁经营专业人才短缺，这已成为制约我国连锁企业向更高层次发展的瓶颈。无论是连锁企业还是培养连锁经营专业人才的高校，都急需连锁经营的理论作为指导，以提高专业人员的理论素养和专业能力，推动连锁企业的发展。

"连锁经营与管理"是高职高专工商管理等专业的专业必修课程，是连锁经营管理专业的专业基础课和核心技术课程，讲授学生从事连锁经营管理所需要的知识，并致力于培养学生的实践能力，是一门理论与实践密切结合的课程。通过本课程的学习，学生可系统掌握连锁经营管理的基本原理、方法、规律、技巧和策略，培养连锁经营管理的专业素养，将理论与实际紧密结合，满足具有实践能力的、符合中国连锁经营企业对专业管理人员的基本职业要求，也可为后续连锁经营管理专业课程学习打下良好的基础。本课程的教学目标是，学生不仅应具备扎实的连锁经营管理的理论知识，而且应具有较强的实践动手能力，同时还应具备一个基层管理人员基本的管理技能。

本书第 1 版自 2010 年 8 月出版以来，重印多次，其合理的知识结构和专业的阐述深为广大用书教师所称道。为了进一步适应我国连锁经营专业人才教育和连锁企业经营管理实践应用的需要，编者在第 1 版的基础上，根据近几年高职高专教学改革的要求和专业新动态，并广泛征求用书教师的意见和建议，进行了有针对性的修订和完善。

本书的编写特点是：以培养学生的实践能力为根本目标，按照工学结合、模拟实训等人才培养模式的改革导向来编写；内容按照学科的定位要求组织体系架构，以连锁行业的职业标准目标开头，以案例导入，再配合典型案例、相关知识和同步训练（包括基础训练和实践训练），以实现"掌握→巩固→提高"；针对高职高专学生的学习特点，以职业能力为本位，围绕职业能力目标来设计实训项目。整个实训过程强调以学生为主体，按照"教师引导，学生参与"→"学生练习，教师辅导"→"学生动手，教师评价"3 个步骤进行，极大地激发了学生的创造性思维，能促进其理论知识向实践能力的转化，真正形成"教、学、做一体化"的模式。

本书内容可按照 40~56 学时安排，推荐学时分配为：第 1 章 4 学时，第 2 章 6~8 学时，第 3 章 4~6 学时，第 4 章 4~6 学时，第 5 章 4~6 学时，第 6 章 4~6 学时，第 7 章 4~6 学时，第 8 章 3~4 学时，第 9 章 3~4 学时，第 10 章 4~6 学时。教师可根据不同的使用专业灵活安排学时，课堂重点讲解知识点、案例和实训方法；分组讨论、实训操作可安排在实训室进行；调研报告可安排在典型企业进行。

本书由河南牧业经济学院宋之苓教授担任主编。宋之苓教授是河南省商务厅商务预报专家，承担多项省部级课题，并主持连锁经营管理精品课程网站建设工作，教学实践经验丰富，且具有二十多项商业、连锁、物流企业项目评审和项目策划的实践经验，对连锁行业情况比较了解。本书的其他编写成员均为一线教师，有两位还具有企业实践经验。

参加本书编写的有：宋之苓、苗晓娜、李为、范淼、韩国立、卫璞、刘启明、项晓娟、王梦楠。宋之苓负责本书的总体设计以及最后统稿工作。

本书在编写过程中，还参考和引用了国内外相关的文献资料，吸收并听取了许多资深连锁行业专业人士的宝贵经验和建议。在此谨向对本书编写、出版提供过帮助的人士表示衷心的感谢！

由于编者水平有限，编写时间仓促，书中难免存在不妥之处，敬请广大读者批评指正。您的宝贵意见请反馈到电子信箱 sywat716@126.com。

编 者
2015 年 4 月

目 录

第1章 连锁经营 ... 1

- 1.1 连锁经营的概念 ... 2
  - 1.1.1 连锁经营的含义 ... 2
  - 1.1.2 连锁经营的本质 ... 3
  - 1.1.3 连锁经营与传统商业经营方式的区别 ... 5
- 1.2 连锁经营的起源与发展 ... 5
  - 1.2.1 连锁经营的起源与发展历程 ... 5
  - 1.2.2 世界连锁经营的发展现状 ... 7
  - 1.2.3 中国连锁经营的发展现状 ... 13
- 1.3 连锁经营的行业分布与业态选择 ... 21
  - 1.3.1 连锁经营的行业分布 ... 21
  - 1.3.2 连锁经营的业态选择 ... 21
- 本章小结 ... 24
- 案例思考：沃尔玛的成功秘诀 ... 24
- 同步训练 ... 26

第2章 连锁经营原理 ... 28

- 2.1 连锁经营的运营模式 ... 29
  - 2.1.1 统一而独特的商品和服务 ... 29
  - 2.1.2 统一的企业识别系统 ... 29
  - 2.1.3 统一的经营战略与策略 ... 30
  - 2.1.4 专业化与统一相结合的经营管理过程 ... 30
- 2.2 连锁经营的特征 ... 32
  - 2.2.1 标准化 ... 32
  - 2.2.2 专业化 ... 33
  - 2.2.3 集中化 ... 34
  - 2.2.4 简单化 ... 34
  - 2.2.5 规模化 ... 35
- 2.3 连锁经营的基本类型及体系分析 ... 36
  - 2.3.1 直营连锁 ... 36
  - 2.3.2 特许连锁 ... 38
  - 2.3.3 自由连锁 ... 40
  - 2.3.4 连锁经营形态比较 ... 42
  - 2.3.5 连锁经营体系 ... 43
- 2.4 连锁经营的优势及风险分析 ... 44
  - 2.4.1 连锁经营的基本目标 ... 44
  - 2.4.2 连锁经营的优势 ... 45
  - 2.4.3 连锁经营的风险规避 ... 48
- 本章小结 ... 50
- 案例思考：麦当劳的经营理念 ... 50
- 同步训练 ... 51

第3章 连锁经营战略决策 ... 54

- 3.1 连锁企业的品牌战略 ... 55
  - 3.1.1 连锁企业品牌发展战略体系 ... 55
  - 3.1.2 连锁企业的品牌开发战略途径 ... 57
  - 3.1.3 连锁企业的品牌扩张战略途径 ... 58
- 3.2 连锁企业的发展战略 ... 60
  - 3.2.1 连锁企业发展战略的主要内容 ... 60
  - 3.2.2 连锁企业常用发展战略的选择 ... 62
  - 3.2.3 品牌战略与发展战略的相互关系 ... 63
- 3.3 连锁企业的规模战略 ... 64
  - 3.3.1 连锁企业规模与效益的关系 ... 64
  - 3.3.2 最佳规模战略 ... 65
  - 3.3.3 品牌战略与规模战略的相互关系 ... 67
  - 3.3.4 确定经济规模点的方法 ... 67
  - 3.3.5 避免规模不经济的方法 ... 73
- 3.4 连锁企业的竞争战略 ... 75
  - 3.4.1 连锁企业的竞争对手分析 ... 75
  - 3.4.2 连锁企业的竞争战略 ... 76
  - 3.4.3 连锁企业品牌战略对竞争战略的意义 ... 80
- 3.5 连锁企业的房地产开发战略 ... 80

3.5.1 连锁企业房地产开发战略的实施背景 80
3.5.2 房地产战略在连锁经营中的应用 83
3.5.3 连锁企业的房地产开发战略简述 84
本章小结 84
案例思考：德克士"三大战役"起死回生 85
同步训练 86

第4章 连锁企业的店铺开发 88

4.1 连锁企业门店开发 90
    4.1.1 连锁企业新开门店选址过程中存在的问题 90
    4.1.2 连锁企业门店选址原则 91
    4.1.3 连锁企业门店开发策略 92
4.2 连锁企业的开店选址程序 95
    4.2.1 商圈分析 95
    4.2.2 分店选址 98
    4.2.3 店址评估报告 100
4.3 加盟店拓展 102
    4.3.1 寻找合格的加盟者 102
    4.3.2 选择完善的连锁体系 104
    4.3.3 加盟合同及相关法律关系 106
    4.3.4 连锁加盟双方关系的处理 109
本章小结 111
案例思考：小肥羊连锁经营的悖论 111
同步训练 113

第5章 连锁企业的内部组织管理 115

5.1 连锁企业的组织结构与功能 116
    5.1.1 连锁企业的组织设计要求与原则 116
    5.1.2 连锁企业的组织结构类型 118
    5.1.3 连锁企业组织结构的构成与选择 119
    5.1.4 电子商务环境对连锁企业组织结构的影响 121
5.2 连锁企业的总部管理 123
    5.2.1 连锁总部的地位与作用 123
    5.2.2 连锁总部的基本功能 126
    5.2.3 连锁总部的组织结构及其职责 128
5.3 连锁企业的分店管理 129
    5.3.1 连锁分店的职能及管理目标 129
    5.3.2 连锁分店的组织机构及其职责 130
    5.3.3 连锁分店的管理 131
5.4 连锁企业的人力资源管理 133
    5.4.1 连锁企业人力资源管理的内容 133
    5.4.2 连锁企业人力资源规划 133
    5.4.3 连锁企业人才招聘与培训 134
    5.4.4 连锁企业员工考核与激励 137
5.5 连锁企业的财务管理 139
    5.5.1 连锁企业财务管理的特点 139
    5.5.2 连锁企业财务管理的内容与原则 140
    5.5.3 连锁企业财务管理中存在的问题 144
    5.5.4 加强连锁企业财务管理的途径 146
本章小结 147
案例思考：沃尔玛的人力资源战略 148
同步训练 149

第6章 连锁企业的商品管理 152

6.1 商品定位与商品组合 153
    6.1.1 连锁经营的商品品种 153
    6.1.2 连锁经营的商品定位 155
    6.1.3 连锁经营的商品组合 157
6.2 商品采购管理 159
    6.2.1 连锁经营商品采购制度 159
    6.2.2 商品采购组织及采购方式 159
    6.2.3 连锁经营商品采购流程 160
    6.2.4 连锁企业与供应商的合作 162
6.3 新品开发与滞销品淘汰 164
    6.3.1 新品开发与滞销品淘汰的意义 164
    6.3.2 连锁经营新品开发的程序 164

6.3.3　新品开发的评价标准.....................166
　　　6.3.4　滞销品的类型及其成因.................167
　　　6.3.5　滞销品的淘汰方法及程序..............169
　6.4　自有品牌商品开发..170
　　　6.4.1　自有品牌开发的意义.....................170
　　　6.4.2　自有品牌的营销策略.....................171
　　　6.4.3　自有品牌的开发策略.....................172
　　　6.4.4　自有品牌商品的管理.....................173
　6.5　商品品类管理...175
　　　6.5.1　品类管理的概念.............................175
　　　6.5.2　品类管理的步骤.............................175
　　　6.5.3　实施品类管理的效益.....................181
　　　6.5.4　实施品类管理注意事项.................182
本章小结...183
案例思考：宜家卖家具，更卖生活..........................183
同步训练...185

第 7 章　连锁经营管理信息系统...............191

　7.1　连锁经营管理信息系统概述..........................192
　　　7.1.1　连锁经营信息的特征.....................192
　　　7.1.2　连锁经营管理信息系统的
　　　　　　概念...193
　　　7.1.3　连锁经营管理信息系统的
　　　　　　构成...193
　7.2　销售时点管理系统..196
　　　7.2.1　POS 系统的含义.............................196
　　　7.2.2　POS 系统的基本构件与功能........197
　　　7.2.3　POS 系统的作业流程.....................200
　7.3　电子订货系统...200
　　　7.3.1　EOS 的概念......................................200
　　　7.3.2　EOS 的基本构件与功能................201
　　　7.3.3　EOS 的订货作业流程.....................202
　　　7.3.4　EOS 的盘点作业流程.....................202
　7.4　连锁经营信息技术..203
　　　7.4.1　商品条形码技术..............................203
　　　7.4.2　射频识别技术..................................209
　　　7.4.3　电子数据交换技术..........................211
　　　7.4.4　全球定位系统..................................213
本章小结...214
案例思考：沃尔玛的信息系统战略..........................215

同步训练...216

第 8 章　连锁企业的价格策略...............218

　8.1　连锁企业的定价原则......................................219
　　　8.1.1　连锁企业的商品价格......................219
　　　8.1.2　总部与分店的定价权限..................220
　　　8.1.3　连锁企业的定价原则......................221
　　　8.1.4　连锁企业价格管理的内容.............222
　8.2　商品定价程序...222
　　　8.2.1　影响商品定价的因素......................222
　　　8.2.2　连锁企业商品定价程序.................225
　8.3　商品定价方法...226
　　　8.3.1　成本导向定价法..............................226
　　　8.3.2　需求导向定价法..............................231
　　　8.3.3　竞争导向定价法..............................232
　8.4　商品定价策略...233
　　　8.4.1　连锁企业商品定价策略.................234
　　　8.4.2　商品价格的调整策略......................237
本章小结...238
案例思考：沃尔玛的"天天平价"策略.....................239
同步训练...240

第 9 章　连锁企业的促销策略...............242

　9.1　连锁经营促销...243
　　　9.1.1　促销的目的与要求..........................243
　　　9.1.2　促销的方式......................................245
　　　9.1.3　促销活动的实施..............................246
　9.2　连锁企业的广告促销......................................251
　　　9.2.1　广告的概念与作用..........................251
　　　9.2.2　广告促销的 5M 决策......................251
　　　9.2.3　卖点广告策略..................................255
　9.3　连锁企业的公共关系促销..............................257
　　　9.3.1　公共关系的定义与特点..................257
　　　9.3.2　公共关系活动的意义......................258
　　　9.3.3　连锁企业的内部公共关系.............259
　　　9.3.4　连锁企业的外部公共关系.............259
　9.4　连锁企业的推广促销......................................263
　　　9.4.1　营业推广的作用..............................263
　　　9.4.2　营业推广的方案..............................263
　　　9.4.3　营业推广的方式..............................264

9.5 连锁经营与企业形象 267
    9.5.1 企业形象战略对连锁经营的重要性 267
    9.5.2 连锁企业的 CI 战略实施 267
    9.5.3 连锁企业的 CI 管理 270
本章小结 271
案例思考：物美组合条件促销创新 272
同步训练 273

第 10 章 连锁企业的物流管理 276

10.1 连锁经营与物流配送 277
    10.1.1 连锁物流的概念 277
    10.1.2 物流系统在连锁经营中的地位与作用 278
    10.1.3 连锁物流的职能 280
    10.1.4 连锁物流系统 281
10.2 连锁物流系统的运作程序与模式 282
    10.2.1 连锁物流系统的运作程序 282
    10.2.2 连锁物流系统的运作模式 284
    10.2.3 连锁企业物流配送模式的选择 286
10.3 物流配送中心建设 289
    10.3.1 配送中心的概念、目的与功能 289
    10.3.2 配送中心的结构与类型 290
    10.3.3 配送中心的作业流程 292
    10.3.4 连锁企业配送中心的管理 293
    10.3.5 连锁企业物流配送常见问题的控制 295
本章小结 297
案例思考：没有瞬间的奇迹 298
同步训练 299

参考文献 301

第 1 章

连 锁 经 营

学习目标

职 业 要 求	学 习 任 务
（1）掌握连锁经营管理的基本理论、基础知识和基本技能 （2）能在各行业的连锁企业从事市场调研、连锁推广、商务谈判、商品购销、连锁店营销策划与管理、店面运营管理、连锁店电子商务运营管理、连锁店物流管理、公关与广告策划等经营管理工作 （3）具有经营策划能力、运营管理能力、公共关系能力、商务谈判能力 （4）熟悉国际、国内市场，懂得商品知识，具有电子商务技能	（1）掌握连锁经营的基本含义 （2）了解连锁经营的本质 （3）了解连锁经营的发展历史和现状 （4）熟悉连锁经营的行业分布与业态选择 （5）掌握零售业态的分类

导入案例

连锁商业王国沃尔玛

沃尔玛（Walmart）是美国著名的零售企业，也是世界最大的跨国零售连锁集团。沃尔玛于1962年在美国阿肯色州成立，从1962年开始进行连锁经营，到1979年销售总额达10亿美元。经过50多年的发展，沃尔玛已经成为美国最大的私人雇主和世界上最大的连锁零售商。目前，沃尔玛在全球开设了超过7 800家商场，员工总数200多万，分布在美国、墨西哥、波多黎各、加拿大、阿根廷、巴西、中国、韩国、德国和英国等16个国家。全球每周光临沃尔玛的顾客近1.76亿人次。自2001年开始，沃尔玛连续多年荣登《财富》杂志世界500强企业榜首和"最受尊敬企业"排行榜，以其传统的商业经营超过汽车、石油和IT等新兴产业。2018年，沃尔玛全球的销售额达到5 003.43亿美元，占美国社会商品零售总额的比重超过10%，相当于中国社会商品零售总额的8.53%，成为名副其实的商业王国。

（资料来源：根据百度文库、中国物流与采购网等资料整理）

连锁经营是当今世界普遍采用的一种现代化的商业经营模式，在大多数国家的零售业中占据主导地位。美国连锁企业的销售额占零售总额的80%，法国、德国达50%，英国、日本达到60%以上。我国自20世纪80年代后期引入现代连锁经营以来，连锁企业发展迅速，成绩显著，销售额占零售总额的比重已超过18%。连锁经营作为一种新型的商业组织形式和经营方式，已成为现代商业的主要组织形式和国民经济发展的重要途径，对我国经济发展和社会消费产生了重大影响。因此，运用连锁经营知识和技能加强企业管理、提高企业经济效益、增强企业市场竞争力和发展能力，是我国加强现代企业经营管理的重要选择。

1.1 连锁经营的概念

1.1.1 连锁经营的含义

1. 连锁经营的基本含义

一般认为，连锁经营是指一个企业（或企业集团），以同样的方式、同样的价格在多处同样命名（店铺的装修及商品陈列也差不多）的店铺里，出售某一种（类、品牌）商品或提供某种服务的经营模式。连锁经营在核心企业或总部的统一领导、组织下，由分散的、经营同类商品或服务的门店，通过集中进货、统一管理的规范化经营，实现规模效益。核心企业被称为连锁总部或总店，同时经营的店铺被称为连锁店或分店（门店），这种联号的企业称为连锁企业或连锁商业。

纵观国内外的连锁经营情况，连锁企业必须是由若干个分店联合构成，形成规模经营。在美国，最早规定有2个以上的分店联合就被称为连锁店；在英国，把有10个以上的分店的集团称为连锁店；而日本一般把拥有11家以上的商店组织才称为连锁店。单个企业无论规模多大，都不能称之为连锁店。

连锁经营最基本的表现是连锁总部统一店名、店徽，统一商品采购，统一配送，统一结算，统一经营决策，统一管理，统一价格，由各分店专门负责商品销售，体现出4个方面的特征，即有统一的经营理念、统一的商品和服务、统一的经营管理、统一的企业识别系统及经营商标。因此,连锁经营是一种新型的商业经营方式和商业组织形式。从营销的角度来看,连锁经营是一种大规模的网络化销售模式。

2．第三次零售革命

连锁经营不仅是一种经营方式的改变,而且是商业制度的创新,更是商业和流通业的一次革命。

19世纪初期,欧美等国家尚处于封建庄园经济时期,基本上自给自足,商业零售形式大多采用手扛肩挑、集市、乡村杂货店等方式。到了19世纪中叶,英国爆发了第一次产业革命,机器生产代替了手工劳动,开放代替了封闭落后,极大地推动了生产力的发展,而生产力发展又为商品交易提供了大量的、品种多样的、廉价的商品,使得交易日益频繁;同时由于生产集中化,导致农村人口向城市的大量集中,人们对商品的需求量大幅度增加。这时的零售商业形式已经不能满足人们的需要,适应不了经济的发展。随着资本主义经济的发展和建设新城市的需要,1852年,世界上第一家百货店"邦·马尔谢"商店在法国诞生了。较之19世纪初期的零售商业形式来说,它拥有大面积的营业场所,营业设施趋于完善,以经营日用百货为主,实行综合经营,组织管理系统化,按商品品种、部门实现进货和销售人员专业化,实行明码标价和现金交易。这样,就使售货人员从繁杂的商品交易中脱离出来,为实现多品种、大量售货提供了条件,同时在管理过程中,为理顺业务和购销环节积累了大量经营管理经验,极大地提高了全社会的零售商业企业经营管理水平。其后经过几十年的发展,特别是在1860—1920年百货商店发展的黄金时期,百货商店日趋完善,逐渐走向大型化。百货店的力量,在于它把各种商品陈列在一个店铺中,满足了同一顾客、不同顾客对不同商品的需求。

第二次世界大战以后,超级市场出现了。它采用"自助式"或"无人售货"的经营方式。这也是与当时社会经济发展水平、人们的消费需求分不开的：一是战后各国经济的复苏和飞速增长,使社会劳动生产率得到提高,产品成本进一步降低,社会所能提供的物质产品日益丰富,同时由于人们消费水平、消费结构发生变化,产品逐步走向成品化、半成品化、包装化,这样不仅使超级市场有了充足的货源,而且使得超级市场所希望的批量购货、批量销售成为可能;二是人们收入提高,支付能力增强,消费观念发生了变化,消费者日常购货次数少,每次购货量大大提高;三是一些硬件服务设施,如汽车的普及、高速公路、冰箱冰柜等的出现,也为超级市场的产生和发展提供了物质条件,为顾客一次性购买大批日用品提供了方便。

零售商业经营形式的两次变革极大地推动了整个商业领域的发展,不断地影响和改变着人们的消费观念,也极大地影响着第一产业、第二产业的发展,而它们的发展又推动了流通领域向纵深发展,不断地出现多种新的适应经济、消费者需求的经营方式。连锁经营以其独特的风格,适应经济发展、消费者需求和经营管理发展的需要,应运而生。这就是零售商业史上的第三次革命。

1.1.2　连锁经营的本质

连锁经营形成于社会化大生产和商品生产的大规模化。它脱胎于大工业化生产,是资本集中的产物,是市场垄断的结果,同时也是消费者多种需求增长的必然结果。实行连锁可以扩大产品销售范围，将各地市场的需求信息反馈到总店，进而反馈给生产商以利于其组织生产。

连锁经营作为一种大规模的销售或营业体系，与其他的经营形式相比，具有许多明显的优势，如低价采购、成型的管理模式、技术支持、花费少而影响大的统一促销等，但并不是完美无缺的。由于连锁店特别是加盟店是分别独立的多个经营体，所以相互之间会产生各种矛盾，尤其是在利润和决策上的矛盾、企业文化和经营理念的矛盾。许多人认为，只要加入连锁经营体系，就保证能赚钱，不需要去经营管理了，可以坐以待"币"了。这些人的想法是错误的，他们对连锁经营的本质缺少深入认识。

国际连锁加盟协会（International Franchise Association，IFA）为连锁经营下的定义是："连锁总公司与加盟店两者间是持续契约关系。根据契约，总公司必须提供一项独特的商业特权，并加上人员训练、组织结构、经营管理以及商品供销的协助，而加盟店也需付出相对的报偿。"这个定义过于简单，一位前 IFA 总裁又补充如下："连锁加盟是一种经济而简便的经商之道，是一种商品或服务以及营销方法，以最小的投资风险和最大的机会，获得成功。但是相对地必须放弃若干的自由与选择，如商业决策等。"美国《最新企业管理大辞典》把连锁企业定义为："由 2 个或 2 个以上所有权和管理权集中的零售机构所组成的，通常是大规模的零售商"。美国贸易法规定："连锁企业是至少有在一家总店控制下的 10 家以上的经营相同业务的分店"。英国考核连锁企业的标准有 4 条：一是单一所有，即一个公司或一个合伙企业或单个业主所有；二是集中领导，统一管理；三是设立的企业要相同；四是有 10 个以上成员店。

所以从本质上看，连锁经营是把独立的、分散的商店联合起来，形成覆盖面很广的大规模销售体系。它是现代工业发展到一定阶段的产物，其实质是把社会化大生产的分工理论运用到商业领域里。连锁企业分工明确，相互协调，形成规模效应，共同提升企业的竞争力。

现在，连锁经营正风靡全球，在欧、美、日等经济发达国家商业领域占据了主导地位。连锁经营风靡全球，到底其魅力何在呢？

（1）连锁经营把分散的经营主体组织起来，具有规模优势。当今世界零售业大公司都实行连锁经营，这绝不是巧合，而是现代商业流通规律的客观反映。连锁经营完善了专业化分工，科学合理地组织了商品物流，从而降低了商品的售价。连锁经营最大的特征是统一化，不仅要统一店名店貌，统一广告、信息等，而且要统一进货、统一核算、统一库存和统一管理。这诸多的"统一"，支撑着连锁经营的价格优势。由于连锁经营规模大，所以厂家愿意低价供应。大批量的订货确保了商品的最低进价。

（2）连锁经营都要建立统一的配送中心，与生产企业或副食品生产基地直接挂钩。有了统一的配送中心，就意味着减少了中间环节，节省了流通费用，从而降低了成本。按照连锁店经营规范化的要求，各成员店或加盟店的商品价格必须统一，并且要将其"锁"定在低于同类商店 2%～5%的水平上。

（3）连锁经营容易产生定向消费信任或依赖。从某种意义上讲，连锁店系统中的每家分店在承担本分店经营的同时，也分担着其他分店实物广告的作用。如此一来，它不仅做了活广告，而且无形中建立起了自家的顾客群，因为只要在一家分店得到了满意的服务，就等于为全系统的所有分店拉住了一位回头客。

（4）消费者在商品质量上可以得到保证。严格规范、统一管理的连锁店，能统一进货渠道、直接定向配送，有利于杜绝形形色色的"歪货"入门，这也是连锁店蓬勃发展、广得民心的一大现实因素。

1.1.3 连锁经营与传统商业经营方式的区别

连锁经营与传统商业经营方式有着显著的区别,见表1-1。

表1-1 连锁经营与传统商业经营方式的区别

项目\经营方式	连锁经营	传统商业经营
定义	在核心企业或总公司的统一领导下,经营同类商品和服务的组织化零售企业集团	商业企业集团下属企业独立经营的模式,由总部投资扩建的分店
总部与分店的关系	分店不独立,总部与分店具有协作关系,特别强调二者的互动关系。总部与分店在专业职能上有所分工,总部专门负责采购、营销、人事安排等经营管理活动,各分店则专门从事销售活动	每个成员企业都是独立的法人(单店),可以独立地从事经营活动,较连锁分店有较大的经营自主权
经营范围	涉及诸多行业,范围广泛	涉及诸多行业,范围广泛
经营方式	采购、配送、批发、零售一体化(一对多的关系,即一个总部为多个分店采购、配送),总部与分店分工明确,总部统一进货、统一决策、统一管理,分店负责分散销售,各分店具有统一的经营风格	购、销、运、存集中于同一单位(一对一的关系),不要求各成员企业实行统一经营,各成员企业有不同的经营范围和方式,往往从事差异化经营
管理方式	由连锁总部强化各项管理职能,有一套规范的做法,建立专业化职能管理部门,具有规范化管理制度和调控体系,并配备相应的专业人才。实施计算机化管理,公司总部、配送中心以及各连锁店都建立相应的计算机系统,并运用远程通信网络系统将整个公司构成一个整体	各店内部都有一套模式,不统一。计算机化程度低,店内处于松散和互不联网状况
法律关系	依各种模式而定	分店属总部所有
发展方式	扩大规模只需有市场、有资金,总部必须有成熟的运行模式和专有技术	取决于企业集团的决策

 1.2 连锁经营的起源与发展

1.2.1 连锁经营的起源与发展历程

1. 连锁经营的起源

连锁经营通常被认为起源于美国,但据《美国文献百科全书》和《美国连锁店百年史》记载,在公元前200年,一个中国商人就拥有多家店铺,这称得上是连锁经营最早的萌芽。

近代连锁经营产生于美国,到现在已有160多年的历史。任何一种经济现象的产生和发展,各种经营管理形态的演变发展,都可以从当时变化发展着的社会经济环境中找到依据。而每一种新型经营形态的诞生,都体现着时代的特征,蕴含着睿智的企业家对企业内外部环境的理性思考及超前决策。连锁经营的出现和壮大同样也和这种背景分不开。

世界上第一家近代连锁店——美国"大西洋和太平洋茶叶公司"（A&P 公司）成立于 1859 年，是当时世界上最早的正规连锁公司。当时，美国已经基本完成了全国范围内的铁路网建设，随后又建成全国范围的通信网络，新式快捷的交通和通信工具为零售企业提高经营效率、增加效益提供了条件。它们可以与更远的供货商建立紧密的业务联系，也可以用一切便利的通信和交通设施与其他地区的零售店加强联系，最关键的是可以用较低的费用将商品运送给消费者。所以到 1865 年，"A&P 公司"的连锁店就发展到 25 个，并开始增加食品经营，也同样获得成功。到 1880 年，该公司已拥有 100 家连锁店。"A&P 公司"的成功引起众多企业的效仿。"A&P 公司"属正规连锁店，约在 10 年后出现的胜家（Singer）缝纫公司则属加盟连锁店。同一时期，在欧洲的英国、瑞士等地也相继出现了连锁经营。

正规连锁店的发展，在产生了一些规模庞大、实力雄厚的大型连锁企业的同时，也使众多分散、独立经营的零售商受到排挤，陷入困境。为了对抗正规连锁商店和大型百货商店的垄断排斥，1887 年，美国 130 多家食品零售商共同投资，创办了一家联合批发企业，为出资的成员企业服务，实行联购分销、统一管理，而各成员企业仍然保持各自的独立性，这便是后来被公认的世界上第一家自由连锁店。随着社会经济的发展，连锁经营非但不见停滞，反而以更快的速度发展，连锁店的范围不再局限于零售和餐饮等传统行业，几乎涉及所有的行业，特别是从服务业的中小企业联合发展到大型百货店与超级市场相结合，形成超级市场连锁、超级商店连锁、专业商店连锁等。连锁经营以其强大的适应能力和生产力发展起来，而且经营手法灵活，对经济生活的影响越来越显著。

最初的连锁网络多是在一个相对狭小的区域范围内经营某一类商品，从 20 世纪六七十年代起，许多大型的连锁企业已将触角伸向海外市场，发展组合式经营，把实现集团化管理作为自己的战略目标。经过几十年的努力，连锁经营现已出现了一些世界性的跨国连锁集团，如沃尔玛，2018 年销售额便达 5 000 多亿美元；又如麦当劳，30 000 多家分店遍布全球，形成了一个庞大的快餐连锁帝国。

2．连锁经营的发展历程

（1）传统连锁业阶段。从 19 世纪中叶到 20 世纪 50 年代，这一时期是连锁业萌芽与成长阶段，也可称为传统连锁时代。这一阶段又可分为两个时期：从 19 世纪中叶到 20 世纪初期是连锁业的萌芽时期，这一时期连锁店的店铺数目少、企业少，还未在零售业占据一定地位，店铺主要是传统的杂货铺，在萌芽时期的后期出现了百货商店；从 20 世纪初到 20 世纪 50 年代可称为连锁店的成长期，这一时期连锁企业在美国占据了主导地位，出现了一些大型的百货连锁店和超市连锁店。

（2）快速发展阶段。从 20 世纪 50 年代初到 20 世纪 70 年代末，连锁业进入高速发展时期。如果说第一阶段的连锁业主要以正规连锁的成长为主，而特许连锁和自由连锁仅仅是萌芽的话，那么在第二阶段，3 种连锁共同成长，促进了连锁业的快速发展。这一时期在店铺形式上，超级市场连锁占据了主导地位，而百货商店则处于衰退时期，同时超市的销售技术，如开架、自助服务、统一结算开始在其他店铺形式中得以推广。20 世纪 60 年代，折扣连锁店出现，并在 20 世纪 70 年代快速成长。20 世纪 70 年代专门连锁店也开始成长。这一时期，美国连锁业得到了迅速的发展，日本连锁业也开始占据零售业的主导地位，欧洲、中国港台地区连锁业都开始快速成长。

（3）现代连锁业阶段。连锁业从 20 世纪 80 年代起进入现代连锁业时代。折扣连锁店成为连锁业中的"大哥大",仓储式销售连锁网点出现并成长起来,专卖连锁店也具有一定的地位。连锁经营的行业进一步渗透到餐饮业和其他各类服务业,跨国连锁等形式开始形成。这一时期支持连锁商业发展的信息技术得到了进一步的发展和利用,各种POS(Point of Sale,销售终端)、MIS(Management Information System,管理信息系统)系统投入运用,卫星通信、电视电话、计算机网络成为连锁店信息沟通的主要渠道。

1.2.2 世界连锁经营的发展现状

1. 世界各地连锁经营的发展

(1)美国的连锁经营。

美国是迄今为止世界上最发达的连锁大国。从全球范围看,美国连锁经营始终充当着世界连锁的"领头羊"角色,其连锁经营发展带来了零售业的第三次革命。美国连锁经营的发展历史,可划分为4个阶段。

① 创始时代(19世纪中叶至20世纪50年代)。从第一家连锁店成立到20世纪初,全美连锁店数量并不多。20世纪20年代,美国连锁店开始进入发展期,连锁销售额占全国销售额的比重从1919年的4%上升到1929年的25%;20世纪30年代进入成熟期;第二次世界大战前后进入一个回落期,在这段时期,连锁经营以"商标商品连锁"为主要方式,连锁店借用总公司的商品和商标名称,在经营管理制度上没有统一。

② 黄金时代(20世纪50年代至20世纪80年代)。第二次世界大战后,美国高速公路网的建成、计算机技术的普及、自我服务的销售方式以及多种营销策略的兼容并蓄,都促成了美国连锁商业在这一时期的高速发展,连锁商店的销售额占整个零售业的销售额比重上升到70%。

③ 发展时代(20世纪80年代)。连锁业进入一个全面开拓和渗透时期,也称为第三代现代连锁加盟店发展时代。相对于第一代的"传统"和第二代的"现代速食"而言,第三代的"形式"连锁加盟系统的特点是,将第二代的经营手法多元化,利用连锁经营的优势向其他行业渗透,不再局限于零售业、餐饮业等少数传统行业,而扩及不动产、租赁、健身美容、清洁维护、教育进修等新兴行业,不但拓展了加盟业的领域,而且将服务业巨大的潜能激发了出来。特别是商业服务,如会计、广告、税务、职业技术培训、中介服务、宴会接待、印刷宣传业等针对商业需要的各项服务应有尽有,连锁经营得到新一轮的发展。

④ 连锁加盟店全球化时代(20世纪80年代以后)。20世纪80年代以来,随着科技的发展,国家间、企业间的经济往来日益密切,连锁加盟在经济一体化的潮流中进入了一个全球化的时代。这一时期,美国连锁业凭借其雄厚的资金和成熟的技术,占领了大片海外市场。据美国商务部的统计,美国海外加盟店的连锁总公司有342家,加盟店高达3万多家,与1971年相比,短短10余年,美国向海外拓展市场的公司竟增加了1.5倍,而加盟店更是增加了10倍。美国的连锁百强企业中,80%是跨国企业,如今美国的海外加盟连锁店遍布世界各个角落。

(2)欧洲的连锁经营。

欧洲的市场经济在发展模式、发展进程等方面与美国有比较显著的差别,连锁经营在欧洲的发展带有欧洲浓厚的文化、经济色彩。欧洲在连锁业的形成、机制及功能方面都与众不同,对欧洲各国生产的扩大、技术革新及统一市场的形成起到了巨大的推动作用。

① 英国连锁业不断趋于完善。20世纪七八十年代以来,英国多种连锁系统发展特别迅

速,逐渐形成了巨大的销售网,其营业额、从业人员等均在整个零售业中占很大比例。例如,玛莎百货公司(M&S)是英国最大的跨国连锁商业集团,成立于 1894 年,其创始人是米高·马格思。刚开始,他只是走街串巷、摆小货摊,但他凭借自己丰富的阅历和对普通顾客的了解,探索了一套发展业务的新方法,使 M&S 成为英国商业最具代表性的企业。M&S 在英国本土开设了 600 家分店,遍布英国各个城市和地区,在全球 40 个国家和地区共开设了 285 家分店。2008 年,M&S 在上海开设了中国大陆的第一家分店。英国其他著名的连锁企业有:特易购(Tesco),2014 年营业额为 1 033 亿美元,全球零售百强排名第 4 位;桑斯博里(J.Sainsbury),2010 年全球零售百强排名第 29 位;威廉莫里斯超市连锁公司(WM Supermarkets PLC),2010 年全球零售百强排名第 32 位;翠丰(Kingfisher),2010 年全球零售百强排名第 59 位。

② 法国连锁业的发展。法国连锁业是继英国之后欧洲连锁业的又一巨头。法国连锁经营从结构上来看有两大特色:一是中小型连锁店众多,二是大型连锁店在总营业额中占较大比重。例如,家乐福(Carrefour)是仅次于沃尔玛的世界大型零售商业集团,经营业态包括七大种类,2014 年的零售额为 1 018 亿美元,排名全球零售第 5 位。法国著名的连锁企业还有英特玛诗(Intermarche)、欧尚(Auchan)、勒克莱尔(Eleclerc)、卡西诺(Casino),这些企业的排名均在全球零售 30 强之内。

③ 德国连锁系统风格独特。公司联号已成为德国普遍的商业企业组织形式,规模也越来越大。例如,麦德龙(Metro)是德国最大的商业集团,其经营业态有现购自运、百货店、DIY、大卖场、超级商店等,2014 年的零售额为 863 亿美元。阿尔迪(ALDI)是德国最大的以经营食品为主的公司连锁折扣店,自开业以来一直以薄利多销而驰名世界,售价一般比超市低 30%,其成功之处在于严格的进货原则与长期的订货合同。总部设在德国慕尼黑的卡尔施泰特百货公司(Karstadt Quelle),在全国有 400 家分店。消费者合作社拥有连锁店 1 173 家,销售额达 49 亿马克。

(3)中国港台地区的连锁经营。

中国香港在 20 世纪 60 年代才开始连锁经营,惠康、百佳两大超级市场连锁店都在 500 家以上,市场占有率达 40%,几乎垄断了全港的副食品和个人卫生用品市场。20 世纪 90 年代以来,日资、美资等大零售商不断进入中国香港,使连锁经营成为零售业主流,集团式酒楼、超市、便利店、快餐店、服装店、眼镜店、中西药店、书店、影视器材商店、冲印店、理发店及珠宝店、大百货店均已采用了连锁经营。

中国台湾在 20 世纪 70 年代以后,连锁店进入快速成长期。据不完全统计,20 世纪 80 年代分布在商业零售、餐饮、钟表、眼镜、计算机资讯、美容美发、冲印、书店、教育、鞋业等行业的 90 家连锁企业,到 20 世纪 90 年代共有直营网点 2 360 家、特许网点 3 423 家。其中,直营店最多的是统一集团与美国 7-11 公司合资的统一"7-11",共有直营店 638 家,特许店 172 家,是管理制度比较完善的连锁体系代表。拥有特许网点最多的是富士冲扩,共有 920 家特许网点。总的看来,中国台湾的连锁经营正处在发展时期。可以预言,在今后几十年内中国台湾的连锁经营会有比较大的发展,将最终主导台湾地区零售业。

(4)日本的连锁经营。

1972 年,"日本连锁店协会"成立,该协会成立的背景是美国的连锁经营企业在日本迅速扩张。作为一种市场经济现象,建立行业组织以规范行业主体的行为是必然的。该协会制定的会员企业标准是在全国拥有 11 家以上的商店,每年销售额不少于 10 亿日元零售额的企业。这一标准着眼于企业的经营规模,符合标准的只是连锁经营企业的一部分。

日本连锁企业的业态各不相同。营业额最高的几家会员企业，如大荣（Daiei）2004年全球零售百强排名第38位；伊藤洋华堂（Ito Yokado）2004年全球零售百强排名第22位，依宏（Aeon）2004年全球零售百强排名第261位；西友（Seiyu）2004年全球零售百强排名第63位；永旺集团（Aeon Co., Ltd.）则是近年来发展最快的连锁公司，2010年全球零售百强排名第17位。它们是"日本式超级商店"，多业态经营，有的可达9种业态。而7-11日本公司自从1973年成立后，就展开了大规模的扩张，1995年年初拥有近600家门店，到2010年已有约15 000家门店，成了日本便利店的代表。此外，大荣的Lawson（拉森）、西武的Family Mart（福美乐玛特）、Seven & i 公司（Seven & i Holdings Co., Ltd.）等会员企业也属于便利店范畴。便利店、专卖店多，是日本连锁商业的显著特色。

日本的连锁店没有明确定义，分类也没有明确标准，但现象客观存在。由于分类标准不统一，目前无法对日本所采用连锁经营方式的零售企业的数量做出统计，但是，连锁经营在日本零售领域扮演着越来越重要的角色。

2. 当今世界连锁业发展的特点

（1）连锁经营在多行业得到发展。随着社会经济的发展，连锁经营的范围已向各种行业渗透，采用此种方式的第三产业越来越多。除传统的零售业外，连锁经营还扩展到了餐饮、酒店、医院、教育、金融、保险、房产中介、美容美发、装饰装修、旅游、汽车销售、药品销售等行业。可以说，所有最终直接面向消费者的行业均已采用了连锁经营形式。

（2）连锁业态出现多样化。连锁经营出现了多种业态，从购物中心连锁、百货店连锁、仓储式商场连锁、超市连锁等，到便利店连锁、折扣店连锁、专卖店连锁等，涉及零售商业的所有业态；同时，连锁经营的手法越来越灵活，对经济生活的影响越来越显著。

（3）特许连锁得到迅猛发展。20世纪80年代以后，连锁经营出现了一些新的发展态势。从连锁经营的具体经营形态上看，特许连锁经营的发展进入兴盛期，其发展速度超过了自由连锁经营和正规连锁经营。特许经营在全球范围内蓬勃发展，对各国经济和社会发展的贡献日益凸显出来。例如，美国的连锁机构有半数以上都是特许连锁，2000年，全美特许连锁企业达3 000多家，销售额占全美销售额的50%；在日本，特许连锁也占到35%。

案例阅读

肯德基和麦当劳

在餐饮业的连锁经营中，最引人注目的要算肯德基和麦当劳了。这两家享誉全球的快餐店都是在20世纪50年代初期通过授予特许权而迅速发展起来的，可以说它们将特许经营带到了一个新的发展阶段。在此之前，各连锁经营总部的加盟店除了店名相同及产品相似外，其经营是各行其道的，且在服务与产品的质量上参差不齐，影响发展，有些甚至招致失败。而肯德基和麦当劳的创始者为了避免重蹈他人覆辙，在授权加盟者时采取了一种全新的管理制度，即要求所有加盟店出售的食品、饮料及服务品质与总部完全一致，就连店铺装修设计及营业员的服装都严格要求一致。为了监督各加盟店的经营，总部常派人暗地检查，发现有违规的店铺即给予处罚或取消特许权。事实证明，这种管理方法相当成功，如今，肯德基已成为世界上最大的炸鸡连锁集团，肯德基的连锁餐厅分布在全球逾75个国家和地区，总数达1万多家。而麦当劳快餐店同样遍布世界每一个角落，目前已在64个国家开设了3万多家分店。肯德基和麦当劳的成功，不仅是快餐业的胜利，而且也是一种新的商业方式——连锁加盟的胜利。

（资料来源：根据百度文库、豆丁网等资料整理）

（4）连锁企业快速发展，走向集团化、国际化。目前，世界各国在连锁店的发展中，形成了一批大规模现代化的大型连锁企业集团。从连锁店的发展范围看，是由地方连锁向区域连锁发展，进而向全国连锁、国际连锁发展。同时，连锁企业也向多业态发展，如沃尔玛拥有超级市场、折扣店、仓储式会员店、购物广场等多种业态的连锁店。表1-2为2014年全球零售10强，从表中也可看出全球零售巨头的业态分布情况。

表1-2 2014年全球零售企业（集团）10强

名次	公司名称	中文名称	国别	年销售额/百万美元	业态
1	Walmart	沃尔玛	美国	476 294	折扣商店、大型综合超市、超级市场、超级商店、仓储商店
2	CVS（Caremark）	CVS	美国	126 761	药店、专业店、超市
3	Costco	好市多	美国	105 156	仓储商店
4	Tesco	特易购	英国	103 278	大型综合超市、超级市场、便利店、百货店
5	Carrefour	家乐福	法国	101 790	折扣商店、大型综合超市、超级市场、便利店、现购自运、专卖店
6	Cardinal Health	康德乐	美国	101 093	药店、专业店、超市
7	Kroger	克罗格	美国	98 375	折扣商店、超级市场、仓储商店、便利店、专卖店
8	Metro	麦德龙	德国	86 347	大型综合超市、超级商店、DIY、现购自运、百货店
9	Home Depot	家得宝	美国	78 812	DIY、专卖店
10	Amazon.com	亚马逊	美国	74 452	网上书店、电子商务

（资料来源：2014年度《财富》——世界500强公司排行榜）

（5）发达国家的商业连锁巨头向发展中国家"抢滩"。20世纪80年代以来，随着科技的发展，企业间的经济往来日益密切，连锁加盟在经济全球一体化的潮流中进入了一个全球化时代。美国等发达国家的连锁企业凭借其雄厚的资金，成熟的技术，野心勃勃地占领着海外市场。现在，发达国家的连锁巨头都把海外扩张的重点放到了发展中国家，全球百强连锁企业纷纷"抢滩"发展中国家市场。

（6）连锁经营带有明显的网络时代特征。21世纪被称作信息和网络时代，连锁经营具有明显的网络时代特征。网络与连锁企业的战略联合，是连锁业发展的方向，具体来讲主要反映在以下4个方面：

① 连锁企业都有先进而完善的信息系统。连锁经营必须借助于大量的信息传递来完成对连锁企业的决策和管理，信息化是连锁经营的显著特征，在互联网基础上建立起来的信息化，可以大大提高连锁企业的管理效率，提高经济效益。

② 连锁企业都普遍建立了自己的网站。连锁经营可以借助虚拟的网络市场帮助企业以电子商务的形式扩展自己的地盘，赢得更大的市场空间，帮助企业在社会市场中占有尽可能多的市场份额。

③ 连锁企业都有大量的分店，并把开设新店和发展加盟作为自己的主要盈利渠道。网络

经济能够使企业进入市场的成本降低。一个新兴企业通过连锁经营，可以依附在一个成功的大企业之下，利用其诸多优势，以最低的成本、最小的风险进入市场。

④ 连锁企业都实行了标准和规范化的经营，从而使企业增强竞争力。网络经济的发展，对企业的规范化和标准化管理有着更高的要求，连锁经营正好符合这一发展趋势。

 **知识拓展**

网络时代的特征

(1) 网络的发展极大地提高了企业的运作效率，使企业有可能创造出更大的商业效益，从这个意义上讲，它是经济繁荣的奠基石。

(2) 速度概念发生了巨大变化，企业顺应市场做出反应的速度已经成为至关重要的因素。在网络经济社会，企业成功的关键因素，不再是"进入市场的时机"，而是进入市场的速度。

(3) 客户主导成为时代新的规则。在网络环境下，由于信息的急剧膨胀和获得信息的快捷性，一些企业在众多机会面前，变得没有足够的耐性和轻易产生满足感。这种模式要求企业进一步将营销模式转变为客户主导型模式，通过个性化特别是定制化服务，满足市场需要。

(4) 经济活动模式发生了变化。经济活动在网络空间进行，使相应的旧的游戏规则被淘汰，新的游戏规则正在逐步形成，竞争更加公平。

(5) 新的竞争格局正在形成。在网络时代，竞争的优势已经不再属于那些最大的，或自然资源最丰富的资本雄厚的国家、企业，而属于用智能主宰一切，善于创造新知识，把新智能转化为新技术和新产品的国家和企业。

(6) 连锁经营企业的市场营销环境发生了重大变化。消费者的购买行为日趋个性化，生产者对市场机会的反映更加敏捷，生产者与消费者直接交易的可能性在增加，中间商的作用将被削弱。另外，消费者在交易中的主导地位越来越突出，生产者的市场营销战略会强调如何更方便、更及时地满足消费者的特定购买欲望。

(7) 连锁巨鳄扩张速度惊人。从全世界来看，连锁巨鳄扩张速度惊人，几分钟内就能够增加 1 户加盟者。在连锁经营的发源地美国，连锁企业的店铺有 60 万家，它们的销售额近 10 000 亿美元，其连锁业务在向全球各个角落扩张；而日本仅以 30 年的时间就总结出了美国花费 150 多年积累的经验。连锁企业快速扩张的原因主要有以下两点：

① 国内零售市场日趋饱和，竞争日趋激烈，形成了零售企业跨国扩张的巨大压力。成功的网点会吸收其他网点业务，导致其他网点关门；失败的网点则难以从周围网点吸收业务，导致自己关门。例如，在麦当劳，加盟店与其总部因为新增的店影响老店的业务而产生纠纷，使公司主管认识到，在美国麦当劳的扩张已到极限，再开新的网点会导致不同的麦当劳门店之间的互相残杀，公司要想扩张，只能到没有麦当劳的市场上去。类似的情况在肯德基、沃尔玛均已出现，所以在国内市场饱和情况下，各国连锁巨头疯狂地向外国扩张。

② 连锁经营给连锁企业带来了巨大的经济效益。沃尔玛拥有 3 500 多家连锁店，1996 年销售额超过 1 000 亿美元，几乎是我国同期社会消费品零售总额的 1/3；2002 年销售额达到 1 913 亿美元，超过了通用汽车公司；2014 年销售额达到了 4 763 亿美元，连续多年位居世界 500 强之首。一家传统零售企业，能够在销售收入上超过"制造业之王"的汽车工业，超过一些大银行、保险公司等金融机构，超过引领"新经济"的信息企业，其中奥妙之一就是依靠"规模经济"的连锁经营。

🌐 **案例阅读**

世界著名连锁企业经营情况

2004年1月,世界最大的连锁便利店企业7-11总部公布了2003年的经营情况:在美国和加拿大拥有5800多家门店,同时在美国本土以外的17个国家和地区特许授权了大约20 000家门店;全球的7-11门店的销售额超过了300亿美元,销售收入增长10.1%,取得109亿美元的销售收入;商品销售毛利总额达到26亿美元,同比上升5.5%,商品销售毛利率达到35.5%,与2002年持平。7-11收入的主要来源是商品和汽油销售,这和其不断增加门店也有着极大的关系。另据国际连锁企业管理协会消息:总部在达拉斯的7-11宣布该公司2012年店数成长破纪录,便利连锁店全球增加了近5 000家门店,其中有1 000家在美加两地,到2012年年底,7-11在全球16个国家经营了49 500家店面。

2004年1月,世界第三大零售商荷兰的阿霍德(Ahold)公布了其2003年的销售情况:公司全年销售额为560.73亿欧元,合713亿美元,同比下降10.5%(2002年全年销售额为626.83亿欧元)。阿霍德超过70%的销售业务来自于美国,由于美元对欧元汇率的贬值,造成了以欧元统计的销售额的下降;如果排除汇率因素,其2003年销售额实际增长2.7%。2012年8月23日,阿霍德发布2012年第二季度财报称,该集团在颇具挑战的市场情况下,仍实现了有益增长,第二季度销售额同比增长3.9%,营业利润增长18.5%,净利润增长24.6%,其中,美国业务增长强劲,在荷业务表现疲软。

2004年1月,麦德龙集团宣布:在固定汇率下,2003年完成销售额536亿欧元,同比上升17%(2002年为515亿欧元),扣除汇率影响,销售额实际增长4%。截至2003年,麦德龙集团依靠国际化不断发展,在门店体系中新开门店60家,其中包括Metm Cash&Cany(麦德龙现金自运门店)和Meda Markt/Satum等下属公司。目前,麦德龙集团拥有3 607家门店,且于2003年进入乌克兰和印度,门店现遍布德国、比利时、保加利亚、中国等29个国家,2014年销售额达1 165亿欧元。

2014年度,沃尔玛总销售额为4 762.94亿美元,利润160亿美元(2007年同期则为3 787.99亿美元和112亿美元)。其国际市场销售收入表现强劲,在全部销售增加值中,80%来自海外。截至2007年年底,沃尔玛在全美拥有3 443家连锁店,其中有1 400多家沃尔玛商店、1 400多家购物广场、500多家山姆会员店以及64家社区店。沃尔玛门店遍及欧洲、亚洲、非洲、南美洲、大洋洲等。

家乐福在汇率折算的情况下,2007年销售增长6.84%,销售额达到821.48亿欧元,成为欧洲第一、全球第二的跨国零售企业。截至2012年年底,家乐福拥有门店11 000多家。门店扩张依然是拉动家乐福扩张的关键因素,也是销售额增长的关键因素。

(资料来源:根据百度文库、联商网咨询中心等资料整理)

(8)连锁经营不但是经营企业的行为,而且是经营生活方式的行为。随着社会经济的发展,人们的生活步调加快,连锁经营适应了人们快速消费、便捷消费、标准化消费的愿望和社会需求。例如,麦当劳、肯德基、老家、马兰拉面等都是适应了人们快速消费的需求而发展的。如今,它们不但是一种消费、一种生活的方式,更是一种消费的文化。麦当劳的大"M"字金色拱门商标,已不只简简单单地代表美国式的商品与服务,同时也意味着销售美国式的生活方式以及美国式的商业文化。更值得深思的是,通过美国的连锁加盟系统,新近形成的一种社会新形式——以创业精神为核心的企业社会,使美国本身的社会结构产生了深刻的变化,即由大量以生产为基础的产业社会,变为由连锁加盟表现出来的以创业精神为核心的企业社会;同时,这种变化通过海外企业影响其他国家、地区的人们和组织。

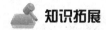 知识拓展

洋快餐对中国饮食文化的影响

"洋快餐"这个词是越来越为广大群众所熟知,自从 20 世纪 80 年代末打入中国市场的那一刻起,就体现了它的优势,并打算与中国饮食业一争高下。洋快餐以自己的特点(方便快捷、环境明亮整洁、重视儿童、人性化设计、经营理念创新以及强大的广告效应)向中国市场发起了强烈的进攻,拉开了进军中国快餐行业的序幕。现在人们把食用洋快餐,进入快餐店作为一种时尚、身份的象征。每天几乎爆满的生意可以看出它确实得到了中国大众的接受,甚至是欢迎和认可。更确切地说,洋快餐确实给中国人民,乃至于中国传统饮食业带来了翻天覆地的变化,包括观念的变化、文化的变化、市场经营等方面的变化。

1.2.3 中国连锁经营的发展现状

1. 中国连锁经营的发展现状简述

中国连锁经营起步较晚,然而发展迅速。自我国 20 世纪 80 年代末在北京、上海等城市开始出现麦当劳、肯德基等连锁分店以来,连锁经营在我国的大中城市和沿海经济发达地区呈现出快速发展的势头,各种连锁店已开始和人们的日常生活紧密相连。1986 年,天津立达集团公司创办天津立达国际商场,并在国内组建连锁商店,这也许是我国最早具有现代特征的正规连锁店,揭开了我国连锁店发展的序幕。

进入 20 世纪 90 年代后,中国连锁店迅速发展。1993 年,我国正式提出要把发展连锁经营作为带有方向性的一项流通体制改革。从此,我国连锁业步入发展的快车道。1995 年年底,全国有连锁公司 300 多家,连锁网点 6 000 多个,年销售额 80 亿元以上;1999 年,全国有连锁企业 1 500 多家,各种业态的门店网点 2.6 万个,年销售额达到 1 500 亿元以上;到 2002 年年底,全国连锁企业已有 2 100 多家,店铺数 3.2 万个,销售额达 2 300 亿元,约占全社会消费品零售总额的 6.5%,连锁经营在零售市场上的主导地位更加显著。

2002—2006 年是中国连锁业发展最快的几年。这 5 年来,连锁百强企业的总体销售一直保持较快的增长速度,百强企业的总销售规模年平均增幅超过 25%,每年的销售额增幅分别为 52%、45%、39%、42% 和 25%,大大高于当年同期社会消费品零售总额 8.8%、9.2%、10.2%、12.9% 和 13.7% 的增幅。到 2008 年,全国连锁百强销售规模达到 11 999 亿元,同比增长 18.4%,占社会消费品零售总额的 11.1%;百强企业门店总数超过 12 万个,同比增长 10.6%,员工人数达 304 万人,新开店达到 2.4 万家。2008 年之后,连锁经营行业进入整体放缓但相对稳定的发展阶段。

我国连锁业快速发展的这几年,也是政府管理部门探索连锁行业管理、连锁企业深入思考和实践发展模式的几年,连锁经营以各种业态和各种类型迅速发展起来。从全国情况来看,目前我国有 3 000 多家连锁企业,连锁经营企业销售总额超过 3.9 万亿元人民币,约占社会消费品零售总额的 18%,门店总数达到近 30 万个。

不仅如此,随着我国零售业的全面开放,一些国际领先的业态也不断被引入。近年来,连锁超市、便利店、大卖场、购物中心、折扣店、品牌直销广场、网络销售等新型业态在我国不断涌现,连锁加盟、自愿连锁等各种经营方式也迅速推广。发达国家 150 年的业态演进过程,在我国上海、北京等一线城市只用了十几年时间就完成了。

2. 我国近20年连锁经营发展的特征

（1）行业集中度不断提高。行业集中度的进一步提高，一是表现在百强企业的总体规模迅速扩大，占社会消费品零售总额的比重逐年提高。百强企业总销售规模占社会消费品零售总额的比重在2003—2007年，分别为6.0%、7.8%、9.3%、10.5%和11.2%，5年内将近翻了一番。根据中国连锁经营协会的统计，2007年与2001年相比，"连锁百强"平均销售额由16亿元增长到100.2亿元，增长了11.5倍；平均企业店铺数量从131个增长到1 052个，增长了7倍。二是连锁主要集中在家电、百货、食品、餐饮等行业，家电专业店一枝独秀。从业态情况看，百货占68%、家电占8%、餐饮占10%。家电行业发展最为迅速，有5家家电企业入围前30强，即国美、苏宁、五星、大中、宏图三胞，其销售规模和店铺数量的增幅远高于其他业态。

另外，从2013年的数据看，百强前10名销售规模总额占到百强销售总额的41%，"连锁百强"平均销售额由2007年的100.2亿元增长到203.8亿元。表1-3为2013年中国连锁30强销售情况。

表1-3　2013年中国连锁30强销售情况

序号	企业名称	销售额/万元	增幅	门店总数/个	增幅
1	苏宁云商集团股份有限公司	*13 800 000	18%	1 626	24%
2	国美电器集团	13 334 000	13%	1 585	3%
3	华润万家有限公司	10 040 000	40%	4 637	22%
4	康诚投资（中国）有限公司（大润发）	8 012 000	33%	264	13%
5	沃尔玛（中国）投资有限公司	7 221 464	39%	407	41%
6	联华超市股份有限公司	6 881 838	24%	4 600	24%
7	山东省商业集团有限公司	6 113 842	21%	575	6%
8	上海友谊集团股份有限公司	*6 080 000	31%	45	25%
9	重庆商社（集团）有限公司	6 029 699	23%	326	20%
10	百胜餐饮集团中国事业部	5 020 000	13%	6 000	74%
11	家乐福（中国）管理咨询服务公司	4 670 588	27%	236	15%
12	大商股份有限公司	*3 948 386	21%	200	9%
13	永辉超市股份有限公司	3 506 000	42%	290	44%
14	物美控股集团有限公司	3 253 711	18%	696	8%
15	武汉武商集团股份有限公司	3 068 458	14.5%	100	2%
16	石家庄北国人百集团股份有限公司	3 016 801	18.7%	239	20.7%
17	农工商超市（集团）有限公司	3 000 119	−1%	2 644	−3.3%
18	中百控股集团股份有限公司	2 931 874	11.8%	1 016	7.2%
19	长春欧亚集团股份有限公司	2 827 826	17.1%	75	29.3%
20	宏图三胞高科技股份有限公司	2 756 784	4.2%	510	5.8%
21	江苏五星电器有限公司	2 660 383	10%	189	−25%
22	海航商业股份有限公司	2 640 000	10%	482	3%
23	北京王府井百货（集团）股份公司	2 364 353	9.6%	29	3.6%

续表

序号	企业名称	销售额/万元	增幅	门店总数/个	增幅
24	利群集团股份有限公司	2 286 202	6.8%	580	−21.2%
25	天虹商场股份有限公司	2 202 249	8.1%	62	5.1%
26	烟台市振华百货股份有限公司	2 196 400	15.2%	113	3.7%
27	步步高集团	2 119 149	18.3%	445	54%
28	文峰大世界连锁发展有限公司	2 071 675	6.3%	921	−7.4%
29	特易购乐购（中国）投资有限公司	*2 050 000	2.5%	144	29.7%
30	百盛商业集团有限公司	*2 045 299	4.3%	58	20.8%

注：数字前面加*号者为估计值。

（资料来源：中国连锁经营协会——2013年中国连锁百强排行榜）

（2）外资企业优势渐显。随着中国零售业的逐步开放，外资零售业加快了进军中国市场的步伐，沃尔玛、家乐福、麦德龙等全球零售业巨头纷纷在中国开店。截至2013年年底，沃尔玛在我国已建立了大型连锁店407家，家乐福在我国已建立了连锁店236多家，麦德龙也由长江三角洲实现全国布局。2013年连锁百强中，外资企业23家，比2007年增加8家，如果包括中外合资、合作、境外上市、国外资金注入内资企业等，则上榜企业有30多家，其销售额占销售总额的比重为24.5%（2007年的比重为18%），店铺数量达到12 480家（2007年店铺数量为3 956家）。

同时，外资连锁企业显示出开店速度快、并购力度大、效益水平高等特点。如2013年23家外资零售商新开店铺数量超过2012年同期水平，且12.2%的开店增速大大高于7.6%的平均增速，单店销售规模为3 987万元，大大高于国内同业态店铺的2 155万元，见表1-4。

表1-4　2013年主要外资连锁零售企业基本情况

序　号	企业名称	来自国别及地区	销售规模/万元	增速	门店数/个	增速
1	大润发	中国台湾	8 012 000	10.6%	264	20.5%
2	沃尔玛	美国	7 221 464	24.5%	407	3.0%
3	百胜餐饮	美国	5 020 000	−3.8%	6 000	15.4%
4	家乐福	法国	4 670 588	3.2%	236	8.3%
5	五星电器	美国	2 660 383	10.0%	189	−25.0%
6	特易购	英国	*2 050 000	2.5%	144	29.7%
7	百盛商业	马来西亚	*2 045 299	4.3%	58	20.8%
8	金鹰购物中心	英国	1 879 138	0.7%	27	−3.6%
9	麦德龙	德国	1 750 000	14.4%	75	19.0%
10	乐天玛特	韩国	*1 550 000	5.0%	110	11.1%
11	欧尚	法国	1 509 074	7.0%	59	9.3%
12	新世界	中国香港	*1 480 000	14.7%	41	5.1%

续表

序号	企业名称	来自国别及地区	销售规模/万元	增速	门店数/个	增速
13	郑州丹尼斯	中国台湾	1 420 000	16.4%	181	25.7%
14	卜蜂莲花	泰国	1 374 982	0.5%	77	2.7%
15	屈臣氏	中国香港	*1 350 000	12.5%	1 600	6.7%
16	华地国际	中国香港	1 340 140	16.2%	46	9.5%
17	麦当劳	美国	*1 030 000	14.4%	1 750	16.7%
18	永旺	日本	876 782	8.5%	44	22.2%
19	宜家家居	瑞典	821 487	17.3%	14	16.7%
20	伊藤洋华堂	日本	726 625	−2.9%	14	7.7%
21	百佳超市	中国香港	376 007	−7.8%	65	27.5%
22	全家便利	日本	370 000	27.6%	1 064	5.2%
23	易买得	韩国	*225 000	−6.3%	15	−6.3%
	合计		49 758 968	8.4%	12 480	12.2%

注：数字前面加*号者为估计值。

（资料来源：中国连锁经营协会——2013年主要外资连锁零售企业基本情况）

（3）连锁经营在各行业迅速发展。据调查发现，连锁经营在零售、餐饮业快速发展的同时，在其他一些行业也呈现出快速发展的态势，出现了一批规模较大的连锁经营企业。例如，汽车连锁企业中的北京亚飞汽车连锁有限公司，2002年度销售额就达到了257.54亿元；另外，还有总店位于顺义天空开发区的北京今日新概念等汽车连锁专卖店。

（4）行业并购与整合力度进一步加大。在直接开店的同时，并购成为连锁企业扩张的重要手段。在连锁百强中，2007年以后的并购主体很多是国内企业，而2006年以前主要是外资企业对其他企业的并购。同时，上市融资是2007年以后连锁企业谋求发展的重要途径，在连锁百强中，已有多家企业成功上市。

（5）特许体系持续快速增长并向更多行业渗透。经过10多年发展，中国特许经营已经由高速增长进入稳步持续发展的新阶段。截至2010年年底，中国特许体系数量超过4 500个，比2009年增长8.9%；总店铺数超过40万，其中加盟店铺占88%，约35万个；单个特许体系平均加盟店铺数达到93个；特许企业向社会提供就业岗位超过500万个。

根据欧洲特许联盟推荐给世界特许联合会的特许经营行业分类，目前中国的特许经营行业已经覆盖了该分类的所有13大类别，尤以餐饮、经济型酒店、服务业和教育培训、健身美容等新型服务业发展最快。在零售业中，食品、营养品专卖店和礼品专卖店占到整个零售板块新增特许体系总数的38%；在餐饮业中，中式快餐和休闲类餐饮增长较快，占到该行业新增特许体系总量的65%；在服务业中，健身美容特许体系占到服务类新增特许体系总量的24%。近年来，在一些专业服务行业，如"办公、商务供应与服务"大类中的人力资源服务、税收、保险、会计、广告等方面也涌现出了特许经营体系。表1-5为2013中国特许连锁120强情况（部分）。

表1-5 2013中国特许连锁120强情况（部分）

序号	行业	业态	企业名称	品牌	销售额/万元	总店数/个	加盟店数/个
1	综合零售	超市	上海联华超级市场公司	联华	6 881 838	4 600	2 804
2		超市	苏果超市有限公司	苏果	3 385 600	2 109	712
3		便利店	东莞美宜佳便利店公司	美宜佳	642 542	5 580	5 578
4		便利店	山西省太原唐久超市公司	唐久	348 884	1 250	1 120
5		便利店	浙江供销超市公司	浙江供销	310 102	2 317	2 123
6	食品专卖	茶叶专卖	厦门山国饮艺茶业公司	山国饮艺	32 778	637	607
9		酒品专卖	广州市富隆酒窖酒业公司	富隆	47 578	279	224
11		营养保健品	好想你枣业股份有限公司	好想你	103 126	1 916	1 749
12		食品专卖	湖南绝味食品股份有限公司	绝味	260 212	5 746	5 600
14		药店	北京金象大药房医药连锁	金象大药房	75 000	318	192
15	非食品专卖	农资连锁	天盟农资连锁有限公司	天盟	1 500 000	7 572	7 554
17		饰品专卖	重庆谭木匠工艺品公司	谭木匠	28 091	1 400	1 400
18		手机专卖店	北京迪信通商贸股份公司	迪信通	1 268 260	1 465	529
19		黄金珠宝店	周大生珠宝股份有限公司	周大生	308 216	2 100	1 760
20		服装	堡狮龙国际集团有限公司	堡狮龙	251 700	1 017	717
21		家居品专卖	特百惠（中国）有限公司	特百惠	120 000	4 100	4 082
22		化妆品	北京明弘科贸有限公司	LOTIONSPA	58 000	968	581
23		文具专卖	上海晨光文具股份公司	晨光	429 127	4 023	3 882
24		眼镜店	福州宝岛眼镜有限公司	康明宝岛	13 860	396	387
25	餐饮	中式正餐	陕西阿瓦山寨品牌公司	阿瓦山寨	156 437	425	418
26		中式快餐	上海弘奇永和餐饮公司	永和豆浆	140 000	480	460
28		火锅店	内蒙古小尾羊餐饮公司	小尾羊	407 012	311	279
29		火锅店	辽宁小背篓餐饮管理公司	小背篓	370 852	295	271
30		西式快餐	百胜餐饮集团中国事业部	肯德基	5 020 000	4 563	278
31		西式快餐	天津德克士食品开发公司	德克士	822 000	1 964	1 713
32		西式正餐	广州市绿茵阁餐饮公司	绿茵阁	49 327	96	71
33		西式正餐	上海棒约翰餐饮管理公司	棒约翰	46 030	140	47
34		咖啡	上海上岛咖啡食品公司	上岛	77 000	1 315	1 248
35		休闲饮品	沈阳碰碰凉连锁管理公司	碰碰凉	65 000	650	595
36	经济酒店	经济型酒店	上海如家酒店管理公司	如家	1 834 566	2 180	1 308
37		经济型酒店	7天连锁酒店	7天	900 000	1 998	1 488
38		经济型酒店	锦江之星旅馆有限公司	锦江之星	552 423.61	1 060	784
39	培训教育	IT培训	北京北大青鸟信息公司	北大青鸟	191 630	162	160
40		英语培训	上海昂立教育投资公司	昂立	13 266	2 148	2 076
41		婴幼儿培训	北京大风车教育科技公司	大风车	182 325	463	370
42		婴幼儿培训	北京红黄蓝儿童教育公司	红黄蓝	153 193	820	704

续表

序号	行业	业态	企业名称	品牌	销售额/万元	总店数/个	加盟店数/个
43	洗染	洗衣	北京福奈特洗衣服务公司	福奈特	60 000	1 122	997
44		洗衣	上海象王洗衣有限公司	象王	20 040	501	486
45		皮具护理	北京翰皇伟业皮革清洁	翰皇	58 908	2 935	2 921
46		家装	北京元洲装饰有限公司	元洲	120 000	248	162
47		家装	北京业之峰装饰有限公司	业之峰	115 500	233	120
48	汽车后市场	轮胎销售	驰加（上海）汽车用品公司	驰加	400 000	1 000	993
49		二手车经纪	福州车友网络科技公司	273	28 033	525	505
50		汽车养护	北京龟博士汽车清洗公司	龟博士	320 723	3 403	3 399
51		汽车维护	小拇指汽车维修科技公司	小拇指	45 000	618	610
52	美容健身	美容	琪雅集团有限公司	琪雅	70 500	5 153	5 133
53		健身	青岛英派斯健康管理公司	英派斯	31 116	134	124
54		足疗	南京足生堂企业管理公司	足生堂	174 790	591	583
55	其他服务	房屋中介	北京埃菲特国际特许公司	21世纪不动产	181 405	935	669
56		影楼	重庆金夫人实业有限公司	金夫人	200 000	366	216
57		旅游连锁	海南乐游国际旅行社公司	海航乐游	71 370	1 008	998
58		金融中介	青岛福元运通投资公司	福元运通	80 608	578	563
59		家政服务	北京华夏中青家政公司	华夏中青	13 453	303	282
60		广告	北京亿邦联合广告公司	亿邦	92 405	1 242	1 218

（资料来源：中国连锁经营协会——2013中国特许连锁120强）

（6）区域优势企业份额持续扩大。2005年以来，区域连锁企业持续呈现出强劲的发展势头。2006年，百强企业中58家以区域发展为主的企业共实现销售规模2 660亿元，店铺数23 700个，分别比2005年增长21%和23%。优越的商业地段、区域集中建店规模、物流配送环境便利、较低的经营成本以及供应商支持，区域百货企业不仅稳固了区域竞争力，甚至出现区域垄断性地位。在连锁百强中发展较快的大多是区域连锁企业，区域连锁企业占连锁百强的60%以上，见表1-6。

表1-6 2013年区域连锁企业排名及销售情况

排名	企业名称	销售额/万元	增幅	门店总数/个	增幅
7	山东省商业集团有限公司	6 113 842	21%	575	6%
8	上海友谊集团股份有限公司	*6 080 000	31%	45	25%
9	重庆商社（集团）有限公司	6 029 699	23%	326	20%
13	永辉超市股份有限公司	3 506 000	42%	290	44%
14	物美控股集团有限公司	3 253 711	18%	696	8%
15	武汉武商集团股份有限公司	3 068 458	14.5%	100	2%
16	石家庄北国人百集团股份有限公司	3 016 801	18.7%	239	20.7%

续表

排名	企业名称	销售额/万元	增幅	门店总数/个	增幅
17	农工商超市（集团）有限公司	3 000 119	−1%	2 644	−3.3%
18	中百控股集团股份有限公司	2 931 874	11.8%	1 016	7.2%
19	长春欧亚集团股份有限公司	2 827 826	17.1%	75	29.3%
20	宏图三胞高科技股份有限公司	2 756 384	4.2%	510	5.8%
21	江苏五星电器有限公司	2 660 383	10%	189	−25%
22	海航商业股份有限公司	2 640 000	10%	482	3%
24	利群集团股份有限公司	2 286 202	6.8%	580	−21.2%
25	天虹商场股份有限公司	2 202 249	8.1%	62	5.1%
26	烟台市振华百货股份有限公司	2 196 400	15.2%	113	3.7%
27	步步高集团	2 119 149	18.3%	445	54%
28	文峰大世界连锁发展有限公司	2 071 675	6.3%	921	−7.4%

注：数字前面加*号者为估计值。

（资料来源：中国连锁经营协会——2013年中国连锁百强排行榜）

（7）渠道分流，探索多渠道经营。近几年，网络零售对传统零售带来了较大的冲击，从最初的图书音像、家电、数码3C（即计算机——Computer、通讯——Communication、消费电子产品——Consumer Electronic），到服装鞋帽、日用百货，再到家居、食品，网络零售不断挤压实体零售的市场份额。

面对压力，传统企业纷纷发力电商。传统企业利用自身在商品渠道、物流管理、营销管理等方面的优势，开展线上与线下相结合（O2O）的多渠道经营探索。2013年，百强企业中共有67家开展了网络零售业务（2011年和2012年分别为41家和62家）。连锁企业开展网络零售业务多以自建方式为主。67家企业中，51家采用自建平台方式，8家采用自建平台和入驻第三方平台相结合的方式，8家未自建平台，仅入驻第三方平台。百强企业利用移动互联技术，在促销推广、商品查找、下单、在线支付等方面积极尝试，提升客流，改善顾客体验。开展网络零售的百强企业线上销售额占企业总销售的比例由2012年的2.9%上升到2013年的3.7%，见表1-7、表1-8。

表1-7 2013年连锁百强企业开展网络零售业务情况

序号	企业简称	网店名称	网址
1	苏宁云商	苏宁易购	http://www.suning.com
		苏宁红孩子母婴商城	http://rodbaby.suning.com
		苏宁缤购美妆商城	http://binggo.suning.com
2	国美电器	国美在线	http://www.gome.com.cn
		国美在线天猫官方旗舰店	http://www.gome.tmall.com.cn
		大中电器	http:// www.dazhongdianqi.com.cn
3	沃尔玛	1号店	http://www.yhd.com
		山姆会员商店	http://www.samsclub.cn/home
4	银泰商业	银泰网	http:// www.yintai.com
		银泰百货京东精品旗舰店	http:// yintai.jd.com
		银泰百货天猫精品旗舰店	http:// yintai.tmall.com

续表

序号	企业简称	网店名称	网址
5	百胜餐饮集团	肯德基宅急送	http:// www.4008823823.com.cn
		必胜宅急送	http:// www.4008123123.com
6	麦当劳	麦乐送网上订餐	http://www. 4008517517.net
7	山东商业集团	银座网	http:// www.yinzuo100.com
		银座食品京东旗舰店	http:// yinzuoshipin.jd.com
8	大商集团	大商网	http:// www.66buy.cn
		麦凯乐网上商城	http:// shop.qdmykal.com
9	大润发	飞牛网	http://www.feiniu.com
10	特易购	e乐购	http:// www.elegousc.cn.tesco.com

（资料来源：中国连锁经营协会——2013年连锁百强企业开展网络零售业务情况）

表1-8　2013年部分B2C购物网站销售规模排名

序　号	B2C购物网站名称	销售规模/百万元	经营范围	类　型
1	天猫	22 000 000	综合百货	平台型
2	京东	11 000 000	综合百货	自营为主
3	小米	3 160 000	手机为主	自营
4	苏宁易购	2 189 000	综合百货	自营为主
5	亚马逊中国	1 460 000	综合百货	自营为主
6	易迅网	1 200 000	综合百货	自营为主
7	1号店	1 154 000	综合百货	自营为主
8	唯品会	1 045 000	名品折扣	自营
9	QQ网购	885 000	综合百货	平台型
10	凡客	850 000	服装服饰	垂直型
11	当当网	802 020	综合百货	平台型
12	聚美优品	600 000	化妆品	自营
13	国美在线（含库巴网）	325 720	综合百货	自营为主
14	乐蜂网	250 000	化妆品	自营
15	迪信通移动生活商城	200 000	手机为主	自营
16	我买网	130 000	食品	自营为主
17	宏图三胞·惠买网	100 000	3C	自营
18	银泰网	85 000	时尚百货	自营为主
19	优购网	80 000	鞋帽箱包	自营
20	梦芭莎	63 609	服装服饰	自营为主

（资料来源：中国连锁经营协会——2013年部分B2C购物网站销售规模排名）

1.3 连锁经营的行业分布与业态选择

1.3.1 连锁经营的行业分布

连锁经营作为一种先进的经营方式,首先在零售业中运用并获得巨大的发展,而且日益渗透到餐饮业和服务业中,充分发挥了它潜在的优势。下面将对连锁经营在零售、餐饮、服务三大行业的发展状况加以介绍。

1. 零售业

现代连锁经营最早发迹于零售业,通过适应当时的市场环境、消费条件,加上经营者的顽强拼搏,引起轰动效应,各个行业纷纷效仿,最终成为当代西方发达国家在流通领域的重要经营方式。零售业的特点是市场相对稳定,主要有大型综合超市、超级市场、便利店、折扣店。

2. 餐饮业

餐饮业一直是连锁经营的主力业种,西方国家餐饮业广泛采用连锁经营模式,人们非常熟悉的就有麦当劳、肯德基、必胜客、星巴克、哈根达斯等。餐饮业的特点是市场随着经济的发展和人口的增加而扩大。

饮料连锁也是餐饮业中颇具竞争性的方面。如可口可乐和百事可乐两家世界上实力最强的软饮料公司,也通过合资连锁的形式,在全球范围内争夺市场份额。

20世纪80年代,由于海外大型餐饮业集团进驻中国市场,国内餐饮业面临着严峻挑战,一些企业以连锁形式(粗放式的开分店)应战,利用自身的优势,开始连锁经营的探索。如上海荣华鸡、天津狗不理包子集团就是在那时发展壮大起来的。20世纪90年代,北京全聚德、天津桂发祥也试行了连锁,这些企业和马兰拉面、北京老家肉饼、沈阳好利来、成都谭鱼头、内蒙古小肥羊等也依靠连锁发展壮大起来。进入21世纪,一些海内外的餐饮连锁企业,如海底捞、赛百味等都在我国迅速发展起来。

3. 服务业

服务业多采用特许经营方式开展连锁,是连锁经营发展最快的行业。服务业作为第三产业的重要组成部分,不仅涉及旅馆饭店、美容美发、维修服务业等传统服务行业,而且发展到信息咨询、家庭服务业、娱乐业、休闲旅游业、培训教育,以及房地产中介、理财咨询等新兴的服务行业。在这些服务业中,都开始了连锁经营的探索并得到了迅速的发展,如快捷酒店业。服务业由于涉及的行业广泛,所以有着巨大的发展空间。

1.3.2 连锁经营的业态选择

所谓业态,是指针对不同消费者的不同需求,按照既定的战略目标,有选择地运用商品结构、价格政策、销售方式、店铺选址、规模及形态等手段,提供销售和服务的种类化经营形态。业态主要根据"如何销售?销售什么?"为标志划分。连锁不是独立的零售业态,是一种企业经营形式和管理模式,它必须与具体的零售业态相结合,才能显示其存在形式和独特的魅力。

1. 零售业态的分类

零售业态是零售企业为满足不同的消费需求，进行相应的要素组合而形成的不同经营形态。根据《零售业态分类规范意见》的分类，我国的零售业态可以分为 8 种，即百货店、超级市场、大型综合超市、便利店、专卖店、专业店、购物中心、仓储式商场。此后，我国有关单位对零售业态分类进行了研究和重新修订。新国家标准《零售业态分类》(GB/T 18106—2004)按照零售店铺的结构特点，根据其经营方式、商品结构、服务功能以及选址、商圈、规模、店堂设施、目标顾客和有无固定场所等因素将零售业划分为 18 种业态，包括食杂店、便利店、折扣店、超市、大型超市、仓储会员店、百货店、专业店、专卖店、家居建材商店、购物中心、厂家直销中心、电视购物、邮购、网上商店、自动售货亭、直销、电话购物。在这 18 种业态中，全部都采取了连锁经营，可见连锁经营是一种适应性很强的经营方式。下面针对连锁企业主要采取的业态进行介绍。

（1）有店铺经营。

① 食杂店。我国食杂店存在非常普遍，在市场经济不发达的时期存在于街头巷尾、小区村落，如小区里的小卖部、村头的杂货店等。

② 便利店。便利店通常主要经营食品和日常用品。世界著名的日本 7-11 便利店，现在也已进入我国，并于 2004 年年初在北京开了第一家店。我国的北京物美集团、上海联华超市、江苏苏果超市等也开办了一些便利店，上海"可的"拥有 1 300 多家便利店。便利店具有投资小、选址方便、资金回收快等特点。随着人们工作节奏加快和生活习惯的改变，便利店在我国也有很大的发展空间。

③ 折扣店。折扣店是小型超市的一种，特点是商品价格低廉，如家乐福的迪亚折扣店。

④ 超市。超市在我国是 20 世纪 90 年代才发展起来的一种零售业态，如北京物美超市、华润超市、上海华联超市等。

⑤ 大型超市。大型综合超市在我国发展很快，但主要集中在经济发达的大城市。随着人们生活水平的提高、交通条件的改善，大型综合超市在我国快速发展。近年来，法国的家乐福、美国的沃尔玛等综合超市主要是以这一业态进入我国的。另外，上海农工商超市公司、北京物美集团、小白羊超市、亿客隆连锁超市开设的也主要是大型综合超市。

⑥ 仓储会员店。仓储会员店在我国起步较晚，目前主要是以外资或合资合作的方式建立的，如沃尔玛山姆会员店、上海锦江麦德龙。

⑦ 百货店。百货店目前仍是我国零售业的主力业态之一，如上海第一百货商店、北京王府井百货大楼、北京燕莎友谊商城等。百货店在一些大中城市已处于饱和状态，相互间的竞争也非常激烈。

⑧ 专业店。专业店在我国发展已经比较成熟，如各种服装经营店、钟表店、电器店、IT 商店、药店等。山东三联商社、北京国美电器、江苏苏宁电器等专业店已经具有相当的规模，是我国发展最快的连锁店。

⑨ 专卖店。我国专卖店近年来也得到了很快的发展，特别是服装品牌、电器、化妆品的专卖店发展很快，如联想专卖店、李宁专卖店、雅芳专卖店等。专卖店在树立品牌形象、防止假冒产品等方面有着很好的效果。

⑩ 家居建材商店。这种业态在我国已非常普及，只是有一定规模的家居建材商店较少，

规模比较大的有东方家园、上海好美家超市等,国际著名的家得宝超市、百安居建材商店也已全面进入我国。

⑪ 购物中心。购物中心的营业面积较大,一般在 10 000m² 以上。随着我国经济和商业地产的发展,购物中心在我国越来越多地发展起来。在北京的购物中心有北京金源购物中心、北京东方广场等,很多一、二线城市都有的万达广场、国贸360广场等。

⑫ 厂家直销中心。这是制造商直接进入零售领域,建立销售渠道的一种方式,如佛山陶瓷直销中心、某酒厂的驻京办事处兼有直销的功能。

(2) 无店铺经营。

① 电视购物。如 BTV 电视购物。

② 邮购。如一些出版社、报社的图书、报纸邮购业务。

③ 网上商店。通过网络买卖商品,其因进入门槛低、经营成本低、商品价格低、方便、快捷等优势深受市场欢迎,得到了快速发展。

④ 自动售货亭。如在一些医院、街头、公园设置的无人售货设备。

⑤ 直销。如美国安利、天津天狮等。

⑥ 电话购物。这种业态非常普遍,顾客只要打个电话,店方就会提供上门服务,如电话订餐、电话订票等。

案例阅读

家乐福的三大主打业态

1. 大卖场

大卖场是由家乐福首先提出的零售业态,也是家乐福在全球地理分布最为普遍的业态。到目前为止,家乐福已经在中国成功开了236家门店,主要为大卖场的经营模式,这是家乐福在中国最主要、最成功的业态形式。家乐福的大卖场所具有的一般特点是:主要以极有竞争力的价格提供广泛的食品和非食品,平均约有7万种商品;营业面积大多是 7 000~12 000m²,能较完整地涵盖标准食品超市和百货商店的经营内容。大卖场这种大型超市模式是目前在中国发展速度最快、规模最大的零售业态。家乐福就是它的典型代表,另外也有一些国外的零售商业采取这种零售业态,国内的大部分大型超市也采取这业态模式。

2. 超级市场

超级市场规模处于大卖场与折扣店之间,如家乐福超级市场包括 Champion(冠军)、CS、Norte、Gb 和 Marinopoulos 等。这种业态都是以具有竞争力的价格提供绝大多数食品,场地面积一般为 1 000~2 000m²。其中,冠军超级市场是家乐福一大品牌。从家乐福创建到现在,其超市布局一直是大棚式的建筑物,这样的超市布局使得其投资少、经营机动性大。

3. 折扣店

家乐福的折扣店主要有迪亚、Ed 和 Minipre。这些折扣店大约提供800种食品,其中半数产品都是在迪亚品牌店里销售的。折扣店的面积通常较小,一般为 200~800m²。由于折扣店特殊的定位,它是作为专业、廉价的商品的销售业态,所以折扣店在欧美商业领域占有很重要的地位,是家乐福的三大主打业态之一,也是家乐福全球店数最多的业态。这种业态在法国本土分布极为普遍。在中国,折扣店的市场目前尚是空缺,鉴于折扣店将会是我国下一个最具前途的业态,家乐福的折扣店已寻求和我国零售业界的联华超市合作,进驻中国。

目前在中国,家乐福的大卖场已经占据一大部分零售业的市场,同时家乐福的超级市场也已经深入到了商业最繁荣的上海和北京两地。等到冠军超级超市进入北京市场,同时再加上折扣店等业态的出现,家乐福在中国的销售收入、市场份额的增加程度可想而知。

（资料来源：根据百度文库、联商网咨询中心等资料整理）

2．连锁经营业态选择应考虑的因素

（1）经营品种、品种结构和范围。便利店经常只经营食品和日常用品，专卖店只销售某一单一品牌的商品，专业店则经营某一系列产品，而百货商店所经营的是综合性、挑选性强的消费品以及高价值、高技术、高服务、高档次的商品。具有相同或相似的经营范围和商品结构是认识和划分零售业态的基本条件。

（2）销售形式。销售形式是指经营者以何种形式出售商品，包括商品摆设、顾客与商品接触方式、结算办法等。小商贩是以散装为主，零星出售；仓储商店则主要采取成箱、成捆批量销售；而超市、便利店则实行定量包装、敞开售货、自选商品、集中收款的形式。

（3）经营方式。经营方式是指经营商品过程中所采取的手段和方法，包括网点设置、服务形式及与顾客联系的方式。百货店建在市中心繁华地段，购物中心则处于城郊的结合部，超市、便利店必须设在居民区以方便群众购买。百货店、专业店要求全方位服务，而超市、仓储商店更多采取顾客自我服务形式。实行会员制或价格俱乐部成为仓储商店的特点。零售业态选择可根据商店位置、运营过程、所提供的商品与服务、定价策略、购物环境、客户服务及促销方式等要素组合来确定。

本 章 小 结

连锁经营是指一个企业（或企业集团），以同样的方式、同样的价格在多处同样命名（店铺的装修及商品陈列也差不多）的店铺里，出售某一种（类、品牌）商品或提供某种服务的经营模式。连锁经营与其他经营方式存在着明显的区别，从本质上看，它是把独立的、分散的商店联合起来，形成覆盖面很广的大规模销售体系。它是现代工业发展到一定阶段的产物，其实质是把社会化大生产的分工理论运用到商业领域里。

现代意义上规范的连锁经营创建于美国。就全球而言，连锁经营发展的特点是：行业和业态多样化；特许连锁发展迅猛；连锁企业快速走向集团化、国际化；发达国家的商业连锁巨头向发展中国家"抢滩"；连锁经营带有明显的网络时代的特征；连锁巨鳄扩张速度惊人；连锁经营不但是经营企业的行为，而且正影响着世界人民的生活方式。在中国，连锁经营发展的主要特点是：行业集中度不断提高，龙头企业正在逐步形成；世界连锁巨头纷纷进入中国，外资企业优势渐显；连锁经营在各行业迅速发展；行业并购与整合力度进一步加大；特许体系持续快速增长并向更多行业渗透；区域优势企业份额持续扩大；实体商业开始纷纷涉足电子商务。

连锁企业主要采取的业态有便利店、折扣店、超市、大型超市、仓储式商场、百货店、专业店、专卖店、家居建材商店、购物中心等。但在18种零售业态中都有连锁经营，连锁经营已成为我国企业普遍采用的现代化组织方式和经营方式，是我国商业经营的主导模式。

案例思考：沃尔玛的成功秘诀

自2001年开始，沃尔玛商业销售额已经有10年荣登《财富》杂志全球500强之首，2014全年销售额达到4 762.94亿美元，再次领跑世界500强企业。其成功秘诀可以总结为"一、二、三"。

（1）所谓"一"，即一个口号，"天天平价，始终如一"。

沃尔玛的"天天平价"绝不是空洞的口号，也不是低价处理库存积压商品或一朝一夕短暂的低价促销活动,更不同于某些商场、专卖店为吸引客流而相互进行的恶意低价倾销或一面提价、一面用打折来欺骗消费者,而是实实在在的"始终如一"地让利于顾客的行为。为此,一方面,沃尔玛的业务人员"苛刻地挑选供应商,顽强地讨价还价",以尽可能低的价位从厂家采购商品;另一方面,它们实行高度节约化经营,并处处精打细算,降低成本和各项费用支出。"天天平价"的销售理念是针对零售业最广大的消费群,即中等收入和低收入的阶层,具有普遍性,也成为连锁业基本经营方针。

(2)所谓"二",即两项技术。

快捷、科学、超前的信息处理技术和高度发达的物流配送技术,是沃尔玛得以迅速发展壮大并一举成为零售业巨人的两项核心技术。

沃尔玛最早使用计算机跟踪存货(1969年),最早使用条形码和电子扫描器管理商品(1981年),最早将卫星用于零售业(1983年),最早采用 EDI(Electronic Data Interchange,电子数据交换系统)(1985年),最早使用无线扫描枪(1988年),较早采用 EAS(Electronic Anti-theft System,电子防盗系统)。

"配送中心是沃尔玛帝国物流畅通无阻的奔腾之芯。"目前,沃尔玛在全美拥有30个配送中心,服务于它的3 000多家商场。这些中心按照各地的贸易区域精心部署,从任何一个中心出发,运货卡车只需1天即可到达它所服务的商店。为了节约运费,60%的卡车在返回配送中心的途中,又捎回沿途从供应商处购买的商品。在美国的三大零售企业中,商品物流成本占销售额的比例在沃尔玛是1.3%,在凯马特是3.5%,在希尔斯则为5%。如果年销售额都按1 000亿美元计算,则沃尔玛的物流成本要比凯马特少22亿美元,比希尔斯少37亿美元,相差数额惊人。

(3)所谓"三",即三种关系。

对待顾客,沃尔玛认为,"顾客满意是保证我们未来成功和成长的最好投资"。为此,沃尔玛不仅要"天天平价",让利于顾客,而且还为顾客提供"无条件退款保证"和"高品质服务"的担保。

对待员工,沃尔玛要让他们每个人觉得自己是公司的重要一员。在沃尔玛的术语中,公司员工不被称为员工,而被称为合伙人。面向每位员工,沃尔玛实施其"利润分红计划""购买股票计划""员工折扣规定"及"奖学金计划"等。

为了改善与供应商的关系,沃尔玛通过计算机联网和电子数据交换系统与供应商分享宝贵的商业信息。早在1990年,沃尔玛的5 000家供货商中就有1 800家与沃尔玛建立了EDI,供货商可通过沃尔玛的销售统计,及时准确地掌握自己产品的销售情况,制订更加富有针对性的生产计划,从而不断提高效率、降低成本。此外,沃尔玛还为一些大型供应商安排适当的空间展示产品,这样就可以与百货公司和专卖店争夺顾客。

其实,沃尔玛这一切的成功,低价策略和连锁经营是基石。发展连锁店的过程实际上就是建立网络、整合网络和控制网络的过程。在这3个环节中,建立网络并不难,难就难在网络建立之后,如何去整合这个网络,使之成为一个统一的整体,真正发挥连锁的优势,而不是各自为政,反为"连锁"所累。沃尔玛成功的第一步是通过低廉的价格商品和优质的服务去征服消费者,从而不断扩大规模,并强化自身的规模优势。而其能够成为世界第一大零售商的最关键一步则是完成对整个连锁网络的整合,通过富有生命力的企业文化和现代化的技术设备,抵消了因规模过大而可能出现的两大问题,即管理成本过高和管理漏洞百出,使沃尔玛总部能够高效地控制整个网络。可以说,沃尔玛的成功首先是连锁经营的成功,而后是管理的成功。

(资料来源:根据百度文库、中国行业研究网等资料整理)

思考:

(1)沃尔玛的经营模式是什么?

(2)为什么说低价策略和连锁经营是沃尔玛成功的基石?

(3)沃尔玛还有哪些成功经验值得我们学习?

同步训练

一、基础训练

1. 选择题

（1）1859年，美国出现了世界上第一家正规连锁店的鼻祖是（　　）。
　　A．大西洋与太平洋茶叶公司　　　B．胜家缝纫机公司
　　C．金库伦联合商店　　　　　　　D．麦当劳

（2）英国著名的连锁企业有（　　）。
　　A．玛莎公司　　B．欧尚　　C．阿尔迪　　D．勒克莱尔

（3）在2014年全球零售10强中，以仓储商店作为主要经营业态的企业有（　　）。
　　A．CVS　　　B．家得宝　　C．好事多　　D．沃尔格林

（4）连锁经营的优势是（　　）。
　　A．提高效率，降低成本　　　　　B．分店经营者独立性受到限制
　　C．提高双方风险　　　　　　　　D．经营水平的降低

（5）我国连锁经营的现状是（　　）。
　　A．外资连锁企业迅速扩张　　　　B．各业态增长速度保持一致
　　C．特许经营发展速度缓慢　　　　D．连锁形式和业态多样化

2. 判断题

（1）在日本一般把拥有10家以上的商店组织才称为连锁店。（　　）

（2）连锁经营作为一种现代经营方式和管理制度，是商业领域的一次重大变革。（　　）

（3）1852年，随着资本主义经济的发展和建设新城市的需要，世界上第一家百货店"邦·马尔谢"商店在法国诞生了。（　　）

（4）胜家缝纫公司是后来被公认的世界上第一家自由连锁店。（　　）

（5）阿尔迪是德国最大的以经营食品为主的公司连锁折扣商店。（　　）

3. 简答题

（1）连锁经营具有哪些鲜明的特征？
（2）锁经营与传统商业经营有什么区别？
（3）连锁经营的本质是什么？为什么说连锁经营是一次商业革命？
（4）简述当今世界连锁经营的发展现状及特点。
（5）我国连锁经营的发展有什么特点？
（6）零售连锁企业可采取的业态有哪些？

二、实践训练

【实训项目】

当地连锁企业调查

【实训情景】

根据当地实际情况，调查当地有代表性的连锁企业。

【实训任务】

通过实地调查和分析，识别连锁商业的特征；了解当地主要的连锁企业所采取的业态有哪些；了解和掌握当地连锁商业发展的主要特征，并提交调查报告。

【实训提示】

可在教师的帮助下，确定当地有代表性的连锁企业；学生以小组为单位，分别选取不同类型的连锁企业进行调查；建议每组学生的调查资料可以共享，在资料共享的基础上分别完成调查报告。

【实训评价】

项 目	表 现 描 述	得 分
调查的对象和目的		
人员及分工		
调查方法		
报告内容		
报告形式		
合 计		

得分说明：各小组的调查表现分为优秀、良好、合格、不合格、较差五档，对应得分分值为 20 分、18 分、15 分、12 分、10 分；将每项得分记入得分栏，全部单项分值合计得出本实训项目总得分；总得分 91~100 分为优秀，76~90 分为良好，60~75 分为合格，低于 60 分为不合格，不合格须重新训练。

第 2 章

连锁经营原理

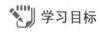 学习目标

职 业 要 求	学 习 任 务
（1）掌握连锁经营管理的基本理念、基础知识和基本方法 （2）能在连锁企业的创立、连锁类型和业态选择、连锁运营模式选择及连锁体系选择过程中，做出准确的判断和选择 （3）能对连锁企业的创立提出明确的建议，并且能够在团队的帮助下，独自完成连锁企业的创立设计方案	（1）了解连锁经营的运营模式 （2）掌握连锁经营的特征 （3）掌握连锁经营的类型 （4）掌握连锁经营的优势 （5）了解连锁经营的风险规避方法

导入案例

7-11 便利店的成功秘诀

7-11 始创于美国南方公司,以最初的经营时间早上 7 点到晚上 11 点而得名,后改为 24h 营业,但仍沿用先前的名字。该公司经过 80 多年的经营,已经成为全球最大的便利店体系之一,其实体店遍及美国、日本、加拿大、澳大利亚、中国等 20 多个国家和地区,分店总数已达 5 万多家。如今,7-11 已成为便利商店的国际共通语言,成为民众享受便利生活不可或缺的伙伴。日本 7-11 自 1974 年开设第一家店铺,迄今已有 15 000 多家店面,其中八成以上是特许加盟店。

7-11 在某地开店时,不会采取零散设店的方式,而是采取地毯式轰炸的集中开店策略,在地区内以密集开店的方式,形成压倒性优势,以达到规模效益。当总部决定在某地开店之后,征募顾问就开始选点,并寻找合适的零售店,然后开展说服工作。总部要对商店的地理位置、房产状况、资产、周围人群构成、店主素质等多项要素进行考评,在综合分析基础上预测加盟店的营业额和发展方向,保证 7-11 的便利店密集而又不相互残杀,形成地毯式轰炸。

所有的 7-11 便利店必须遵守 4 项管理原则:一是必需品齐全;二是实行鲜度管理,保证商品的新鲜性;三是店内保持清洁、明快;四是亲切周到的服务。

(资料来源:根据百度知道、豆丁网等资料整理)

连锁经营作为一种新型的组织模式和经营方式,与其他经营方式相比,有着本质的区别,其独特的经营特征有着明显的优势和强大的市场竞争力。但是,发展连锁经营并非一蹴而就,一"连"就成,只有从连锁经营理念入手,根据连锁经营的本质要求,从连锁经营的组织方式、经营模式、管理模式等方面加以认识和改进,才能使连锁经营沿着正确的方向健康发展。本章主要从连锁经营的原理角度进行分析,介绍连锁经营的运营模式、连锁经营的特征、连锁经营的基本类型和连锁经营的优势及风险。

2.1 连锁经营的运营模式

2.1.1 统一而独特的商品和服务

连锁经营的具体运营模式多种多样,但无论是哪种形式的连锁经营,都不同程度地具备各连锁分店在经营商品或服务项目上的一致性,包括连锁各分店在商品种类、商品定价、营业时间、售后服务等方面的一致和统一。例如,麦当劳、肯德基等餐饮业的连锁经营企业,都是具备了统一而独特的服务内容和服务方式的。因此,同一连锁店体系在经营商品的范围、种类、所提供的服务以及风格上都是一致的,构成相对完整的系列,从而建立起自身独特的经营特色。这样,不仅有利于促进产销专业化协作水平的提高,而且凭借特色构建企业总体的社会形象,有利于消费者识别,取得社会公众的信赖。连锁经营中这统一的商品和服务系列,都是由连锁总部经过细致的调查研究,不断调整和改变营销战略后确定下来的标准化的经营"产品",也正是这种标准化的经营产品,保证了连锁经营内容的统一。

2.1.2 统一的企业识别系统

企业识别系统(Corporate Identity System,CIS)又称企业形象设计系统,是指运用视觉设计,将企业的经营理念和经营特色予以视觉化、规格化和系统化,塑造出生动具体的企业形象,获得广大消费者及社会的认同。企业识别系统主要由企业理念识别(Mind Identity,MI)、企业行为识别(Behavior Identity,BI)、企业视觉识别(Visual Identity,VI)这3个部分构成。这3种要素相互联系,相互作用,有机配合。

组织连锁经营的企业采用统一的企业识别系统,可以使加入连锁体系的众多连锁分店形成一个统一的企业形象,扩大其整体影响,使各个连锁分店具备连锁企业的整体信誉和影响,以形成小店大声誉的经营优势。此外,统一的企业形象在一定程度上还可以起到一种极好的大众广告效应,加深消费者和社会公众的认识。

连锁企业总部提供统一的企业形象,包括统一的商标、统一的店铺名称、统一的建筑形式、统一的形象设计、统一的环境布置和内部装潢、统一的色彩装饰、统一的商品陈列和货架放置等。各连锁分店在店铺内外建设和员工打扮、服务规范上保持一致;连锁店的规划、装修设计、广告宣传、经营设备用具等也都由总部统一制作。连锁店外在的和直接的形象特点,往往成为吸引顾客认识商店、商品和服务的第一感觉。以麦当劳快餐连锁店为例,任何一个连锁分店的设计都必须严格按照麦当劳公司的规定,采用统一的"M"金色拱门标识,以充分保持其独一无二的外观特色和商业个性。

2.1.3 统一的经营战略与策略

连锁经营通常要由总部制定一个统一的发展战略。各分店在不同的时期和季节,针对不同的商品和客户群体,采用不同的服务方式及推销技巧,按总部制定的统一营销策略运行,这样既能产生较大影响,也可加深消费者的认识和信任。

不同类型的连锁经营企业,其连锁总部所从事的集中统一的经营战略和营销策略研究的内容不尽相同,但一般来讲,均包括以下几项内容:

(1)新的商品和服务技术的开发研究。
(2)连锁分店的地区发展战略的研究和组织实施。
(3)顾客及市场的调查研究和企业经营战略方向的确定与调整。
(4)营销策略和进货策略的制定与贯彻。
(5)价格策略的研究制定与灵活调整。
(6)广告宣传和其他促销手段的策划与实施。
(7)统一服务规范的研究制定与改进完善。

2.1.4 专业化与统一相结合的经营管理过程

从企业管理的原理上分析,实行连锁经营就是在商业零售化中采用工业生产中的专业化分工与协作相结合的工作原理,在众多连锁分店所组成的连锁店系统内组织统一的、专业化分工协作的经营管理过程。连锁业强调标准化、一致化,管理制度是其维护标准化的工具,因此,必须建立一套标准化的经营管理制度系统,管理整个连锁系统的组织,规范管理条例、组织制度,使加盟者的差异减少,使加盟企业经营方式不因个人的世界观不同而有所差异。连锁商店接受总店统一管理,实施统一的经营战略、营销策略等。

案例阅读

麦当劳的特许加盟和连锁经营模式

1. 严格挑选加盟商

一个商家要加盟麦当劳，首先必须向麦当劳总部提出申请，总部对其资信状况、经营管理能力、资金能力审查合格后，双方协商一致，才能签订加盟合同。由于麦当劳这一国际名牌意味着不尽的财源，很多商家提出加盟申请，但实际上总是失望者众，麦当劳苛刻的加盟条件使许多人难以接受。在部分国家，申请人需要具备在麦当劳工作10年以上的经历，才有资格申请加盟。1999年，麦当劳在中国台湾上万个申请人中，只选择了3人加盟。麦当劳之所以如此严格的挑选加盟商，主要是因为任何一家加盟商的经营失败，都会影响到麦当劳整个的企业形象。

2. 统一加盟条件

麦当劳规定，加盟商至少要拥有自有资金10万~17.5万美元，一旦与公司签订合同，必须先付首期特许费4.5万美元，此后每月交一笔特许权使用费和房产租金，前者约为月销售额的4%，后者约为月销售额的8.5%。

麦当劳每开一家分店，总部都要派员选择地址，组织建筑和内外装潢。麦当劳公司通常拥有加盟店房产的所有权和使用权，然后转租给加盟商，收取房产租金，房租在麦当劳的收入中占有很大比例。

麦当劳与加盟商签订的合同有效期为20年，公司对加盟商负有以下责任：将麦当劳的企业名称和商标使用权、产品制造技术、经营管理诀窍等，授予加盟商在规定的时间和地区内使用；在公司的汉堡包大学为加盟店培训员工；提供管理咨询，负责广告宣传，向加盟店供货时提供优惠。但是，麦当劳公司不是直接向特许加盟店提供餐具、食品和原料，而是与专业供应商签订合同，再由专业供应商向各个加盟店供货。

麦当劳要求加盟店必须严格遵守公司制定的管理制度，接受公司的指导和监督。总部每月都要派督察团到各地加盟店巡视，并把督察结果向总部汇报，对不合标准的加盟店，强制其改变经营面貌。

3. 统一企业名称、标识

所有的加盟店都以"麦当劳"命名，企业的标志是"金色拱门"，它是一个弧形的"M"字母，以黄色为标准色。这种特有的金黄色双拱门商标在大街上非常引人注目，使人产生走进店内看一看的欲望。

每一家快餐店的门口都有一个象征性的人物偶像——"麦当劳大叔"，它是传统马戏小丑的打扮，是风趣、友谊、祥和的象征。在美国，"麦当劳大叔"在儿童中的认知度达到了96%，仅次于圣诞老人。麦当劳统一、独特的企业标识，不但增强了产品的吸引力，而且节省了促销费用，提升了企业形象。

4. 统一的广告宣传

在麦当劳创立初期，广告宣传是由各加盟店自己进行的。随着企业的成长，有必要进行统一的广告宣传，才能把巨额的广告成本分摊到众多的商店和巨大的销售量上。1967年，麦当劳的加盟商设立了全国广告基金，作为全国性广告宣传费用。1968年，这个基金收到了300万美元并用于电视广告，1985年则收到了1.8亿美元。现在麦当劳的年度广告支出达到10亿美元，但分摊到30 000多家分店和400多亿美元的销售额上，广告费用的负担并不重。

5. 统一产品质量

麦当劳对食品质量要求极高，并且要求做到标准化。面包不圆或切口不平都不能销售；奶浆接货温度要在4℃以下，高一度就退货；用机器切的牛肉饼每个重47.32g，直径98.5mm，厚度为5.65mm，肉中不能掺进任何一点心、肺等下水料，脂肪不能超过11%，并要经过40多项质量控制检查；任何原料都有保存期，生菜从冷藏库拿到配料台上只有2h的保鲜期，过时就报废。生产过程采用计算机控制和标准操作，制作好的成品和时间牌一起放到成品保温槽中；炸薯条超过7min、汉堡包超过10min就扔掉，用这些硬性的操作规范来保证产品的质量。正因为如此，麦当劳才赢得了众多的消费者和回头客。

6. 统一服务规范

顾客走进任何地方任何一家麦当劳餐厅，都会感到这里的建筑外观、内部陈设、食品规格、服务员的言谈举止和衣着服饰等诸多方面惊人地相似,都能给顾客以同样标准的享受。

微笑是麦当劳的特色,所有的店员都面露微笑,活泼开朗地与顾客交谈。全体员工实行快捷、准确、友善的服务,排队不超过 2min,顾客点完所要食品后,服务员要在 1min 内将食品送到顾客手中。

麦当劳的员工不允许与顾客发生口角,否则不论情节轻重和是非曲直,一律辞退。后堂和前店的职工在穿着打扮上有严格要求,男的不允许留长发,女的要戴发网,不准浓妆艳抹。为了保证店堂清洁,公司总裁甚至身体力行,亲自去餐厅做清洁。在麦当劳的员工规范中,有一项条文是"与其靠墙休息,不如起身打扫"。所有的餐盘、机器在打烊后必须彻底清洗、消毒,地板要刷洗干净,餐厅门前也要保持清洁。

7. 统一作业程序

麦当劳的员工"小到洗手有程序,大到管理有手册"。员工上岗操作前必须严格用杀菌洗手液消毒,规定两手揉搓至少 20s 再冲洗,然后用烘干机将手烘干,如果接触了头发、衣服等东西,就要重新洗手消毒。

麦当劳的营运手册详细说明了餐厅各项工作的操作程序和方法,并且在实践中不断丰富和完善。营运手册把餐厅工作分为 20 多段,详细说明各工作段事先应准备的项目、操作步骤、岗位职责。员工进入麦当劳后将逐步学习各工作段,表现突出的员工会晋升为训练员,训练员表现可以进入管理组。所有的经理都是从员工做起,必须高标准地掌握基本岗位操作并通过岗位工作检查。

8. 统一员工培训

麦当劳总部开办了汉堡包大学,专门培训各分店经理和专业技术人员。学习内容包括食品烹调、机械维修、原料配备、质量管理、存货控制、会计、广告、公共关系、人事管理等各个方面。汉堡包大学目前已培养出几万名毕业生,他们已成为麦当劳各加盟店的管理人员或业务骨干。另外在实际工作中,高一级的经理还要对下一级的经理或员工实行一对一的训练,训练合格后,才有可能获得晋升。

(资料来源:根据百度文库、豆丁网等资料整理)

2.2 连锁经营的特征

2.2.1 标准化

标准化即指经营的商品、服务、企业整体形象的统一,将一切工作都按照规定的标准去做。连锁企业拥有统一的企业名和企业徽、统一的建筑形式、统一的店堂陈列、统一的广告宣传、统一的服饰等。连锁企业经营的商品具有同类性,服务的水平和风格也完全相同,从而树立了统一的企业形象。

连锁经营的标准化管理应覆盖经营管理活动一切方面,最主要的有下面两个方面。

1. 企业整体形象的标准化

商店的开发、设计、设备购置、商品的陈列、广告设计、技术管理等都集中在总部,总部提供连锁店选址、开办前的培训、经营过程中的监督指导和交流等服务,从而保证了各连锁店整体形象的一致性。

2. 营业状态和作业活动的标准化

总部、分店及配送中心在商品的订货、采购、配送、销售等环节,各司其职,并且制定规范化规章制度,整个程序严格按照总公司所拟定的流程来完成。

标准化管理是多店铺组织与网络化流通的必然要求,其目的是为了确保连锁门店的统一形象,稳定商品质量和服务质量,简化管理工作,提高管理效率,并控制人为因素对经营管理可能造成的不利影响。

连锁经营的标准化是连锁企业适应市场竞争的需求而采取的形式。实施标准化管理可以消除以经验为基础的工作的随意性、避免个人因素对连锁组织营运造成的危害，从而建立起一套成本最低、效率最高的标准化作业规范，以确保向顾客提供的产品和服务的标准化和稳定性。

案例阅读

麦当劳的标准化细节

据统计，最适合人们从口袋里掏出钱来的高度是 92cm，因此，麦当劳的所有柜台设计均以 92cm 为标准。店铺内的布局也基本一致：壁柜全部离地，装有中央空调系统；厨房用具也全部标准化，如用来装袋用的"V"形薯条铲，可以大大加快薯条的装袋速度，用来煎肉的贝壳式双面煎炉可以将煎肉时间减少一半；所有薯条采用"芝加哥式"炸法，即预先炸 3min，临时再炸 2min，从而令薯条更香更脆；在麦当劳与汉堡包一起卖出的可口可乐，据测在 4℃时味道最甜美，于是全世界麦当劳的可口可乐温度，统一规定保持在 4℃；面包厚度在 17mm 时，入口味道最美，于是所有的面包做 17mm 厚；面包中的气孔在 5mm 时最佳，于是所有面包中的气孔都为 5mm……

（资料来源：根据百度文库、中国物流与采购网等资料整理）

2.2.2 专业化

专业化是指连锁企业的商品采购、储存、配送、销售及经营决策等职能的相互分离。连锁企业对业务活动进行了详细分工，甚至每个人的职责都趋向专业化，使其职责分明，各负其责。通过业务活动的专业化，从而保证了连锁经营各项活动的决策正确以及有较高的工作效率。

这种专业化既表现在总部与各成员店及配送中心的专业分工，也表现在各个环节、岗位、人员的专业分工，使得采购、销售、送货、仓储、商品陈列、橱窗装潢、财务、促销、公共关系、经营决策等各个领域都有专人负责。

1. 系统性专业化

连锁经营形成以信息、配送、库存为核心，以营运为主体，以战略规划为导向，以后勤服务为辅助的经营管理体系。以库存的专业化为例，由专业人员负责库存，从而合理分配仓库面积，有效地控制仓储条件，熟练操作有关仓储的软硬件设备，按照"先进先出"等原则收货发货，防止商品库存过久变质，减少商品占库时间。销售则以 POS 系统为手段，实现商品销售的柜台陈列、货款结算、销售管理等专业化。

2. 总部实行部门专业化分工

连锁店一般都设置采购、配送、店铺开发、营运管理、财务管理、人力资源管理、培训、规划、数据处理与分析等部门。以采购的专业化为例，由于专业的采购人员对供应商的情况较熟悉，能够选择质优价廉、服务好的供应商作为供货伙伴，了解所采购商品的特点，有很强的采购议价能力，所以可以极大地降低采购成本。

3. 分店实行岗位专业化分工

连锁店设置店长、副店长、领班、理货员、收银员、点菜员、仓保员、寄包员等岗位人员。以收银专业化为例，经过培训的收银员可以迅速地操作收银机，根据商品价格和购买数量完成结算，减少顾客的等待时间。

规模化经营的成功基础是有效的专业化分工，同时规模化经营也为有效的专业化分工创造了必要的条件。在现代激烈的市场竞争中，专业化还有助于企业迅速做出反应。而实现连锁经营的专业化分工也必须依赖于两个方面的力量：一是专业化人才队伍；二是进行部门之间以及岗位之间的有效协调。

2.2.3 集中化

分工越细的体系就越需要集中化管理。连锁企业实行集中决策和分散经营的管理体制。通过集中管理，连锁企业可实现统一经营。

1. 总部负责制定经营战略和具体营销策略

连锁企业的销售计划与经营战略、店铺选址、员工教育、商品采购等，均由总部负责，广告及信息也都由总部控制，形成一整套的决策管理体系。

2. 连锁分店负责商品销售及提供服务

连锁分店在总部集中、统一制定的经营战略和营销策略指导和服务下，开展连锁商业的商品销售及服务活动，而不用考虑分店的商品采购、配送、广告宣传等其他问题。

集中统一，能实现统一管理与分散经营的有机结合，进行集中统一的市场调研和经营战略、营销策略的有机调整。连锁经营企业既能集中一般单个商店难以集中的人、财、物，从事较大规模的市场调查和经营决策的研究，又可以将调查研究的决策结果推广应用到自己下属的众多连锁分店。同时，这一特点也使众多的连锁分店只需承担连锁总店所分摊下来的很少费用，就能得到需独立的策划和很大的投入才能得到的经营决策研究成果。这充分体现了连锁经营中的集中统一与分散经营有机结合的组合优势。

连锁经营实行集中统一经营战略，不仅有利于节约经营管理费用，而且能够使所有的连锁分店在科学的经营战略和营销策略指导下经营，以保持蒸蒸日上的发展势头。这种优势决定了连锁分店能把资本生产经营的大规模要求同现代消费的分散化特点有机结合到一起，创造出符合零售商业本质要求和能够实现大规模经营的现代零售方式与组织形式。

2.2.4 简单化

简单化是指尽可能地将作业流程"化繁为简"，创造任何人都能轻松、快速地熟悉作业的条件，以减少经验因素对经营的影响。连锁企业岗位职责明确，业务操作规范简单而好记，容易掌握，从而保证了连锁企业服务的标准化和工作的高效率。

1. 作业内容简单化

连锁经营的简单化是由其行业特点决定的。一般零售业、餐饮业和其他服务业也采取连锁经营，而这些行业的特点是消费不均衡。对于零售商店，平时顾客来店时间较分散，而节假日较集中；对于餐饮店，无论平时还是休息日，中、晚餐时间顾客比较集中，在一天的经营时间内，忙与闲差异相当大。分店在用人方面，常常需要在必要时间段雇用临时工，但临时工稳定性差、流动性大，由于复杂的作业在短时间内难以掌握，所以增加训练的时间就加大了成本投入，而解决这一难题的最有效的办法，就是将作业内容简单化，使初次来店的工作人员稍加训练就能迅速熟悉其作业内容，并能使其获得同熟练者同样的效果。但是，分店就可以支付比熟练员工少得多的费用，达到用人机制灵活、低成本经营的效果。

案例阅读

麦当劳的员工操作手册

在麦当劳的作业手册中可以查到麦当劳所有的工作细节，例如，如何追踪存货，如何准备现金报表，如何准备其他财务报告，如何预测营业额及如何制定工作进度表等。甚至可以在手册中查到如何判断盈亏情况，了解营业额中有多大比例用于雇用人员，有多少用于进货，又有多少是办公费用。每个加盟者在根据手册计算出自己的结果后，可以与其他加盟店的结果比较，这样就便于立即发现问题。麦当劳手册的撰写者不厌其烦，尽可能对每一个细节加以规定，这正是该手册的精华所在。也正因如此，麦当劳经营原理能够快速全盘复制，全世界上万家分店，多而不乱。

（资料来源：根据百度文库、中国物流与采购网等资料整理）

2．作业流程简单化

连锁经营的简单化还取决于减少经验因素的影响。由于连锁系统整体庞大而复杂，只有将财务、采购、物流、信息、管理等各个系统简明化，将分店的作业流程、工作岗位以及一切的商业活动尽可能简单化，才能保证不出错、不走样，减少个人经验因素对经营的影响，以达到连锁经营的统一要求。

通常，为了实现各项作业的简单化，连锁企业会根据整个作业流程中的各工作程序，相应制订一个简明扼要的操作手册，使所有员工都依手册的规定来运作。这种手册对各个岗位都有详尽的规定，掌握和操作起来非常简单，任何人都可以在较短的时间内轻松学会，即使人员频繁变动，也能借此手册迅速掌握要领，步入正轨。

3．扩张方式简单化

连锁经营扩张讲究的是全盘复制，不能因为分店数量的增加而出现紊乱。连锁系统整体庞大而复杂，必须将财务、货源供求、物流、信息管理等各个子系统简明化，去掉不必要的环节和内容，以提高效率，使"人人会做、人人能做"，达到事半功倍的效果，以最少的资源获取最大的经济效益。

2.2.5 规模化

规模化是指连锁企业在销售网络、商品采购、商品配送、企业人员培训、销售广告等各种经营资源方面的规模化利用。

1．分店数量众多，销售规模大

连锁企业必须是若干个企业（店铺）联合而成的，形成规模经营，单个企业不能称之为连锁经营。例如，沃尔玛全球有 4 000 多家分店，年销售额达到 5 000 多亿美元；麦当劳有 30 000 多家分店，年销售额近 2 000 亿美元。它们分别形成了大规模的销售网络和强大的销售能力。

2．商品采购批量大

连锁企业实行联购分销，商品、商业设备等由总部集中统一采购，最大可能地扩大了采购规模。连锁企业通过批量进货、规模采购降低商品进货成本,进而降低商品销售价格来吸引顾客,扩大了市场份额,增强了企业的竞争力。

3. 管理集团化,实现资源共享

连锁企业统一管理、标准化经营,使各分店商誉共享、经营管理技术共享,降低单位商品销售的其他投入成本(单位产品广告费、新技术专利、设备的研制购买费、信息资源开发费、经营管理费用等),从而降低了经营费用。

规模化为连锁企业带来了巨大的规模效益。连锁经营通过扩大市场范围建立更多分店的办法,突破了传统的单店型零售业的成长瓶颈,使其能进入无限成长之途,从而形成以下规模优势:

(1)主导优势。由于规模大,且控制着广泛的最终市场,连锁企业就可以凭借这一市场优势对相关企业起主导作用,成为引导和整合零售相关企业的组织者。

(2)采购优势。连锁经营通过集中采购,大批量进货,可以降低成本,减少环节,选择最优化的进货渠道,也能迫使生产者或供应商在价格、付款方式、送货运输上给予优惠。有些大的连锁企业,甚至自己有生产基地、生产企业、自定品牌,或者自己采购原料,自行加工、分装,集中储存、运输,这样使进货成本大大降低,以低于市场价格出售商品,从而在竞争中取得优势。

(3)形象优势。连锁企业采用统一的企业形象以及大规模经营,有条件进行巨额的广告投资,使其比其他独立企业具有更高的知名度,其产品和服务更容易进入其他独立企业不易触及的市场,也更容易被消费者接受和记住。

(4)学习优势。连锁公司不断地用科学的方法从实践中总结成功的经验,并使其标准化,通过培训在整个系统中推广。通过复制成功的经验模式,实现连锁企业扩张,无论是直营连锁、特许连锁还是自由连锁都较容易实施。

(5)促销优势。由于连锁分店遍布整个区域甚至全国,所以连锁店总部可以利用全国性或地方的媒体进行广告宣传。而连锁促销的广告费用可以由多家分店共同分摊,因此促销成本相应降低,这对单个商店而言是很难做到的。

2.3 连锁经营的基本类型及体系分析

连锁经营具有不同的模式,主要有美国式分类和日本式分类。其中,日本式分类根据联结纽带和联结运作方式的不同,将连锁经营的模式分为直营连锁、特许连锁和自由连锁3种形式。这3种形式在不断地成熟与完善过程中逐渐显示出各自的风格与特色,也可以在一个连锁企业中相互交叉存在。目前,这3种经营模式已成为全球绝大多数连锁业的主流模式。

2.3.1 直营连锁

1. 直营连锁的定义

直营连锁又称正规连锁(Regular Chain,RC),是大资本通过独资、控股或吞并、兼并等途径,发展壮大自身实力和规模的一种形式,它曾经是美国连锁店的基本形态。直营连锁由总公司管辖下的许多分店组成，它往往具有行业垄断性质，利用资本雄厚的特点大量进货、大量销售，具有很强的竞争力。

国际连锁加盟协会对直营连锁所下的定义是："以单一资本，直接经营 11 个以上商店的零售业或饮食业。"总之，直营连锁本质上是处于同一流通阶段，经营同类商品和服务，并在同一个资本及同一总部集权性管理机构统一领导下，进行共同经营活动的零售企业集团，即所有权属于同一公司或同一老板，由总公司直接经营的店铺。

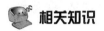 **相关知识**

国外对直营连锁的规定

英国对正规连锁店的要求是要有10个以上的分店。日本通产省对正规连锁下的定义是："连锁商店的实质，是处于同一流通阶段，经营同类商品和服务，由同一资本经营并在同一总部集中性管理机构统一领导下，进行共同经营活动的（由2个以上单位店铺组成的）零售企业集团。"

2．直营连锁的特征

直营连锁的主要特点是所有权和经营权的集中统一，各成员店的经理是雇员而非所有者，总部对各店铺拥有完全的所有权和经营权，实施人、财、物、产、供、销等方面的统一管理。直营连锁充分利用自我服务的方式，提高销售效率，提高商品周转率，降低进货成本，建立低价格、批量销售的零售体制，获取规模效益。具体来说，直营连锁具有以下几个鲜明的经营特征：

（1）高度一体化。直营连锁具有资产一体化的特征，即每一家连锁分店的所有权都是属于同一主体，归属同一公司、一个联合组织或单一个人所有，由一个决策单位决定各连锁店铺的经营种类，集中采购以争取数量折扣，并将商品运送到各连锁店铺，统一确定商品价格，统一决定销售政策，制定统一的推销方案，统一商店的布置等，实行统一核算制度和利润分配制度。各成员商店经理是雇员而不是所有者，各分店实行标准化经营管理。

（2）拥有完善的商品管理系统。直营连锁是以分散店铺的大量销售为经营基础的，因此，集中统一进货必须以准确掌握商品和交易动向作为制订销售计划和确定经营策略的依据。商品管理系统主要包括商品销售信息管理系统和计算机订货系统等。

（3）充分发挥总部的职能作用。直营总公司与下属的分店之间的关系属于企业内部的专业化分工关系，所以在经营管理权方面高度集中，不仅各连锁店在店名、店貌等外观形象上完全统一，而且经营管理的决策权也高度集中在公司总部。公司总部设置分工明确、专业精细的内部管理机构及与各店铺的层级管理制度、各类责任制度。店铺的经理人选及员工聘用、采购计划、销售方式、广告宣传等也都是根据总部的指令行事，工资、奖金均由总部确定，以连接总部、各职能部门和店铺的统一运作。

3．直营连锁的优、缺点

统一管理、分散销售的特点给直营连锁模式带来了正、负两方面的影响。其优点在于：各个直营连锁的店铺完全在总公司的控制之中，可以统一调动资金，统一经营战略，统一开发和运用于整体性事业；作为大型商业资本所有者拥有雄厚的实力，有利于同金融界、生产部门打交道，有着强大的议价能力；在人才培养使用、新技术产品开发推广、信息和管理现代化方面，易于发挥整体优势；众多的成员店可深入消费腹地扩大销售。

直营连锁模式的缺点在于：总部出资派人经营，使得成员店自主权小，利益关系不紧密，积极性、创造性和主动性受到限制；需要拥有一定规模的自有资本，发展速度受到限制；大规模的直营连锁商店管理系统庞杂，容易产生官僚化经营，使企业的交易成本大大提高。

因此，采用直营连锁的方式，总公司一般必须具有较强的经济实力和控制能力，而且要能够处理好集中管理和分散经营的关系。

 相关知识

直营连锁的著名企业

直营连锁曾经是美国连锁店的基本形态，世界第一家连锁店美国大西洋与太平洋茶叶公司就属于这种类型的连锁经营，另外，典型的还有最大的连锁店沃尔玛、西尔斯·罗巴克百货公司、宾尼公司等。而在日本最大的连锁店集团大荣公司、在零售业名列第三的西友公司、王子大饭店、东京大饭店等都是只有直营店，无加盟店。连锁店在建立早期一般采用直营店的方式，在实力日渐雄厚，名声越来越大之后，便开始征求加盟店，这是连锁店发展的规律之一。

2.3.2 特许连锁

1. 特许连锁的含义

特许连锁（Franchise Chain，FC）又称合同连锁（Contract Chain，CC）或特许加盟连锁。如果大型商业资本打算在节省资本投入的情况下达到扩张、实现商品价值的目的，特许连锁就是实现这一目标的最佳形式之一。

美国商务部对特许连锁的定义是："主导企业把自己开发的商品、服务和营业系统（包括商标、商号等企业象征的使用、经营技术、营业场所和区域），以契约的形式授予加盟店在规定区域内的经销权或营业权。加盟店则交纳一定的营业权使用费，承担规定的义务。"

美国特许连锁协会认为："特许经营是由一方（特许权拥有方）给予另一方（特许权接受方）的合同性特许。它包括：一是在特许经营时期内，同意或要求特许权接受方在特许权所有方的名义下，或在与其有关的名义下，使用它的名义从事某一商业活动；二是授予特许权所有方在特许经营时期内连续行使管理控制的权利，在该时期内，特许权接受方在其商业活动中须服从于特许权所有方；三是要求特许权所有方对特许权接受方的商业活动提供帮助（对于特许权接受方在商业活动组织方面的帮助包括人员培训、推销、管理等）；四是在特许经营时期，要求特许权接受方按期向特许权所有方交纳钱款，其数量按特许性质或按特许权所有方提供的商品或服务量计算；五是双方之间的关系不是持股公司与其子公司或同一持股公司下属的子公司的关系，也不是个人与受该人控制的公司之间的关系。"

日本特许连锁协会的定义是："特许经营权是指特许者同其他事业者之间缔结合同，特许者特别授权特许加盟者使用自己的商标、服务标记、商号和其他作为营业象征的标识和经营技巧，在同样的形象下进行商品销售。此外，加盟者要按销售额或毛利的一定比例，向特许者支付报偿金，并对事业投入必要的资金，在特许者的指导及支持下开展事业。双方保持着特许性的关系。"

综合分析特许连锁商店的理论与实践，可以得出特许连锁的定义：特许方（连锁总部）

将自己所拥有的商标、商号、产品、专利技术和专有技术、经营模式等，以合同的形式授予受许方（分店）使用，受许方按合同规定，在特许方授权的业务模式下从事经营活动，并向特许方支付相应的加盟费的经营方式。

一般来讲，特许连锁有两种类型：一种是经营特许权加盟型，又称商业转让型特许加盟经营，即主导企业将其拥有的经营技术、配方、诀窍等授予加盟者的方式；另一种是商品和商标特许权加盟型，又称产品转让型特许加盟经营，即主导企业将其拥有的专门商品、商号、商标的经销权和使用权授予加盟者的方式。这两大类型在具体操作时，也有许多不同的具体方法。

2．特许连锁的特征

与直营连锁不同的是，特许经营的分店是独立法人身份，其最大特点是：有一个盟主，成员店在财产和法律上是独立的，在经营管理上自主权较小，一切要按盟主规定的条件办，双方以特许合同为连锁关系的纽带基础。

（1）加盟企业具有独立的法人资格。加盟企业具有独立的企业法人资格和企业的人事、财务权，但是加盟者必须按特许合同的规定严格执行生产经营任务，没有独立的生产经营权。此外，特许经营具有资产独立性的特征，并且特许经营店与其总公司都是独立核算的企业，加盟店和总部是纵向联系，加盟店之间没有横向联系。

（2）以特许权所有者为主导企业构成的连锁经营组织体系。主导企业必须具有自己的产品、服务、技术，或有名的商标、商号等资产，能以其独有的物质技术或知识产权给企业带来经济效益。这种主导企业为了扩大经营，取得规模效益，其他企业为了借主导企业独有的物质技术或知识产权来获取更好的经济效益而结成的连锁经营组织体系，是以主导企业为核心的纵向经济关系。

（3）维系特许连锁经营的经济关系纽带是特许授权经济合同。特许经营公司与其授权成立的总公司之间是平等互利的合作关系，所以在经营管理上往往不采取强制措施，而是通过特许授权经济合同来规范双方的权利和义务。这种特许授权经济合同不是由双方协商确定的，而是由主导企业制定的，加盟者以接受主导企业制订的合同内容为条件才能加盟。例如，必须按主导企业提供的各项标准进行生产经营，必须按主导企业提出的经营管理方法办事，必须按合同规定的数量和方法向主导企业交纳一定的特许金额等。这些特许金包括经营权利金、加盟费、保证金、设备金、第一期物料准备金、广告及开业手续费、装修费等。

主导企业也在合同中规定出相应承诺的授权责任与义务，如提供必要的技术指导，提供独有商品、原材料，允许使用商标，进行必要的员工技术培训等。

3．特许连锁的优、缺点

采用特许经营无论是对总部、特许店还是社会经济都有着明显的积极作用，其优点在于：对总部而言，能用较少的资金达到迅速发展公司业务的目的，同时经营权的转让也完成了无形资产向有形资产的转变；对于投资者而言，尤其是有一定资金但缺乏经验和技术的个人，加盟特许店可以享受总公司全方位的服务，利用总公司已有的技术、品牌和商誉来开展经营，达到风险较小、利润较稳定的目的；对社会而言，通过特许连锁方式来发展商业网点，不仅能提高商业的组织化程度，而且也有利于中小企业的稳定发展。

特许连锁的主要缺点在于：在总部与加盟店组织关系上，特许连锁不如直营连锁明确和清晰，一旦出现商品或服务的质量事故，总部与加盟店在承担营业责任上可能相差很远，导致消费者投诉对象模糊化；同时，如果总部片面追求品牌授权金，大量发展加盟店而又缺乏有效的管理和强有力的服务能人,不仅会使连锁企业形象受到严重损害,而且会使加盟者的权益受到侵犯,最终很有可能导致整个特许连锁系统的崩溃。

相关知识

特许连锁的著名企业

特许连锁经营方式是由美国胜家缝纫机公司在 1865 年首创的,日本"不二家"西点糕饼店也属于这种经营方式。美国由于采用广义的解释,所以所有的连锁店都是属于特许经营,麦当劳就是其典型代表。在我国,很多特色餐饮店、便捷酒店也是典型的特许加盟店。

案例阅读

"小拇指"的"微"加盟

据权威数据统计,每辆轿车每年的擦碰次数平均达到 3 次以上,微小事故的业务量已经增加到整个汽修行业的 30%以上。正是因为注意到了这个巨大的细分市场,2004 年,兰建军创立了国内第一家专业从事汽车表面微创伤修复的加盟连锁品牌——小拇指汽车微修。

通过严格的内部管理,"小拇指"努力实现经营模式、价格政策、促销方案、技术标准等各方面的规范化运作,实现品牌价值的提高,同时加盟连锁店也增强了市场竞争力。为了帮助加盟商成功,"小拇指"总部分别建立了营建、物流、培训、督导、市场等部门,从店面的选址、设计装修、设备采购到技术人员招聘、专业培训等方面加盟商提供专业化服务与指导。在经营阶段,"小拇指"总部还持续不断为加盟商提供品牌推广、市场营销、营业管理、生产管理、营运督导、物流配送、广告宣传、客户关系管理、成本和质量管理等一系列的服务,通过多种形式持续不断地为加盟商诊断经营状况、传授经验,帮助加盟商不断改善业绩。2013 年,"小拇指"门店数达到 600 家。"小拇指"成为通过加盟实现快速扩张的典型,确立了自己在汽车微修业务方面的品牌地位。

(资料来源:根据中国质量新闻网等资料整理)

2.3.3 自由连锁

1. 自由连锁的含义

自由连锁又叫自愿连锁(Voluntary Chain,VC),是保留单个资本所有权的联合经营。自由连锁的最大特点在于各店铺在所有权和财务上是独立的,与总部没有隶属关系,只是在经营活动上的协商和服务关系,统一订货和送货,统一使用信息及广告宣传,统一制定销售战略。各店铺不仅独立核算、自负盈亏、人事安排自主,而且在经营品种、经营方式、经营策略上也有很大的自主权,每年只需按销售额或毛利额的一定比例向总部上交加盟金。这种形式主要存在于中小企业中。自由连锁的核心是共同进货,这样可以使中小型店铺和大型超级市场、百货商店一样,获得低廉的商品进货价格,这也是中小企业加入自由连锁店的最大诱因。而对总公司而言,自由连锁店铺是总公司有力的分销渠道,从而形成了自由连锁重要的"联购分销"机制。

众多中小企业在与一些规模庞大、实力雄厚的大型连锁公司的竞争中,由于势单力薄、竞争力下降,占有的市场份额日益萎缩。为了摆脱困境,若干零售商共同投资设立机构,负责共同进货、促销和开展广告宣传等活动,以降低成本、提高利润。可见,自由连锁是中小零售商对抗大型连锁店而自行发起的组织。

自由连锁在日本比较普遍，占连锁业的60%以上。我国台湾、香港地区有少数传统式的"夫妻店型"杂货店，也是这种自由连锁店的成员。目前，全球最大的自由连锁组织是美国IGA和瑞士SPAR，它们已开始发展跨国经营，在全世界都有很大的影响，我国的许多区域连锁企业，如湖南步步高、河南四方联采、山东家家悦等都加入其中。

2．自由连锁的特征

（1）成员店的所有权、经营权独立。自由连锁成员店的所有权、经营权和财务核算都是独立的，可以使用成员店各自的店名商标，但是，当自由连锁店发展到合股建立一家能为成员店提供服务的商业机构时，使用不同店名商标的成员店往往会转换成使用统一店名商标的连锁店。

（2）总店或主导企业与成员店之间关系松散。自由连锁总店或主导企业与成员店之间并不存在经营权的买卖关系，它们主要是靠合同和商业信誉建立一种互助互利关系，以达到规模经营的目的。

（3）总店与成员店之间是协商和服务的关系。总店主要负责统一进货和配送，各店铺在核算、盈亏、人事安排、经营品种、经营方式及经营规模、经营策略上都具有很大的自主权。

 **相关知识**

自由连锁经营的四原则

（1）共同行动原则。在自由连锁经营中，总部及连锁分店必须积极地开展共同行动，在总部全心全意对分店进行支援、指导的同时，连锁分店也应积极与其配合，确保共同行动的进行。

（2）职能明确利益均等原则。自由连锁总部依靠与连锁分店结合获得组织利益，分店在自由连锁组织中要承担销售任务，追求组织商品和其他事业的共同化，而总部也应在以组织形式获得利益的同时，以培养人才、加强物流系统、信息系统等进行战略性再投资的形式，偿还给各成员店，以繁荣连锁分店，强化连锁经营系统，双方达到共享规模利益的目的。

（3）调整、协调原则。在自由连锁活动中，应尊重各连锁分店的营业范围，但这并不否认营业范围内各连锁分店彼此之间的有效竞争，因为有效的竞争会给连锁分店带来活力，增强其竞争力。但是，应尽可能调整各连锁分店彼此之间的过分竞争。

（4）为社区作贡献的原则。加盟自由连锁机构的，大多是分布在社区中的中小服务企业，因此，各连锁分店应树立为所在地区居民服务的思想，掌握当地居民的需求及其变化的情况，并及时将信息反馈给总部，在总部的支持、配合下，尽可能地满足顾客的需求和愿望，使连锁分店成为社区不可缺少的设施。能满足本地区顾客的需求，使居民满意，是连锁分店繁荣和发展的基础。

3．自由连锁的优、缺点

自由连锁既有连锁经营的规模优势，又能最大程度上保持独立小商店的经营特色，具有较大的经营特色，其优点在于：自由连锁的成员店独立性强、自主权大、利益直接，有利于调动积极性和创造性；连锁系统的集中管理指导，有利于提高门店的经营水平；统一进货、统一促销，有利于各门店降低成本，享受到规模效益和总体组织化的好处。

自由连锁的主要缺点在于：其联结纽带不紧，凝聚力相对较弱；各门店的独立性大，总部集中统一运作的作用受到限制，因而组织不够稳定，发展规模和地域有一定的局限性；由于过于民主、决策迟缓，相对来说其竞争实力受到影响。

相关知识

自由连锁的著名企业

自由连锁在日本比较普遍,到 1982 年,日本自由连锁商店的店铺数量达到了 5 万多家,占日本零售店铺总数的 3.1%,营业额达 8 万亿日元,其发展速度远高于同期正规连锁的发展速度。目前,最大的自由连锁店是食品零售业的 CGC 集团,年利润额在 3 000 亿日元左右;加入店铺最多的是床上用品零售业的"全国日之友会"和食品零售业的"全日食连锁店",都有 1 500 家左右。美国 IGA 和瑞士 SPAR 都已发展到了全球 30 多个国家,加盟商近 4 000 家。

案例阅读

国际 SPAR

SPAR 拥有 70 多年的历史,在全球 35 个国家经营 1.5 万家超市,运营着 4 种连锁业态:便利店、邻里超市、大型超市、大卖场。SPAR 的主要活动包括开发新国家合作伙伴,在集团内部组织门店模式开发、营销和联合采购等。目前,SPAR 已经和我国山东家家悦、河南正道集团、湖北雅斯等合作开设了 100 家 SPAR 大卖场和 500 多家便利店。

(资料来源:根据百度百科等资料整理)

2.3.4 连锁经营形态比较

为了更好地认识直营连锁、特许连锁和自由连锁 3 种连锁形态,表 2-1 列出了连锁经营形态的各项特征加以比较。

表 2-1 连锁经营形态比较

连锁形态	直营连锁	特许连锁	自由连锁
总部与加盟店的资本所属	同一资本	不同资本	不同资本
资金构成	总部出资	加盟店持有一定股份	全部由加盟店出资
决策	总部作出	总部为主,加盟店为辅	分店有较大自主权
加盟店的自主性	小	较小	大
总店和分店的关系	完全一体	经营理念共同体	任意共同体
分店之间的联系	同隶属于总部	无横向联系	无横向联系
分店建议对总店的影响	无	小	大
分店上缴指导费	—	5%以上	5%以下
合同约束力	总部规定	强硬	松散
商品来源	经由总部供应	大部分经由总部供应	经由总部供应
价格管理	总部规定	原则上总部规定	自由
加盟时间	—	多为 5 年以上	以年为单位
外观形象	完全一致	完全一致	基本一致

不同的行业所适用的连锁经营形态不尽相同,直营连锁适用于零售业、特别是大型百货

公司和超级市场，特许经营适用于制造业、服务业、餐饮业以及便利店等小型零售业，自由连锁适用于批发零售业。

案例阅读

永和豆浆的连锁经营之路

永和豆浆是来自中国台湾的餐饮连锁企业，自成立以来，就一直秉承"以顾客满意为中心"的经营服务理念，提出经营健康速食新风味的产品决策，将"永远的朋友、欢乐的家庭"作为公司的服务宗旨。凭借精良的技术及对健康品质的坚持，永和豆浆餐饮连锁店迅速成为中式早餐及中式餐店连锁的知名品牌。

永和豆浆的管理者们对于如何成功地进行连锁经营，有着自己独特而清醒的思考：一个好的连锁业态并不一定就能够保证做成功，连锁加盟模式成功的关键，在于先建直营店，再以加盟形式铺开；在于既能连起来，又能锁得住；在于产品的标准化和一致化是连锁加盟企业的核心工作；在于品牌，品牌是连锁业的生命，同业无序竞争会给全行业带来严重危机；在于产品贴近市场，实现本土化，可有效增强连锁企业活力。因此，永和豆浆才能在短短十几年的时间里，遍布港澳台地区的多个大中城市，并参与到国际竞争中，网络遍布全世界，产品和连锁店遍布世界各地有华人的地方。

永和豆浆的创始人曾说过："永和豆浆在迈向国际化发展进程中，成功的关键因素还是要实实在在的经营，能够满足消费者的需求，汲取应用更多的科技手段和管理经验，持续性地建设永和豆浆品种的标准化、生产的工厂化、经营的连锁规模化和管理的科学化，创造品牌生命力、创作更多美味新鲜可口的永和豆浆及传统点心，将中华汉食文化发扬光大，让全世界有华人的地方都能喝到永和豆浆。永和豆浆成为全球中式餐店连锁第一品牌以及世界性的餐饮连锁品牌就指日可待了。"

（资料来源：根据百度知道、品牌投资网等资料整理）

2.3.5 连锁经营体系

大型连锁企业的成功经验告诉人们，战略化的管理、标准化的经营以及完善的连锁经营管理体系是连锁企业获得成功的重要条件。

1. 批量商品经营体系

批量商品经营体系是连锁企业在商品经营方面开发出来的适合于本企业实际情况的系统化的经营技术，包括从商品设计开发到最终提供给消费者所有商品的经营活动。概括来说，批量商品经营体系包括商品开发过程和经营技术开发过程。

（1）商品开发过程。商品开发过程主要包括采购体系的开发和巩固、企业自有商标品种开发体系以及委托加工生产体系3个部分。

（2）经营技术开发过程。经营技术开发过程包括经营商品结构开发、售价、分类、组合、仓储、运输、售货现场设计、布局、商品陈列、店内广告、促销、支付方法、服务等经营过程的各环节。

批量商品经营系统是连锁经营最主要的经营技术之一，它可以支撑连锁企业站在消费者和使用者的双重立场上来进行规模化经营。

2. 标准化分店组合体系

标准化分店组合体系是指对分店的选址、店面设计、经营方针等进行标准化操作，从而形成一个成熟的、可操作的、可复制的体系。标准化分店组合体系是连锁企业拓展分店、扩大经营规模的经营战略体系。该体系一般包括分店店铺所需的基础条件；分店店铺的设计、布局、陈列等技术设施；资金筹集、投资、利益分配、加盟合同及相关法律关系等财务管理。

（1）新设店铺所需基础条件。新设店铺需要考虑的主要因素有交通条件、地价、所处商圈的人口、收入水平、需求特点、竞争者的数量和素质、体制、人文环境等。

（2）分店设计、布局、陈列等技术设施。分店的设计、布局、陈列等技术设施主要包括：店名、店号、店标、门面、橱窗的设计和店面选材等外观问题；卖场通道、收银台设置、存包处设置、店铺的照明设置、色彩设计、通风设置等内在设计；连锁店铺营业现场的商品陈列、空间布局与购物环境、商品展示相关的技术设施和安排。

（3）资金筹集、投资、利益分配、加盟合同及相关法律关系等。在发展加盟店时，资金筹集渠道、投资额、利益分配方案、流动资产管理、契约内容和期限等一系列相关方面，都与企业日常分店管理和发展密切相关。新店开设主要涉及 3 个方面的内容：一是新开设店铺初期投资的额度和权责分担，明确双方的权力和职责；二是利益分配的安排，如本部应保障的最低销售额、供货安排、业务技术培训、双方协议的利益分割形式和比例等；三是加盟合同及相关法律关系，如合同期间，对双方权利义务、经济责任、协调沟通方式等方面的具体规定。

3．物流配送体系

连锁物流配送体系包括从日常商品采购到商品销售给消费者的商品移动过程中所涉及的保管、加工、分类、配货、送货等方面安排的业务技术体系。它通过商品的集中采购、集中储备和统一配送，成为连锁经营市场供应的保障系统，也是连锁企业运作的基础。物流配送体系的好处在于：提供丰富、及时、充足、适应市场的产品；大幅度地降低了运营成本；可以提供更为丰富的信息情报。

4．人力资源管理体系

连锁企业的决策和营运，都需要通过专门的人才来完成，因此，规划连锁企业的人力资源管理战略，引进、挖掘、考核人才，并使其人尽其才、发挥所长，保持企业最佳的人力资源成本，就成为连锁企业人力资源管理的重点。由于连锁经营是一种新型的经营方式，创新性强，分店发展不断有新成员进入，需要的素质、知识、能力都有所不同，所以大型连锁企业都独立构造自己的人力资源管理体制，以适应企业发展的需要。

2.4 连锁经营的优势及风险分析

2.4.1 连锁经营的基本目标

由于经济利益驱动，企业始终存在一种扩张的期望，并通过扩大规模来提高本企业产品的市场占有率，从而建立规模优势，稳固市场地位。连锁经营的基本目标就是追求规模效益。这不仅迎合了企业扩张的心态，而且也摆脱了传统经营方式对其获得规模收益的束缚。

规模效益一般是指工业生产中产出总量（或总收益）增加与投入要素量（或生产成本）增加之间的比例关系。当生产规模较小时，扩大投入要素量（即扩大生产规模）能使产出总量增加的倍数大于投入要素量增加的倍数，这种情况称为规模效益递增，这时扩大生产规模有利于企业提高经济效益；当生产规模扩大到一定程度时，如果继续增加投入要素量，就会使产出总量增加的倍数与投入要素量增加的倍数大致相等，这种情况称为规模效益不变，这时扩大生产规模虽然能提高企业的总收益，但并不能提高企业的经营效率，只能维持原有的收益/成本水平；当生产规模的扩大超过了一定的度，如果继续增加投入要素量，就会出现产出总量增加倍数小于投入要素量增加倍数的情况，这种情况称为规模效益递减，这时扩大生产规模不仅会降低企业原有的收益/成本水平，而且还有可能降低企业经济效益的绝对水平。

可见，企业所追求的应该是一定生产规模范围内的规模效益，以避免出现规模效益递减的状况，使投入要素所发挥的效益维持在最佳水平。因此，当一个工厂的生产规模发展到一定程度，而该产品的市场需求量仍在增加时，要继续扩大产量，往往通过建立分厂的途径来解决供需矛盾。最早运用这种办法的是美国的福特汽车公司，其后，美国的可口可乐公司以及其他一些大公司也纷纷采用这种方式，且都取得了显著的效果。分厂制的创立标志着连锁经营的开端。

为了摆脱规模经营中的传统束缚，使企业获得新的发展机会，大企业率先走上了连锁经营的道路。连锁经营能实现专业化经营和分散化经营相结合，集中采购与分散销售相结合，从而解决规模经营与消费的分散性之间的矛盾。

大企业通过自己投资开设连锁分店或专卖权转让等方式而逐渐形成了连锁经营网络以后，对中小企业的经营构成了很大威胁，最终也迫使许多中小企业逐渐走上了连锁经营的道路。

2.4.2　连锁经营的优势

连锁经营被称为"零售业的第三次革命"，在以欧、美、日为代表的发达国家，连锁经营取得了巨大的成功，已经成为流通产业中的一种重要形式。例如，全球第一家连锁店大西洋及太平洋茶叶公司成立于1859年，至今已有150多年历史；美国连锁店销售额占零售业总额的80%以上。在经济发达国家，连锁经营的优势已成为业内人士的共识。

连锁经营之所以被世界上许多国家采用并快速发展，关键就在于这种经营模式有许多传统企业无法比拟的制度优势、效益优势和竞争优势。

🌐 案例阅读

7天连锁经济酒店的发展

截至2013年第3季度末，7天连锁酒店全国分店总数达到1 888家，覆盖国内近300个主要城市。对比同行最新财报数据显示，7天连锁酒店已成功超越对手，跃居行业规模第一，成为国内最大的经济型酒店品牌。自2005年在广州开出第一家分店以来，7天一直保持行业领先的扩张速度，在创建头3年均以每年近400%增速发展。2012年，7天净增分店401家，成为中国酒店行业史上唯一一个年开店数突破400家的经济型酒店品牌。

自2012年6月开始，7天就将公司长期发展战略调整为以管理店为核心的轻资产模式快速扩张。在这个战略的推动下，7天管理店业务实现了突飞猛进的发展，同时随着行业的深化发展，投资人对国内经济型酒店的市场空间持续看好，不少投资人选择加盟7天，大大加快了7天管理店的扩张速度。连锁店规模的持续扩大，让7天的会员出行住宿更加方便，随时随地都能选择到合适自己的分店。目前，7天建立的会员忠诚计划——"7天会"已经拥有会员人数近7 000万，是中国经济型酒店行业中规模最大的会员体系。根据截至2013年9月30日的数据统计，2013年第三季度7天连锁酒店共新增120家分店，除了刷新7天单季开店纪录外,也刷新了经济型酒店行业内单一品牌的单季开店纪录。

(资料来源:根据7天连锁酒店官网、环球旅讯等资料整理)

1. 连锁经营的制度优势

连锁经营有3种类型,不同的类型有着不同的制度安排,也就有着各自不同的经营优势。

(1) 直营连锁的制度优势。

① 规模优势。直营连锁对于隶属于总部的多个分店实行高度统一的经营方针,总部对各店铺拥有全部所有权和经营权。这种高度统一的制度安排有利于集中力量办事,总部可以进行统一的资金调运、人力资源管理和经营战略的制定,统一采购、配送、促销、广告等业务,以及统一开发和运用于整体性事业,以大规模的资本同金融界、生产部门打交道。在人才培养、新技术产品开发和推广、信息系统管理和财务管理等方面,均可充分发挥连锁经营的规模优势。

② 经济优势。功能的集中化使得连锁经营企业具备了一般企业所不具备的经济优势,各分店负责人利用总部统一集中的大批量进货,可以获得稳定的供货渠道,并能获得较高的折扣,以达到减少管理费用、降低经营成本、提高商品销售利润的目的。

③ 技术优势。各个连锁分店的管理人员,不需要再自行探索应该如何管理商店,只需要按照总部的统一的管理模式和制度来严格执行,接受总公司的直接指导和援助,根据所在区域的特点,将主要精力放在销售上,就可使商店达到预期成果。

(2) 特许连锁的制度优势。

特许经营的核心在于特许权的转让。通过总部与加盟店签订特许合同,由总部教授加盟店完成事业所必需的信息、知识技术,并授予加盟店店名、商号、商标、服务标记以及在一定区域内的垄断使用权。特许经营的制度优势主要表现在连锁体系经营者(盟主)、加盟者、消费者3个方面。

① 特许连锁经营中,盟主能获得好处。一是特许经营不仅节省了资金,而且获得了扩大市场的机会,提高了知名度,从而加速连锁事业的发展;二是特许经营增加了合作伙伴来共同分担商业风险,从而大大降低经营和投资风险;三是盟主可根据加盟店的营业状况、总部体制和环境条件的变化调整加盟店,掌握连锁经营主动权;四是对加盟店的店面设计、店员服装、商品陈列、广告招牌等的统一,能够加强消费者的印象,有助于企业形象和品牌的塑造。

② 特许连锁经营中,加盟店能获得好处。一是对于没有经验的创业者,通过加盟能够获得已经较为成熟的商品和经营策略,因此可以减少失败的风险;二是加盟店可以借用连锁总部的名气、企业形象以及促销和广告策略,有利于其尽快地打入市场;三是在总部的支持和指导下,加盟店可以用较少的资本开展创业活动,能够进行高效率的经营,从而持续地扩大和发展事业;四是加盟店能够专心致力于销售活动,稳定地销售物美价廉的商品;五是有总部在背后支持和指导,加盟店能够迅速适应市场变化。

③ 特许连锁经营中,消费者能获得好处。一是特许经营标准化的经营方式,使得消费者无论在哪个加盟店都能享受到同样优质的商品和服务;二是连锁经营的规模效应和相关环节的简化,降低了销售费用,使消费者能享受到更为物美价廉的商品和服务。

(3) 自由连锁的制度优势。

自由连锁是在保留单个资本的所有权的基础上实行的联合,总部对各分店的管理功能较弱，只是侧重于指导和服务，各店铺独立核算，自负盈亏，享有人事和经营的高度自主权。自由连锁的优势主要体现在：一是由于自由连锁的各分店有着较大的独立性，所以能充分地调动经营者的积极性，从而迅速跟踪市场行情并做出及时有效的调整；二是自由连锁各分店具有横向联系，有利于互相学习、共同发展；三是自由连锁可以在批发和零售职能相结合的基础上，引入设计、加工的职能，从而提高商品的附加值；四是自由连锁是由加盟店集资组成，所以加盟店可以得到总部利润中作为战略性投资的、持续性的利润返还。

2. 连锁经营的效益优势

连锁经营能够取得良好的经济效益的主要原因在于集中化经营所取得的规模效益以及统一管理所带来的管理成本的降低。一方面，先进的营销技术可以在众多的店铺大规模推广而获得技术共享效益；另一方面，投资的成本和风险又可以在众多的店铺得到均摊，从而可以降低商品的成本。

（1）专业化的技术，有利于店铺经营水平的提高。连锁体系内部包括总部和店铺两个层次。总部制定规章制度以及经营方式和技巧，并指导各店铺的日常经营，包括连锁店铺的外观布局设计、店容店貌店名的设计、货架的摆放、营业现场商品的布局、经营品种的调整以及促销和广告策略等。这就使店铺摆脱了传统零售业那种靠经验操作的影响，从而使得经营的产品和服务都具备科学性和标准性。连锁总部统一开发的经营技巧可以广泛应用于各个店铺，使店铺的经营水平普遍提高，获得技术共享效益（相对其他企业来说是一种超额利润），同时分摊了技术开发的成本。这是单个企业所无法做到的。

（2）标准化的经营，有利于改善服务，扩大销售。连锁经营企业在管理上，通过逐步的探索，总结出一套系统的统一管理方法，包括内部组织管理、商品管理、价格机制、技术管理、广告设计、操作程序等，使得连锁企业在总部的管理下，按照统一的管理模式实施经营。总部不仅负责相关规章制度的制定和推广，而且要不断地对各连锁店进行监督指导和交流、培训，从而保证各连锁店在经营管理和提供产品、服务等方面的统一性，以满足消费者对标准化的产品和服务质量的要求，达到吸引顾客，扩大销售的目的。标准化管理的优点主要在于以最少的人力、最低的费用、规范化的管理方式取得投入产出的最大比例。

（3）物流中心的设置增加了企业内部的利润。根据经济学原理，流通环节越少，商业流通费用越低，零售环节所能获得的销售利润也就越多。因此，在连锁经营物流系统中，物流配送中心就处于关键位置，专门为店铺进行商品配送。一是物流中心可以把不同供货商的商品放在一起，形成商品组合，直接配送给同一个连锁分店，而普通供货商则无法做到这一点；二是由于一部分商品从供应商取得的是原材料或半成品等，需要物流中心进行加工、包装、分类等装配作业，增加了商品的附加值，将一部分利润转过来；三是物流配送中心还可以帮忙处理商品的入库、包装、贴标签、配送，而连锁店在接货、验货后就可以直接上架陈列了。

（4）集中经营和管理，降低了企业的经营成本。连锁经营的特点之一是总部可以统一操作各店铺的一些共同性活动，如店铺设计和布局、采购、配送、广告宣传、促销活动、会计核算等。因此，对于分店店铺而言，一是可以共享一套经营设施和管理机构，减少自行摸索的成本，从总体上降低了企业的管理成本；二是拥有一定数量的店铺，较大的进货量，使得连锁经营企业可以获得较低的进货价格和优惠的付款条件；三是由总部统一配送，各店铺用于库存的面积及库存量都很小，可以扩大销售面积，减少资金占用，各分店只要专注于扩大销售即可。

（5）连锁经营可以减少投资风险。由于连锁企业经营多个店铺，所以个别店的经营失败不会影响整体的经济效益；某一决策的失误所造成的损失，可以由许多店铺共同分摊，这样就大大降低了商业投资的风险。对于加盟店而言，可以利用一个成熟而成功的商业交易方式，获得总部的指导和援助，从而大大减少了行业新人面临的各种风险。

（6）连锁经营有利于提高零售商业的地位。自连锁企业产生以来，连锁经营日益成为零售业的主要形式和利润来源。一是连锁企业大批量采购的特点，保证了生产过程的连续性，使得生产商减少了生产费用。二是连锁企业作为消费者和厂家联系的枢纽，可以及时地向厂家反馈消费者的信息，指导厂家生产适销对路的商品。因此，商业不再是单纯的卖方市场，而是很大程度上考虑了消费者的需求和意愿。三是连锁经营增加了社会产品的总量。由于企业成本的降低，使得连锁企业可以让利给消费者，从而相对地扩大了消费者的购买力，购买力的上升又反过来刺激了生产，同时也增加了商店的销售额。

除此之外，连锁经营的网点多、市场占有率高，能够迅速大规模地集中资金，实现投资的灵活转移和风险分散，取得市场机会效益，也都是连锁经营取得良好经济效益的重要原因。

3．连锁经营的竞争优势

连锁经营成功地解决了大批量销售与消费者分散需求之间的矛盾，是零售组织的重大变革。除了制度优势和效益优势之外，它还有着其他零售组织无法比拟的竞争优势。

（1）迅速集中资本，有利于抓住稍纵即逝的市场机会。单个资本的迅速集中和统一利用，使得在同样的竞争条件下，连锁企业更能及时抓住市场机会，进行投资、进货、研发新产品，从而给企业带来良好的收益和发展前景。

（2）高度的组织化，增强了市场竞争力。集生产、加工、零售、批发为一体的连锁经营企业，其组织化程度较高，组织环节少，因而能够做到灵敏调节，从而迅速适应市场环境的变化。连锁企业作为联结消费者和厂商的纽带，可以快速准确地了解和掌握市场需求信息，加快厂家将产品推向市场的速度，扩大自身的市场占有率，增强自己的市场竞争能力。

（3）经营管理费用较低。连锁经营企业的流通环节较少，可以不经过批发商而直接从供应商进货，从而降低了购货成本和运输费用，再加上总部的统一存货管理和物流配送中心的管理形式，较之单店有着更多的竞争优势。在广告宣传和促销活动策划方面，由连锁经营总部统筹负责，既体现了整体的宣传效果，又节省了广告费用，各分店统一的大规模的促销活动和广告宣传还能够加深消费者的印象，起到更好的效果。

（4）产品销售能力和服务优势强。各种成本的降低使得连锁店所提供的商品或服务较其他商业形态机构更具价格优势，而且集中采购又对商品的品质有所保证，从而对于消费者而言，很具有吸引力。连锁店铺的位置分散，一般都会选择在交通方便、配送快捷、消费者集中的地点，分散的连锁单店构成一个有序的服务网络，无论售前、售中、售后，都能给消费者提供快捷优质的服务，具有服务优势。

正因为连锁企业具备制度、效益和竞争等优势，才使得连锁经营有着较强的市场竞争能力，成为全球零售业的主要经营方式。

2.4.3 连锁经营的风险规避

虽然连锁经营在很多方面有着其他单个店铺所不具备的巨大优势，但也并非毫无风险。作为一种经营组织方式，连锁企业只有在经营者的能力、资金以及市场环境等各方面的因素都发挥作用的时候，才能发挥出其最大的功效。

📖 案例阅读

珠宝店的破产

在20世纪90年代，我国香港地区曾有一家享有盛誉的珠宝连锁店，其财力雄厚，人才鼎盛，业绩良好。它本来是一家极有发展潜力的连锁店，但因其急于扩大发展，在很短时间内便连续开了多家新分店，以致原有的财力和人才分散，后续服务无法保证，整个行政运作难以保持以前的顺畅，最后不得不宣告破产。

1. 连锁经营的风险

（1）连锁经营的整体性风险。就像曹操将众多船只连在一起作战一样，虽然可以获得单个船只不具备的巨大力量，但一旦遭遇火攻，各个船只都难逃付之一炬的命运。连锁经营的劣势也隐含在优势之中，有时候单个店铺的经营风险可能会引发整个连锁企业的"大风暴"。

（2）变化莫测的市场带来的风险。市场变化莫测，消费者的需求呈现多层次、多样化的趋势，连锁经营者面对的是不确定因素的增加和更加激烈的市场竞争。消费者的需求也不是一成不变的，连锁企业只有尽早感知市场需求的变化，以变化来应对变化，才能将市场风险规避于无形。

（3）总部对连锁企业的管控风险。简单而言，整个连锁体系其实就是原创店的复制和放大，是总部管理能力的放大和输出。因此，原创店和总部的成功是各分店成功的必要条件，原创店做得好，再加上总部管理得好，对各分店和加盟者提供有力的指导和支援，整个连锁企业才更容易获得成功。

📖 案例阅读

卜蜂莲花前途难卜

作为最早进入中国内地的外资零售企业之一，卜蜂莲花长期笼罩在亏损的阴影下。截至2014年6月30日，公司营业额增至55.07亿元，较上年同期增加9 870万元，增幅1.8%。但在净利润方面，卜蜂莲花仍未走出多年亏损的颓势，2014年上半年净利润为–3 900万元。根据其2012年、2013年财报显示，净利润分别为–3.92亿元和–9 692.2万元，同比下降1 745.4%。

卜蜂莲花在1997年就进入中国市场，截至目前，卜蜂莲花仅有53家店，而同期进入中国的沃尔玛目前门店数量早已突破300家。早在2006年，卜蜂莲花就曾因高速扩张导致门店亏损；2009年，卜蜂莲花再次出现亏损，金额达2.36亿元。随后，卜蜂莲花放缓开店速度，并对亏损店面进行资产重组，在2010年和2011年实现了盈利。然而，这样的状态并未持续长久。在业内人士看来，卜蜂莲花进入中国内地多年，始终没有找到一种可持续盈利的方式，尝试各种业态导致经营更加困难。持续的亏损还和企业的发展战略有关，由于经营能力与管理混乱，经营上以大卖场业态为主，已经远远落后于外资甚至本土同行，且多年未能改善；管理上，家族企业弊病和各区域各自为政的状况突出。

（资料来源：根据中国经济网等资料整理）

2. 风险规避

基于连锁企业可能存在的上述风险，不论是总部还是分店和加盟商，都需要提前做好风险规避。

（1）做好自我评估。并非有着企业总部的支持和援助，连锁企业分店就一定能获得成功，这还跟各经营者的经营才能和经营态度有很大关系。对于加盟者而言，想要拥有一份自己的事业，首先要做的就是认真评估一下自己的态度、能力和长期目标。每个潜在的受益人都应该真实客观地对自己做出全面评价，不要被"总部为主"的念头所干扰，应仔细考虑每一个细节方面的问题。

（2）做好行业评估。对于连锁经营企业而言，在扩大经营范围的时候，要对连锁经营的行业现状、竞争对手、发展前景以及目标商业圈等做出评估，切不可盲目扩张。

（3）做好连锁集团的评估。无论是正规连锁还是特许经营，总部与成员店铺都是共同负担和享受经营损益的利益统一体。因此，投资者要尽可能多地掌握连锁集团的资料和信息，如其资格是什么，背景是什么，其体系模式的完善程度如何，其信誉度如何以及该行业在市场中地位如何，最后再考虑一个问题：它的优势和劣势各是什么，是否适合我？

（4）做好消费者评估。连锁经营的弊端之一是高度统一化的产品和服务会使得加盟店在经营上显得呆板和缺乏新意，并且某些类型的产品和服务可能并不适合当地消费者，再加上消费者品味和需求的不断变化。因此，做好消费者评估显得尤为重要，要知道谁是连锁企业的目标顾客，目标顾客需要什么，还有哪些需求没有满足，做到一切按照消费者的需求来开展经营。

本 章 小 结

连锁经营作为一种大规模的销售或营业体系，与其他的经营方式相比，具有其特征和明显的优势。连锁经营主要特征是"五化"，即标准化、专业化、集中化、简单化和规模化。连锁经营的优势主要表现在制度优势、效益优势和竞争优势上，但也并非是十全十美的，也存在一定的经营风险。

连锁经营具有不同的模式，主要有两种划分方式——美国式分类和日本式分类。本章主要介绍了日本式分类的3种主要类型，分别是直营连锁、特许连锁和自由连锁，并对这3种类型的连锁经营的优、缺点和适用范围作了对比分析。

案例思考：麦当劳的经营理念

1955年，一位名叫克罗克的推销员无意中发现一家靠专营15美分一个的汉堡包和炸薯条的小小快餐店，竟然有着超过25万美元的年营业额。随后，克罗克以270万美元买下了麦当劳兄弟经营的7家麦当劳快餐连锁店及其店名，开始了他的麦当劳汉堡包的经营生涯。之后，麦当劳不断开设分店，事业发展如日中天。经过多年的努力，麦当劳快餐店取得了惊人的成就。目前，它已成为世界上最大的食品公司，麦当劳快餐店已遍布世界大多数地区。如果你访问日本，你可走进麦当劳快餐店，来上一个大大的"麦当劳"汉堡包，喝上一杯牛奶。你也可以在墨西哥、瑞士和泰国订上一份麦当劳。总之，麦当劳现已成为一种全球商品，几乎无处不在。麦当劳金色的拱形"M"标识，在世界市场上已成为人人皆知的大众文化，其企业形象在消费者心目中扎根到如此地步，正如美国一位大学教授所说："有人哪一天看不到麦当劳餐厅的金色拱顶，会感到这一天真难以打发，因为它还象征着安全。"

麦当劳公司是怎样取得如此瞩目的成就呢？这归功于公司的市场营销理念，公司知道一个好的企业国际形象将给企业市场营销带来巨大的作用。所以其创始人克罗克在努力树立企业产品形象的同时，更着重于树立起良好的企业形象，树立起"M"标志的金色形象。当时市场上可买到的汉堡包比较多，但是绝大多数的汉堡包质量较差、供应顾客的速度很慢、服务态度不好、卫生条件差、餐厅的气氛嘈杂，消费者很是不满。针对这种情况，麦当劳的公司提出了著名的"Q""S""C"和"V"经营理念，"Q"代表产品质量"Quality"，"S"代表服务"Service"，"C"代表清洁"Cleanness"，"V"代表价值"Value"。它们知道向顾客提供适当的产品和服务，并不断满足不时变化的顾客需要，是树立企业良好形象的重要途径。

麦当劳公司为了保证其产品的质量，对生产汉堡包的每一具体细节都有着详细具体的规定和说明，从管理经营到具体产品的选料、加工等，甚至包括多长时间必须清洗一次厕所、煎土豆片的油应有多热等细节，可谓应有尽有。对经营麦当劳分店的人员，必须先到伊利诺伊州的麦当劳汉堡包大学培训10天，拿到"汉堡包"学位，方可营业。因此，所有麦当劳快餐店出售的汉堡包都严格执行规定的质量和配料。就拿与汉堡包一起销售的炸薯条为例，用作原料的马铃薯是专门培植并经精心挑选的，再通过适当的储存时间调整一下淀粉和糖的含量，放入可以调温的炸锅中油炸立即供应给顾客，薯条炸后 7min 内如果尚未售出，就将报废不再供应顾客，这就保证了炸薯条的质量。同时，由于到麦当劳快餐店就餐的顾客来自不同的阶层，具有不同的年龄、性别和爱好，所以汉堡包的口味及快餐的菜谱、佐料也迎合不同的口味要求。这些措施使得公司的产品博得了人们的赞叹，树立了良好的企业产品形象，而良好的企业产品形象又为树立良好的企业国际形象打下了坚实的基础。

麦当劳快餐的服务也是一流的，在这里没有公用电话和投币式自动电唱机，因此没有喧闹和闲逛的环境，最适于全家聚餐；它的座位舒适、宽敞；品目早有早点，也有新品种项目，随顾客挑选。这里的服务效率非常高，碰到人多时，顾客要的所有食品都事先放在纸盒或纸杯中，排队一次就能满足顾客所有的要求。麦当劳快餐店总是在人们需要就餐的地方出现，特别是在高速公路两旁，总会看到"10m远就有麦当劳快餐服务的"标牌，并标明醒目的食品名称和价格；有的地方还装有通话器，顾客只要在通话器里报上食品的名称和数量，待车开到分店时，就能一手领餐，一手付钱，马上驱车赶路。由顾客带走在车上吃的食品，不但事先包装妥当，不至于在车上溢出，而且还备有塑料刀、叉、匙、吸管和餐巾纸等，饮料杯盖则预代为划十字口，以便顾客插入吸管。如此周详的服务，更为公司光彩的形象加了多彩的一笔。

麦当劳公司在公众中树起优质产品、优质服务形象的同时，也意识到清洁卫生对于一个食品公司的重要性。假如没有一个清洁卫生的形象，公司是无法一直保持其良好形象的，当然也就无法保证其良好的营销效果。所以麦当劳快餐店制定了严格的卫生标准，如工作人员不准留长发，妇女必须戴发网，顾客一走就必须擦净桌面，落在地上的纸片，必须马上捡起来，使快餐店始终保持窗明桌净的清洁环境。顾客无论什么时候走进麦当劳快餐店，均可立刻感受到清洁和舒适，从而对其产生信赖。

思考：麦当劳公司连锁经营成功的主要原因是什么？

同 步 训 练

一、基础训练

1. 选择题

（1）连锁经营不同于传统单店的特征有（　　）。
    A. 一体化　　　　B. 专业化　　　　C. 标准化　　　　D. 简单化
（2）直营连锁又称（　　）。
    A. 正规连锁　　　B. 合同连锁　　　C. 自由连锁　　　D. 自愿连锁
（3）特许经营的关键在于（　　）。
    A. 特许权的授予　　　　　　　　　B. 商标的授予
    C. 服务标志的授予　　　　　　　　D. 经营技术的授予
（4）区分直营连锁店与其他经营形式的关键是（　　）。
    A. 分店所有权　　　　　　　　　　B. 总公司特许权的授予
    C. 分店财务所有权　　　　　　　　D. 投资大小

（5）连锁经营的主要类型有（　　）。

　　A. 正规连锁　　　B. 特许连锁　　　C. 自由连锁　　　D. 国际连锁

2．判断题

（1）直营连锁是以单一资本向市场辐射的，发展规模和速度有限。（　　）

（2）自由连锁也称合同连锁。（　　）

（3）特许连锁也称加盟连锁。（　　）

（4）自由连锁的关键在于总公司特许权的授予。（　　）

（5）连锁商店的兴起带来了连锁经营商内部各个岗位的职能专业化和工作简单化。（　　）

3．简答题

（1）连锁经营是如何分类的？

（2）简述直营连锁的含义和主要特征。

（3）什么是特许连锁经营？它有何特征？

（4）简述自由连锁的含义和主要特征。

（5）试比较直营连锁、特许连锁和自由连锁的特征和优、缺点。

（6）与传统经营方式相比，连锁经营有哪些优势？

二、实践训练

【实训项目】

连锁企业创立

【实训情景】

小王大学刚一毕业，就有一家大公司准备聘用他，但这个岗位跟他的专业不对口，这使小王很郁闷。此时有 3 个大学同学找到他，邀请小王和他们一起开连锁店自己创业。经过努力，他们也从各自的父母、亲朋那里筹集到 10 万元的创业基金。小王他们为此兴致勃勃，跨跃满志。

【实训任务】

小王他们的创业梦想能实现吗？请帮助小王他们写出一份较详细、完整的连锁企业创业策划报告。通过这份策划报告，使小王他们了解连锁经营的运营模式，掌握连锁经营的特征，准确确定所开连锁店的类型定位、经营定位和营销策略，并说明选择这个方案的优势、风险及风险规避方法，从而帮助小王他们创业成功。

【实训提示】

第一，教师要帮助学生了解创业策划报告的内容和写作方法；第二，学生要深入社会开展企业调查，了解有关创业的政策、企业创立的文件规定，对连锁企业的市场环境做深入的调查研究；第三，为确保调查的深入和任务的顺利完成，学生可以分组进行，各组分工协作、资料共享；第四，建议以组为单位完成连锁企业创业策划报告；第五，为确保策划报告的质量，应对策划报告有一定的字数要求，以 3 000 字为宜。

【实训评价】

项　　目	表　现　描　述	得　　分
调查的对象和目的		
人员及分工		
调查方法		
报告内容		
报告形式		
合　　计		

得分说明：各小组的调查表现分为优秀、良好、合格、不合格、较差五档，对应得分分值为 20 分、18 分、15 分、12 分、10 分；将每项得分记入得分栏，全部单项分值合计得出本实训项目总得分；总得分 91～100 分为优秀，76～90 分为良好，60～75 分为合格，低于 60 分为不合格，不合格须重新训练。

第 3 章

连锁经营战略决策

 学习目标

职 业 要 求	学 习 任 务
（1）掌握连锁经营企业战略决策的基本内容、基础知识和基本技能 （2）能在各行业的连锁企业从事品牌建设和连锁推广、连锁店营销策划与管理、店面运营管理、连锁店电子商务运营管理、连锁店物流管理、公关与广告策划等经营管理工作 （3）具有经营策划能力、运营管理能力 （4）熟悉国际、国内市场，懂得企业发展规划和战略 （5）掌握参与企业决策的技能	（1）了解连锁企业的品牌战略制定 （2）掌握连锁企业的发展战略的制定与实施 （3）熟悉连锁企业的规模战略 （4）掌握连锁企业的规模经营的关键 （5）掌握连锁企业的竞争战略及实施方法 （6）熟悉连锁企业的房地产开发战略

导入案例

全聚德该如何再铸辉煌

"一炉百年火,铸成全聚德;天下第一楼,美名遍中国。"始建于 1864 年的全聚德,历经百年沧桑,历久弥新,它是近代中国餐饮史的缩影,是北京饮食特色的代表。经过几代全聚德人的艰辛开拓,全聚德已发展成为拥有 60 余家成员企业、年营业额 5 亿元、年接待顾客 500 余万人次、总资产 6 亿余元、无形资产 7 亿余元的中国最大的餐饮集团之一。

随着市场经济的建立,社会环境在变化,经济结构在变迁,人们的消费需求在改变。国际资本进入中国市场,带来空前的竞争和挑战,企业的生存和发展面临巨大压力。对于从传统中走来,习惯于传统思维方式和经营模式,囿于传统商誉的国有老字号企业,能否适应新时期的形势发展?能否跟上时代的步伐?能否经受住市场的考验?这已成为人们关注的焦点。

在北京,许多昔日的老字号已风光不再,著名的餐饮业"八大楼",有的已寂然无闻,有的步履维艰,前途未卜。老字号能否超越传统走向现代,不断创造辉煌的经营业绩?传统老字号能否与现代品牌接轨?昔日的金字招牌在新时期能否熠熠生辉?如何生辉?要解决以上问题,单靠懂得一家单店的经营是远远不够的,需要企业的决策者以发展的眼光、战略的思维高瞻远瞩,从长远考虑重新规划企业的经营战略。

战略是企业为实现目标,通过对企业的外部环境和内部条件的分析而制定的较长期的全局性的重大决策,它为企业指明方向,是企业组织长期性经营活动、取得长久发展和在竞争中取得优势的基本设计图。因此,制定连锁企业战略决策,对连锁企业的经营和发展具有十分重要的意义。连锁企业战略主要解决企业组织与市场环境相结合的问题,主要包括连锁企业品牌战略、连锁企业的经营战略、连锁企业的规模战略、连锁企业关系结构战略和房地产战略 5 个大的方面,其中品牌战略又渗透在其他 4 个战略中,彼此相互依存、相互支持。

 ## 3.1 连锁企业的品牌战略

从连锁经营的定义和特征可以了解到,连锁经营无论是直营连锁、特许连锁还是自由连锁,品牌和标识都是其对外最惹人注目的元素,品牌战略在连锁企业的战略里占有相当重要的位置。

3.1.1 连锁企业品牌发展战略体系

1. 品牌战略的内容

品牌发展战略是指生产性或服务性企业旨在提高企业产品的市场竞争力,增加企业竞争优势而进行的围绕企业及其产品的品牌而展开的形象塑造活动的策划。

由于这些战略活动往往会涉及企业活动的其他有关领域,所以品牌发展战略不应该仅仅视为企业发展战略的一个组成部分。从另一个意义上讲,企业发展的关键在于建立自己的核心优势,而品牌发展战略过程正是培育企业核心优势的过程。

对于连锁企业,企业生命力的强弱与可持续发展能力基本上与品牌在消费者心目中的形象成正比,因此,品牌发展战略的重要性就更为突出。

连锁企业品牌是指连锁企业拥有的具有生命周期和活力的商品、服务等的标志性无形资产。其表象为注册商业标记，内涵为品牌拥有连锁企业及其商品的属性及活力。连锁企业品牌的知名度越高，其影响力就越大。连锁企业品牌要实现持续发展，就必须采取正确的品牌战略。连锁企业可以借助品牌来树立有别于其他企业的形象，有助于确立连锁企业在消费者心目中的地位，给消费者留下深刻影响。

连锁企业品牌具有如下基本特征：一是具有较高的知名度、信誉度和巨大的社会经济价值。知名品牌通常市场评价较高、口碑好、处于行业领军位置、占有较高的市场份额、产品质量过硬、服务到位等特点，所以能够带来较高的社会经济价值。二是具有全球性经营的特征和较高的国际市场占有率。著名品牌一般以世界市场为舞台，利用众多国家资源，在很多国家进行投资，开展经济活动。例如，耐克在世界很多国家都有很高的市场占有率。三是品牌文化和产品文化具有高度的国际融合性。著名品牌获得认可就会引导消费，影响消费行为，培育健康文化。例如，麦当劳连锁快餐，用统一的产品、形象、理念、服务，向世界众多国家的消费者传播"清洁、方便、美味、家庭氛围"等消费文化。四是品牌具有持续生存和发展力。品牌拥有顾客以后，其市场可能会出现经久不衰的现象。例如，可口可乐配方历经数变，经营得法，品牌个性得以持续保存。

2. 连锁企业品牌战略的作用

（1）影响消费者购买决策。作为象征、符号和信号的集合体，品牌不仅代表人们对商品的认识，而且反映了人们的社会地位、文化、教育水平、社会角色、生活方式、价值观、情感与个性等。品牌强化、传播和扩散了人们的这些理念、心理和情感，给了消费者一种归属，给消费者带来了自信与满足，消费者也通过品牌判断商品价值而做出选择。

（2）影响连锁企业营销策略。品牌有助于树立商品形象，提高商品市场占有率；有助于推广商品设计师的创意和理念，使得更多的人理解和了解商品的功能；有助于细分目标市场，提高商品的针对性和目标性；有助于商品的合理定位，明确商品的发展方向。

（3）激发消费者的生活情感。消费群体通过品牌在众多商品中识别、选择自己喜欢的商品，简化了消费者的购买行为，节约了消费者的购买时间。当消费者认可、认定适合自己的品牌时，就会在情感上产生一种依托，进而激发消费者的生活情感。

（4）促进商品价值链的延伸发展。品牌运作是一个涉及诸多主体的有机过程，既需要品牌经营管理者能动性的发挥，也需要供应商、内部员工、消费者、传播媒体、流通渠道和社会各界人士的共同努力。品牌流通、消费和运作的过程，就是商品经济和社会价值链的延伸发展过程，也是涉及主体价值实现的过程。

3. 连锁企业品牌发展战略体系

品牌发展战略的实施，依赖于完善的品牌发展战略体系。

品牌发展战略体系总体可分为品牌开发战略和品牌经营战略。品牌开发战略主要包括品牌定位和品牌命名。品牌经营战略研究品牌推广战略、品牌维护战略与品牌扩张战略。品牌扩张战略又包括品牌延伸战略、品牌规模战略和品牌多样化战略。品牌发展战略因企业所处的行业性质，企业的成长阶段及其所处环境的不同而有所不同。连锁企业作为服务性企业其品牌发展战略体系与生产性企业的品牌发展战略有所不同，主要表现在品牌发展战略的重点与战略方式上的差异。生产性企业的品牌推广战略是品牌经营战略的重点，其推广战略方式主要采用传统的营销 4P（Production——产品、Price——价格、Place——渠道、Promotion——促销）策略，而连锁企业的品牌扩张战略却是经营战略的重点，在扩张战略方式上也与产品品牌有所不同。因此，从整个发展体系来看，连锁企业的品牌发展战略仍以品牌开发战略和品牌经营战略为重点，而品牌经营战略又以品牌的扩张战略为核心。

3.1.2 连锁企业的品牌开发战略途径

品牌开发是在品牌形成初期或原有品牌引入新市场进行更新时，赋予品牌足够的生命力与成长能力的过程，部分学者也称其为品牌创立。品牌的开发必须先进行品牌的准确定位，明确品牌的个性与发展方向，然后，在品牌定位的指导下设计理想的品牌名称，使品牌存在有别于其他品牌的视觉符号及声响符号。

1. 连锁企业品牌定位策略

连锁企业品牌定位应以市场细分为前提，同时以目标市场为着力点。企业的品牌定位已远远超出了所销售产品本身在消费者心理中的作用，产品只是承载品牌定位的物质载体而已，消费者购买某个连锁品牌产品在很大程度上是体验该连锁品牌在市场定位中所表达的情感诉求。

（1）业态选择的品牌定位策略。业态指零售企业为满足不同消费者需求，按照既定的战略目标，有选择地运用商品结构、价格政策、销售方式、分店选址、规模及形态等手段，提供销售和服务的种类化经营形态。前面章节讲过，将零售分为商品、餐饮和服务零售。商品零售业态同样包括这17种形式，如便利店、百货店、专业店、折扣店、购物广场、邮购等。服务零售业态可以分为6种主要的业态类型，包括专业服务连锁分店、租赁连锁店、咨询连锁机构、培训连锁机构、家居连锁服务公司和体验式服务机构。餐饮零售连锁经营业态可分为8种主要的业态类型，包括快卖连锁店、快餐连锁店、小吃连锁店、专卖连锁店、休闲连锁店、连锁餐厅、连锁酒楼和美食广场。每种业态在目标顾客、商品结构、服务方式等方面均有自身特点。商品零售的百货公司这一业态定位于提供高档的选购品、全面的客户服务和高昂的价格，超市业态提供日常用品、简单的客户服务和低廉的价格。服务零售的专业服务分店定位于提供日常生活服务、技能性的专业服务过程和中等的价格；咨询机构定位于高端的个性化服务，知识性的专业服务过程和较贵的价格，家居服务定位于个性化的生活服务，劳动密集型的专业服务过程和较低的价格。连锁企业在创立品牌初期就必须明确品牌的业态定位，以便消费者清晰认识到企业所提供的产品及服务是否与自身需求相一致，同时有助于连锁企业的品牌扩张。例如，7-11作为全球连锁分店最多的品牌并不因为其规模的扩张而改变它的店面面积和经营风格，7-11基本上成为便利店这一业态形象的代言品牌，进入全球任何一家7-11便利店都能感受到同样的服务水平和价格水平。

（2）差异化品牌定位策略。产品的同质化以及竞争是促使产品品牌寻找差异化定位的重要原因，当前，连锁企业的同质化以及过度竞争在许多业态及行业表现得尤为突出，如超市、百货公司、美容院、经济型酒店和洗衣店等。差异化的品牌定位策略能够帮助连锁企业在业态选择的前提下寻找市场的空白点，通过某些经营环节形成独特之处，从而吸引消费者形成品牌优势。连锁企业品牌定位差异化的途径包括品牌产品的差异化、品牌消费者的差异化、品牌服务的差异化、品牌形象的差异化以及品牌文化差异化等。例如，创办于2006年的"职达求职旅社"，在全国几个大城市设有连锁分店，这家连锁旅舍以大学生求职群体为主要客户群体，与大部分经济型酒店选择商务人士为主要客户不同，形成了品牌消费者的差异化。再如，我国连锁百强企业阿瓦山寨首创全国首家原生态山寨主题餐厅，并以阿瓦山寨独特的企业文化及分店艺术风格、旗帜鲜明的山寨鱼头王、口味神秘的米面土菜为特色,在中式连锁餐厅中形成了集品牌产品、品牌服务和品牌文化的多元化差异化,为品牌的持续性发展打下了坚实的基础。

2．连锁企业品牌命名策略

品牌命名即为特定的产品或服务标以特定的名称,使之区别于其他同类或异类的产品或服务。好的品牌名称能吸引人们的注意和兴趣,提高商品档次和品味,同时便于塑造品牌形象,最终有利于品牌资产的迅速提高。

连锁企业的品牌命名由于受到消费者认知程度的影响以及少采用广告媒体进行宣传更多靠口碑宣传的特点,所以与产品品牌的命名有所不同。连锁品牌的命名应遵循以下几大核心原则:

(1) 易读易记原则,让消费者最好能在第一次光顾店的同时就自然记住店名。因此,店名字数不易太多,通俗易懂,且名称应独特新颖,具有一定个性,如"友谊商场""苏果便利店""久久鸭""国美电器"等。

(2) 暗示商店经营属性原则,让消费者想到或听到这一连锁品牌就能立刻联想到连锁企业所提供的产品和服务,如"如家""东方爱婴""小肥羊""21世纪不动产"和"谭木匠"等。

(3) 启发分店联想原则,连锁品牌名称还应有一定的寓意,让消费者能从中体会到连锁店能提供的产品和服务的特性。例如,"家乐福"让顾客感受到快乐和温暖的购物气氛,"真功夫"让顾客感受到产品质量的非同一般,"吉祥馄饨"让消费者产生亲切和吉利的消费体验。

3.1.3 连锁企业的品牌扩张战略途径

品牌扩张是在较好的市场信誉和较高的品牌忠诚度的品牌形成以后,企业采取各种手段,使这一品牌不断发展壮大,其相应采取的品牌发展战略即为品牌扩张战略。品牌扩张战略应包括品牌规模化战略和品牌多样化战略。

1．连锁企业规模扩张策略

连锁企业品牌规模化战略强调连锁企业品牌在规模经济理论指导下与品牌发展等级战略相结合实现品牌的规模化。在品牌的成长过程中,连锁企业需要不断扩大市场范围,增加连锁店的数量,使连锁企业的销售与规模同步扩大以满足市场的需要。与产品品牌的规模化方式相似,连锁企业品牌规模化也以两种方式实现。

(1) 连锁企业的品牌纵向延伸策略。

连锁品牌的纵向延伸可以将原连锁品牌通过资本积累或资本运营,在目标市场不断扩展分店数量,以提高市场占有率,而不改变其单店的经营规模。连锁品牌纵向延伸战略能充分发挥原品牌的核心价值,最大限度地节约开发新品牌的资金成本。成功的连锁品牌具有较长的生命周期,企业会附注全力使该品牌不断成长壮大。连锁企业可以采用两种方式实现品牌的纵向延伸。

① 进行充分的市场调研,根据市场的分布特点采取直营或特许经营的方式迅速扩大在某一地区的品牌经营规模,在网点布局上充分考虑市场回报率和市场占有率的平衡关系。例如,肯德基来到中国时,首先集中精力占领辐射能力最强的大城市,然后准确选址,将服务的全球标准引入每家分店。经过几年的经营经验后,再逐步向有较大消费潜力的二、三级城市扩

张。在经营的同时,肯德基还根据中国人的口味、饮食结构、营养结构、就餐习惯、消费特点等方面进行改进,立足于"所在地的人情化",取得了极大成功。

② 采用战略性收购方式。寻找市场上与自身品牌经营业态或销售的产品与服务相似的竞争连锁品牌,通过收购的方式拥有对方所有的分店,然后更换品牌,在将其竞争对手挤掉的同时,拥有了竞争对手的重要资源——网点,从而逐步占领目标市场。我国知名餐饮连锁品牌小肥羊在迅速扩张的过程中就曾收购过多家餐饮连锁企业,收购后迅速改头换面,使用小肥羊品牌,最终获取了被收购企业的经营网点。

(2) 连锁企业的品牌横向延伸策略。

连锁品牌横向延伸是连锁企业将其企业品牌或某一具有市场影响力的成功品牌扩展使用到其他零售行业或业态,甚至连锁店销售的产品品牌上,从而期望减少新业态或新产品进入市场的风险,以更少的营销成本获得更大的市场回报。

采用统一品牌有利于连锁企业根据市场细分,选择准确的目标市场,提高市场占有率;能使企业充分利用有限的资源,产生协同效应;使新业态的良好市场表现反弹于原有的品牌概念,从而双方面地促进品牌"升值"和增加核心品牌。这一策略要求连锁企业众多不同的业态都具有相同的服务质量水准及其同样出众的品牌形象,要求各业态必须从整体上经得起市场检验。诞生于1996年7月的南京苏果超市,最早经营的业态就是苏果超市,即标准的超市。随着企业的发展,苏果品牌开始在其他业态生根发芽,先后延伸出苏果社区店、苏果便利店、苏果平价店、苏果购物广场等几种业态,各种业态在经营面积、目标市场范围、产品种类等方面各有差异,但提供给消费者同样的服务水平和购物体验。苏果通过这几种业态在区域市场的显著业绩,不断扩大苏果品牌在全国的影响力,品牌价值迅猛提升。截至2013年,苏果网点总数达2 109家,覆盖苏、皖、鄂、鲁、豫、冀6个省份,年销售规模433.39亿元。目前,苏果超市是江苏最大的连锁超市企业,在全国同行业中连续多年位列前十强。

2. 连锁企业的品牌多样化扩张战略

品牌多样化扩张战略强调连锁企业经营的不同业态或同一业态不同产品、服务类型,采用不同的品牌名称。与传统的品牌延伸相比,多品牌策略有着明显的优势。

首先,多品牌战略有助于连锁企业长期战略目标的实现;其次,发展多种不同的品牌还有助于在连锁企业内部各个事业部门之间开展竞争,提高效率,强化企业的竞争力;再次,采用多品牌有助于降低连锁企业风险,防止将企业的美誉度维系在一个品牌的成败上;最后,不同品牌能定位于不同的细分市场,以占领更大的市场。连锁企业实现品牌多样化扩展可以采用两种策略。

(1) 以市场细分为前提开展品牌多样化。市场细分能帮助企业分析机会,选择市场,同时有利于整体战略的规划,实现企业的利润最大化。连锁企业要实现在某一领域的市场占有,在市场细分的前提下实行品牌多样化,即能最大限度地占领市场,又能规避品牌之间的经营风险。

案例阅读

万豪酒店的多品牌战略

总部位于美国华盛顿的"万豪酒店"作为全球知名的连锁酒店品牌,是连锁企业实现品牌多样化的典范。从1927年创立至今先后针对不同的细分市场成功推出了一系列品牌:"公平""庭院""万豪"及"万豪伯爵"

等。在早期,"公平"服务于销售人员,"庭院"服务于销售经理,"万豪"专为业务经理准备,"万豪伯爵"则是为公司高级经理人员提供。后来,万豪酒店对市场进行了进一步的细分,在原有的4个品牌都在各自的细分市场上成为主导品牌之后,推出了更多的旅馆品牌。在高端市场上,"波特曼·丽嘉"酒店为高档次的顾客提供服务,"新生"作为间接商务和休闲品牌与"万豪"在价格上基本相同;在低端酒店市场上,万豪酒店衍生出"公平套房";位于高端和低端之间的酒店品牌是"城镇套房""庭院"和"居民客栈"等,它们分别代表着不同的价格水准,并在各自的娱乐和风格上有效进行了区分。目前,万豪国际集团拥有18个著名酒店品牌,在全球经营的酒店超过2 700家。

(资料来源:根据百度文库等资料整理)

(2) 以占领市场为前提并购目标市场当地品牌实现品牌多样化。与品牌纵向延伸策略的战略性收购方式不同,这一策略的目的不是要打击或挤掉收购的品牌;相反,这一策略的主要目的却是要充分利用收购品牌的品牌价值。收购品牌既实现了品牌的多样化,更重要的是实现了市场的占领。

我国家电连锁品牌国美电器自1985年成立以来,其规模的不断扩张就伴随着品牌的收购历程。2004年7月,国美电器在香港成功上市,借助于资本市场的资金。2005年,国美电器加快了行业并购步伐,用8个月时间成功收购哈尔滨黑天鹅电器、深圳易好家商业连锁公司、武汉中商、江苏金太阳4个家电品牌。2006年7月又收购了全国排名第三的中国永乐电器。2007年12月,收购了大中电器。至今,国美电器集团在全国近300个大中型城市拥有直营分店1 300多家,旗下拥有国美、永乐、大中、黑天鹅等全国性和区域性家电零售品牌达12个之多,年销售能力超过1 300亿元。

3.2 连锁企业的发展战略

发展是指事物由小到大,由简到繁,由低级到高级,旧物质到新物质的运动变化过程。战略是筹划和指导全局的方略。因此,发展战略是指一种科学的、积极的、向前的、全局性的蓝图。

3.2.1 连锁企业发展战略的主要内容

1. 连锁企业发展战略概述

(1) 连锁企业发展战略的含义。连锁企业的发展战略主要是指连锁企业在经营过程中,根据企业特点和经营模式,针对连锁企业发展过程中的发展资金、发展方向、发展方式、发展速度、发展风险规避等问题制定的一种连锁企业战略。俗话说"逆水行舟,不进则退",企业的发展战略对连锁企业来说同营运战略和竞争战略一样重要,是企业经营战略里不可缺少的一部分。

(2) 连锁企业发展战略的特征。
① 连锁企业发展战略是在现有企业实力基础上制定的,不能好高骛远,脱离实际。
② 连锁企业发展战略是面向未来企业发展而制定的,必须有一定的超前性。
③ 连锁企业发展战略是面向企业全局利益的一种整体战略,具有全局性特点。
④ 连锁企业发展战略,必须以满足实现经济效益、社会效益、环境效益的目的为前提。

⑤ 连锁企业发展战略是企业全体员工参加的、关系全体员工利益的战略，而非企业管理者的战略。

⑥ 连锁企业发展战略，也是关乎企业投资人、所有者人利益的战略。

2. 连锁企业发展战略选择

连锁经营作为企业一种集团化、规模化生存和发展的经营组织方式，发展和扩张是它生存的动力，但制定连锁企业的发展战略，首先必须对连锁企业内部和外部环境进行评估。在实践中，不同的连锁企业选择的发展方式、发展模式都是不同的。因此，在制定连锁企业的发展战略时，要具体问题具体分析。

一般来讲，连锁企业的发展战略主要有以下几种：

（1）发展的资本战略。直营连锁店要扩张，需要大量扩张的资本。连锁店可以用自己创业经营的积累作为扩张的资金来源。但仅靠创业者自身积累和企业积累，扩张的步伐太慢。扩张资本来源的方式一般来说有这几种：一是扩大资本通过股票筹资和股票上市；二是举借外债（筹资问题在财务管理章节中论述，此处略去）；三是风险投资；四是兼并、重组、合作。

（2）扩张发展方向战略。扩张发展方向战略即业态的选择和区域的选择。如果商业业态市场已高度饱和，而该业态成长已无潜力，则可以考虑向其他业态扩张。至于区域扩张，这里取决于两个因素：一是所要扩张区域的市场情况与竞争水平；二是连锁体系的分店分布（布点策略）与其扩张区域联系是否紧密。

（3）发展方式战略。发展方式战略主要有3种扩张方式供选择：一是自身不断开出分店，也就是直营扩张；二是兼并，通过对小型连锁商店或独立零售商实施兼并以扩大连锁规模；三是特许加盟。

（4）扩张速度战略。连锁企业的扩张速度要具体问题具体分析。直营连锁扩张速度不宜过快，否则会出现资金供应紧张，债务负担过重。特许连锁由于是低成本扩张速度可以快很多，如上海华联超市1年可以开几百家分店。当然有的扩张过快，新开店质量下降，而且规模的迅速扩大，引起企业一系列不良反应，所以最好选择稳扎稳打的、开一家成功一家的策略，如20世纪90年代的北京苹果点点利连锁店失败的教训值得思考。

3. 连锁企业发展战略的质量控制

连锁企业在高速发展的同时，要十分重视企业发展的质量。因为扩大规模并不是企业追求的主要目标，企业的主要目标是赢利。例如，华联超市连续4年资金回报率都在31%以上，之所以做到这点，是因为很好地控制了各项指标，比如每平方米的营业额、每个员工每年的销售额是多少、每百元销售额各项费用的开支是多少。它们的标准是：人均劳效不低于48万元，按这个标准配备人员，平均地效（年/平方米）不低于10万元，按这个标准衡量分店经营业绩，公司的销售利润率一直保持在1.6%～1.7%。它们始终把质量指标放在首位，对每个人的每个过程都进行严格质量控制。

成本控制是质量管理中的重要一环。如华联超市从一起步，就把成本控制由事后管理改为事前预算，大胆制定了超市连锁业低成本扩张的可持续发展之路，确立了"低投入、低风险、高效率、高产出"的两低两高发展策略。成本控制是提高企业赢利能力，提高市场竞争力的重要问题。如何控制成本呢？华联在配送中心地点选择上，既要考虑租金高低，还要考虑适应企业发展的需要，避免配送中心将来搬家所造成的浪费；又如运输车辆的充分营运，华联每年有 4 万箱商品送到各个分店，同时又把分店中的箱子带回配送中心，统一进造纸厂回收，仅此一项全年节省的资金就是 400 多万元。

3.2.2 连锁企业常用发展战略的选择

企业有两种基本的发展战略类型，即内涵式发展战略和外延式发展战略。企业成长、发展的基础是核心能力。企业的核心能力是通过一体化、多角化和加强型战略形式在企业内涵上的扩张，即内涵式发展战略；另外，就是核心能力通过出售产品、虚拟运作和战略联盟等形式在企业外延上的扩张，即外延式发展战略。

1．零售方式—目标市场矩阵发展战略

零售方式是指零售商的零售活动组合，即卖什么以及如何卖，具体包括业态选择、经营范围及结构、定价策略、广告与促销策略、店面设计与陈列、选址等。零售方式—目标市场矩阵是以零售商的零售方式为主线、以占领市场为目标的企业发展战略，共包含 4 种类型的发展路径。

（1）市场渗透。市场渗透是指利用当前的零售方式，争取扩大对现有顾客的销售。其主要方式有：在现有的目标市场区域内开设更多的分店，诱导现有顾客更加频繁地光顾，或设法吸引那些处于零售商目标市场区域中、却从未在其店中购买过商品的消费者光顾，鼓励销售人员进行交叉销售，即一个部门的销售人员除向顾客推销本部门的商品之外，也向顾客推荐其他部门的配套商品。另外，通过营造赏心悦目的购物环境和优雅的购物氛围，也可以刺激顾客超计划购买。

（2）市场拓展。市场拓展是指将现有的零售方式运用于新的市场区域中，即企业通过不断新建连锁分店进入新的市场领域，下决心由地区性零售商成长为全国性或全球性零售商，为更多的消费者提供产品和服务。

（3）零售方式发展。零售方式发展是指向现有顾客提供新的零售方式。零售方式发展主要通过两种途径实现：一是增加新的业态；二是调整商品组合或服务。

（4）多种经营及多角化经营。多种经营及多角化经营是指向新的目标市场采用全新的零售方式。

2．从单一业态经营到多业态混合经营的发展战略

以往零售商一般只经营一种业态，随着消费者需求的日趋多样化和个性化，越来越多的零售商开始尝试多业态混合经营，以满足多样化的消费需求，占领更多的细分市场。

所谓业态多元化，是指零售商为满足消费者多样化的需求，在以某种经营业态为主的前提下，同时经营其他几种相互补充的业态，以实现经济效益最大化。

因此，零售企业首先需要认真研究各种业态特征，在综合权衡自身能力、资源与具体市场环境的基础上打磨出适合自己的主力业态，然后在时机成熟时跨向多业态经营。

3．从传统的分店销售到分店销售与非分店销售相结合的现代复合经营发展战略

随着互联网的应用和电子商务的发展，传统实体分店的经营发展受到了巨大冲击。因此，连锁企业实行线上与线下结合、分店销售与非分店销售相结合的现代复合经营发展战略，这是其必然的选择，国美电器、苏宁电器就是典型的代表。

> **案例阅读**

基于 O2O 模式下的苏宁云商

电商的兴起,不仅改变了消费者的购物方式,而且还不断地蚕食传统零售企业的市场份额,使得本来竞争就相当激烈的零售业举步维艰。在被逼无奈之下,苏宁电器不得不开始建立自己的电子商城——苏宁易购,以期保住日益缩减的市场份额。然而不幸的是,自家开的网上商城,由于价格便宜于线下实体分店,使得线下分店沦为体验店(顾客线下体验产品,线上下单),销售收入不升反降。

为了开辟一条适合苏宁的销售渠道,2013 年 2 月 14 日,"苏宁电器"正式改名"苏宁云商",打造"店商+电商+零售服务商"的新型 O2O 模式。O2O 就是把线上的消费者带到现实的商店中去。苏宁云商满怀希望地开展 O2O 模式,但 2013 年第三季度业绩报告显示,苏宁创造了近 6 年来首次单季度亏损 1.08 亿元,去年同期为盈利 5.98 亿元。从商业或者投资角度讨论,苏宁的一系列战略措施都是正确的,连弘毅这种见识过大世面的投资人都觉得没问题。但为什么在 2013 年会出现如此巨大的亏损?说明苏宁云商实行的 O2O 模式存在一些问题。

电子商务对实体商场造成冲击已成不争事实。苏宁正是在这一大背景下开始实行 O2O 模式,O2O 模式的推行,将使得线上线下的融合成为现实和未来趋势,给传统零售商带来新的机遇,也将带来价格体系的再造与重构。短期看,行业的盈利能力将进一步受到挑战,洗牌将更加剧烈,但长期看,有能力快速适应这一变化的公司将获得更为广阔的发展空间。

在互联网时代,消费者的购物习惯和路径发生了改变。消费者的购物接触点是多屏和跨平台的,获取信息、支付方式也更加多样。尤其随着移动终端的发展,在家里、办公室、路上都有完成购物的需求,作为零售企业要能够适应这种新变化。电商归根到底还是商,电商所处的零售业就是要回归到流通的本质。因此,许多专家认为对苏宁云商 O2O 模式进行研究具有现实意义。

3.2.3 品牌战略与发展战略的相互关系

1. 品牌战略对企业发展资本战略的助力

品牌的扩张战略,使得连锁企业品牌的知名度提高。有了知名度,加上品牌的差异化定位,连锁企业需要倾力打造品牌的美誉度,成为受大众欢迎的知名品牌,从而提高消费者的品牌忠诚度。消费者数量的增多有助于企业营业额的提高,也就会引来资本市场的追捧,有助于实现连锁企业发展战略。

2. 品牌战略对扩张发展战略的作用

连锁企业扩张战略的实现,可以进行业态扩张和区域扩张,但无论是哪一种扩张发展战略,都离不开品牌的有力支持。在连锁企业从原有业态向其他业态扩张时,必须依仗着品牌的影响力或者是由品牌定位而进行的品牌扩张,才能保证原有客户的不流失和吸引新的客户。一个区域性的品牌也只有在更大的区域范围内建立足够的知名度,才能走向其他的省内、国内和国际区域。

3. 品牌战略对发展方式战略的作用

连锁企业发展方式战略主要有直营扩张、兼并和特许加盟 3 种。

直营的规模化的实现,必须是有足够的客户基础和市场需求,品牌的影响力在其中起着决定性的作用,其他两种无论是自由连锁还是特许经营,尤其是后者,更需要品牌的力量吸引足够的消费者和加盟者。

🌐 **案例阅读**

星巴克的品牌战略

星巴克咖啡原先仅为一家位于美国西雅图派克地市场的销售咖啡豆、茶叶以及香料的小型零售店。1983年，现任的星巴克总裁霍华德·舒尔茨，是当时星巴克的一名销售管理人员，在他的一次欧洲之旅后，决定将意大利式咖啡馆的饮品以及相关经营模式引入美国。但其经营理念与星巴克高层发生冲突，舒尔茨于1985年离开了星巴克，自立门户开了一家意式的每日咖啡馆，使用星巴克烘焙的咖啡豆来制作意大利式咖啡。而到了1987年，星巴克发生财政危机出售，舒尔茨筹资购买了星巴克，并且将其改名为星巴克公司（Starbucks Corporation）。从这个时候开始，星巴克才逐渐从西雅图的小咖啡烘焙兼零售商，逐渐发展为目前全美最大的咖啡连锁店。从1987年到1992年这6年的时间内，星巴克就由原先的11家连锁店扩张到190家的庞大规模，星巴克的总收益也同样反映了这种超乎寻常的发展速度。

星巴克在四十多年的时间中创造了世界上最具价值的品牌之一，是世界领先的特种咖啡的零售商和品牌拥有者。目前，公司已在北美、拉丁美洲、欧洲、中东和太平洋沿岸等地区拥有超过16 000多家咖啡店，拥有员工超过150 000人。长期以来，星巴克一直致力于向顾客提供最优质的咖啡和服务，营造独特的"星巴克体验"，让全球各地的星巴克店成为人们除了工作场所和生活居所之外温馨舒适的"第三生活空间"。与此同时，公司不断地通过各种体现企业社会责任的活动回馈社会，改善环境，回报合作伙伴和咖啡产区农民。鉴于星巴克独特的企业文化和理念，公司连续多年被美国财富杂志评为"最受尊敬的企业"。

星巴克的品牌文化不仅是星巴克的标识，而且有自己的内容，是其基本内容的标识，是代表星巴克特定文化意义的符号。星巴克的"品牌人格谱"就是将星巴克文化从多个角度进行特定注释的"符号元素"集合。

品牌诉求：顾客体验是星巴克品牌资产核心诉求。星巴克把典型美式文化逐步分解成可以体验的元素：视觉的温馨，听觉的随心所欲，嗅觉的咖啡香味等。试想，透过巨大的玻璃窗，看着人潮汹涌的街头，轻轻啜饮一口香浓的咖啡，这非常符合"雅皮"的感觉体验，在忙碌的都市生活中何等令人向往！"星巴克的成功在于，在消费者需求的中心由产品转向服务，再由服务转向体验的时代，星巴克成功地创立了一种以创造'星巴克体验'为特点的'咖啡宗教'"。

（资料来源：根据百度文库等资料整理）

3.3 连锁企业的规模战略

3.3.1 连锁企业规模与效益的关系

连锁经营无论采取集中战略还是分散战略，最终都要涉及企业的经营规模问题，也就是开多少家分店、每家分店设计多大面积和经营多少商品是企业的经济效益最大问题。连锁经营的规模和效益的关系可以概括为：规模是效益的前提和基础，效益是连锁经营扩大规模的目的。连锁企业没有一定的规模是很难实现规模效益的。

规模效益即规模经济效益，是指适度的规模所产生的最佳经济效益，在微观经济学理论中它是指由于生产规模扩大而导致的长期平均成本下降的现象。一般来讲，在一定限度内，由于规模经济的作用，平均成本的高低与公司规模的大小成反比，公司越小，其平均成本就越高；反之，公司越大，其平均成本就越低。运用到连锁经营上，一般指两种情况：一是单位营业面积和劳动时间内经营量越大，每件商品的平均经营费用越低；二是进货批量扩大，进价下降。其实,这两种情况是所有零售形式共同的。当连锁经营转变成可按一定的技术标准进行可控制的生产型活动时,经营资本的运作,即资本投入的时间、领域、规模的选择或称市场机会的把握,就成为决定其经营效益的主要因素。连锁经营使零售企业摆脱了传统形式对其获得规模效益的束缚,创造了零售企业更多地获得规模效益的机会和途径。

连锁经营的主要经济利益都是其规模而带来的,规模效益是连锁经营的突出优势。从理论上讲,连锁企业的规模化经营之所以能带来相应的规模效益,是因为:一是通过批量进货,规模采购降低商品进货成本,进而降低商品销售价格来吸引顾客,扩大市场份额;二是利用核心企业的无形资产价值、管理水平和社会影响力,实现资源共享,降低单位商品销售的其他投入成本(单位产品广告费、新技术专利、设备的研制购买费、信息资源开发费、经营管理费用支出等);三是通过 CI 的整体策划和有效实施,使单位营业面积和营业时间吸引更多的顾客;四是实现连锁企业内部的分工与专业化经营,发挥职业经理管理才能的放大效益,有利于企业形成遍布各地的售后服务体系,极大地方便各地区的顾客,形成一家购买多家服务的经营格局和服务竞争优势。

但连锁企业的规模并不是无限制增长的,规模的扩张还要服从于企业追求适当的经济效益的目的,否则就失去了意义。因此,连锁企业的规模增长也是一定范围内的增长,在这个范围内随规模的增长企业的经济效益也是增长的,当企业规模的增长不能带来经济效益的增加时企业就是规模不经济。连锁企业规模经济和规模不经济的分界点就是人们追求的经济规模点。

连锁企业在一定规模下可以获得良好的经济效益,最本质的原因是把现代化大工业生产的原理运用于零售业,实现了商业活动的标准化、专业化、统一化。这构成了产生规模经济的重要基础,一方面,先进的营销技术可以在众多的分店大规模推广而获得技术共享效益;另一方面,投资的成本和风险可以在众多的分店得到均摊,从而可以降低商品的成本。

3.3.2 最佳规模战略

1. 最佳规模战略概述

从经济学意义上说,企业的最佳规模应包括两种:最大收益规模和最大效率规模。

(1) 最大收益规模战略。

最大收益规模的最佳经营规模,就是在完全市场竞争的条件下,以最小的平均费用,获得最大收益额或利润额的规模。如果以不完全竞争市场为前提,就以利润额的极大值点作为最佳规模。显然这时的成本和销售额的差价最大。这一差价会受到竞争和需求变化的显著影响。例如,生产同种产品的工厂,在正常情况下,2 000 人的公司比 1 000 人的公司生产成本要低些;然而,如果产品的销售情况不佳,2 000 人公司的设备能力就不能充分发挥效益,成本反而比 1 000 人的公司高。可见,市场风险的大小成为决定企业规模的标准。

(2) 最大效率规模战略。

最大效率规模的最佳规模,是把平均费用、销售利润率、总资本利润率、店员人均收益额或产量、设备利用率等,按标准测定,当其效率最大的规模。从费用看,是最小平均费用的规模;从利润看是最大利润率的规模。

在最大收益规模的情况下,因为"利润额"是最重要的,所以即使效率降低,利润本身却可增大。例如,总资本为 1 万元的小规模商店,总资本利润率反而可提高 30%;而另一个总资本 1 000 万元的大规模商店,仅提高 5%的资本利润率。这种在规模上比较,"额"小"率"高的小型企业,能有效预付的资本、劳动及其他经营资源,比起大公司来,价格低廉、成本节约而富于竞争力。因此,效率也是影响企业规模经营战略的重要因素。

采取最大收益规模战略,就会牺牲效率,但会多获得利润额;而采取效率规模战略,可以增强企业的灵活性和适应性,从而增强市场竞争能力。

许多大规模零售组织已经向小规模零售店学习,松弛集权制度,允许各个分店有自主权和灵活性。1964 年美国最大的 50 家商业公司中,销售额占第 13 位的温·迪克谢食品连锁经营公司采取了适当分权的组织形式,给各个分店以充分的自由,有些干脆把各分店的经营权完全转让给分店负责人,充分发挥分店的主动性。

1963 年与 1972 年美国商业普查报告资料的分析显示,连锁经营确实有规模经济利益,当连锁店数由少而多时,员工效率逐渐增加,人事费用比率逐渐降低。然而,连锁经营的规模利益,有所谓门槛规模,即连锁店数必须达到一定水准之后,规模利益才显示出来;否则反而有店数增多,平均成本增加的现象。此外,连锁经营也有所谓最佳规模店数;反之,有规模不经济的情况发生。以美国为例,所有零售业平均的最佳连锁规模在 1963 年时为 11~25 家店;在 1972 年时,一为 26~50 家店,二为 51~100 家店。这显示了由于时代的发展,管理制度的革新,连锁经营的最佳规模增加。

2. 连锁经营的规模利益来源

(1)餐饮业。

① 有关生产采购方面,采购成本的规模利益最重要,生产成本与装潢费用次之。

② 有关营销方面,公司、大顾客信赖感增加最重要,其次为便于集体广告、装潢设计及增加情报来源。

③ 有关财务方面,规模利益首先来自贷款额度的增加,其次为便于进行销售利润的分析。

④ 有关人事方面,在于便于人员的统一训练。

(2)食品杂货业。

① 所有生产采购方面的活动,包括生产、采购、储存、运输、装潢及货源方面,均有较其他行业高的规模利益,也是食品杂货业主要的规模利益来源。

② 在营销活动方面,首先以集体促销为有利,其次是装潢设计较佳,顾客信赖感较佳。

③ 在财务方面,规模的扩大可以提高贷款额度,延长付款期限,便于进行销售分析等。

④ 在人事方面,可统一人员的训练,并降低人事费用。

(3)服饰业。

① 在生产采购方面主要规模利益是降低采购成本,其次为降低存货成本。

② 在营销方面,规模利益来自于最佳的装潢陈列、较强的顾客信赖、分店间调货便利、较广的产品组合、售后服务便利,与集体广告降低平均广告成本等。

③ 财务方面的规模利益与食品杂货业类似。

④ 研究开发的平均成本可因规模增大而降低。

(4)服务业。

① 生产采购方面,规模利益主要来自采购成本的降低。

② 在营销方面,集体广告与集体促销的规模利益远大于其他行业。

③ 在财务方面，付款期限的延长是较重要的规模利益。

④ 在人事方面，人员训练的规模利益远超过其他行业。

另外，行业特性与规模利益之间也有重要关系，如下所述：

① 季节性产品同付款条件的延长，随着规模增大而有较大利益，但在存货方面可降低的成本有限。

② 商品单价越低，则因规模所获得的集体促销利益越大。

③ 商品体积越大，则因规模所获得的运输成本降低与可相互调货的便利越大。

④ 顾客越重视服务，则因规模所获的统一人员训练的利益越大。

⑤ 顾客越重视商店气氛，同规模所获的装潢陈列与集体广告的利益越大。

⑥ 顾客越重视品质，则因规模所获的集体广告与集体促销的利益越大。

连锁体系的扩张速度，主要取决于总部的后勤支援能力，包括连锁经营的管理方法、对分店的监督辅导能力、商品组合与商品规划的能力、店址与商圈的调查规划能力等。

3.3.3 品牌战略与规模战略的相互关系

连锁经营企业的经营战略核心是规模效应和提高经济效益，品牌战略有助于实现规模效益和经济效益。

（1）连锁经营规模的实现来自于企业的发展和扩张，前文已提到过品牌战略在其中的作用，那么对于经济效益的提升作用，则是体现在依靠品牌效应，每个分店的进店人数的增加，在成交率不变的情况下有助于提高成交客户数。

（2）好的品牌战略，如自有品牌战略会对企业的毛利率的贡献增加和提高客户的客单价水平，准确的品牌定位能提高商品定位和商品组合的准确度和销售效果，再借助于有效的促销，可以实现品牌的溢价销售，从而提高连锁企业的盈利水平。

3.3.4 确定经济规模点的方法

经济规模是指在一定的生产技术组织条件下，对生产要素进行合理配置从而使企业获得经济效益的生产能力。经济规模点就是企业当经济效益达到最佳状态时所对应的经济规模，即企业以最小的费用实现最大销售额时的规模。连锁企业的规模用此时的营业额、分店数量来说明。

企业确定经济规模点的方法有损益平衡法、投资回报法和经营图标法。

1. 损益平衡法

损益平衡法以正统经营运作的标准会计原则计算，依照企业实际产生的费用、成本与永续盘存制来计算，但可将各连锁企业体区分为无自有产品及拥有自有产品两类。

（1）无自有产品时，损益平衡点店数的计算。

$$各单店的费用 = 单店固定费用 + 单店变动费用$$
$$各店平均毛利额 = 各单店的平均营业额 \times 各店的平均毛利率$$
$$各店平均获利额 = 各单店的平均毛利额 - 各店平均费用额$$
$$平均总部每月费用 = 固定费用 + 变动费用$$

故

$$损益平衡点店数 = \frac{总部的每月费用}{各店平均获利额}$$

【例 3-1】某一连锁企业各单店平均营业额 15 万元，平均毛利率为 30%，月平均费用额为 3.5 万元，而总部费用为人事费用 2 万元、租金 0.5 万元、邮电费用 500 元、广宣费用 1 万元、杂项费用 0.25 万元、折旧费用 0.2 万元等，合计 4 万元。该连锁企业只有直营店，求其损益平衡点店数。

计算过程如下：
各店平均毛利额＝15×30%＝4.5（万元）
每店每月平均获利额＝4.5－3.5＝1（万元）
损益平衡点店数＝4÷1＝4（家）

【例 3-2】承【例 3-1】，各单店之平均营业额为 15 万元时，而加盟店的平均业绩为 12 万元，总部每月向加盟店收取其营业额的 2%作为商誉月费，求其损益平衡点店数。

计算过程如下：
各店平均毛利额＝15×30%＝4.5（万元）
每店每月平均获利额＝4.5－3.5＝1（万元）
全部直营的损益平衡点店数＝4÷1＝4（家）
全部加盟的各店平均获利额＝12×2%＝0.24（万元）
全部加盟的损益平衡点店数＝4÷0.24≈17（家）
若直营店为 5 家时，加盟店的损益平衡点店数为［4－（0.4×5）］÷0.24≈9（家）

（2）无自有产品时，损益平衡营业额的计算。

企业整体每月费用总额＝所有直营店的每月费用＋总部费用

$$整体损益平衡营业额 = \frac{企业整体每月费用总额}{本公司的总平均毛利率}$$

$$各单店损益平衡营业额 = \frac{整体损益平衡营业额}{直营店数}$$

【例 3-3】某一连锁企业各单店的整体平均毛利率为 30%，其各店每月平均费用为 3.5 万元，而总部费用为人事费用 2.5 万元、租金 0.5 万元、邮电费用 0.1 万元、广宣费用 1 万元、杂项费用 0.3 万元、折旧费用 0.3 万元等，总计 4.7 万元，且有两家直营店无加盟店的情况，求其损益平衡营业额。

计算过程如下：
企业整体每月费用总额＝7＋4.7＝11.7（万元）
整体损益平衡营业额＝11.7÷30%＝39（万元）
各单店损益平衡营业额＝39÷2＝19.5（万元）

【例 3-4】承【例 3-3】，总体平均毛利率 30%，有 5 家加盟店，而其加盟店的平均业绩为 12 万元，总部每月向加盟店收取定额每月每家 2 000 元的商誉月费，求其损益平衡营业额。

计算过程如下：
总公司每月可收取商誉月费总额＝0.2×5＝1（万元）
整体损益平衡营业额＝（11.7－1）÷30%≈35.67（万元）
各单店损益平衡营业额＝35.67÷2＝17.835（万元）

（3）拥有自有产品时，损益平衡点店数的计算。

拥有自有产品时，由于连锁企业本身拥有自有产品或自有品牌商品，尽管门市营运获利点都在平衡点上下，但因其销售量使自有品牌生产能充分发挥而获利，此时门市的平衡店数与损益平衡营业额也将随之而改变。

$$各单店损益平衡点营业额 = \frac{各单店每月费用}{该店平均毛利率}$$

$$各店平均毛利额 = 各单店的平均营业额 \times 各店的平均毛利率$$

$$各店平均获利额 = 各单店的平均毛利额 - 各店平均费用额$$

$$平均附加毛利率 = \frac{总供货额 - 总进货额}{总供货额}$$

$$每月供应商品获利额 = 每月生产工厂的获利 = 每月供应商品总额 \times 平均附加毛利率$$

$$损益平衡点店数 = \frac{总部每月费用 - 供应商品的获利额}{各店平均获利额}$$

$$= \frac{总部每月费用}{各店平均获利额 + 各店供应商品平均获利额}$$

【例3-5】某一连锁企业各单店月平均营业额约为15万元,平均毛利率为30%,其各店每月平均费用额为3.5万元,而其总公司每月费用为人事费用2.5万元、租金0.5万元、邮电费用500元、广宣费用1万元、杂项费用0.25万元、折旧费用0.3万元等,总计费用每月为4.6万元,其总部供货之商品附加平均毛利率为5%,自有商品比率为营业额的50%,全部为直营店时,求其损益平衡点店数。

计算过程如下:

各店平均毛利额 = 15 × 30% = 4.5(万元)

各店每月平均获利额 = 4.5 - 3.5 = 1(万元)

总部每店每月供应商品获利额 = 15 × 5% × 50% = 0.375(万元)

每店总获利额 = 1 + 0.375 = 1.375(万元)

损益平衡点店数 = 4.6 ÷ 1.375 ≈ 3(家)

2. 投资回报法

投资回报法以企业总投资额为基础,计算每年若同样的金额存放于银行所应回收的利率,或依同业获利率与企业规模加计损益平衡点后,求得其经济规模点。

(1) 无自有产品时,目标平衡点店数的计算。

$$投资月回收目标利润额 = \frac{投资金额 \times 银行年利率}{12月}$$

$$各单店损益平衡点利润额 = \frac{各单店每月费用 + 投资回收目标}{该店平均毛利率}$$

$$各店平均毛利额 = 各单店平均营业额 \times 各店平均毛利率$$

$$各店平均获利额 = 各单店平均毛利额 - 投资月回收目标 - 各店平均费用额$$

$$整体目标毛利额 = 总部每月费用 + 投资月回收目标$$

$$目标平衡点店数 = \frac{整体目标毛利额}{各店平均获利额}$$

【例3-6】某一连锁企业各单店月平均营业额为15万元,平均毛利率为30%,其各店每月平均费用额为3.5万元,而其总部费用为人事费用2万元、租金0.5万元、邮电费用500元、广宣费用1万元、杂项费用0.25万元、折旧费用0.2万元等,每月费用总计4万元,企业投资额为30万元,直营店平均每店投资额为18万元,银行放款年利率为10%,且现只有直营店运作,求其目标平衡店数。

计算过程如下:

总部投资回收目标利润额＝30×10%÷12＝0.25（万元）

单店投资回收目标利润额＝18×10%÷12＝0.15（万元）

各店平均毛利额＝15×30%＝4.5（万元）

各店每月平均获利额＝4.5－3.65＝0.85（万元）

整体目标毛利额＝4.5＋0.85＝4.85（万元）

目标平衡点店数＝4.85÷0.85≈6（家）

（2）无自有产品时，目标平衡营业额的计算。

$$投资月回收目标利润额＝\frac{投资金额×银行年利率}{12月}$$

整体月目标毛利额总额＝所有直营店的固定费用＋总部月费用＋投资月回收目标

$$总目标平衡营业额＝\frac{整体月费用总额＋投资月回收目标}{公司总平均毛利率}$$

$$各单店目标平衡营业额＝\frac{整体损益平衡营业额}{直营店数}$$

【例3-7】某一连锁企业各单店月平均毛利率为35%，其各店每月平均费用额为3.5万元，总部费用为人事费用2.5万元、租金0.5万元、邮电费用0.1万元、广宣费用1万元、杂项费用0.3万元、折旧费用0.3万元等，总计4.7万元，且有两家直营店、无加盟店之情况，总部目标企业总部投资额为30万元，直营店平均每店投资额为18万元，银行年利率为10%，且现只有直营店的运作，求其目标平衡营业额与各单店目标平衡营业额。

计算过程如下:

总部投资月回收目标利润额＝30×10%÷12＝0.25（万元）

单店投资月回收目标利润额＝18×10%÷12＝0.15（万元）

整体月目标毛利总额＝7＋4.7＋0.55＝12.25（万元）

整体目标平衡营业额＝12.25÷35%＝35（万元）

各单店目标平衡营业额＝35÷2（直营店）＝17.5（万元）

（3）总公司拥有自有产品时，目标平衡点店数的计算。

$$单店投资月回收目标利润额＝\frac{投资金额×银行年利率}{12月}$$

$$总部投资月回收目标利润额＝\frac{投资金额×银行年利率}{12月}$$

$$各单店平衡点利润额＝\frac{各单店的每月费用＋投资月回收目标}{该店平均毛利率}$$

各店平均毛利额＝各单店的平均营业额×各店的平均毛利率

各店平均获利额＝各单店平均毛利额－各店平均费用额－投资月回收目标

$$平均附加毛利率＝\frac{总供货额－总进货额}{总供货额}$$

每月供应商品获利额＝每月生产工厂的获利额
＝每月供应商品总额×平均附加毛利率

$$目标平衡点店数＝\frac{总部月费用＋总部投资回收目标－供应商品获利总额}{各店平均获利额}$$

$$= \frac{总部每月费用+总部投资月回收目标}{各店平均获利额+各店供应商品平均获利额}$$

【例 3-8】某一连锁企业各单店平均营业额为 12 万元，总平均毛利率为 30%，其各店每月平均费用额为 3.5 万元，而总部每月费用为人事费用 2.5 万元、租金 0.5 万元、邮电费用 500 元、广宣费用 1 万元、杂项费用 0.25 万元、折旧费用 0.3 万元等，总计费用每月为 4.6 万元，商品附加平均毛利率为 5%，自有商品比率为营业额之 50%，企业总部投资额为 30 万元，直营店平均每店投资额为 18 万元，银行放款年利率为 10%，目前只拓展直营店，求其目标平衡点店数。

计算过程如下：
总部投资月回收目标利润额＝30×10%÷12＝0.25（万元）
单店投资月回收目标利润额＝18×10%÷12＝0.15（万元）
各店平均毛利额＝12×30%＝3.6（万元）
每店每月平均获利额＝3.6－3.65＝－0.05（万元）
总部每店每月供应商品获利额＝12×5%×50%＝0.3（万元）
目标平衡点店数＝（4.6＋0.25）÷（0.3－0.05）≈20（家）

3．经营图标法

经营图标法是以企业的经营获利目标或同业获利率加计损益平衡点后，求得其经济规模点。

（1）无自有产品时，目标平衡店数的计算。

$$各单店损益平衡点利润额＝\frac{各单店的每月费用+目标获利额}{该店平均毛利率}$$

各店平均毛利额＝各单店平均营业额×各店平均毛利率
各店平均获利额＝各单店的平均毛利额＋目标获利额
整体目标毛利额＝总部的每月费用＋目标获利额

$$目标平衡点店数＝\frac{总部每月费用+目标获利额}{各店平均获利额}$$

【例 3-9】某一连锁企业各单店月平均营业额为 12 万元，平均毛利率为 30%，其各店每月平均费用为 3.5 万元，而总部费用为人事费用 2 万元、租金 0.5 万元、邮电费 500 元、广宣费 1 万元、杂项费用 0.25 万元、折旧费 0.2 万元等，每月费用总计 4 万元，企业每月获利目标为 10 万元，且现只有直营店运作，求其目标平衡店数。

计算过程如下：
各店平均毛利额＝12×30%＝3.6（万元）
每店每月平均获利额＝3.6－3.5＝0.1（万元）
整体目标毛利额＝4＋1＝5（万元）
目标平衡点店数＝5÷0.1＝50（家）

（2）无自有产品时，目标平衡营业额计算。

企业整体月目标毛利总额＝所有直营店的固定费用＋总部月费用＋目标获利额

$$目标平衡营业额＝\frac{整体月费用总额+目标获利额}{本公司平均毛利率}$$

$$各单店目标平衡营业额＝\frac{整体损益平衡营业额}{直营店数}$$

【例3-10】某一连锁企业各单店整体平均毛利率为35%,而其各店每月平均费用为3.5万元,总部费用为人事费用2.5万元、租金0.5万元、邮电费0.1万元、广宣费1万元、杂项费用0.3万元、折旧费0.3万元等,总计4.7万元,且有两家直营店、无加盟店的情况,总部目标获利为每月1万元,求其目标平衡营业额与各单店目标平衡营业额。

计算过程如下:

整体月目标毛利总额=7+4.7+1=12.7(万元)

整体目标平衡营业额=12.7÷35%≈36.285(万元)

各单店目标平衡营业额=36.285÷2(直营店)≈18.143(万元)

(3)总公司拥有自有产品时,损益平衡店数计算。

$$各单店损益平衡点利润额 = \frac{各单店每月费用}{该店的平均毛利率}$$

各店平均毛利额=各单店的平均营业额×各店的平均毛利率

各店平均获利额=各单店的平均毛利额−各店平均费用额

$$平均附加毛利率 = \frac{总供货额 - 总进货额}{总供货额}$$

每月供应商品获利额=每月生产工厂的获利额

=每月供应商品总额×平均附加毛利率

$$目标平衡点店数 = \frac{总部月费用 + 目标获利额 - 供应商品获利总额}{各店平均获利额}$$

$$= \frac{总部每月费用 + 目标获利额}{各店平均获利额 + 各店供应商品平均获利额}$$

【例3-11】某一连锁企业各单店月平均营业额为12万元,总平均毛利率为30%,其各店每月平均费用额为3.5万元,而总部每月费用为人事费用2.5万元、租金0.5万元、邮电费500元、广宣费1万元、杂项费用0.25万元、折旧费0.3万元等,总计费用每月为4.6万元,商品附加平均毛利率为5%,自有商品比率为营业额的50%,月目标获利额为1万元,若全部为直营店时,求其损益平衡店数。

计算过程如下:

各店平均毛利额=12×30%=3.6(万元)

每店每月平均获利额=3.6−3.5=0.1(万元)

总部每店每月供应商品获利额=12×5%×50%=0.3(万元)

目标平衡店数=(4.6+1)÷(0.1+0.3)=14(家)

【例3-12】承【例3-11】,各单店的月平均营业额为13万元时,且加盟店每店每月向总部进货额平均为营业额的30%,而加盟店之平均业绩为12万元,总部每月向加盟店收取其营业额2%,或定额每月每店0.2万元的商誉月费时,求其损益平衡店数。

① 收取营业额2%的商誉月费时,计算如下。

全部为直营店时:

各店平均毛利额=13×30%=3.9(万元)

每店每月平均获利额=3.9−3.5=0.4(万元)

总部每店每月供应商品获利额=13×5%×50%=0.325(万元)

目标平衡店数=(4.6+1)÷(0.4+0.325)≈8(家)

若加盟店为 3 家时：

直营店获利额=0.4+0.325=0.725（万元）

直营店获利总额=0.725×3=2.175（万元）

总部每店每月供应商品获利额=12×50%×5%=0.3（万元）

加盟店每店获利=12×2%+0.3=0.54（万元）

加盟店目标平衡店数=（4.6+1－2.175）÷（0.54+0.3）≈4（家）

② 收取每月每店定额 0.2 万元之商誉月费时，计算如下。

全部为加盟店时：

总部每店每月供应商品获利额=12×50%×5%=0.3（万元）

加盟店每店收益=0.2+0.3=0.5（万元）

全部为加盟店的目标平衡店数=（4.6+1）÷0.5≈11（家）

若直营店为 2 家时：

加盟店的目标平衡店数=［4.6+1－（0.5×2+0.2×2）］÷0.5≈9（家）

3.3.5 避免规模不经济的方法

1. 单店利润提升

（1）业绩的提升。业绩主要的提升方向有 3 个：新客户的开发、顾客购买额的提升、客户来店频率增加。提升业绩的具体做法如下所述：

① 明确的经营定位。企业的重新经营定位，明确企业的主力客户层与主力商品、服务品项，确立客户的认同。

② 完善的年度促销计划。由年度促销计划的制订与执行，来活跃各单店的气氛、提升人员士气、增进企业知名度，进而以客户的认同，提升平均顾客购买额与来店客数。

③ 组合商品开发。组合式、套装式商品的开发设计，重新赋予商品或服务项目新生命与面貌，使商品能更迎合客户需求，并与客户的生活能更切合，增进客户的认同，提升顾客购买额。

④ 新商品开发。不断的开发与引进合乎企业定位与更受客户喜欢的新商品，使客户进入本连锁系统门市时，能更满意，从而增加新客户。

⑤ 商品品质再提升。总部与各单店能对销售商品作最严密的管理，不断提升本公司销售商品的品质，确立客户对本公司商品或服务的信赖与认同。

⑥ 服务流程的再检讨。针对本企业内商品管理与服务作业流程再简化，以符合顾客导向为基本原则，让客户到本连锁消费能更满意，以加深其对本企业的印象，提高来店消费频率，并能主动为连锁店宣传。

⑦ 商品的陈列更人性化。商品陈列管理，采用生活形态化的陈列设计，使客户消费时能更人性化、丰富化、系列化，以便利客户的选择与购买，可提高顾客购买额与来店客数。

⑧ 人员服务应对训练再加强。针对各级门市人员，客户服务与销售应对技巧，定期实施在职训练来提升商店服务品质，使客户对本公司的服务质量能更满意，提升客户的来店消费额度。

⑨ 团体、会员客户组织系统的建立与运作维系。强化企业与客户关系，对已购买本公司商品的客户，建立完善的售后服务系统，使客户购买本公司的商品无后顾之忧。针对老客户、

团体客户、会员客户给予特别的回馈或服务,并建立客户推荐的折扣或分红制度,使客户主动介绍新客户或提高消费金额。

⑩ 企业形象与识别系统的再促进。有关公司企业形象与识别系统的制作物,经过整体的整合并强化,使客户对本企业能留下更好、更深刻的印象。

由上述方法提升各单店的营业额,使各单店营业额增加,提升毛利额,让各单店获利提升,使连锁企业整体营运营业额获得全面性的提高。

(2) 毛利的提升。毛利的提升可区分为平均毛利率与经营毛利额的提升,具体方法有以下几种:

① 新商品开发。总部不断开发高回转的商品,可提高单店运作效率,开发高毛利商品,加强高附加价值服务性商品的开发引进,都可以提高平均毛利。

② 淘汰低回转低毛利商品。依照各单店单品的"营业回转率×单品毛利率＝贡献力"的公式,对商品进行计算排行,排行在最后5%的为准备淘汰的商品。淘汰贡献力低的商品后,可使各单店引进较高贡献力的商品,同时可提高商品平均毛利额与商品回转率,进而使各单店营运效率提高。

③ 商品进价的降低。对销售量高、回转快的商品,公司建立总库或于各单店建立库存,一方面可减少缺货情况发生,另一方面可使每次采购量提升。总部经统计后,以该商品的年度销售总量与供应厂商进行协商议价,可降低商品的进货成本或获得较佳付款条件。

④ 自有商品的开发。对销售佳、回转快或毛利低的商品,自行开发自有品牌或国外同级名牌商品在国内代理权的取得,可提升各商店的平均毛利。

采用上述方法可有效提升各单店经营毛利额与平均毛利率,使整体总平均毛利率提升,进而提升总部获利总额。

(3) 获利额的提升。各单店因来客数的提升、顾客购买额的提升、毛利率的提升后,可使得单店毛利额大幅提升,进而使企业整体获利大幅成长,因其"获利额提升数＝来客数的提升数×顾客购买额提升数×毛利率提升数",所以连锁企业总部能快速地达到其规模经济点。

2. 费用成本的降低

(1) 总部费用的降低。

① 内部管理系统健全化。总部管理运作系统制度化,简化人员作业程序、表单流程,降低行政管理费用。

② 促销、广告规划效益化。企业整体年度促销、广告提前规划执行与制作物规格化、统一发包制作、配合厂商提前洽谈与寻找可联合本业上下游或异业共同促销,以降低促销广告、赠品费用与毛利的损失等,可进一步提升广告与促销的运作效益。

③ 整体议价可降低进价。明确年度新店布点计划与新店家数,有利于对供应厂商或找寻其他替代厂商的多家比价;或可以一次议价,但依展店计划分次送达,可使议价空间加大;可以降低开店装潢、设备成本,使各单店每月的折旧费用再降低。

④ 作业计算机化。对已标准化或已运作顺畅的作业系统予以计算机化,减少人员作业时间、人员培训时间,降低人员薪资、费用成本等。

⑤ 转化费用单位为赢利单位。对已开放拓展加盟店的总部行政单位、商品部门、财会部门等,可开放对加盟店提供税务、财务、行政等服务协助,也可以收取一些费用而由此产生收入。例如,总部可为加盟店提供会计、税务的协助处理,所以加盟店不用再花钱雇用会计

人员，而总部相对可以一个人力协助 5～10 家店的会计、税务事项，并每家收取适当的费用，如此加盟店与总部都可获益。

（2）单店费用的降低。

① 服务作业流程的标准化。降低服务作业时间的人员薪资成本与人员养成培训时间。

② 人员管理系统化降低人员流动率。减少人员流动率，可降低人员培训招募费用与人员不成熟的作业损耗成本，或因得罪客户造成本公司的营业损失。

③ 减少投资损失风险。确立新店觅点评估标准，减少展店投资风险与开店前期的亏损时间。

上述方法可使单店不断降低费用，进而提升各单店的获利，经过总部与单店费用的降低，企业整体费用可降低，企业获利便快速提升，以达到"规模经济"的目的。

3．店数的增长

（1）直营店的拓展。

① 高获利直营店数的提升。累积建立单店经营商业区的位置评估标准，拓展增设较高获利、地点较合适本行业的直营店，因获利店数的提升，使获利总额提升，进而达到规模经济店数。例如，原有 10 家店但是有 8 家每家的平均获利为 10 万元，有一家达损益平衡点，另一家为亏损 10 万元，若再增开 5 家高获利店，则每月相对可由亏损店比例 8∶2 转为 13∶2，获利总额由 70 万元增至 120 万元。

② 亏损店的迁移和关闭。迁移已亏损且经业绩提升救店计划后，仍无法再提升的商业区退化店，使总部不再因负担亏损店而降低获利总额。例如，上例中不再增设新门市，而将原亏损店迁移或结束，则可使总部原获利总额由 70 万元提升至 80 万元或 100 万元。

（2）加盟店的拓展。开放拓展加盟店，可增加加盟权利金收入、商品供货收入、每月月费收入、促销费用分摊等，使总部获利提升。例如，每展 1 家店可收取 1 万元权利金，若拓展 10 家加盟店则可增加总部加盟权利金收益 10 万元。总部虽然也因而增加了人力的成本，但扣除其费用后，还可增加总部的总收益，而且最重要因拓展加盟店后，可令总部知名度相对提升。商品的总销售量增加后，总部的采购议价力也会相对提升。

（3）向员工让股。

① 原直营店开放。开放损益平衡点边缘的直营店给资深店长或员工经营，一方面可回收单店的投资资金，另一方面因员工投资自己当老板的心态，会更卖力地全心投入经营，可提升该单店经营绩效，使总部因单店获利增加而提升获利总额。

② 新开店的开放。开店时即让员工入股，一方面可降低总部投资总额，另一方面可减低经营风险，总部对该店的掌握度，也如同直营店管理模式，这样就可以加快展店速度。

 3.4 连锁企业的竞争战略

3.4.1 连锁企业的竞争对手分析

1．确定连锁企业竞争对手

连锁企业的竞争对手一般是指那些与本企业生产类似的产品和服务，并具有相似的目标顾客和相似的产品价格的企业。例如，美国的可口可乐公司将百事可乐公司作为其主要的竞争对手，通用汽车公司将福特汽车公司作为主要竞争者。

具体来说，企业可以从两个方面去探讨如何确定企业的竞争对手，见表3-1。

表3-1 竞争对手确定方法一览表

确定方法名称	方 法 说 明	举 例
行业确定法	企业要想在本行业处于领先地位，就必须了解本行业的竞争模式，以确定竞争者的范围	从行业方面看，可口可乐的竞争对手是百事可乐
市场确定法	企业的竞争对手是为与本企业相似的顾客群服务的企业	从市场方面看，顾客需要的是软饮料，因此，可口可乐的竞争对手也可以是果汁、矿泉水等饮料

综合以上两个方面剖析竞争对手，可以开阔连锁企业的眼界，使连锁企业不仅看到现存的竞争对手，而且可以看到潜在的、未来的竞争对手，有利于连锁企业在市场竞争中获胜。

2．收集竞争对手资料

确定了竞争对手之后，就要收集主要竞争对手的大量情报。企业要收集各个竞争对手过去几年内的资料，包括竞争对手的目标、策略和执行能力，具体来说，就是销量、市场份额、毛利、投资报酬率、现金流量、新投资、设备利用能力等信息。有些信息收集起来往往比较困难，企业可通过二手资料、个人资料、传闻来明确竞争对手的强弱。

3．分析竞争对手的情况

在一般情况下，企业在分析它的竞争对手时必须注意3个变量：市场份额，即竞争对手所拥有的销售份额情况；心理份额，即认为竞争对手在心目中排名第一的顾客所占的份额情况；感情份额，即认为竞争对手的产品是最喜爱的产品的顾客所占份额。

4．分析竞争对手目标

判断竞争对手的目标十分重要。每一个竞争者有一个目标组合，其中每一个目标都有其不同的重要性，如获利能力、市场占有率及其成长性、现金流量、技术领先、服务领先等。在了解了竞争对手的组合目标后，就可以判断竞争对手对其现状是否满意，以及它对不同的竞争行动可能采取的反应。对竞争对手目标的掌握有助于本企业营销战略与决策的制定。

5．确认竞争对手策略

行业与企业之间的策略越相似，其竞争也就越激烈。在多数行业中，根据企业所采取的策略不同，可将竞争对手分成几个策略群体。所谓策略群体，是指某一行业内采取相同或类似策略的群体企业。例如，美国通用电器公司和惠尔浦公司都提供中等价格的电器产品，它们可以划分为同一策略群体。

由于企业的情况各异，所以进入各策略群体的难易程度也不同。一般小企业适合进入壁垒较低的群体，而实力雄厚的大企业则可以考虑进入竞争性强的群体。企业进入某一策略群体后，应先确定主要的竞争对手，然后再决定本企业相应的竞争策略。

3.4.2 连锁企业的竞争战略

1．连锁企业竞争战略概述

（1）连锁企业竞争战略的含义。竞争是企业发展自己抑制对手的手段，是企业发展的突击力。连锁企业的竞争战略是指连锁企业在企业经营环境中突出自己的企业优势，弥补自己的竞争劣势，抢占市场，克制或回避竞争对手的企业经营战略。连锁企业竞争战略一般包括多种竞争战略、总成本领先战略、差异化竞争战略、目标集聚战略 4 种。一个企业的经营发展离不开竞争，当然，也就离不开竞争战略。企业只有制定长远的竞争战略，才能在未来的市场上未雨绸缪。

（2）连锁经营竞争战略制定的意义。

① 形成完整的企业竞争战略体系，决战未来市场。企业竞争不是一时竞争，而是全程竞争，分析现在、预测未来制定竞争战略有利于企业竞争的一贯性和连锁性。

② 便于合理分配资源。在满足一定条件的基础上，市场竞争能带来合理的资源分配。

③ 充分调动经营者的积极性和主动性。优胜劣汰是市场竞争的规律。企业要想在竞争中获胜，必须付出加倍的努力。竞争本身所具有的挑战性，也可以激发经营者的上进心和成就意识，激发经营者努力奋斗。例如，沃尔玛、麦德龙等都是在激烈的市场竞争中逐步发展起来的，而在这期间，很多原来风光一时的企业逐渐消失，成长壮大起来的连锁企业都身经百战，经验丰富，有着自己独特的竞争优势。

④ 竞争战略能够使企业在相互学习中获得更大的发展。竞争具有双重作用，一是企业由于经营不善等原因，造成全军覆没的下场；二是能够使企业在竞争中知道如何学习，学会怎样变化，形成学习型企业。如果竞争双方能够相互学习促进，所形成的将是一种双赢的关系。

案例阅读

沃尔玛与万佳百货、人人乐之争

1996 年，美国零售连锁企业巨头沃尔玛进入深圳，一时使国内市场感到惊慌，而沃尔玛也摆出咄咄逼人的态势，不但把当时的万佳百货列入"黑名单"，还扬言要在一两年内将深圳的零售业扫荡干净。如今十几年过去了，万佳百货成长得更强更壮。

在蛇口，与沃尔玛超市相隔仅百米的"人人乐"超市与法国的家乐福死拼过，如今则是面对面地与沃尔玛竞争，在竞争中反而规模越做越大，生意越来越好。所以，"人人乐"的总经理说："我更愿意把这种关系称为双赢。"所谓"双赢"，是指竞争双方谁都没有吃掉谁，反而共同把蛋糕做大了。"双赢"还有另一层含义，就是企业从竞争对手那里学到了很多东西，如"人人乐"在竞争中被逼得在半年中就学会了如何在自己的超级市场中经营生鲜，学会了如何应用统一的立体策略与对手竞争，你用价格吸引客户，我用质量、价格、服务三者的组合赶超你；又如，沃尔玛在竞争中加快了本地化进程。

2．连锁企业竞争战略情况分析方法

连锁企业的竞争战略决策是以竞争情况分析为前提的。竞争情况分析最常用的方法是优势弱点分析法和机会威胁分析法。

（1）优势弱点分析法。优势弱点分析法是明确地将本连锁企业与竞争对手进行对比，借以发现自己超过竞争对手的优势和不如竞争对手的弱点。如麦当劳的竞争优势源于其清洁、快速、品质、服务和价格，而肯德基的竞争优势则是其独特的口味。优势和弱点可以在连锁企业的产品、服务的各个环节进行比较，通过优势弱点分析可以使连锁企业制定进一步扬己之优势，克敌之弱点的战略。

（2）机会威胁分析法。机会威胁分析法和优势弱点分析法不同，优势弱点分析法是针对连锁企业的经营状况的，机会威胁分析法则是针对连锁企业的经营环境而言的。机会是指经营环境中出现的有利于连锁经营的变化，如各国政府对连锁企业的政策支持、银行放宽贷款条件、消费者的信任感增强、供应商为连锁店提供优惠供货条件等，连锁店经营者要善于利用上述机会发展企业。威胁则是环境中出现的不利于连锁企业发展的因素，如政府政策限制。连锁企业要善于应对，或撤退，或转移，以免受损失。常用的机会威胁分析法是机会、威胁矩阵分析，如图3.1所示。对连锁企业经营者而言，机会水平高而威胁水平低的A区域则是最好区域，机会水平低而威胁水平高的D区域则是最差区域。类似方法也可用于优势弱点分析法。

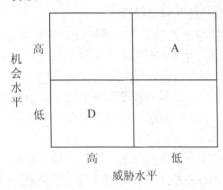

图3.1 机会、威胁矩阵分析图

3. 连锁企业竞争战略选择

"竞争"与"合作"是人类经济活动的两个同等重要和普遍的方面，没有好坏与主次之分，都是推动人类社会经济进步的动力。

自亚当·斯密（经济学主要创立者）以来，由西方文化所主导的经济学和工商管理学体系，都是以"竞争"为主线的。它反映了西方国家的企业在几百年来的发展战略是"竞争"的战略。但这战略模式在20世纪末发生变化，合资、合营、连锁、战略联盟等越来越受到企业的青睐。

"战略管理之父"迈克尔·波特认为，在一个产业中，企业的竞争优势有两种基本形式，即成本领先和标新立异。在日趋激烈的竞争中，连锁企业要想获取竞争优势，必须从自身的实际情况出发，选择有效的竞争战略，努力创造和保持竞争优势，避免低水平的过度竞争，以维护连锁企业良好的市场竞争秩序。

连锁企业的市场竞争战略主要有以下3种：

（1）成本领先战略。成本领先战略的核心是较低的经营成本或费用。它要求企业必须确保以低价购进原材料，采用先进的技术设备，建立高效率的生产经营体制，努力降低各种费用。对于连锁企业，成本控制的关键在采购、物流体系中。如果一个企业能够以规模经济或成本优势的形式筑起壁垒，成为连锁业中的成本领先者，它就能够应付现有或潜在竞争对手的攻击。成本领先战略最终表现为产品价格的降低。连锁店之所以可以以价格优势竞争，关键在于连锁经营可以有效地降低成本。如日本大荣连锁店的经营宗旨是"大量廉价销售优质商品"，其核心在于廉价；沃尔玛创始人山姆·沃尔顿的口号是"别人卖1.2元的东西，我卖1元，虽然每次赚得少了，但卖的次数多了，赚得就不会少了"。这也就是人们常说的"薄利多销"，对于大型连锁店而言，这一策略相当有效。

连锁企业创造成本优势的主要途径如下所述：一是进行成本分析，找出对企业经营成本影响最大的因素。连锁企业首先要了解本企业的成本现状，看自己有没有成本优势，是否可能创造出成本优势，以及创造成本优势的关键环节是什么，找出那些对企业经营成本影响最大或企业降低成本潜力最大的因素。二是进行系统的成本控制。制订成本控制目标和成本控制计划，动员全体员工，实施系统的成本控制。三是努力创造规模经济效益。连锁企业通过扩大连锁经营规模，提高组织化程度，大规模地购销，提高市场占有率，实现规模效益。四是产销合作，即利用连锁经营优势与供应商建立合作关系，努力降低采购成本。五是建立自有品牌。企业把自己开发的、质量有保证的产品委托生产，成本就可以降下来，然后在自己的连锁网络中以较低的价格销售，有利于提高连锁企业的知名度和竞争实力。

（2）标新立异战略。标新立异战略也叫差异化战略。连锁店以不同于竞争对手的产品、服务、形象为客户服务，从而赢得特定消费者。它是回避直接竞争的基本手段，特色是这一战略的核心。如肯德基的口味、麦当劳的速度可以说是其特别优势，而沃尔玛商品的快速周转、低价格等均是差别化的结果。

标新立异战略主要体现在几点：一是同样的品质或服务，价格最低，即"成本降低"品牌；二是同样的价格，品质和服务最高，即"价值附加"品牌；三是提供的商品和服务是行业内所独有的即独有品牌。在这种情况下，消费者即使支付较高的价格也愿意光临。如果一个连锁企业通过标新立异为自己建立起一个独具特色的市场地位，那么它也可以有效地保护自己不受或少受竞争者的打击。标新立异不是一种短期行为，而是需要长期使用，不断战败对手的手段，所以要保持长期比较优势。

连锁企业实施标新立异战略需要从以下几个方面入手：一是深入了解市场竞争状况，为企业准确定位。企业的定位不是单纯指产品而是不同于其他连锁企业的市场地位或形象。企业需要研究市场竞争是围绕什么进行的，这是实行标新立异战略的根本点和出发点，这需要进行企业的优劣势分析。二是全方位了解顾客需求，组织全面服务。顾客的需求是多方面的，专家称其为需求束，它包括价格、产品（性能、质量、设计、连带性服务等）、服务（支付条件、售后服务等）、形象（社会对产品和企业的认同程度）。需求会因产品特性和顾客特性的差异而有所不同，即使在同一需求中，顾客关心的焦点也是不一样的，所以标新立异战略必须围绕需求束中顾客最集中的部分进行。如果把需求束中顾客最敏感的部分称为需求核心，那么企业实行标新立异战略的关键，就是要把顾客的需求核心作为根本来对待。如果都看到了需求核心，那么需求核心就要转移为非核心了。三是进行CI设计，宣传企业形象。CI设计可以帮助创造富有个性和感染力的全新的企业形象。因为企业的现代形象是与一整套现代文明的企业形式与规范相联系的，它是企业素质的反映和表现，是消费者对企业所有活动进行综合评价的结果。连锁企业的CI设计和广告宣传，在很大程度上影响着消费者对企业的主观评价。因此，连锁企业选择了标新立异战略，就要根据自己将要树立的形象进行塑造和宣传，做到深入人心，使自己的连锁企业给消费者一个统一的形象。

（3）目标聚集战略。目标聚集战略就是确定企业的重要目标，其核心是细分市场，也就是连锁企业通过集中其全部力量满足某个特定的顾客群、某产品系列的一个细分区隔或一个地区市场的方式，为自己建立起一个良好的竞争战略体系。

目标集聚战略的优点有以下几点：能够通过目标市场的选择，帮助连锁企业寻找市场最薄弱环节切入；避开与势力强大的竞争者正面冲突，因此特别适合于那些势力相对较弱的连锁企业；能够以有限资源和以更高的效率、更好的效果为特定客户服务，从而在较小范围内超过竞争对手；集中可以降低成本，支持价格策略。

集中是地区上、顾客群上、产品与服务上的集中。地区集中战略是指连锁店集中资源于特定地区内开店，可以使有限的广告投入、配送能力在该区域发挥作用，从而使连锁店在特定区域内站稳脚跟，稳定地占有该市场，获得地区范围内的竞争优势。顾客集中实质上是连锁店把主要资源集中在特定的顾客群上，把他们作为诉求的对象，调查和了解他们的主要需求，针对他们提供有效的产品与服务。产品与服务集中战略是指主要经营一种（类）产品或服务，适合于专业店、专卖店。这一点在餐饮业表现得非常明显，连锁快餐店的主要产品只有一个，在麦当劳是汉堡包，在肯德基是炸鸡，正是在产品与服务上的集中才形成了专业优势，才能推行标准化作业。产品与服务的集中使连锁工作人员可以成百上千次地做一件事情,即不用培训,单是熟能生巧也能提高其效率;而反观国内餐饮业,一家餐饮店提供成百上千种菜肴,每个厨师要做几百种菜,即使天天培训,其作业速度、品质恐怕也难以保证。

3.4.3 连锁企业品牌战略对竞争战略的意义

企业的竞争是多方面的竞争,主要是市场份额和利润的竞争,但归根到底是消费者的竞争。每个企业在竞争中,一方面要保证自己的市场份额不要减少,使消费者不要转而购买竞争对手的产品,另一方面还要设法吸引新客户和竞争对手的消费者。在产品同质化的今天,无论是价格还是技术都不是最终的决定因素,只有品牌和服务才是培养客户忠诚度和竞争的最有效手段。因此,合适的品牌定位会让消费者找到适合他们的产品,对分店产生归属感、品牌的差异化会突出连锁企业的独特优势,品牌的扩张有助于市场的扩大,这一切都有助于企业在竞争中处于有利的地位。

> **案例阅读**
>
> **沃尔玛的竞争战略**
>
> 在沃尔玛创业初始,山姆·沃尔顿面对像西尔斯、凯马特这样强大的竞争对手,采取了以小城镇为主要目标市场的发展战略。在 20 世纪 60 年代,像凯马特这样的大公司对人口低于 5 万人的小镇开分店根本不感兴趣。而山姆·沃尔顿的信条是即使是 5 000 人的小镇也照开不误,而且他对商品选址有严格要求,首先要求在围绕配送中心的 600km 辐射范围内,把小城镇逐个填满后,再考虑向相邻的地区渗透。这样正好使沃尔玛避开了和那些强大对手直接竞争,同时抢先一步占领了小城镇市场,当沃尔玛在小城镇立稳脚跟后,开始实施农村包围城市的战略,向大城市渗透。
>
> 与此同时,沃尔玛为了进一步建立和保持长久的竞争优势,把"天天平价"和"保证满意"确定为沃尔玛的战略目标,想尽一切办法在每一环节上把成本降至最低,取得了在行业上的成本领先者地位。同时为了满足顾客的需求,不断推出新的服务方式和服务项目,如山姆会员店、超级购物广场、一站式购物、免费停车、免费送货等,最终以超一流的服务赢得了顾客的忠诚,取得了在服务方面的差异化。
>
> 反观沃尔玛的竞争对手,如西尔斯、凯马特等大型零售商,他们既不能取得价格方面的优势,在服务方面又远远逊色于沃尔玛,因此处于被迈克尔·波特称为"夹在中间"的尴尬地位,最后只得一步步将市场拱手让于沃尔玛。
>
> 而沃尔玛公司由于能够成功实施在价格方面的总成本领先战略和服务方面的差异化战略,所以建立了远远超过其他竞争对手的巨大竞争优势,最终凭借这些优势,将西尔斯、凯马特等对手一一击败,建立起今日的零售王国。
>
> (资料来源:根据百度文库等资料整理)

3.5 连锁企业的房地产开发战略

3.5.1 连锁企业房地产开发战略的实施背景

连锁经营,无论其业态如何,都是以土地和分店为基础而扩张的,因而房地产是任何一家连锁企业都必须要考虑的问题,并一直伴随着连锁企业的成长过程。因此,开发房地产就成为每个连锁公司总部首要的战略,许多连锁店本身又是房地产公司。可以看出,房地产经营不仅是连锁经营的本质要求,而且是连锁店成长的必然规律,是连锁经营战略实施的实践要求。

1. 房地产战略是连锁经营的本质要求

连锁经营具有明显的标准化、专业化、集中化、简单化、规模化的特征。从连锁经营的本质特征来看,房地产战略是连锁经营的本质要求。

(1) 连锁经营的开店。开店即开设新店,增加新网点,以扩大营业规模和销售能力。连锁企业只有不断开新店,才能扩大营业规模和销售能力,降低进货成本和管理费用,发挥规模效益,取得快速发展。

而开新店,首先就要确定开店的业态,即要开一个什么类型的店、经营什么、以什么方式经营,开一个与原有连锁经营体系相同的店还是开一个完全不同的新店。零售商业的业态有很多种,我国分为便利店、专业店、超市、大型超市等18种,但从总体上分为有分店经营和无分店经营两种业态。有无营业场所和营业场所的规模、结构不同,则连锁分店的目标顾客、商品结构、商品销售方式、服务功能等都有很大的不同。因此,连锁企业开新店,首先必须确定开店的经营业态是哪一种,以确定连锁企业的经营目标。

就目前世界范围零售业态的分布来看,有分店经营是零售经营的主要业态选择。显然,分店的开发和建设是有分店零售店的首要任务。铺面规模、结构会影响连锁经营的规模、商品结构和经营方式以及服务方式;铺面建设资金的占用量会影响连锁经营体系流动资金的使用量和资金的使用效率;铺面建设的质量和速度会影响连锁分店的开业时间是否正常和连锁体系的开店战略目标能否实现。而分店的开发和建设就是连锁店的房地产开发,连锁经营的开店战略从本质上讲就是房地产开发战略。

(2) 连锁经营的选址。连锁企业的选址战略,就是要确定分店的选址标准、开新店的条件、商业区选择、商圈调查、商圈市场评价,从而确定恰当的业态、优越的地理位置、合理的营业面积、有利的商业和购买环境,使分店能够经营成功。而这一切,正是商业房地产开发的要求。商业房地产开发只有符合连锁经营的要求,才能给连锁店今后的经营带来便利条件。如果商业房地产开发不符合连锁经营的要求,分店选址不当、建筑结构布局不合理、规模过大或过小、购买力不足、交通不便、同业竞争过于激烈等,都会给连锁店今后的经营带来致命的影响。因此,选址是连锁经营成功的秘诀,选址战略是连锁经营的重要战略。

(3) 连锁经营的网络。营业网点多、销售规模大是连锁经营的最大优势。连锁经营必须开发许多网点,达到相当的规模才能具有规模效益,发挥规模优势。而规模的扩大,仅仅依靠扩大经营范围和商业促销已经不能奏效,只有依靠网点的增加,在更大地域范围、更多目标顾客市场上,不断增加新网点,扩大销售网络才能实现。因此,连锁经营实质上是网络经营战略,不断地在更大地域范围、更多目标市场上选址、设计分店、建设及装修、开业。

(4) 连锁经营的资本运营。什么是连锁经营?美国贸易法规定:连锁店是至少有在1家总店控制下的10家以上的经营相同业务的分店。英国则认为,连锁店必须符合以下4个标准:一是单一所有,即一个公司、一个合伙店或单个业主所有;二是集中领导,统一管理;三是设立的店要相同;四是有10个以上成员店。日本连锁店协会则规定:"连锁店是在全国拥有

11 家以上的商店,每年销售额不少于 10 亿日元零售额的店"。

从以上世界各国连锁经营的定义中可以看到一个共同的特点:连锁经营是规模化的经营,通过规模经营来获取规模效益。连锁经营是商业资本集中、垄断和扩张的产物,而其中,房地产是其最大的资本。因此,连锁经营战略首先是房地产资本运营战略,其房地产运作得好,连锁经营才能获得最大的成功;其房地产运作得不好,将导致整个连锁经营体系的失败。

2. 连锁企业实施房地产战略的实践背景

随着连锁经营的发展,在实践过程中产生了资金短缺、店面难寻、业态选择失当、经营方式不统一等问题,严重制约了连锁企业的发展,于是,人们提出了实施房地产战略的要求。

(1) 为了推进连锁事业的发展,需要连锁总部提供房地产支持。房地产开发是连锁经营的先决条件,没有经营场地无法开展经营。而房地产开发需要大量的资本,用于土地购置、分店建设和店堂装修,少则上百万元,多则上亿元。而且连锁店要不断地开设新店,增加新网点或吸收加盟店,以扩大规模获得发展,这就需要更多的资金支持。为了减少资金压力,有些连锁企业不是自己买地开发,而是采取租用的方式获得经营场地,甚至与地产商合作经营。而对于更多的加盟商来说,它们往往缺加盟金,更缺建房款,正是资金的困难限制了连锁加盟事业的发展。为了推进连锁加盟事业的发展,也需要连锁总部提供房地产支持,加盟店只需缴纳少量的房租就可开业,麦当劳就是借此方式而实现了加盟店的迅速扩张。

(2) 房地产的稀缺迫使连锁企业必须开展房地产经营。随着经济和社会的发展,城市土地成为稀缺和珍贵资源,地价飞涨,土地竞争十分激烈。连锁店为了开新店,纷纷在各个城市圈地布点。但是,由于土地竞争激烈,好的地块早已拿不到,即使是拿到了,拿地成本也很高。而零售商业又十分强调在城市商业中心、人口稠密地区、交通便利地区开店,这些地区往往是城市土地资源最少、竞争最激烈的地方,因此拿地成本就最高,甚至是天价土地。再加上不断上涨的建筑材料费、人工费等,使得开店的成本越来越高,经营收益弥补不了涨价的损失,很多连锁企业无法承受。在我国每年递增 5%~10%的房租成本,已成为连锁企业开店的最大难题。这就迫使连锁企业不得不考虑房地产开发的问题,考虑如何才能以较低的价格得到好的位置和良好的经营环境。

另外,房地产价格的只涨不跌、快速的增值保值性,迫使(或者说是吸引)连锁企业开始考虑投资房地产业。这样不仅可以保证连锁企业自己开店的需要,而且还可以通过房地产的开发经营,消除地价的上涨,增加房租收益,增加连锁店的总收益。房地产高达 20%~30%的毛利率,使商业地产成为商业资本又一个很好的投资选择。这也是很多连锁商业与房地产经营联合的主要原因,许多连锁店同时成立房地产公司,许多房地产公司也同时经营连锁商业,"商业+地产"的经营模式在商业和地产界已开始流行。麦当劳的快速扩张就主要依靠麦当劳房地产公司的运作;国美集团也拥有鹏润房地产公司,如果没有房地产运作的支持,国美电器要实现 2003 年后连续 4 年的利润暴涨和国美股票上市,几乎是不可能的。

(3) 零售经营的特殊性、复杂性,要求必须与房地产开发相结合。零售店获得经营场地的方式有两种,即自建开发或租赁经营。自建开发,往往得不到好的地块,或拿地的成本过高,影响连锁企业的开店步伐和经营收益。通过租用经营可以找到好的位置(因已经有房地产公司先抢到好的地块进行了商业开发),但由于房租上涨过快,经赢利润会被涨租吞掉;并且无法对分店进行改造,租房的结构、布局甚至水电设施,都会对连锁经营的商品构成及经营方式带来很大的限制。因此,是自建开发还是租赁经营,必须与连锁经营的整体战略联系在一起考虑。我国商业地产空置率高达 30%，商铺销售后期经营不佳，其主要原因就是地产商脱离了商业经营的需要，单纯搞房地产开发，商铺的规模、结构不适应商业经营的需要造成的。因此，房地产战略是连锁经营的必然要求，商业房地产开发必须与商品经营相结合。

3.5.2 房地产战略在连锁经营中的应用

以麦当劳的经营为例进行说明。早在 20 世纪 80 年代，麦当劳的创始人克罗克就宣称"麦当劳是一个快餐店，但我的主营收入却来自于房地产。"麦当劳原来只是卖快餐的，但当它总结出一套科学合理的制造快餐的程序、店面摆设的规则、分店选址的秘诀，并最终利用麦当劳响当当的牌子以特许经营的方法扩张时，麦当劳在很大程度上已变成了一家经营房地产的店。麦当劳总部如今基本上不具体经营快餐业务，那是以特许经营方式纳入麦当劳体系的小老板们的事情。麦当劳总部得干更多的事情，琢磨哪个地段是一个城市将来人流最旺的地方，论证完毕后，就买下看中的地块并建起快餐店，然后寻找特许经营的合作伙伴，将快餐店租给它们经营，向它们收取特许经营费和这块商业旺地的铺租。只要承租的加盟者不倒，麦当劳至少可以在房地产上赚取 40%的利润，而且随着物价上涨，麦当劳的租金只涨不跌。

以租赁为主的房地产经营成为麦当劳主要的赢利模式。由于加盟者一般都没有足够的资金支付 3 万美元的土地费用和 4 万美元的建筑费用，也常无力争取贷款，麦当劳公司就负责代加盟商寻找合适的开店地址，并长期以低价承租或购进土地和房屋，然后将店面出租给各加盟店，获取其中的差额。这是麦当劳公司收入的主要来源。这实质是麦当劳房地产公司（为实施房地产策略而成立的公司）用各加盟店的钱买下房地产，然后再把它租给出钱的加盟店。这种房地产经营策略，实际上是把第一债权人的权利转让给了麦当劳房地产公司，以使它能具备从银行取得贷款的资格。这既解决了加盟者开店的资金困难，又增加了麦当劳公司的收入，同时通过控制房地产，更有利于麦当劳加强对受许人的管理。资料表明，至 20 世纪 80 年代中期，麦当劳的近万家餐馆中，有 60%的房地产权属于麦当劳总部，另 40%是由总部出面向当地房地产主承租的，使麦当劳成为全美价值最高的零售房地产公司，仅账面值就有 41 亿美元。麦当劳收入的 1/3 来自直营店，其余来自加盟店，其中，房地产收入占这部分收入的 90%。

麦当劳在中国开设的第一家分店是北京东单大街与长安街接口处的黄金地段。20 世纪 80 年代末麦当劳进驻时，人们还根本不知道土地是个"金娃娃"，后来碰上了王府井改造，麦当劳仅因拆迁的土地补偿就大赚了一把，那一刻人们才知道麦当劳投资房地产眼光之犀利。

其实，在地产中淘金的非地产企业，远不止麦当劳一家。如世界第一、第二大零售连锁商业沃尔玛、家乐福以及国美、苏宁等国内的很多品牌零售店，其实就是商业用房的最大房东。因为这些店是一个知名品牌，同时它要的商业用房的量很大，所以它们可以用一个很低的价格租到房子，如沃尔玛的租金就比其他中小零售商低 20%~80%。由于它是一个品牌，对地段的商业前景有非常专业的分析，它们租的地方会有很多小租户跟进来，所以它们可以用比较高的价格把分店分成很多块租给小业主，这个租金差价就是这些店的一个重要的收入来源。因此，这些零售店不仅在自己的业务范围内赚取利润，而且以自己的方式经营着房地产，悄悄地赚取巨额利润。

从上面的介绍中，可以看到一些麦当劳成功的奥秘。麦当劳作为一个出售汉堡包的连锁企业，其支柱并不是其主要的产品——汉堡包，而是与其几乎不相关的房地产。这不仅仅是麦当劳一个连锁店经营的特例，从世界范围的大公司的发展来看，房地产经营战略是使连锁企业成长的必然规律。

目前，我国连锁业的发展正处在快速扩张，但又处于国外跨国连锁集团的渗透、竞争激烈、地价飞速上涨、经营成本过高的不利环境之中。连锁经营中的房地产战略，给我国连锁企业提供了可以借鉴的、有利于困境突围的经营之道。

3.5.3 连锁企业的房地产开发战略简述

以大荣公司的经营为例进行说明。日本大荣公司开设第一家商店是在 1957 年 9 月，到 1969 年前后只有直营店；从 1969—1974 年的 6 年间，直营店从 43 家扩大到 111 家，而包括专业商店、合同连锁商店在内，大荣集团的分店则从 43 家发展为 212 家。这 6 年间 6 倍的惊人发展速度，使得大荣公司的销售额超过三越公司，在日本零售商中占据首位。大荣公司急剧发展的秘密就在于它采取的房地产开发的政策，即"半数分店房地产本公司自有"的方针，无论是长远计划，还是各个年度的经营计划，分店的一半以上，其土地和建筑的所有权是属于本公司的。在资金运用上，大荣公司凭借连锁集团优势，有效地利用进货后 3 个月支付贷款的时间差，迅速调集各连锁分店的销售收入，在非商业中心购买地价较低的土地，兴建商业设施及其他不动产，待商业发展、地价升高后，再卖掉地产赚取差价。

房地产开发战略有两种选择。一种是自有，即由总公司购买地产，建房之后租给各分店，其优越性已经在前面麦当劳的例子中谈到了。但是，自有战略需要企业拥有大量的资金。另一种是租用，如果迅速增加分店，就会增加资金负担，因此，必须依赖租用土地和建筑物。采用租借方式，仅仅依靠保证金和房租就可以开店，比起自有分店具有开办费用绝对低廉的优点，并且地理条件好的分店比较多。在土地和建筑物所有者拒绝出售房地产时，只能租用分店，但是如果租用的话，每隔几年租金就要调整。于是，由于分店繁荣而带来的地价上涨的好处，不能完全属于开发者，并且也难以适应设店地点和营业状况的变化来对分店进行改造，所以这两种方法各有利弊。

大荣公司关于"半数分店房地产本公司自有"的政策，既利用了租用方式迅速扩展事业，也依靠自有分店巩固收益，从而在日本地价昂贵的条件下，获得了迅速的发展；相反，几乎全部分店的房地产都属自有的泉屋连锁店，由于采取自有分店主义，发展速度缓慢，现在还只是停留于一个地区性的连锁商店。一度被看作是大荣公司的对抗势力的西友公司租用的分店比较多，结果与大荣拉开了距离，究其原因，就是由于租用分店过多。虽然西友公司想依靠租用来扩大分店规模，但由于没有抵押能力，到一定时期，资金的筹措就会赶不上分店扩展的速度。

当然，如果采取自由连锁方式，房地产问题就可以回避了。但从另一个角度说，自由连锁也提供了一种解决房地产问题的方法，即采取独立企业的联合形式。

总之，房地产的开发是每个连锁企业必须采取的战略选择，从一定意义上说，每一个连锁企业同时又是一个房地产公司。

本 章 小 结

本章是以品牌战略为核心论述连锁企业的发展战略、经营战略和竞争战略，其中品牌战略又渗透在其他 3 个战略之中，起着举足轻重的作用，并对其他几项战略有着影响和关联。

连锁经营是标准化、简单化、专业化统一的一种经营模式。品牌正是这种模式的外在体现。品牌对于连锁企业的重要性体现在连锁企业发展的方方面面。连锁企业品牌战略通过品牌定位,进行品牌的开发战略和品牌扩张战略,形成连锁企业独特的竞争力。

连锁企业的发展战略主要是指连锁企业在经营过程中,根据企业特点和经营模式,针对连锁企业发展过程中的发展资金、发展方向、发展方式、发展速度、发展风险规避等问题制定的一种连锁企业战略。

连锁经营无论采取集中战略,还是分散战略,最终都要涉及企业的经营规模问题,也就是开多少家分店、每家分店设计多大面积和经营多少商品是企业的经济效益最大问题。连锁经营的规模和效益的关系可以概括为:规模是效益的前提和基础,效益是连锁经营扩大规模的目的。连锁企业没有一定规模是很难实现规模效益的。

竞争是企业发展自己、抑制对手的手段,是企业发展的突击力。连锁企业的竞争战略指连锁企业在企业经营环境中突出自己的企业优势,弥补自己竞争劣势,抢占市场,克制或回避竞争对手的企业经营战略。连锁企业竞争战略一般包括多种竞争战略、总成本领先战略、差异化竞争战略、目标集聚战略4种。一个企业的经营发展离不开竞争,当然,也就离不开竞争战略。企业只有制定长远的竞争战略,才能在未来的市场上未雨绸缪。

地点就是零售业的一切。连锁店不论其经营哪一行业,都是以土地和分店为基础而扩展的。房地产是任何一家连锁都必须考虑的问题,并一直伴随着连锁店,许多连锁店本身同时又是房地产公司。因此,开发房地产就成为每个连锁总公司首要的战略。房地产经营的战略选择决定着企业的兴衰成败,这也是连锁店与一般单店的显著区别。

案例思考:德克士"三大战役"起死回生

1. 企业背景:一炮而红

德克士是康师傅集团的连锁事业群,是康师傅集团的第二品牌。创始人魏氏四兄弟1988年从我国台湾来到内地发展市场,最先在内蒙、山东和北京分别投资蓖麻油、蛋卷和顶好清香油行业,由于对内地市场不了解,3年来亏损累累。1991年,伤心落魄的老四魏应行准备回到宝岛台湾,在火车上吃了3天的内地方便面,便想到台湾美味可口的方便面,如果引进内地的话一定会大有市场。魏应行看到了方便面的商机,他回到台湾地区后找到合伙人,在天津经济技术开发区建立了顶新康师傅集团,生产康师傅方便面,一炮而红。

2. 初期战略:遍地开花

1996年,建立初期的德克士拥有康师傅集团的雄厚资金和较高的知名度作为后盾,希望快速发展直营店,并将经营战略定位为"遍地开花",建立规模效应。德克士在北京、上海、广州等地先后建立14家直营分公司。到1998年年底,德克士分公司1/3亏损、1/3平衡、1/3赢利,但是,亏损的金额远远高于赢利金额。当时,康师傅集团的管理层提出了卖掉德克士的想法。

3. 三大战役:起死回生

尽管德克士在1998年面临着倒闭的危机,但它本身还是存在很多优点:第一,它的人力资源非常丰富;第二,产品制造流程非常严谨,因其背后有康师傅食品研发中心,从生产线的设计到产品的制作,各个流程都做得很细,仅作业手册就有近200种。既然品牌、管理、人力资源、资金各个方面都没问题,那为什么德克士会失败呢?经过仔细分析,针对当时的情况,经过多次研讨,德克士总部发起了三大战役。

第一战役:降租计划。德克士的开店房租占了总营业额的30%以上,它比市场平均值要多1倍,所以提出降租计划,希望能把租金降低到原来的一半。谈降租的过程困难重重,开始房东们根本不答应,最后德克士就使出了杀手锏:第一,如果不降租,德克士就撤退,宁可损失装修费,也不能长期亏损;第二,如果租金没有降到计划的标准,德克士也撤退,因为房租成本太高,怎么做都不赚钱。

第二战役:止血计划。所谓止血计划,就是把那些亏损的店都关掉。关掉一个店,当时平均损失是509

万元，这还不包括赔偿房东的损失，如果加上赔偿，损失则更大。花了七八个月的时间，德克士才初步完成了这个止血计划，一共关了苏州、上海、武汉、广州、杭州等地的 16 家店，这从根本上真正遏止了德克士亏损继续恶化的局面。

第三战役：特许加盟计划——造血计划。第三个战役就是开展连锁加盟、特许经营。在发展加盟店过程中，采用稳健中求发展的战略，由德克士的 9 家分公司，规划每个分公司先开两家加盟店作为试点。1999 年年初，一开始宣布这个加盟计划时，在不到 1 个月的时间里，德克士就签了 10 家加盟店，每家店大概盈利人民币 100 万元。也就是从那个月起，德克士开始转亏为盈。

实践证明，德克士发展加盟店，是明智之举。经过 1 年的运作，德克士加盟店的年营业额高于直营店，这是加盟者的认真负责和总部的管理辅导的结果。到 2008 年年底，德克士有分店 869 家，营业额达 27.3 亿元。

思考：
（1）德克士先期亏损的原因是什么？
（2）德克士的起死回生说明了什么？
（3）从这一案例中可以得到什么启示？

同 步 训 练

一、基础训练

1．选择题
（1）连锁企业品牌战略的作用有以下几项，除了（　　）。
　　A．影响消费者的购买决策　　　　B．影响连锁企业的营销决策
　　C．激发消费者的生活情感　　　　D．节省企业的资金投入
（2）连锁企业发展战略不包括（　　）。
　　A．发展资金　　B．发展方向　　C．发展阶段　　D．发展方式
（3）连锁企业经营战略的核心是（　　）。
　　A．规模效应　　B．选址效应　　C．价格效应　　D．宣传效应
（4）连锁企业竞争首先要解决的是（　　）。
　　A．竞争手段　　B．竞争对手　　C．竞争地位　　D．竞争场地

2．判断题
（1）品牌和牌子是一回事，就是为了区别于竞争对手。（　　）
（2）品牌定位是品牌战略的核心。（　　）
（3）连锁企业的规模越大，规模效应越明显，所以不应该限制连锁企业的规模。（　　）
（4）战略都是宏观的，所以都是无法确定的。（　　）

3．简答题
（1）连锁企业发展战略的主要特征是什么？
（2）连锁企业发展战略的主要内容是什么？
（3）连锁企业经营战略的主要内容有哪些？

(4) 连锁企业单一品牌战略与多品牌战略各有什么优劣？

(5) 差异化竞争战略与品牌战略有什么关联？

(6) 连锁企业如何实施房地产开发战略？

二、实践训练

【实训项目】

上网查询某连锁企业的竞争战略并总结其特色

【实训情景】

根据教师布置的基本要求，调查有代表性的连锁企业。

【实训任务】

通过网上调查和分析，了解连锁企业的战略决策，了解和掌握该连锁商业的发展战略、经营战略和竞争战略的特点，并提交调查报告。

【实训提示】

可在教师的帮助下，确定当地有代表性的连锁企业；学生以小组为单位，分别选取不同类型的连锁企业进行调查；建议每组学生的调查资料可以共享，在资料共享的基础上分别完成调查报告。

【实训评价】

项 目	表 现 描 述	得 分
调查的对象和目的		
人员及分工		
调查方法		
报告内容		
报告形式		
合 计		

得分说明：各小组的调查表现分为优秀、良好、合格、不合格、较差五档，对应得分分值为 20 分、18 分、15 分、12 分、10 分；将每项得分记入得分栏，全部单项分值合计得出本实训项目总得分；总得分 91~100 分为优秀，76~90 分为良好，60~75 分为合格，低于 60 分为不合格，不合格须重新训练。

第 4 章

连锁企业的分店开发

 学习目标

职 业 要 求	学 习 任 务
（1）掌握连锁经营分店开发的基本原则、基本方法和基本技能 （2）能在各行业的连锁企业从事商圈调查、店面选址、加盟商甄别与开拓等基础性管理工作 （3）具有经营策划能力、销售管理能力、沟通能力、商务谈判能力 （4）熟悉国际、国内市场，懂得市场调研和商圈调查 （5）具有市场开发技能	（1）了解连锁企业的分店开发常见问题和解决办法 （2）掌握连锁企业开店策略 （3）熟悉连锁企业的开店过程 （4）了解连锁企业分店选址的影响因素 （5）了解特许加盟店的扩展方法 （6）掌握正确处理加盟双方关系的方法

导入案例

星巴克选址：打造第三生活空间

星巴克的成功离不开其选址的原则，其实很简单，其选址定位就是以"第三生活空间"为切入点。

当你在公司外谈事情的时候，你会选择在哪？所谓的"第三生活空间"，就是在家和办公室中间还应该有一个地方可以提供大家休息、畅谈，包括洽谈一些商务的环境。

在我国，星巴克没有开店以前，如果大家想谈一些事情会去哪里？是麦当劳、肯德基，还是去一些中餐馆？如果在用餐的时间去没有问题，但是在非用餐时间去哪里？这确实是很困惑的事情，而星巴克当时的切入点也就是针对能够给客人提供一个"谈"的场所，这也决定了星巴克选址的一些理念，包括一些方法。

星巴克选址首先考虑的是诸如商场、办公楼、高档住宅区等汇集人气、聚集人流的地方。此外，对星巴克的市场布局有帮助，或者有巨大发展潜力的地点，星巴克也会把它纳入自己的版图，即使在开店初期的经营状况很不理想。

星巴克对开店的选址一直采取发展的眼光及整体规划的考量，因为现在不成功并不等于将来不成功。

星巴克全球最大的咖啡店是位于北京的星巴克丰联广场店。当初该店开业时，客源远远不能满足该店如此大面积的需要。经营前期一直承受着极大的经营压力，但随着周边几幢高档写字楼的入住率不断提高，星巴克最终咬着牙关坚持了下来。现在，该店的销售额一直排名北京市场前列。

星巴克在中国的拓展之路就这样一步步地迈开了。步调的快速则得益于开店时遵循以租为主的发展策略。星巴克对店面的基本要求很简单，从十几平方米到几百平方米都可以开设，以租为主，可以在最短的时间内利用最少的资金开设最多店面。

在星巴克，一方面，理事会会根据市场回报情况，评定一名经理的能力；另一方面，会计部会监控各店面的经营情况。

星巴克有独立的扩展部负责选点事宜，包括店面的选择、调查、设计和仪器装备等一系列工作。以上海统一星巴克为例，这一部门包括部门经理在内的人数在10人以上。

星巴克的选店模式更多倚重于当地星巴克公司，其选店流程分为两个阶段。

第一阶段，当地的星巴克公司根据各地区的特色选择分店。这些选择主要是来自3个方面：公司自己的搜寻、中介介绍、各大房产公司在建的商务楼。另外，也会考虑主动引进星巴克来营造环境。在上海，这3种选择方式的比例大概是1∶1∶2。

第二阶段，总部的审核。一般来讲，星巴克的中国公司将店面资料送至亚太区总部由他们协助评估。星巴克全球公司会提供一些标准化的数据和表格，来作为衡量店面的主要标准，而这些标准化数据往往是从各地的选店数据建立的数据库中分析而来的。

事实上，审核阶段的重要性并不十分突出，主要决定权还是掌握在当地公司手中。如果一味等待亚太区测评结束，很可能因为时间而错失商机。

商圈的成熟和稳定是选址的重要条件，而选址的眼光和预测能力更为重要。比如，星巴克的新天地店和滨江店，一开始都是冷冷清清、非成熟的商圈，然而新天地独特的娱乐方式和滨江店面对黄浦江、浦西风景的地理优势，使得这两家店面后来都经营得风生水起，成为上海公司主要的利润点。

连锁企业的发展壮大，规模优势的发挥，都要依赖于连锁分店的不断增加。因此，分店开发是连锁经营的重要战略决策，也是连锁企业总部的主要职责。本章主要阐述分店开发的原则与策略、计划与要求、商圈分析、店址选择、业态选择等问题以及分店开发的主要方式之一——加盟店拓展。

4.1 连锁企业分店开发

连锁企业尽管需要靠大量开店以形成规模，但也需要每个分店能够盈利或者实现企业的特定目的，比如作为形象店彰显企业形象。开发新店作为连锁企业的一项主要业务，要确保开发分店业务的成功，必须遵守开店的一些基本原则。本部分主要讲述分店开发原则中的相关知识。

连锁经营是我国当前发展经济，培育新的经济增长点的战略选择，是商业企业寻求规模效益、构筑21世纪大商业、大贸易持续发展战略的必由之路。我国连锁商业在取得巨大成绩的同时，也有许多企业由于经营不善而倒闭。这里固然有很多原因，其中一个重要的原因是分店拓展中选址不当，导致分店经营业绩达不到预期目标。在西方有观点认为，零售业成功的关键是"Place-Place-Place"，即"选址，选址，还是选址"，可以说零售业是"地点位置产业"。有资料表明，国外零售商在开设新店之前，会花一年甚至更长时间进行立地调查，其重视程度和严谨性可见一般。而我国有不少连锁企业在分店开设过程中仅作一些笼统的可行性分析，不作详细的立项调查，简单地模仿国外企业的做法，使得新开分店的地址不甚理想，直接影响了分店的经营效益和正常运行。

4.1.1 连锁企业新开分店选址过程中存在的问题

店址的选择还停留在依靠管理人员的经验，随意性较强，考虑的因素也很单一，从而出现选择的地址不甚理想，影响分店的预期利益。

1. 寻找商铺渠道过于狭窄

从目前实际情况看，公司选择分店的渠道只局限于报纸广告、房屋中介、房地产交易会、互联网来寻求商铺。而实际上，这些租赁信息只占租赁市场很小的一部分。连锁企业忽视了其他更多形式的分店招租信息，导致掌握的信息不够全面或者买卖双方的信息不对称，错失了很多好的分店和机会。

2. 单纯重视地段的客流量，但客流细分不够明确

选址过程中，对客流量进行了调研，但是对客流的内部细分不够明确。客流量没有做到细分，只是大致地了解本分店周围的客流。没有了解客流的组成，客流量的大小仅是一个指标，客流量的具体构成则是表明在总的客流量里有多少是本店的目标顾客。如果对客流细分不明确，则不能预测分店在日常经营中进入店内并有购买行为的顾客的数量，也不能有效地了解周边的顾客群，导致该店在正式营业后会面临在庞大的客流量但自己顾客却很少的局面，使分店在此地较难立足，大大影响企业的业绩。

3. 选址的前瞻性不足

由于各方面原因，地段的优劣不会一成不变，而会发生动态改变，如遇到市政规划变动、新写字楼的进出、学校的搬迁及旧城改造等原因，热闹的地段也有可能变成冷僻之地；反之亦然。例如，在杭州某连锁店，本来处于一个商业中心，企业花了不少的资金租下分店，开设新分店。后来由于城市规划的调整，很多写字间搬出，住宅拆迁，很多居民也迁到别处，

使得该地区从商业中心变成较为冷僻的街道,直接影响了该分店的正常经营。

4. 分店租金过高,分店经营负担加重

一般来讲,地段好、客流量大、交通便利的地段,分店的租金也高,有些连锁企业为了获得好的分店,往往会不惜重金,但由于商店业态的差异,黄金地段的分店不一定会带来黄金效益,或者其较好的销售额也无法消化其高额的分店租金。例如,某连锁便利店,在某商业中心地段租下一个分店,月租金加其他费用大概在 3 万元左右,而此店的月营业额却只有 5 万元左右,增加了分店的费用负担,降低了其效益水平。

4.1.2 连锁企业分店选址原则

1. 原则性要求

连锁企业在分店开发前提出的原则性要求,主要有以下几方面内容:
(1) 符合连锁企业的发展战略和品牌战略、竞争战略。
(2) 经营效益是开店考虑的关键问题,也是首要问题。
(3) 必须进行充分的市场调查,并写出市场调查报告。
(4) 城市开发规划对分店开发具有重要影响,是必须搞清楚的问题。
(5) 一定要进行科学的开店布点。最好请专业机构进行评估分析,制定展店布点规划。
(6) 作好财务规划。要充分考虑佣金、押金、租金、订金、赔偿金("五金")问题。
(7) 科学地签订房地产使用权等多类合同。如房地产的使用权使用者有权处理,合同中允许签约者转让和拥有优先承租续约权、购买权。
(8) 认真研究当地人民的收入水平与开店密度的关系。
(9) 认真研究当地人民的民俗文化与开店业务的关系。
(10) 充分考虑物流配送的问题。
(11) 连锁分店开发的原则。虽然连锁分店的设立有的是相对独立开店,有的是在购物中心内租赁分店,有的则设于购物商城或繁华商业街上,但分析其实质可以看出,其开店原则有几点:一是方便顾客购买;二是有利于配送中心供货;三是适应长期规划;四是要紧密配合业态类型。

连锁企业在分店的选址上,应放眼于区域经济、收入水平、居住区规划、导入人口质量等发展趋势,着眼于商铺拥有的商圈、购买力的质量和数量以及商铺本身的品质,从中选出成本不高、增值潜力较大的商铺。

2. 解决方法

(1) 广开渠道寻找商铺。在商铺市场上有一个"二八"法则,即公开出租信息的分店只占总数的 20%,而以私下转让等方式进行隐蔽交易的却占到了 80%。因此,在决定开店之后,连锁企业一定要在寻找商铺上广开渠道,除了利用传统形式,还应利用各种方式,甚至还应留意街上分店贴的"分店转让""出租"等字样,通过这样交易的数量占很大比重,而且这样寻找商铺能够更加直观地观察到商铺周围的环境。因此,在寻求商铺时应该通过尽可能多的方式去挖掘,提高选中"宝地"的命中率。

(2) 既要注重商铺周围的人流量,又要关注客流的构成。商铺选址一定要注意周围的人流量、交通状况以及周围居民和单位的情况。对经营商铺来说,"客流"就是"钱流",千万不要因为怕竞争而选在偏远地区。其实,商业区分店比较集中,反而有助于积聚人气。在重视客流量的同时，还应特别研究分店的有效客流量是多少，即在总客流中，有多少的比例是自己的目标顾客，它直接关系着分店的业绩，应做更详细的分析。

（3）选址要和城市发展规划相符合。并不是所有的"黄金市口"都会一直赚钱，因此，开店前重点考察是否与城市规划发展相符合，是否会出现市政动迁和周围人口动迁，是否会进入城市规划中的红线范围。进入红线的，坚决不碰，因为有时遇到市政规划变动，热闹的地段也有可能变成冷僻之地，所以选址时要眼光放远些，多了解该地区将来的发展情况。

（4）改变分店的租赁方式，降低分店租金。目前，由于城市分店租金普遍提高，十几平方米的小商铺由于总价较低从而很抢手，租金因此水涨船高，而一两百平方米的大商铺却因总租金太高滞租而身价下跌。在这种情况下，可以通过和其他需要商铺的公司以团体租赁的方式低价"吃"下大商铺，然后再进行分割，来减少商铺的租金。

通常情况下，繁华商业区商圈范围较广，人流量大，营业额必然较高；人口密度高的大中型居住小区，需求旺盛，而且客源稳固，可保证分店的稳定性；沿街分店具有交通要道的地理优势，客流量最多，商铺经营面较广；郊区住宅社区配套商铺则有较大的价格优势和发展潜力。因此，企业在决定分店的时候，一定要根据自己本身的实际情况，经过大量的科学数据去分析和判断，才能为新开的分店选择一个合适的地址。

4.1.3 连锁企业分店开发策略

"开发分店"对于连锁经营来说，是至关重要的。一般而言，单店的开店较为容易，只要有明确的经营理念与特色，选择一个好的商圈便能成功。而连锁店的开店策略就复杂得多，除了考虑单店是否能独立生存外，还要考虑布点位置不可太过密集，也不能太过稀少。此外，后勤补给的配送能力、效率、管理绩效等也是要考虑的实际问题。这里，结合连锁经营定位来阐述连锁分店的开发策略。

1. 连锁分店的目标顾客开发策略

随着人民生活水平的不断提高，消费呈现出多样化、多层次性，形成了需求各异的消费者群体。任何零售商都不可能全方位地满足多样化、多层次的消费者需求，只能根据自身的经营条件和外部的市场环境，选择一个或几个消费者群体作为目标市场，相互错位经营，这样才能减少同业竞争并获得最大利润。

以家乐福在我国的定位为例，由于我国居民的整体消费水平较低，所以家乐福确立了以经营日常生活用品为主的商品结构，其目标市场是商圈内的家庭主妇，向他们提供大多数生活必需的、不仅买得到而且买得起的商品，实现了大批量销售。其市场定位可以概括为：以自我动手族为主要目标顾客群。再如美国的家居仓储，它在开业时就定位于以低廉的价格和优质的服务，向尽可能多的顾客提供家居建材产品的一站式仓储商店，其目标顾客为自我动手族以及建筑、改建、维修等专业人员。家居仓储不仅提供低廉的产品，而且雇用了大批受过训练的电工、水暖工等专门人才，向顾客提供免费指导。顾客来店不仅可以买到商品，而且会学到很多自己动手所需的专业知识。从 1982 年起，家居仓储在所有的分店里设立指导门诊，向顾客免费提供专业咨询和指导，使那些即使最不懂机械的人也可了解大部分的房屋修理和装修知识。这些措施使顾客自己动手变得简单可行，而且可以大幅度降低家装成本，越来越多的人选择自己动手。可以说，家居仓储培养出了一个庞大的顾客群。

2. 连锁分店的地域开发策略

(1) 小镇开发策略。例如,沃尔玛在发展中盯着中小城镇这个空白市场,实行"农村包围城市"的战略。其策略采取以州为单位,一县一县地设店,直到整个州市场饱和,再向另一个州扩展。由一个县到一个州,由一个州到一个地区,再由一个地区到全美国,再从全美国扩展到全世界,稳扎稳打,逐渐做大。

(2) 城乡结合部开发策略。例如,家乐福分店开发一般是在城市边缘的城乡结合部,并且在 5~15km 的基本商圈内平均拥有 10~20 万居民。家乐福认为具备了这样条件的店址,等于拥有了以下优势:第一,足够的户数和人口数支持,消费者众多,消费购买总量大,有足够的需求;第二,良好的交通和道路条件,使顾客可以方便购物,乐于前往;第三,相对便宜的租金,降低了经营成本。

(3) 靠近高速公路等交通要道的开发策略。例如,麦德龙的分店开发除选择大城市的城乡结合部外,还有一个条件就是靠近高速公路或主干道。这样一方面方便客户购物,另一方面兼顾供应商送货。因此,麦德龙通常以 50km 为半径划定商圈,既背靠城市,又面向乡村。一般分店占地 5 万平方米以上,其中 1 万平方米为经营面积,配置 700 多个停车位和纵横车道。麦德龙分店策略的最大优点在于可降低经营成本,辐射面广。

(4) 社区开发策略。一般来说连锁便利店、超级市场的开发选择靠近居民区或在社区内开发分店,即社区店。所谓"社区店",即以周边各小区居民为固定顾客群,以充分满足社区居民日常生活用品和各类应急商品的一站式消费为目标,且专门针对所在社区居民数量、收入水平、消费层次、消费偏好等可变因素而设计的一种超市业态,其功能几乎囊括了传统菜场、农贸市场、副食品商店、杂货店、小型百货店等零售业态的功能。例如,"苏果"营苑"社区店"营业面积达 $5\,000m^2$,经营的各类商品达 2 万余种,重点突出日用品和生鲜食品的经营,每天清晨 6 时 30 分就开始营业,为居民提供的各类早点多达六七十个品种。

3. 连锁分店的业态开发策略

连锁企业还应考虑业态发展战略,选择实施单一业态的发展战略还是多种业态的发展战略。

(1) 单一业态的发展策略。单一业态的发展策略即把自己的发展战略限定在同种业态的范围之内,这样可以充分发挥自身的经营优势、管理经验、商号价值,集中资本尽快形成规模经济,提高核心竞争力和盈利水平,如欧培德等专业家居建材连锁超市。一般来说,连锁企业发展的初期应以这种战略为主。

(2) 多种业态的发展策略。多种业态的发展策略即把自己的发展战略定位在整个零售业的范围之内,根据拟定区域的市场特征、竞争态势、需求状况、物业条件等,选择适合自身发展的业态,并对所选择的业态进行有效组合。如苏果超市实施多业态组合战略,充分吸引客源。苏果大型综合超市拥有超大的购物环境、异常丰富的商品品类,包罗了日常所需的几乎所有日用品,提供更大的挑选空间,真正满足了人们日常生活的"一站式"购买。苏果便利店坚持 24h 营业,随时提供方便快捷服务。在一个商圈内,苏果超市的大、中、小店各具特色,在品牌结构、服务功能、经营时间等方面实现互补,满足不同的消费者需求。不同的连锁超市业态在经营上都有较大的差异性,分别拥有自己的消费者群。因此,在选择业态时应重点解决以下两个问题:

① 了解目标市场消费者收入水平和消费结构。经济发达地区的连锁超市企业适合选择仓储超市、专业店等业态。这样可以满足这些地区居民对商品的品牌化、个性化和多样化的高层次需求。经济欠发达地区的连锁超市企业应将零售业态的选择重点放在中小型仓储超市、便利超市，以满足消费者基本生活和廉价购物的需求，而选择大型超市、专卖店等业态的比重不宜过大。

② 零售业态的运作策略应具有中国特色。连锁超市的发展可采取的业态策略主要有：一是沿用欧美模式，在城乡结合部发展大型仓储超市以满足众多中小商业企业机关团体购物的需求；二是在城市街区发展中小型超市，特别是通过发展连锁便利超市来改造传统的杂货店；三是针对人们的生活方式的变化，大力发展生鲜食品超市店以替代传统的农贸市场。企业在发展过程中应选好主力业态，并实施多种业态相结合的策略。

4．连锁分店布局开发策略

（1）散点式开发。此种模式适用于大型分店连锁，如仓储式商场、大型综合超市等，一般把一个城市作为一个布点，每一点开设一家分店（大城市可开设若干家分店）。例如，目前进入中国大陆的外资零售企业，多数以大型超市作为其主力业态，在分店分布上就是"散点式分布模式"。

（2）密集式开发。此种模式适用于小型分店连锁，如中小型食品超市、便利店、专业店等，一般在某个城市开设一家分店后，不急于扩张到其他城市，而是通过密集开店的方式占领现有城市的市场空间，待一个城市市场饱和后，再到另一个城市密集开店，并逐渐扩张。例如，苏果超市在南京先后开设标准超市、便利超市、大型综合超市、社区店等已超过 230 家，南京的街头巷尾随处可见苏果的绿色苹果标志，南京直营店的零售额占南京社会商品零售总额的 6%，占南京零售总额的 50%左右。

分店的选址与开发是连锁经营成功的前提，连锁企业并非分店越多越好，而是要充分考虑企业发展方向和长远利益。因此，连锁分店在选址和开发时要从连锁经营的内容、业态变化出发，认清目标市场，划定适当商圈，同时要结合不同发展阶段的需要，沿着正确的分布思路，运用恰当的因素评价店址。只有这样，网点的设立才会准确，连锁店的规模经济效益才能达到最大化。

 知识拓展

某超市分店开发细则

1．连锁超市网点分布的策略

（1）连锁超市网点，以分布在各居民住宅区为原则。一般超市均以居民日常生活必需的食品和日用品为经营内容，而这些商品大多是消费者要反复购买，吃了上顿要下顿，选择性相对要小，"开门七件事，样样少不了"。因此，以消费者就近便利购买为原则。

（2）超级市场的顾客通常稳定性强。在超市多次购物的顾客占 50%，且流动性低，超市的常客一般是距离 1 500m，步行 15~20min，自行车 3~5min 的住家居民。

2．新开分店选址

（1）居民区为主。选择方圆 1 500~3 000m 的居民集中区开店，以稳定的居民为主。

（2）选择交通要道开店。应选择以下班客流为主流的交通要道，并且要有适宜停放交通工具的道路，如客车、轿车、自行车等，因为顾客在上班时大多急匆匆赶时间而下班则有较从容的购物时间与兴趣。

3. 新分店的投资效益评估

（1）评估公式。商圈居民户数（以三口之家为例）×每月每户食品、杂品支出数×百分比＝销售额。假定：超市步行 20min 以内，居民 4 000 户（家庭主妇每分钟步行 70m）平均每月每户食品、杂品支出额 800 元，到本超市购买率为 35%。

（2）效益评估。4 000×800×35%＝1 120 000（元），即该分店月销售额为 112 万元。

4. 新开店的租金确定

假定国内超级市场平均每天每平方米销售额为 90 元，租金限定在 3% 以内，则 90 元×3%＝2.7 元。那么，国内超市租金定为每天每平方米 2.7 元左右。

5. 卖场、仓库、办公室的配置

（1）前台与后台比例。通常前台指卖场，后台指仓库、办公室。卖场与后台，一般以 8∶2 的比例为适宜。

（2）卖场（前台）配置要求。装潢不要太豪华，要求亲切、简洁、明快，装潢太豪华会吓退一部分顾客；灯光要求明亮，明亮的灯光使商品更富有表现力；墙壁要求坚固，美观，尤其是防止水气侵蚀；地板要求耐磨、耐脏、容易清洗，一般以陶瓷地砖为好。

6. 新开分店工程进度控制、监督验收

（1）工程进度。事先周密计划，在保证质量的前提下，控制好进度，早一天开张，早一天盈利。

（2）工程监督验收。按照质量标准监督施工与验收极为重要，一般分店开张营业后发现问题，再停业整改不太现实，也影响企业形象，因此监督施工过程，防患于未然很重要，尤其要重视水电的配套工程。

4.2 连锁企业的开店选址程序

分店开发是连锁店经营中发展战略的核心部分。在连锁店分店开发的流程中，由于店址是关系到分店生意好坏的最关键因素，所以分店选址和商圈调查尤为重要。

4.2.1 商圈分析

1. 商圈的含义及其意义

商圈指商店有一定地理界限的销售范围，这个界限就是以商店所在地点为中心，沿一定距离形成不同层次的吸引顾客的区域。依据商店获取顾客的百分比将商圈划分为 3 个部分，如图 4.1 所示。

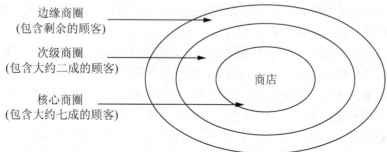

注：商圈基本上是没有形状的，然而为了方便计划，一般事前规划可用圆形或地图形式来为商圈推算。

图 4.1 商圈构成图

（1）核心商圈。商店在此区域内的顾客数占总顾客数的55%～70%。

（2）次级商圈。商店在此区域内的顾客数占总顾客数的15%～25%。

（3）边缘商圈。商店在商圈中剔除前两种商圈后，剩余的顾客所构成区域。

分店形态及规模、竞争者分布情况、交通时间、媒体使用等因素的差异都会对商圈的大小和形状产生影响，一般而言，百货店的商圈大于超市，而超市的商圈又大于便利店。商店大小会影响到其商圈的大小，商店越大，商圈越大，但两者并不成比例，商圈的扩大有极限。竞争者越少，距离商店越远，商圈越大。同一地区形成的分店群能共同创造一个更大的商业圈，因为顾客可因不同的花色品种吸引而来。此外，促销、政府的税收、道路障碍均会影响到商圈的大小。

商圈分析的意义为：一是商圈分析是零售企业成功的必要条件，一旦商圈确定以后就可相应地得到消费者的人口和社会经济特征，然后提供相应的产品和服务；二是可以确定促销活动范围，一旦商圈确定后，可以根据商圈大小选择传媒；三是对于在一定区域内已有分店的连锁企业而言，可以确定新店是否会与老店竞争；四是可以确定在一定地理区域内开出分店的数目；五是可以充分反映商店地理位置上的缺点，如距居民区太远，交通不便等；六是明确了开店条件，像竞争情况、金融服务、交通运输、劳动力是否易于获得、供应商的位置、法律限制等均可确定。因此，商圈分析是开店的第一步。

2．商圈调查分析的内容

划分商圈也非常复杂，受很多因素制约。用来划定商圈范围大小的基本要素主要有外部因素和内部因素，见表4-1。

表4-1　商圈测定的因素

外部因素	质的方面	年龄构成、职业构成、家庭人口构成、收入水平、消费水平、就业状况、产业结构、城市规划、城市间关系、竞争店和互补店的地区分布、市政设施、商业街的规模等
	量的方面	人口数量、人口密度、家庭数量、流动人口数、客流规律、零售业销售额、营业面积、大型店数量、交通装备及交通量等
内部因素	主体方面	分店规模、业态、商品配置、楼层构成及配置、吸引顾客的设施状况、停车场大小、销售促进活动、营销及其组织活动状况
	附加因素	文化、公共设施的有无

在这些因素里面，要确定未来商店商圈到底由哪些因素决定，商圈多大，很难一语断定，需看各个分店的具体情况，再行决定。

对现有商店商圈的大小、形态和特征可以较为精确地确定。在国外，一般用信用证和支票购物，可由此查知顾客的地址、购物频率、购物数量等情况；国内可以通过售后服务登记、顾客意向征询、赠券等形式搜集有关顾客居住地点的资料，进而划定商圈。现在可以通过其他商店发放的海报的范围来确定商圈，也可以通过一些大型超市开设免费班车的范围来确定。例如，北京华润万家西四环店共开通了8条免费班车线路，西至石景山区的老山、七星园，东至羊坊店，北至八里庄、玉海园，南至丰台桥，西南至长辛店，这也就是它的商圈。

新建商店的商圈相对难以确定，不过也可以根据当地零售市场的潜力，运用趋势分析，通过对城市规划、人口分布、住宅建设、公路建设、公共交通等方面的资料的分析来划定商圈。

3. 商圈确定方法

由于受各种因素影响商圈设定会多少有些差异,所以在调查时,通常是配合以下的方法加以判断:

(1) 单纯划分法。这是最简单的方法,即按照直接询问法、间接调查法了解顾客的住址,再将所得到的顾客住址标注在地图上,然后把地图上最外围的点连接成一封闭曲线,该曲线以内的范围就是商圈所在。但这种方法仅适用于原有分店欲获取本身商圈资料时使用,此外,它最大的缺点就是按该方法设定出来的商圈是有界限的。

① 直接询问法。又称来店顾客调查法,由经营者发问卷给每一位来购物的客人,并要其填上住址,内容的真实性可抽样检查。

② 间接调查法。这个办法又可分为3类:一是送发票法,即由发票的填写而得知顾客的住址;二是记汽车牌号码法,即由来店购物者自用车的车牌可查知其住址;三是赊账法,即由赊账簿上查出赊账顾客的住址。

(2) 经验法。根据以往经验来设定商圈,这种经验包括以往经营过程中获得的各种经验、经历等。例如,便利品(购买频度较高的商品)的商圈为10min左右的时间距离,而购买频度较低的商品为30min左右,这是通常的基本范围;再如,7-11便利店的商圈半径为500m。这些都是根据他人或自己过去的经验所得出的结论。使用这种方法来决定商圈时还应综合考虑地区性、社会性、自然条件等环境因素的影响。

(3) 利用数学方法分析、确定商圈。确定商圈的数学方法主要有雷利法则和哈夫法则,此处不作介绍。

4. 商圈调查的基本流程

(1) 对各种权威性的统计数字与资料的分析。宏观上要对各种权威性的统计数字与资料进行分析,以把握人口分布、生活行动圈、中心地区功能分布等总体情况,根据自己的开店政策,确定目标区域,主要参照人口规模、地域发展性、商业饱和度等。

(2) 实施对特定区域的市场调查。实施对特定区域的市场调查包括立地环境调查、商业环境调查、市场特性调查、竞争店调查等。

(3) 筛选目标地点。通过市场调查,筛选出具体的目标地点,主要考察以下几个方面的内容:

① 稳定的家庭(人口)数及具体位置。考虑影响人口变成顾客的稳定的因素。

② 商业环境上的利弊。确认有无竞争店,能否在面积、停车场、商品构成、营业力等方面与竞争店形成差别。

③ 将来具有良好发展前景的地区情况。对人口增长率、城市规划政策要研究。

④ 对销售额做出预测。粗略地确定商圈范围。

(4) 优劣、适合性的具体评价。对具体的地址要进行详细调查,做出优劣、适合性的具体评价,如土地房产的适用性、周围环境状况尤其是公共配套设施的状况、将来发展余地、基础配套设施状况等。

(5) 确认。根据土地房产的优劣顺序,对该房产的每个必要条件做出确认。经过对房产所有者、用途、面积的确认,经所有者的认可,制订开店计划书,经公司批准后签订合同。

4.2.2 分店选址

零售业是"地点位置产业",连锁商业企业经营能否成功极大地依赖于分店位置的选择。当然,餐饮业、服务业对地点的依赖同样重要。因此,连锁企业避免选错店址,并使所开分店能与所在地市场状况相适应,从而发挥最大经营潜力是连锁经营成功的条件。经营规模越大,店址选择的成败系数就越大,所以店址选择时应注意以下事项:

(1) 分店开张后,发现选错地点,再行变更将是不可能的事,否则将损失惨重。

(2) 分店经营的成败受所在地市场状况的制约,其他方面条件再优秀,也不能弥补店址条件所带来的影响。

(3) 对分店所在环境的分析。必须定期而且持续地作详细的分析,不仅作现时分析,而且要作"未来性分析",以作为政策调整的依据。

(4) 连锁企业应该根据自己的经营宗旨,选择与自身条件及意愿最相适应的地区。

1. 分店选址考虑的因素

从全球范围来看,连锁企业在其发展初期,多以商业中心为主要选址区,期望以较高的客流量带动各分店的发展。如麦当劳在北京最先开在王府井,而肯德基在上海先开在南京路,待发展到一定规模之后,再向居民和市郊发展。但是也有采取"农村包围城市"策略的连锁店。不同行业的连锁店在店址选择上有共同的要求(如方便顾客购买、有利于影响力扩大、交通便利与否、商业网点是否集中、服务齐全与否、营业时间的长短等),也有不同的需求。所有的连锁店在店址择定时都应考虑那些对经营成本有影响的因素,如土地条件等,见表4-2。

表4-2 连锁分店选址主要因素

商业环境因素	城市结构因素	城市特点,如产业结构、政府机构、历史背景、自然环境、风土人情、文化氛围等
		城市规划,如土地征用规划、市政规划等
		城市公共设施现状
		交通条件,包括公路、铁路状况、车站设施及交通主管部门等
	消费结构因素	人口现状及动态,包括人口密度、人员构成、人口布局、人口未来增减
		人均收入、消费水平
		生活方式、消费习惯、追求的生活方式、休闲及购物倾向等
	商业结构因素	城市的商业结构
		商业的集中化程度及趋势,如商业街、购物中心等
		行业竞争关系,如地区间竞争、地区内竞争
分店选址因素	位置条件	邻近条件,包括附近的商业情况、道路情况、交通情况等
		用地情况,包括地理环境、法规条件等
	相对条件	与竞争店的竞争及互补效应
	潜力条件	商圈与购买力,包括购买频率、购买时间、采购距离等

2. 店址选定的程序

连锁经营分店开发的店址选择,是综合考虑各种影响因素的结果,要使选择在各个方面都能令人满意，客观上往往不容易办到，因此，选择合适的区域及地点要在对各种因素的利弊权衡后才可确定。

（1）确认前提条件。就是综合考虑各种相关因素，制定企业的分店选址择定标准。

下面是一家超市连锁分店选址择地的标准：

① 配合分店开发方针。能较容易地形成具有强支配力的重点区域，以及可以朝该方向发展的区域，如商圈引力大、集约程度高的区域。

② 人口与家庭。原则上应拥有2~3万人以上（6 000户以上居民）的城市、乡镇。

③ 道路。靠近与日常生活紧密相关的道路，其结合地点、地区最好呈扇状分布。

④ 地形。不受河流、铁路、坡路的影响，在该区域可以获得足够的市场支持，而且还带有广阔的腹地。选择封闭型的商圈为主要区域，有自己的优、缺点。

⑤ 住宅区。应为住宅区及与住宅区相连接的区域，最理想的是新住宅区以及人口增加地区。

⑥ 城市规划。规划中的道路和开发的住宅区比老城区、旧商业街更为理想。

⑦ 商业状况。区域内无分店，或较少有竞争店，颇具商业发展的潜力，并且拟开设分店有望成为该地区的最强店。

⑧ 城市总体状况。与日常生活有关的生活必需品与城市状况关系不大，但本企业的商品配送体系最好在本地；产业构造方面最好是第三产业型，人口的年龄结构最好是金字塔形，收入水准不低于该市的平均水准。

（2）根据目标顾客选择分店所在的重心区域。以目标顾客为中心，设想目标顾客的可能去处，往往可以发现经营成功的契机。例如，经营日用品的超市可以随顾客到新的住宅小区，并且最好在闹市区或商业街上。依据目标顾客的需要进行这样的划分，一个城市里可供选择的区域就缩小了。当然，可以根据房地产开发商的产品定位，确定目标顾客群，再决定自己是否适合在此开店。

（3）落实最佳结合点。绘制出上述重心区域简图，在图上标明朝向、竞争店、互补店、主要商事机构、人流汇集走向、交通要道、居民区等相关因素。信息越多，越容易决定。然后挑选对本企业、周边环境最重要的几大因素进行比较，选出拟开分店核心商圈所在的位置。这显然是"缩小包围圈"的过程。

（4）选定具体地点。在上述重点区域，最好在该商圈区域内，根据上一步骤分析的结果寻找几处作为样本，进行实地调查，了解客流量及其方向、人口及家庭数量、交通状况，从而决定拟开分店的最佳位置。

案例阅读

家乐福选址对物业的要求

家乐福选址包括对政策的调研、城市的选择以及地段选择，在对地段选址以后，对楼宇本身的要求如下：

(1) 面临两条主要道路，家乐福名字的法语意思就是十字路口。

(2) 还要有公交车站，有地铁或者城轨就更好。

(3) 有停车场和卸货区。

(4) 足够大的空间，业态需要1~2万平方米，中关村有3.1万平方米的面积，很多开发商的楼只有1 000m^2、3 000m^2、5 000m^2，都做不了。单层要求8 000m^2以上，层高5.5m以上，净高4.8m以上，这里有它的技术要求，比如货架是 3m 的货架，需要 3.2m 的空间，因为有 20cm 是需要摆东西的，3.2m 以上还有电力管线、空调的管线、消防的水管等都在上面排布，所以 4.8m 是基本要求。

（5）足够大的荷载力。水的比重是 1，假如要摆饮料，每平方米的重量是 1t，所以促销饮料时，摆饮料对结构的要求比较高。1t 是家乐福进中国来的荷载指标。但是现在也在慢慢减少，因为很多楼要盖到 1t 的时候，钢筋用量过大，目前也有到 750kg 的荷载。

（6）形状规则，很多楼盘形状不规则。

（7）柱网简单，无剪力墙。因为这种结构形式非常复杂、难以摆布，而且剪力墙对卖场有很大的阻断，所以不喜欢有剪力墙结构。

（8）不要多于 3 层。

（9）不隔层使用。

（10）首层必须有大厅，不光是门面的问题，还有服务上的考虑。

（11）双回路供电，60% 的食品是生鲜销售，如果停电对食品销售的影响比较大。

（12）3 200kVA 电力。

（13）每天 200t 供水，这是根据开店的单子统计出来的。

（14）天然气压在 100m³/h 以上，有的地方用的是城市煤气，这个数据就要加倍。

（资料来源：根据家乐福官网资料整理）

4.2.3　店址评估报告

1. 店址选择的市场评估程序

市场评估将有助于连锁店房产开发人员以合理而系统的方式，累积市场重要资讯。这是思考模式中极重要的一环，主要有以下步骤：

（1）搜集各项资料。首先，取得各种统计资料，如已出版的对该区域的资料，包括交通、人口数、零售业家数、住户人口、银行数、车辆数、主要商业行为、平均消费额、气候、报纸发行量、电视的拥有率等；其次，取得各行业协会及都市计划单位的统计资料。

（2）搜集消费者资料。了解顾客群所产生的业务容量有多大，进而建立客户的消费水准及额度；了解该地区的人口密度及消费者的聚集区，尤其是区域越小。人口越密的地方，才是发展连锁店面的绝佳区域，也才能确实发挥连锁的功能。

（3）开车实地勘察。准备完整的街道全图，携带如摄像机、照相机、录音机、笔记本等工具，以开车绕行方式，按一条街一条街的紧接方式观察及标注各种状况，把看到的街道形态、人流、店号名称、营业项目、外观、道路方向性、红绿灯位置、建筑种类、天然障碍（如桥梁、立交桥或河流等）及附近住家情形，用上述工具记录下来。

（4）区域对象访谈。对象包括既有店面的营业人员、学校、派出所、水电煤气公司、百货及超市、都市计划单位、相关协会、交通警察等。目的是帮助我们充分了解各种资料的准确性及各方面的反应程度，也同时增加自己对该地域的洞察能力，这种言谈模式的要求是必须在专业档案里详细记录其对象、时间及内容，作为很好的样本调查资料。

（5）对既有店面经营加以分析。了解在该商业区或邻近区域的既有店面获利情形、合约到期期限及重新整修前后的营业差异度等，由此获得建设性的意见，并作为是否立即再设新点的考虑；了解现有店面在此地的市场占有率、销售比率、行业的占有率等数据。

（6）可能地点的开发计划。已经拥有可设地点的交易资料，先行圈选出适宜开店的最佳位置，分出一、二、三级的选用程度之后，必须对这些可能地点进行评估。从环境角度，必须考虑可能地点的能见度、外露面、通路及顾客容量;从建筑物本身角度,须考虑如结构、采光、颜色、造型、材质等,如道路交叉口最具设店价值是因为四方所汇聚而来的人多而机会较大,加上路口停车的机会多,司机容易看到店面而可能前往消费。

(7) 营业额与投资成本预测。开始预估营业额,除了利用房产资料及顾客情报来模拟营业额大小之外,也必须对建筑物本身所能提供的实际产能,做出评价。一般来说,如果附近有大型的人口产生实体,如办公大楼、商场、大学等,则能猜测八成左右的预估营业值;了解消费的平均额度,并采用类似地点、类似店面形态的市场比较法,也将有助于营业额的预测。投资成本主要有房产成本、煤水电气成本、运输成本、工资等。这方面经验的积累是准确预测的法门。最后经由简报会议,会同企划、财务、营业、工程相关各单位与管理部门,共同判断投资该地点可行性。

(8) 评估报告成文提交。经过前面的收集资料、实地勘察、对象访谈、对手分析、可能据点评估、投资预算,就可以得出评估结果,并写出评估报告。

2. 店址选择市场评估报告的内容

这类评估报告的内容非常详细和复杂,可以分为商圈调查报告(前已叙述,此处略)、法律事务报告、财务预测报告几个分报告。

(1) 法律事务报告。

法律事务报告主要是把开店业务中连锁企业同有关各方的法律事务问题,考虑清楚并形成书面文字,以供操作中参考。如房产合约的事项,房地产合同是一项非常复杂的合同,双方应认真负责地签订,并备有4份正本,双方各执2份备查。

同时,有房产所有权和使用权的过户和转移资料的问题。假如开店房产以前有过转让,连锁企业必须事先取得最后一份转让记录,以兹证明协谈对方确实为持有人,并在权利义务方面详细阅读是否载入优先承租、承购权的规定。

此外,还有营业执照的取得及合法性的问题,房产是否抵押、质押的问题,当地政府的政策是否支持开店行业的问题(如网吧所遇到的政策危机),当地的城市经营与建设的土地规划问题。

(2) 财务预测报告。

财务预测报告指从资本运营的角度,分析投入与产出,从而获得近期和远期投资收益的分析报告,以作为开店时的参考。

① 租金。开店房产的租金及当地的平均租金,这里从当地的政府资料和房地产中介公司处可了解到。

② 损益平衡分析。根据商业区调研及租金测算而界定出合理的投资成本,并进而决定出营业额的预设标准及逐年成长目标,以便保障盈利的稳定。损益平衡点的掌控也是攸关该地点是否合理承租的必要条件。

③ 前税单。找出最后一期房屋税及地价税单,将有助于了解房产的价值,并可作为未来税额核定及交易谈判的参考。

④ 租税费政策。当地的租税费政策对于新开店的盈利有重要影响。

⑤ 新建店的投资情况。如果进行施工建设新店,则需考虑土地成本、建安成本、装修成本、政府税费、行业供应(如煤、水、电、气、通风的成本等,有的叫大市政费)。

在开店选址的市场评估报告中,还应作以下准备:一是取得开店重心区域的全景照片作为附件,这样做有助于记录如街道的成熟度、地点的易见度、交通流量及未来都市计划的目标设施等;二是建立完美的计算机档案,做到"知彼知己,百战不殆",从而可以避免中间商和房地产公司混淆事实,有助于在协商谈判中公平地制定市价标准,并且提高对于未来再取得该点的可行性;三是店面诊断要实际进入现场进行,至少提前1年,进行不少于3次的软、硬件诊断,以便在时间上掌握主动。

4.3 加盟店拓展

本节以特许加盟店的扩展作为讲述的主要内容。特许加盟店的扩展主要包括连锁总部(盟主)如何选择加盟者、加盟者如何考查盟主和加盟双方的关系处理3个方面内容。

4.3.1 寻找合格的加盟者

企业绝对不能单纯为了速度而不追求加盟商的质量,因为一个错误的加盟者会给整个特许加盟体系带来灾难性的后果,无论是对品牌的影响还是对其他加盟者的错误示范作用都是不可低估的,所以毫不夸张地说,寻找合格的加盟者是特许经营最重要的环节之一。

1. 合格加盟者的基本条件

寻找一个合格加盟者应从软件和硬件两个方面进行,软件指的是加盟商的基本素质和要求,硬件则主要包括分店条件。

(1) 加盟者基本素质和要求。

这主要是从投资动机、文化认同度、商业诚信度、心理素质、身体素质、家庭关系、社会关系、管理能力、教育背景、资金实力、行业经验等各项指标进行评判。下面介绍其中主要的几项指标:

① 投资动机可分为维持生存、资金安全或者打发时间、发财和作为自己的事业,非常明显,越是靠后的动机越是一个合格的加盟者应该具备的。

② 文化认同度也可称之为理念。目前正处在一个复杂多变的营销时代,而营销理念的不断发展更新是公司应付各种变化的唯一途径,很多的市场工作是必须由各经销商来直接推动执行的,而经销商是否能理解公司的工作意图,是否能积极地配合推进,关键取决于经销商的理念和对公司的认同,因此对加盟商理念层次的考察也是需要关注的一项内容。

③ 过去相关工作经验及学历。应寻找有类似工作经验的申请者,招收没有工作经验的申请者,要提高对学历的要求。

④ 身体健康状况。加盟店成立之初事务会比较繁忙,所以加盟者的身体健康与否是很重要的条件。

⑤ 对加盟公司的了解及市场、商品知识。专业技术性的连锁加盟企业,会要求申请者对市场、商品及加盟公司具有一定程度的了解。但是,对于可以靠培训来补充专业知识的连锁加盟企业,这项条件可转成申请者能接受什么程度的培训为考虑标准。

⑥ 心理准备。申请者对于利润的了解、开业初期可能发生的困难、公司本身的经营情况、公司文化及理念等,必须有心理准备,以应对实际营运的状况,必须考虑到有意加盟者是否能配合企业的做法,并认同企业的经营理念达到企业要求的标准。

⑦ 看关系。这里包括良好的顾客关系和社会关系,如与商场的关系、与工商税务的关系、

与质量监督部门的关系等，一个各方面关系良好的经销商对于企业品牌在当地的发展肯定是有好处的，至少会减少一些不必要的障碍和麻烦。

⑧ 发展潜力。这是最难评估，但也是最重要的考核项目，有许多并不严格要求申请者相关经验的加盟企业，目的是希望借此找寻具有发展潜力的加盟者。

（2）加盟分店的基本条件。

① 分店地点。包括所在地点的繁荣程度、所在地点的商业区类型及范围等。

② 营业面积。包括各种不同的连锁加盟企业都有其适合的营业面积的需求。

③ 交通状况。交通路线、附近的公共设施等分店选地条件。

④ 客源条件。是否有固定客源、同行业的竞争状况等。

（3）资金及营运基本条件。

① 保证金或担保品。有些连锁加盟企业要求必须以现金或担保品为担保。

② 加盟金。依照各连锁加盟企业的不同规定而有所不同。

③ 权利金、广告促销费。一般为按月付或按营业额提成两种支付方式。

④ 贷款及周转金。是否有贷款能力及自备初期周转金。

⑤ 员工雇用。对雇用员工程序是否熟悉，也是连锁加盟的考虑点之一。

⑥ 事业经营计划评估。利润、最低毛利保证、风险及初期可能遇到的种种问题等。

 **知识拓展**

德克士加盟者的基本条件

申请加盟德克士必须具备以下条件：

(1) 具有较强的进取精神，有一定的经营背景和经验，对企业管理具有基本概念。

(2) 对德克士的"诚信、务实、创新、服务"的经营理念有认同，对西式快餐有认知。

(3) 对快餐店的经营管理能保持全身心的投入，能接受持续的提升训练。

(4) 具备一定的资金实力，资金取得合法，有良好的资金信用。

(5) 不从事违法或败坏社会道德风气的活动。

为了使德克士成为中国西式快餐特许加盟第一品牌，健康德克士特许经营体系，目前具有下列特征的申请加盟者还不能够加入德克士。

(1) 不愿全力投入加盟事业、用心经营者。

(2) 自以为是，独立自主性太强，很难沟通者。

(3) 对加盟餐厅开业后营业额及获利状况存在不现实期望者。

(4) 加盟开店的主要目的不是为了赚钱，追求成功者（赚不赚钱无所谓）。

(5) 认为加盟后一切靠德克士，加盟餐厅能否赚钱德克士须负最大责任者。

(6) 家庭成员不支持加盟德克士者。

(7) 对加盟德克士的权利与义务没有充分了解、就盲目要签约者。

(8) 加盟德克士只是短期投资、赶潮流，无长期经营意愿者。

(9) 资金来源取得非法、来路不明或不愿告知者。

(10) 曾经或目前从事非法或败坏社会道德风气行业者，如色情行业、黑道分子。

加盟者经由与总部的面谈与沟通，通过德克士的审核合格后，双方共同签订《特许经营合同》，合同期限为 5 年，原则上合同期满后，双方再行续约。通常在店址确认后签订《特许经营合同》，签约至开业的时间一般为 2～3 个月。

2. 寻找加盟者的方法

加盟者的招募大致可分为由申请者主动前来联系和连锁加盟企业主动寻求两种。初期发展的连锁加盟企业，由于知名度不高，大都选择主动出击；而较具规模的连锁加盟企业，虽然会因为知名度较高，而吸引有意加盟者的主动咨询，但是仍有企业自主招募的方式；对于有意加盟者的主动洽询，在审核加盟店的程序中会加以说明。下面主要介绍一般的招募方式。

（1）媒体招募。这是传统的招募方式，传递的信息以吸引有意加盟者为目的。一般包括基本的加盟优惠政策、加盟条件及联络方式等内容。通过媒体招募必须考虑传播地区、传播目标及接触频率等因素。使用媒体的目的除了容易建立知名度外，也有较强的引导效果。一般常用媒体包括电视广告、报纸广告、杂志广告、车厢广告、网络等。连锁加盟企业也可利用面向固定主顾客群或 VIP 会员的刊物，通过传播渠道招募，成功率较高。

（2）行业年会/行业展览会/企业讨论会。无论发展初期的连锁经营企业，还是知名的连锁加盟企业，用书面或广告的方式，不容易使有意加盟者了解。而面对面的沟通方式，实际商品说明演示，是效果较好的招募方式。定期或不定期的讨论会或座谈会，是被经常使用的招募方法，举办地点多在企业自身的场地或所在地、特定加盟者所在地或行业协会所在地。例如，我国每年一度的特许经营大会展览会就起到了这个作用。

（3）店面 POP（Point of Purchase Advertising，即售卖点广告）。连锁经营企业以店面 POP 的方式传递招募加盟者的信息，是由来已久的招募方式，其特点：一是成本费用较低；二是有意加盟者肯定在店面经常出现，而店面的商品展示及实际的经营状况，更具参考价值及说服力。

（4）展店人员等的口头招募。连锁经营企业的拓展部门的专职开发人员对于潜在加盟者或地段不错的传统店，有时采取主动邀请方式，以说服对方加入连锁体系。对于意向不高的加盟者，也会由专职的开拓人员负责会谈和说服。由于内部员工及加盟者对企业和加盟条件较熟悉，所以鼓励或规定内部员工及现有加盟者介绍和招募的方式也常被采用。

（5）说明书。加盟说明书是平面媒体的一种，可以夹在报刊里传递，也可以作为说明会、开拓人员招募的辅助工具，或者用在分店中当成说明资料，部分说明书甚至直接附有加盟申请书。

（6）混合运用。连锁经营企业把以上的招募方法同时混合运用。

4.3.2 选择完善的连锁体系

1. 选择的必要性

首先，对加盟商来讲，加盟一个特许经营体系就好比从特许人那里"购买"一件特殊的产品特许权，以期从该产品的使用中获得收益。这件特殊产品的质量如何，产品的供应商特许人的服务如何等，都会对加盟商在以下几个方面造成重大影响：

（1）加盟商的当前收益。

（2）加盟商的投资回报及回收期。

（3）加盟商的投资机会成本。

（4）加盟商的职业生涯规划。

因此，在选定进入的行业之后，加盟商应立即开始在对该行业中的特许经营体系进行深入的分析和慎重选择。

其次，选择的必要性还建立在以下两个基本假设上面：

（1）并非本行业所有的特许经营体系都是成熟的和高质量的。

（2）即使那些成熟的和高质量的特许经营体系也并非一定都适合加盟，必须考量在投资规模、文化理念等方面的匹配。

2. 选择的可行性

根据中国连锁协会提供的最新数据，目前有2 300多个特许经营体系在国内运作，涉及50多个行业，即平均每个行业中就有40多个特许经营体系。另外，中国加入WTO之后，已经取消了海外特许经营体系进入中国的所有限制，这也将大幅度增加在中国运作的特许经营体系的数量。因此，无论加盟商选择进入哪个行业，都将有足够数量的特许经营体系供其挑选。

3. 选择的一般性步骤和方法

（1）全面收集本行业内特许体系的资料。全面收集本行业内特许体系的资料目的在于全面了解本行业特许经营发展的行业环境及其特点。加盟商可以通过以下渠道和方法来收集尽可能多的行业内特许经营体系的资料：

① 浏览互联网上各种特许经营的相关网站。

② 参加特许经营展会、行业展览会、培训班、研讨会、论坛等特许人可能聚集的活动。

③ 查阅期刊、书籍资料。

④ 以顾客的身份直接进入各特许经营体系的单店进行探访。

（2）整理和分析搜集来的资料。加盟商将收集来的特许经营体系的资料进行分析和整理，以便得到以下行业内几个方面的基本信息：行业的宏观环境、次宏观环境和微观环境，整个行业中共有多少个特许经营体系，各特许体系目前直营店以及加盟店的数目，各特许体系组织建立的时间，特许体系开始特许经营的时间，各特许体系加盟金，特许权使用费等收费的标准，各特许体系开店所需投资总额，各特许体系加盟店投资回报率以及投资回收期，各特许经营体系给予受许人的培训和支持。

（3）预选特许体系。通过对上述整理出来的信息进行比较细致的对比分析，基本可以得出如下一些结论：哪些特许体系的品牌价值最高；哪些特许体系目前规模（网络）最大；哪些特许体系目前发展得最迅速；哪些特许体系目前发展得比较成熟；哪些特许体系具有创新性的经营模式；哪些特许经营体系具有难以超越的竞争屏障。

然后根据上述结论，初步确定出两三家特许体系作为重点考察的对象。

（4）特许体系全面评估和筛选。通过前面3个步骤的工作，确定出两三家重点考察对象之后，特许体系的选择就进入最后一个工作环节，对这两三家特许经营体系进行全面细致的考察和评估，并做出最终的选择决策。

考察和评估的内容包括以下几个方面：

① 特许体系组织发展的历史，如起因及主要创始人的简历。

② 特许体系发展历史，何时开始特许经营，加盟店成败比率和原因，是否曾有欺诈加盟商的记录，加盟店的数目变化轨迹，曾受到的处罚和奖励等。

③ 特许体系的整体现状如何，如市场份额、经营绩效、规模等。

④ 特许体系的经营理念。

⑤ 特许体系的总体发展战略。

⑥ 单店的客户定位。

⑦ 单店的商品/服务组合。
⑧ 单店的获利模型。
⑨ 总部对单店的战略控制。
⑩ 单店的利润平衡点（客单价、客流、固定成本）。
⑪ 单店的客流状况及选址定位。
⑫ 单店的日（月）平均营业收入及季节波动。
⑬ 单店的运营管理主流程。
⑭ 单店客户关系管理系统。
⑮ 单店的组织架构。
⑯ 单店的投资回报率。
⑰ 总部的配送系统。
⑱ 总部的培训和督导系统。
⑲ 总部的技术支持。
⑳ 总部的市场支持。
㉑ 现有加盟商对特许体系的评价。
㉒ 顾客对特许体系的评价。
㉓ 合作者、供应商、政府管理部门、竞争者、社区公众等特许体系的利益相关者对特许体系的评价。
㉔ 特许人对加盟商的要求条件。
㉕ 其他。

考察和评估的方法包括以下几个方面：
① 直接拜访特许总部，索要特许人基本信息披露文件（根据《商业特许经营管理办法》）。
② 参观样板店并直接向店长、店员以及顾客询问有关内容。
③ 访问现有的加盟商，询问有关内容。
④ 访问相关行业协会、顾问公司等中介机构询问有关内容。

最后，将收集到的每一家特许体系的详细资料进行对比分析，从两三家预选的特许体系中筛选出一个加盟对象，并立即与之进行实际接洽，签订加盟意向书，经过谈判正式签订加盟合同。

4.3.3 加盟合同及相关法律关系

1. 加盟合同的基本内容

加盟连锁制度是一种销售成功技术的制度。授权者把自身在直营店开发成功的商品—服务系列技术，以有偿形式提供给加盟者使用，这就是加盟连锁制度，提供的基本形式就是加盟合同。应该说，只要有加盟连锁存在，就有加盟合同，虽在某种情况下未必有一份书面形式的合同，但必有一种类似合同的信用或许诺存在双方之间。我国要求加盟连锁必须签订正式合同，正式的加盟合同包括签订加盟合同的目的和加盟合同的基本内容两部分。

（1）签订加盟合同的目的。
① 获得授权者提供的"商品—服务"系列技术。加盟店的经营并不是简单地使用总部的商标，而是要使用一整套"商品—服务"系列技术，甚至还包括部分专利技术成分在内。

这一技术内容在开发过程中花费大量的人力、财力、物力，是受法律保护的，不能随意使用，必须通过契约形式的有偿授权，明确了双方的责任和义务后方可经营。例如，刻意模仿可能做到开发一家类似麦当劳、肯德基的快餐店，但麦当劳和肯德基的商标、影响和特殊风味这样一些独具特色的东西却是学不出来的，然而不加入该连锁体系，就无法得到渴望获得的利益。

② 维护加盟关系双方各自的利益。对总部而言，所授权的内容是连锁体系的生命，连锁体系的发展壮大也全赖于此。保护这套"商品—服务"系列的形象，就成为一个至关重要的问题；否则缺乏必要的约束，一旦一家加盟店砸了这块牌子，整个连锁体系的发展就会严重受挫。对加盟店而言，一旦进入了连锁体系，其发展的命运就交给了连锁体系，双方已形成了一种命运共同体，也需要约束连锁体系。此外，还有双方的权利、义务也要在合同中加以规定。

③ 连锁体系的标准化、统一化。加盟连锁是一种推广型连锁。加盟连锁是不同资本所有者的结合，发展过程为一种由点及面的轨迹，统一是其显著特征。在发展过程中不可能对一个加盟店一种关系，必须制定统一政策，这也决定了加盟连锁总部必须开发出一套合同文本，以此来确保各加盟店的统一性。

国外加盟连锁在发展过程中，大部分都有正式合同，但合同的详尽程度却各不相同，严肃性也有一些差别。

（2）加盟合同的基本内容。

加盟连锁由于行业不同、经营项目不同、规模不同，具体契约内容各有侧重，不可能完全一样。我国《商业特许经营管理办法》中第十三条对特许经营合同的内容作出了规定："（一）当事人的名称、住所；（二）授权许可使用特许经营权的内容、期限、地点及是否具有独占性；（三）特许经营费的种类、金额、支付方式以及保证金的收取和返还方式；（四）保密条款；（五）特许经营的产品或服务质量控制及责任；（六）培训和指导；（七）商号的使用；（八）商标等知识产权的使用；（九）消费者投诉；（十）宣传与广告；（十一）合同的变更和解除；（十二）违约责任；（十三）争议解决条款；（十四）双方约定的其他条款。"这些只是原则性要求，具体内容如下：

① 授权使用连锁体系商标、标识的内容。商标是商品的标识，服务业也有服务的品牌标识。如麦当劳门前的"M"标识、肯德基家乡鸡门面灯箱上的山德士上校头像标识、日本"不二家"连锁使用的花朵组成的"F"标识、日本伊藤洋华堂集团使用的鸽子标识，均属此类。

② 商品及其他物品提供和使用方面的内容。在销售食品及其他商品的加盟连锁体系中，要求加盟店必须使用总部提供的招牌，销售公司统一采购的商品、材料、包装物等物品；在服务业加盟连锁中，虽无商品销售，但也要使用统一的原材料、设备、工具、包装物和其他消耗品。因此，在契约中，必须明确这些物品的种类、数量、购买方式、支付时间和方法等有关内容。

③ 有关提供经营技术的内容。加盟总部对加盟店有传授经营技术的义务，这种传授通常采取经营手册、技术培训、经营指导等形式实现。例如，营业过程中持续地进行经营指导；又如，对加盟店经营选址、商店设计和创业准备等活动，总部给予全面的指导帮助，协助加盟店做好开业准备。

④ 设立加盟店地点及目标市场的内容。"位置，位置，还是位置"，位置理论始终是开店

的第一要素。加盟店的经营成败，在相当程度上取决于有无有利的地理位置。在加盟连锁中，关于位置和市场范围的划分双方必须明确。

⑤ 商店装潢设计及制服统一方面的内容。连锁商店对外应当是一种形象，这是总部刻意追求的效果，也是消费者的一般观念。在加盟合同中，需要对统一的商店装潢设计、商店布局、着装等方面做出明确规定，以达到统一形象的目的。如总部统一规定加盟店的装潢设计与风格，统一规定制服款式，由加盟店承担所需费用。

⑥ 促销活动的内容。总部为了谋求整个加盟体系的发展，要承担共同的广告宣传促销活动；有时也为部分加盟店从事专项促销活动，也有时统一决定促销方式，由各加盟店分别进行。至于广告费用的支付，需分别以不同的方式在合同中明确规定。

⑦ 质量管理方面的内容。加盟店经营的商品或服务，是加盟连锁独特的商品或服务，必须保持一致，不允许发生质量下降和特色改变的情况。因此，加盟合同中需要明确规定质量标准、保持特色方法、质量检验和控制等方面的内容，这些要求在总部发给加盟店的营业手册中均有明确详细的说明。

⑧ 加盟金方面的内容。加盟店得到总部有关经营其独特"商品—服务"系列的授权，需要以等价交换原则支付一定的费用。一是加盟金，即在缔结加盟契约时一次性支付的金额，称为加盟金。加盟金是一次性取得特许经营权的费用，有的国家把加盟金一分为二，开业前作为开办费叫加盟金，开业后作为商标使用权和持续性指导服务缴纳的部分称作权利金。二是附加费，即加盟金之外用于为加盟店服务的费用，契约中一般均有具体说明。

⑨ 合同的期限、更新与解除的内容。任何合同均有期限，加盟合同也不例外，作为维系加盟关系的加盟合同，往往通过先确定一定的期限，待期满后再决定是否续约。合同期限一般在3~8年者居多，合同自生效日起规定年限内有效。在合同期满3个月前，如果双方未提出任何有关中止合同的意向，合同自动延长1年，以后以此类推。例如，超市发便利店加盟期为5年；环球雅思的特许期限为3年；上海华联特许的合同期限为2~8年；马兰拉面、上海仙踪林、重庆小天鹅特许期限为3年。一般情况是，技术难度大的特许加盟，合同期限相对长一些。

⑩ 合同中违约现象的处置规定。在合同有效期间，由任何一方导致出现下述事项，对方均可提出书面通知，主动解除合同：票据或支票未按期支付，被银行列为拒绝受理户；总部解散或加盟者死亡；出现明显伤害对方信用的行为；破产、公司改组、被查封等。

2. 加盟合同易出现的问题

（1）合同观念不强。有32.4%的加盟店认为，合同只是一种形式，与总部的商谈更重要；有19.8%的加盟店平常不太在意，发生纠纷时才认真对待。但是，两项相加高达52.2%。

（2）签订合同时未经认真研究。有相当一批的加盟店，在签订合同时对有关合同内容的详细说明，仔细认真研究的力度不够。

（3）合同的不明确事项。调查显示虽重视但仍不明确的项目有：保证金、权利金支付项目，广告费负担，营业时间，店址，广告宣传的实施，禁止加入其他连锁事项，最低销售额。

（4）合同期限。调查表明，我国合同期限大部分在3~8年，8年以上很少。期限太短加盟店难以收回投资，太长又容易束缚加盟店自由。

（5）解约条件。在大多数合同中，均有关于解约条件的说明。其中存在的主要问题：一是解约条件模棱两可，语意不明；二是解约条件对双方不平等，总部占优势；三是解约后对加盟店限制较严格，限制期间长，超出保护商标、商号的需要。

3. 加盟合同的完善措施

（1）签约前认真调整，仔细分析，慎重决策。加盟契约是一种法律文件，一经签订，便具有法律效力。加盟店和总部双方都应在签约前做认真的调查研究工作，在仔细研究、反复考虑的基础上行事。加盟连锁制度在一定意义上是一种总部居优势的制度，作为加盟者更应该谨慎行事，不可盲目听信材料介绍，对现有加盟店的业绩材料不充分的要留心，对所需资金的说明含糊不清的要警惕。

（2）要建立公开制度和登录制度。为使加盟店不受蒙蔽，降低风险，建立加盟连锁公开制度是一种行之有效的方法。公开制度是依据法律规定，在达成加盟关系前，总部必须向加盟店公开事项的制度规定。

公开制度在西方发达国家起了比较重要的作用。在日本，除公开制度外，还有日本加盟连锁协会建立的登录制度。在我国，《商业特许经营管理办法》中也确定了特许人备案制度和信息披露制度，对规范我国特许经营市场建设起到了很好的作用。

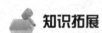

知识拓展

我国关于加盟连锁公开制度的规定

特许人应当在正式签订特许经营合同之日 20 日前，以书面形式向申请人提供真实、准确的有关特许经营的基本信息资料和特许经营合同文本。

特许人披露的基本信息包括：一是特许人的名称、住所、注册资本、经营范围、从事特许经营的年限等主要事项，以及经会计师事务所审计的财务报告内容和纳税等基本情况；二是被特许人的数量、分布地点、经营情况以及特许经营网点投资预算表等，解除特许经营合同的被特许人占被特许人总数比例；三是商标的注册、许可使用和诉讼情况，商号、经营模式等其他经营资源的有关情况；四是特许经营费的种类、金额、收取方法及保证金返还方式；五是最近 5 年内所有涉及诉讼的情况；六是可以为被特许人提供的各种货物供应或者服务，以及附加的条件和限制等；七是能够给被特许人提供培训、指导的能力证明和提供培训或指导的实际情况；八是法定代表人及其他主要负责人的基本情况及是否受过刑事处罚，是否曾对企业的破产负有个人责任等；九是特许人应被特许人要求披露的其他信息资料。由于信息披露不充分、提供虚假信息致使被特许人遭受经济损失的，特许人应当承担赔偿责任。

（3）做好拟订契约文件工作。加盟连锁总部均有标准合同文件，但仍需要结合加盟店具体情况逐项研究。在拟订合同文件时要做到：毫不遗漏地把所有重要事项列在契约中；详细规定契约内容，避免简单、抽象，尽可能做到明确、具体；文字表述准确、易懂，前后一致；契约内容符合社会道德规范和法律；注意契约内容公正、公平。

（4）完善有关加盟连锁的立法和司法工作。加盟连锁制度是一种新制度，即使在已有几十年发展过程的西方发达国家，也有很多问题，如立法上相互矛盾、未充分考虑加盟连锁特点、司法掌握上不公平对待加盟连锁的情况并非没有，因此，还需要依靠立法工作和司法工作的改进来改善。

4.3.4 连锁加盟双方关系的处理

就一般业务经营管理而言，加盟连锁与直营连锁没有本质差别。加盟连锁在经营管理方面的特殊问题，是来自总部和总部与加盟店之间关系两方面的问题。自由加盟连锁关系较松散,是一种松散联合。特许连锁既不像直营连锁那样控制程度很高,又不像自由连锁那样有较强独立性,而是一种兼有统一分散两方面特征的类型,由此便产生了发展过程中总部与加盟店之间的一系列问题。

1. 连锁加盟双方的关系

加盟双方的关系主要有经济关系、法律关系、合作关系、竞争关系、人际关系和冲突关系等。

(1) 特许经营是一种法律关系。总部与加盟者的关系,是双方通过签订特许经营合同产生的合同双方当事人的法律关系。特许经营合同是特许经营关系存在的基础,它关系到双方的切身利益,同时也是解决双方有关纠纷的根本依据。

(2) 特许经营关系是一种经济关系。特许加盟与普通经营方式在交易方面的区别主要体现在特许经营双方之间的交易中。特许经营中,加盟者或者说受许人从独立经营业务中取得收益,而特许人或者说总部则主要从加盟费、特许权使用费以及提取产品销售毛利等方式取得收入。

(3) 特许经营是一种合作关系。双方是一种特殊的合作关系。这种关系非常微妙,双方既非上下级,又非纯粹意义上合作者的关系。双方考虑的重点并不尽相同,但又必须密切合作才能取得双赢。

(4) 特许经营关系是一种相依互补关系。双方既相互独立又相互依赖,双方既要考虑自身又要考虑对方,才能让特许经营获得顺利发展。

2. 连锁总部与加盟者关系的常见问题

(1) 认识和理念差异。
① 加盟者对特许经营缺乏正确认识。
② 双方理念上的不一致。
(2) 经济利益上的冲突。
① 加盟者经营业绩不佳。
② 总部提供的商品、服务、商标等不像预期的那样有竞争力。
③ 加盟后期费用太高,加盟者难以承受。
(3) 特许总部支持不利。这种情况如对加盟店指导次数太少,或缺乏培训等。
(4) 特许总部的不当决策。
① 特许总部的策略发生变化,给加盟者带来损失。
② 总部限制了加盟者的业务发展。
③ 总部对加盟者的自主性经营干预过多。
④ 总部不重视加盟者的合理建议。
(5) 加盟者的违约行为。
(6) 违反法律、法规。违反法律、法规引起的冲突,主要表现在以下两个方面:
① 特许总部刻意欺诈。
② 加盟者入侵特许总部的特许权。

3. 特许经营关系管理要点

特许经营关系由于存续时间长并且有很强的相互依赖性,所以成为商界中最为复杂的一种关系。总部和加盟双方，尤其是在双方关系中处于主导地位的特许人，只有本着平等协作、互利双赢、共同发展的理念，通过多种方法和措施努力塑造和维系平衡的特许经营关系，减少双方的冲突，避免不必要的损失，才能使总部和加盟者都获得成功，实现真正的双赢。特许经营关系的管理从总部的角度考虑，主要由以下5种常见的策略和方法：

（1）选择合适的加盟者。在挑选加盟者的环节，总部往往容易出现的现象有：一是急功近利，一味追求发展速度，不管什么人只要交钱就可以加盟；二是对后期的特许经营关系管理缺乏足够的认识；三是总部不清楚什么是合格的加盟者，往往只是跟着感觉走。因此在这个环节，特许人要端正双方关系的认识，并且要有一套合格加盟者的选择评估办法。

（2）有效沟通和交流。总部应该加强与加盟者的沟通交流，让加盟者能感觉到自己是特许体系的一员。

（3）建立专业委员会。

（4）加强对加盟者的支持。包括适度授权、持续培训、督导支持。

（5）给加盟商予以激励。

本 章 小 结

连锁企业要发展必须依靠品牌去开发新店，而开发新店作为连锁企业的一项主要业务，必须制订周全的开发计划，明确开发策略、开发新店的布点要求，恰当选择新店业态，合理选择新店的市场形态，才能确保新店开发成功。

在分店开发过程中，商圈调查、店址选择、店址评估虽然看似简单而又烦琐，但却都是非常重要的过程，并且都必须采取科学的调查、测算、论证方法才能完成，一般都要做长达半年以上的实地考察。

加盟店拓展是连锁企业发展的重要途径。当连锁企业发展到几年，经营机制和管理制度规范健全之后，通过特许的方式发展加盟连锁，不失为一种快速发展的有效途径。但必须要选择合格的加盟商，并签订有效的加盟合同。加盟合同是特许经营的基本规范和管理工具，必须要谨慎对待。加盟连锁就一般业务经营而言，与直营连锁没有本质差别，但在经营管理和利益分配方面具有特殊性，是来自总部和加盟店之间两方面的问题，兼有统一分散两方面特征。一定要正确处理连锁加盟双方的关系，才能使连锁企业健康发展。

案例思考：小肥羊连锁经营的悖论

餐饮连锁经营在扩张过程中，常常处理不好连锁加盟与直营连锁的关系，那么如何才能使一个快速发展的企业能够取得永续经营呢？"小肥羊现象"提供了一个典型案例。

"小肥羊"已经越来越被人们品得津津有味。小肥羊餐饮连锁有限公司在短短几年里已经悄然坐上我国餐饮业中餐第一把交椅，并且也已进入了美国、加拿大、我国香港以及东南亚等国家和地区。从当初的快速扩张导致品牌危机，再到后来获得国际同行的青睐重新进入上升通道，"小肥羊现象"在中国餐饮界引起了很大的轰动。

1. 加盟为主，重点直营

1999年，小肥羊火锅店成立以后，很多商家捕捉到特色美食的商机，纷纷开始加盟小肥羊。从2000年开始，出现了一股加盟热潮。

这一阶段，小肥羊把加盟政策定为"加盟为主，重点直营"，在全国各地设立了省、市、县级总代理及单独加盟店。这一政策为小肥羊早期快速发展起到积极作用，不仅满足了市场、加盟者、消费者3方面的需求,而且创造了良好的品牌效益,使小肥羊足迹在短短的两三年时间里遍布全国各地,一举提高了知名度。

2001年年初第一个省级总代理落户河北省,小肥羊开始了以加盟为主的近乎"疯狂"的快速扩张。整个2001年,不到两岁的小肥羊连锁店增加了400多家。2002年,小肥羊虽然放慢了"攻城拔寨"的脚步,但是到年底小肥羊连锁店的数量仍然"毫不犹豫"地超过了600家,比年初整整又多出了100多家。

快速扩张留下的后遗症也开始迅速显现出来。加盟店考虑的主要是自身的利益如何快速增加,一些加盟店开始出现卫生甚至质量问题,客户投诉开始显著增加,有些加盟店甚至被当地卫生主管部门亮出了红灯。

2003年,小肥羊不得不暂时关闭了加盟的大门,转而着重加强对已有加盟店的规范和整顿。为了实现"百年老店"的理想,小肥羊强行关闭了一些问题严重的加盟店及代理店。

2. 直营为主,规范加盟

从2003年年初开始,小肥羊开始采取一系列措施以扭转加盟市场的混乱局面,将加盟政策调整为"直营为主,规范加盟"。

这一阶段,小肥羊成立了加盟中心,负责与加盟商的接洽、管理以及服务。在加盟中心调查的基础上,董事会做出暂停加盟业务的决定,此后很长一段时间内公司几乎没有新增加盟店。与此同时,分阶段、有重点地对加盟市场进行了一系列的规范和整顿。

从2003年至2007年4月,小肥羊对加盟市场进行了大规模的治理整顿,其重点体现在以下几点:一是"关",就是坚决取缔在清查中发现的不合格店面,以维护小肥羊品牌形象不受伤害;二是"延",就是对虽然经营情况较差,但是能积极配合公司进行整改的店面予以保留,限期整改;三是"收",对在检查中发现的一批经营有序、赢利能力强的店面进行收购,纳入公司直营店的规范管理体系中,并逐步收回各级到期总代理的代理权,不再续签合约;四是"合",与好的加盟商、代理商以参股、控股等方式合作。

经过几年来不间断的清理、调整和规范,目前小肥羊的连锁店数量已由最高峰时期721家减少到现在的326家(直营店105家、加盟店221家)。其中,取缔了到期总代理以后,随之关闭的不合格店面有218家;因不能维护公司形象、信誉而被取缔的加盟店36家;因违规经营而被取缔的店面有19家;因超期经营被取缔的店面有40家;因重大投诉而被取缔的店面有21家;经营不善自行关闭的店面有53家;因不可抗力而关闭的店面有8家。

3. 重启加盟,全球扩张

2006年,小肥羊聘请罗兰贝格公司进行业务尽职调查后,在加盟商大会上宣布重启加盟战略。自2007年5月起,小肥羊公司进入"不惟数量重质量"的发展阶段,制定了新的、适应发展需要的加盟政策。

在国内市场,一、二线城市以直营为主,二、三线城市以加盟为主,形成相互补充、相互促进的格局,且国内市场现已日臻成熟和完善,因此在国内将不再设任何形式的总代理。另外,在这一阶段公司支持二次加盟,还可以对好的加盟商予以"收编",通过参股、控股等方式加强与加盟店的合作。

在国际市场,在开设直营店并取得充足经验的基础上,适度开设加盟店。其形式灵活掌握,既可以设置必要的总代理,也可以设置个体加盟店,以全面打开国际市场。目前,位于日本涩谷、加拿大温哥华和蒙特利尔的多家海外分店已集中开出。

新的加盟政策提高了对加盟者的要求,也提高了对加盟者的支持。首先对加盟者不但提高了对其素质、实力和经验的要求,而且要求其对公司经营理念高度认同,唯有如此才能保证加盟店与直营店同步、同水平经营。其次是对加盟者的支持,公司改变以往以规范为重点的策略,重点加强对加盟店的指导、服务和管理,不仅包括对前期选址的指导,也包括后来对统一物流配送、店面督导、监察及员工培训等方面的管理和服务。最终目的是提高加盟店面经营的标准化使之高水平运营,以达到公司、加盟者、消费者的三方共赢。另外,为了保障加盟者获得合理利润,小肥羊公司还做出维持原加盟费用不变的决定,确保加盟店长久经营,长久赢利。

思考:

(1) 小肥羊餐饮连锁有限公司的第一阶段和第三阶段的加盟有什么区别?为什么?

（2）案例中加盟方式有何利弊？
（3）结合案例谈谈连锁企业如何处理好直营与加盟的关系。

同 步 训 练

一、基础训练

1. 选择题

（1）连锁分店选址原则中的最关键问题是（　　）。
   A. 竞争态势　　　B. 城市规划　　　C. 经济效益　　　D. 布点计划

（2）连锁企业分店开发策略除了（　　），其他都是。
   A. 连锁分店的目标客户开发策略　　B. 递进开发策略
   C. 地域开发策略　　　　　　　　　D. 业态开发策略

（3）在连锁分店的核心商圈的客户数占总客户数的（　　）。
   A. 55%～70%　　B. 60%～80%　　C. 80%　　D. 60%

（4）特许经营双方关系的核心是（　　）。
   A. 双方是合作关系　　　　　　　　B. 双方是契约关系
   C. 双方是从属关系　　　　　　　　D. 双方没有关系

2. 判断题

（1）连锁分店选址最重要，选对了位置就一定会取得成功。（　　）
（2）商圈调查对人口密度有要求，因此不能把分店选在城市郊区。（　　）
（3）加盟店拓展是连锁企业快速扩张的有效办法，因此有经济实力是选择加盟商最重要的因素。（　　）
（4）加盟双方矛盾只要一切都按照合同规定处理就可以解决。（　　）
（5）购买物业因为经济负担重，所以连锁分店都是租赁物业。（　　）

3. 简答题

（1）连锁分店开发的原则是什么？
（2）简述连锁分店开发的流程。
（3）简述商圈调查中连锁分店选址的主要影响因素。
（4）如何找到合格的加盟者？
（5）总部和加盟者的常见问题有哪些？该如何处理？

二、实践训练

【实训项目】
分析一家连锁企业分店选址的基本情况

【实训情景】
根据当地实际情况，调查当地有代表性的连锁企业如餐饮连锁企业和零售连锁企业。

【实训任务】
通过实地调查和分析，了解当地主要的连锁企业所选分店的地址有什么特点，分析它们选点的优劣；了解和掌握当地连锁企业分店选址的基本要求，并提交调查报告。

【实训提示】

可在教师的帮助下，确定当地有代表性的连锁企业；学生以小组为单位，分别选取不同类型的连锁企业进行调查；建议每组学生的调查资料可以共享，在资料共享的基础上分别完成调查报告。

【实训评价】

项　　目	表 现 描 述	得　　分
调查的对象和目的		
人员及分工		
调查方法		
报告内容		
报告形式		
合　　计		

得分说明：各小组的调查表现分为优秀、良好、合格、不合格、较差五档，对应得分分值为 20 分、18 分、15 分、12 分、10 分；将每项得分记入得分栏，全部单项分值合计得出本实训项目总得分；总得分 91～100 分为优秀，76～90 分为良好，60～75 分为合格，低于 60 分为不合格，不合格须重新训练。

第 5 章

连锁企业的内部组织管理

学习目标

职 业 要 求	学 习 任 务
（1）了解连锁经营企业的组织设计原则和要求 （2）掌握连锁经营企业组织结构和功能 （3）了解连锁经营总店和分店的功能和职责 （4）能够对连锁总部和分店职责完成情况进行协助检查，并对总部和分店的管理提出合理化建议 （5）熟悉连锁经营企业人力资源管理的内容，具有企业人力资源规划、人才招聘方案制定的能力	（1）了解连锁经营的组织结构和功能 （2）了解连锁经营总店和分店的机构设置类型和方法 （3）了解连锁经营总店和分店的功能和职责 （4）熟悉连锁企业人力资源规划和管理方法 （5）掌握连锁企业人才招聘的方法

> **导入案例**

网络经济下的 7-11

当今知识经济、信息经济（也称网络经济）的发展十分迅速，而网络经济的发展引起的最快、最直接的变革就是流通领域的革命。现在，7-11 公司又进一步向全面的电子商务领域进军。

7-11 公司搞电子商务有三大优势，其一是拥有的约 8 000 家分店全都靠近居民区；其二是 24h 连续营业，全年不休息；其三是 7-11 公司本来就十分重视信息化，在利用信息技术方面有很好的基础。现在，它又投入 600 亿日元，开展"第五次信息化计划"，实际上是要利用互联网来"放大"它那小小的分店，使它的 8 000 家分店的每一家都成为"分店虽小，内涵很大"的便利店。现在，陈列在每个 7-11 便利连锁店分店的商品品种大约是 3 000 种，这对于营业面积只有 100m² 的分店规模来说，已经相当不少了，而一旦以信息化、网络化武装起来，7-11 连锁店就可以进一步提供更加丰富的商品和服务。信息化是促进连锁化进一步发展的有力手段，而连锁化则是帮助信息化进一步产生经济效益的重要舞台。

但是，电子商务既牵涉到信息流，又牵涉到实物流，同时存在一个顾客如何付款的问题。在 7-11 公司的系统中，顾客在网上购物，到便利连锁店取货同时付款，因为 7-11 公司分店大都靠近居民区，所以这对居民来说比较方便；反而网上付款存在问题，因为对顾客来说，在网上有没有付款都需要进行确认。如果技术上没保证，付款方和收款方都不放心，还有一个网络安全问题，而直接到便利店付款就很踏实、安全。现在，日本的"家庭商场"等便利连锁店公司已在一部分连锁分店内设置了 ATM（自动柜员机），7-11 公司也积极准备同其他金融机构合作，共同设置和运营分店内 ATM。有了这种设在便利店内的"便民银行"，顾客就可在便利店取款，购物付款也就更方便了。对于银行来说，在街头设置一台 ATM 需要五六千万日元，而设在 7-11 便利连锁分店内，就可以搞得小型化一些，价格只有设在临街的自动柜员机的 1/10。为此，日本有些银行（如三菱银行、樱花银行）对发展"便民银行"十分支持，但也有的银行（如住友银行）因担心竞争加剧而表示反对。发展"便民银行"是便利连锁店公司进入电子商务的又一重要步骤，其方向是正确的，也是无法阻止的。

（资料来源：根据百度文库、中国物流与采购网等资料整理）

连锁经营作为一种商业运作模式，被越来越多的商家所采纳。对于连锁企业而言，需要实现总部及远程分店店内仓储、物流、收银系统等的信息互通，能够对各个分店的经营情况和货物存量等具体数据进行详细的统计。目前，对于国内大部分连锁经营的企业来说，各个分店间与总部的信息交换、商情传输及管理的各种手段还不完善，以至于总部对各个分店的经营数据不能够实时获取，从而无法全面及时地进行调整和管理。

随着越来越多的商家采用连锁经营的模式，竞争也越来越激烈，要在激烈的行业竞争中取得领先地位，连锁总部需要在随时随地及时准确地获取所需要的数据的基础上及时调整各项策略，并且对人、财、物进行资源的最优化配置，以取得竞争中的有利地位。本章着重阐述连锁企业的组织结构设计、总部和分店的不同职能、连锁企业的人力资源规划设计以及连锁企业财务管理的基本内容。

5.1 连锁企业的组织结构与功能

5.1.1 连锁企业的组织设计要求与原则

现在国内很多企业已经深刻地意识到连锁经营作为一种经营模式给传统经营模式带来的

巨大冲击与影响，但连锁经营作为更深一层次的企业组织形式，其到底该如何设计，怎样才能设计好，是摆在中国企业界的理论困惑与实践困惑。

1. 连锁企业组织设计的要求

连锁企业的组织设计是为了有效地实现经营目的而实际探索应该如何设计组织结构的活动，即一种由管理机制决定的，用以帮助达到组织目标的，有关信息沟通、权力、责任、利益划分和正规体制的建立活动。

组织结构是实现企业战略目标的重要保证，是为实现目标而对资源的一种系统性安排，只有调整好企业的组织结构，理顺各部门之间、各部门内部的关系，明晰权责，才能为下一步的流程设计、绩效考核激励体系打下基础。因此，企业组织机构设计是企业的战略决策，必须与企业的战略目标相匹配。如果缺乏对连锁企业战略意义的认知和设定，实践中往往只会把连锁经营作为一种工具性的用途，不能发挥连锁企业作为一种商业模式的本质作用。

建立适宜的组织结构，以使其与战略目标相匹配，这就是企业组织设计的根本要求，而且它们之间匹配的程度如何，将最终影响企业的绩效。

连锁企业由于其本身在组织上的特性，使得其能够区别于传统企业的快速扩展，以地区扩大、数量扩大为标志的内部扩展战略非常容易实施。这是连锁经营作为一种商业模式自身的一种优势，但是，连锁总部是否能牢固地控制利润终端，使连锁企业纵向扩展的战略目标能够达到，则取决于企业组织设计是否合理和高效率。

组织结构是否合理，直接影响到组织的工作效率。因此，连锁企业的组织机构的设计，就是要调整好企业的组织结构，理顺各部门之间、各部门内部的关系，明晰权责，使连锁组织活动做到合理与高效。

2. 连锁企业组织设计原则

连锁经营是一种商业模式，而这一模式的运作靠的是连锁企业组织。从组织职能上看连锁企业有总部职能和分店职能，从具体营运程序看连锁企业必须做市场调查、订货、采购、加工、配送、验货、陈列、销售、客服、防损等一系列工作。结合这一特殊的商业模式，连锁企业组织的设立要注重以下原则：

（1）统一指挥的原则。统一指挥的原则是指每个环节有人负责，每个人知道对谁负责，只对一个上级负责，每个上级知道多少人对他负责，上、下级线条明晰、统一。也就是说，要避免多头领导。

（2）以工作为中心的原则。这里的工作是指工作量、工作环节、工作分配的综合。以工作为中心进行组织设计时，应有3条标准：一是没有多余的管理环节，每个岗位必须有明确的工作任务；二是部门划分粗细适当；三是每个部门的人员配备要与工作任务相适应，既不要人浮于事，又要有一定的人手，确保任务完成。

（3）组织层次和管理幅度要适当的原则。管理层次应采取适当的扁平化管理，层次太多，沟通困难，层次太少，管理力度可能跟不上，这就涉及管理幅度。从国外的情况来看，管理幅度是1~24人，但一般情况下，7~8人为宜。在确定连锁店的不同领导的管理幅度时，视不同职位来定，一般来讲，层次越高，管理幅度越窄；层次越低，管理幅度越宽。

（4）对称原则。连锁企业组织要符合对称原则，要求权力与责任、才能与职位相对称。

（5）组织设置应按专业化进行的原则。专业化设置最主要的是按专业功能设计，如总部董事会承担决策功能，总部各职能部门承担执行功能，连锁分店承担销售功能。总部各职能部门应按工作性质进行设置,如果地域太广还可按区域划分为二级区域组织,一是区域管理部,二是区域代理商,如"中国 21 世纪不动产"就是美国"21 世纪不动产"的中国区总代理,由它对我国的各加盟店进行授权。

5.1.2 连锁企业的组织结构类型

连锁企业的组织结构,按照管理学上的一般方法可以分为直线式、职能式、直线职能式和事业部(区域)式。由于连锁企业规模大小的不同,各个连锁企业所处的行业、所采用的业态不同,所以会采用不同的组织结构。不同的组织结构有不同的特点和适用性。

1. 直线式组织结构

直线式组织结构是最早被采用的,也是最为简单的一种组织结构形式。其主要特点是:各级组织依层次由上级垂直领导与管辖,指挥和命令是从组织最高层到最低层按垂直方向自上而下的传达和贯彻;最高首长集指挥权与管理职能于一身,对下属负有全权,政出一门;每一层级的平行单位各自分立,各自负责,无横向联系,纵向联系也只对上司负责。

这种组织结构的优点是:以权限清楚,职责明确,活动范围稳定,没有中间环节,关系简明,机构精简、节约高效见长。其缺点是:在任务分配和人事安排上缺乏分工与协作,因而难以胜任复杂的职能;组织结构刻板,缺乏弹性,不利于调动下级的积极性;权限高度集中,易于造成家长式管理作风,形成独断专行、长官意识;使组织成员产生自主危机,在心理上形成疏远感。这种组织结构的适用范围是有限的,它只适应于小规模组织,或者是组织规模较大但活动内容比较单纯、简单的情况。

2. 职能式组织结构

职能式组织结构是在直线式组织结构的基础上发展起来的。由于管理事务的日益复杂,用直线式组织结构进行管理,便会出现管理者负荷太重、力不从心的问题,所以在管理者和执行者中间,便产生了一些职能机构,承担研究、设计、开发以及管理活动。在职能式组织结构中,按专业分工设置管理职能部门,各部门在其业务范围内有权向下级发布命令与指示,下级既要服从上级主管的指挥,又要听从上级职能部门的指挥。

职能式组织结构具有分职、专责的特点。其优点是:有利于发挥管理人员的特长,提高他们的专业能力;有利于将复杂工作简单化,提高工作效率;有利于强化专业管理,增强管理工作的计划性和预见性。它适应社会生产技术复杂、管理分工细腻的要求,而且,在心理上,职能式组织结构造成一种强调专业、强调专业分工、强调规划的新型管理作风。其缺点是:多头领导,削弱了必要的集中统一;不利于划分各行政负责人和职能部门的职责权限;它增加了管理层次,使管理人员过多,有时影响工作效率;使组织成员产生某种轻视权威的心理。

3. 直线职能式组织结构

直线职能式组织结构是将直线式和职能式组织结构相结合而产生的一种组织结构。这种组织结构有两个显著的特点:一是按照组织的任务和管理职能划分部门,设立机构,实行专业分工,加强专业管理;二是这类结构将管理部门和管理人员分为两大类,第一类是直线指挥机构和管理人员,第二类是职能机构和管理人员。直线指挥机构和人员在自己的职权范围内有决策权,对下属有指挥和命令的权力,并对自己职责范围之内的工作承担全部责任;而职能机构及其人员，通常只是直线指挥人员的参谋，没有决策权和指挥权，在提供信息、预测、决策方案、各种建议以及监督决策方案实施方面，进行辅助工作。

直线职能式组织结构抛弃了职能式组织结构多头领导、指挥不一的缺点，保留了职能式组织结构管理分工和专业化的优点，又吸收了直线式组织结构集中统一指挥的优点，因而管理系统完善，隶属关系分明，权责清楚，故是比较好的组织结构形式。在现代社会，它有着较广的适应范围。

但是，这种形式的结构也有其自身的缺点，主要有两个方面：一是各职能部门之间横向联系较差，易于发生冲突和矛盾；二是由于各职能部门没有决策权和指挥权，事事要向直线管理部门和人员汇报请示。这一方面压制了职能部门的积极性，另一方面使直线管理人员整天忙于日常事务而无暇顾及组织所面临的重大问题。为了弥补这些缺陷，一方面，可以设立委员会，由直线指挥部主持，召集各职能部门负责人参加，讨论组织的重大问题；另一方面，可以适当授予职能部门一定的权限，使其具有独立管理事务的权利和自由。

4．事业部式组织结构

事业部式组织结构又称分权式组织结构，它是适应现代社会组织规模日趋庞大和活动内容日益复杂、变化迅速以及基层单位自主经营日益重要的形式而产生的。这种组织结构的最大特征在于分权化。它按照产品、地区、市场或顾客将组织划分为若干个相对独立的单位，称之为事业部。各事业部根据最高管理层次制定的方针、政策和下达的任务、指标，全权指挥所管辖单位和部门的生产经营活动，并对最高管理层次全面负责，各事业部在人事、财务、组织机构设置方面有较大的自主权。

这种组织结构的优点是：最高管理部门和管理者可以把主要精力放在研究制定组织发展的战略方面，而不拘泥于对具体事务的管理；由于权力下放，各事业部能独立自主根据环境变化处理日常工作，从而使整个管理富于弹性，使组织工作更加具有灵活性和适应性，可以做到因地制宜、因时制宜；由于权力下放，各事业部门独立性较强，可以摆脱请示汇报、公文旅行、浪费时间的陋习，提高工作效率；由于事业部是相对独立的经营单位，便于将组织的经营状况同组织成员的物质利益挂钩，从而调动大家的积极性。

但是，事业部制本身又具有缺陷，主要表现在：过分强调分权，削弱了组织的统一；强调各部门的独立，缺乏整体观念和各部门之间的协作；各事业部都存在自己的职能部门，有可能导致机构重叠、管理人员增多、人浮于事、管理费用增大等问题。

5.1.3 连锁企业组织结构的构成与选择

1．连锁企业组织结构的构成

一般连锁店均包括"总部—分店"两个层次或"总部—地区总部—分店"3个层次。

（1）连锁总部。连锁总部是为分店提供服务的单位。总部通过标准化、专业化、集中化的管理使分店作业单纯化、高效化，其基本职能主要有政策制定、分店开发、商品管理、促销管理、分店督导等。这些职能由不同的职能部门分别负责。

（2）地区总部。地区总部又叫区域管理部。地区总部是连锁总部为加强对某一区域市场连锁分店的组织管理，在该区域设立的二级组织机构，这样就使总部的部分职能转移到地区管理部的相应部门中去，总部主要承担对计划的制订、监督执行，协调各区域管理部统一职能活动，指导各区域管理部的对应活动。地区管理部实质上是总部派出的管理机构，不具备法人资格，仅有管理与执行功能，在大多数问题上决策仍由总部作出。

（3）门（分）店。分店是总部政策的执行单位，是连锁企业直接向顾客提供商品及服务的单位，其基本职能是商品销售、进货及存货管理、绩效评估。

商品销售是向顾客展示、供应商品并提供服务的活动，是分店的核心职能。进货是指向总部要货或自行向由总部统一规定的供货商要货的活动。分店的存货包括卖场的存货（即陈列在货架上的商品存量）和内仓的存货。经营绩效评估包括对影响经营业绩的各项因素的观察、调查与分析，也包括对各项经营指标完成情况的评估以及改善业绩的对策。

2．连锁企业组织结构的选择

（1）中小型连锁经营组织。

中小企业一般采取直线型组织结构，如图 5.1 所示。这种组织适用于分店数目不多、分店面积不大、经营商品较少、经营区域集中的连锁企业，即处于初创期的企业。在该组织结构中，总经理一人负责总部所有的业务，各分店经营直接对总经理负责。

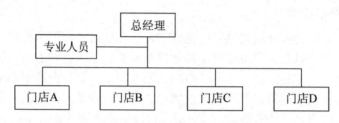

图 5.1　中小型连锁经营组织结构

直线型的优点是：由于承担责任的总经理往往就是连锁企业的所有者，而且精通业务，承担着中央管理业务，所以决策快、控制及时，并且人员少，效率高；其缺点则是：组织分工较差，当分店不断增加、业务增多时就需要增加专业职能，于是就应该增加相应专业人员，如采购员、会计人员。

（2）中型连锁经营组织。

中型连锁企业在组织结构上一般分为两层。上层是总部管理整体事业的组织系统，下层是分店，如图 5.2 所示。在该组织结构中，部门按照职能设置，科室也基本按照职能划分，只有店面经营部按照营业区域设置分店，物流部按照商品类别设置采购室。

如果连锁企业是复合型的，除设置直营连锁分店外，还应设置相应的特许连锁分店、自由连锁分店等职能部门。科室的多少或是否设置取决于公司的经营规模。如果连锁企业规模较大时，可以在总经理和职能部门之间设置副总经理或总经理助理等岗位。在该组织机构中，应当把相关程度高、交往频繁的部门归在同一上级协调的范围之内。

（3）大型连锁经营组织。

大型连锁企业的特点是分店数量多，地域分布广，甚至是跨国经营，业务类型多元化，一般采用多层次或事业部组织结构。

① 跨区大型连锁经营组织。一般采用三级组织模式，即"总部—区域管理部—分店"的组织模式，如图 5.3 所示。连锁总部的部分职能转移到区域管理部的相应部门中去。总部主要承担对企业政策和发展规划的制定、监督执行，协调各区域管理部统一职能活动。区域管理部在总部的指导下，负责本区域经营发展规划，处理本区域分店日常的经营管理。如果连锁店发展为跨国经营，其组织结构也要相应变化。

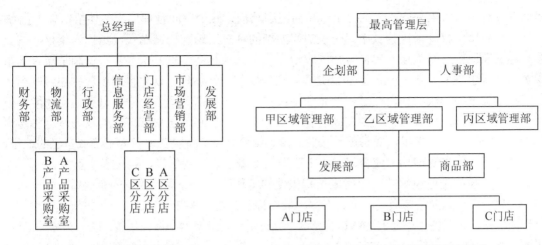

图 5.2 中型连锁经营组织结构　　　　图 5.3 跨区大型连锁经营组织结构

② 多元化大型连锁组织。多元化企业是指企业拥有多项业务单元并独立发展。多元化经营连锁企业多采用事业部组织形式，如图 5.4 所示。

事业部是总部为促成某专项事业的发展而设置的，它拥有一定的经营管理权，并独立核算，具有法人地位。多元化经营连锁企业的各项事业发展到一定规模时，每个事业部下面还要设区域管理部来管理分店的运营工作，即形成四级到五级制。

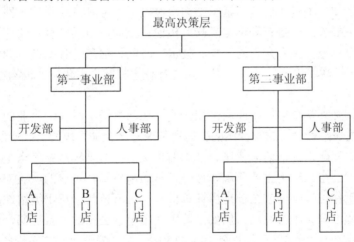

图 5.4　多元化大型连锁组织结构

5.1.4　电子商务环境对连锁企业组织结构的影响

1. 传统组织机构存在的问题

（1）管理幅度与管理层次间的矛盾。在传统的垂直组织中，当企业的分工越来越细，要求增加更多的职能部门时，企业组织结构也随之扩大。这样组织中部门数量的增加，企业的管理层次也必然增加，从而导致企业指挥链的环节不断增多，组织显得臃肿庞大。受到管理幅度的限制，当管理层次不断增多、管理环节不断增加时，管理的效率就受到了影响。因为信息链的加长使企业内部的信息传递延误，信息沟通失真，高层对基层的控制困难，企业不能对外部环境变化作出有效反应，降低企业的适应能力。所以当传统企业组织结构臃肿，效率低下等问题暴露出来后，人们提出了精简组织结构，减少中间管理层次，使组织扁平化。

（2）高度集权降低决策效率。传统的职能型的垂直组织结构遵循统一指挥、集权、统一领导等管理原则。马克斯·韦伯（德国政治经济学家和社会学家）认为，官僚制是层级制组织类型的理想类型（Idea Type），也就是说，官僚制集中地体现了现实世界中各种层级制组织在组织结构上的一般特征。在这样的企业中决策集中在最高管理者手中，只有他们才能对外部环境变化做出反应，权力集中在高层管理者手中，中层和下层缺乏应有的权力。这种组织结构形式的特点是要求组织成员严格按照制度、规范办事。高层管理者为了确保自己的地位，有可能垄断一些重要信息，使得中层、下层人员不能了解这些信息，存在不公正性。

（3）传统的企业组织结构阻碍成员积极性和工作热情的提高。传统的企业组织结构形成的是一种金字塔式的结构形式，上尖下宽，最高管理者处于塔尖，然后向下根据管理幅度的大小形成了许许多多的不中断的等级链。在这个指挥链中，组织为了保证集权、统一领导的原则，采取下级必须服从上级，下级目标的实现取决于上级目标的确定和目标的实现程度。在这种严格的等级系列中，下级的自主性很小，使得他们所能看到的发展前景很小，个人的目标也难以实现。在这种只能接受上级指挥，没有沟通讨论的管理模式下，个人就可能采取消极、对抗的态度；或者，为了获得更多的权力，不顾一切地向等级系列的上层发展。这样做不利于企业目标的实现，也不利于员工积极性和工作热情的提高。

2．电子商务环境下企业组织结构模式再造原则

电子商务猛烈冲击了企业传统的组织结构，对电子商务具有较强适应性和竞争优势的企业组织应满足以下要求：一是有利于信息高效传递，企业对市场和客户快速反应；二是有利于内部资源的整合，充分整合人、财、物、技术、时间、信息等各类型资源；三是有利于外部资源的利用，实现超时空、超地域发展；四是有利于利润最大化，使机构精简、环节精简、流程精简、成本降低。

（1）组织结构必须从金字塔型向扁平型转变。在网络经济时代，企业的竞争优势不再依靠规模来获得，过去那种"大的吃掉小的"的竞争理念将会被"快的击败慢的"理念所取代，为了迅速适应外界变化，保证信息快速、准确的传递，组织结构从金字塔型向扁平型转变是大势所趋。扁平型的组织结构主要体现在计算机与网络技术在企业的广泛应用，使得过去必须由人工完成的工作可以部分或全部地由计算机和网络所替代。扁平型组织的产生使传统的管理层次和管理幅度理论不再适用。例如，美国通用电器公司的实践证明，借助电子商务的应用，每个管理层次的管理幅度可增加到100~150人，并且管理效率与常规条件下的7~13人相同或更高。

（2）集中化决策向分权化决策转变。与扁平型组织相适应，必须赋予一线管理人员更多参与决策的权力，从而可以减少信息传递次数，打破官僚主义和等级制度，提高管理效率，增强企业的竞争力。因此，决策权从工业经济的集中化向网络经济的分权化转变，这样会产生众多的"授权小组"，每个"授权小组"通过企业的授权，围绕任务和目标自行决定其工作方式；每个"授权小组"及其成员通过自我设计、自我优化和自我创造，使传统的依靠"上级"作出决策的方式逐渐向依靠"团队"来进行决策的方式转变。

（3）组织要适应流程从"串行"向"并行"转变。在传统的企业组织中，由于受金字塔型的组织结构的限制，加上信息传递手段的落后，企业的作业程序一般是按先后顺序进行的"串行"。"串行"流程中每一个职能部门、环节都有其相对独立的任务，往往会因为某一个环

节的故障而影响整项工作的进程,也常常会出现前后环节或部门之间互相矛盾的状况,既延长了作业时间,也增加了协调的成本。而"并行"流程是通过计算机网络的应用,把各个环节、各职能部门共同整合到网络上,围绕共同的任务同时协调运作。"并行"流程可使设计研发、服务、财务、营销等人员通过网络实现实时沟通,共同设计产品和业务流程,共同解决、协调作业流程出现的各种问题。组织与流程有着密切的关系,流程就是由组织中的人员来完成。因此,组织必须与流程相适应,"并行"流程必须依靠"跨职能"的团队组织来实现,这种团队组织没有庞大的管理中层,依据目标和任务组建,具有相对的独立性,对提高作业效率,缩短作业时间,降低作业成本具有重要作用。

(4) 领导的作用和地位发生变革。领导是管理者运用制度保证的权力和影响力引导和指挥下属按照企业目标要求努力工作的过程,是管理的基本职能。在金字塔型的层制组织结构中,组织中每一个成员只能接受来自一个直接上级的指挥和命令,领导既不能越级指挥,也不能跨部门授权。在这种体制下,"领导"意味着下属的绝对服从,体现着上下级之间地位的等级差别,同时也为官僚主义的滋生提供了"肥沃"的土壤。电子商务是促进企业领导地位和作用变革的重要力量,无论是基层主管,还是中层、上层的领导都将面临职能的转型。基层主管的管理职能将从控制转向支持,从监督转向激励,从命令转向指导;中层领导在传统的组织结构中主要是监督别人,以及采集、分析、评价和传播组织上下和各层次的信息,他们的作用正被电子邮件、共享数据库资源等不断发展的技术所替代,中层领导的数量将会逐渐减少,职能也将转变成服务和协调;对上层领导来说,他们将从处于金字塔顶的位置上走下来,改变过去那种高高在上的姿态,进入到扁平型组织的中心位置,强调要让员工接近自己、参与决策。总之,适应电子商务发展的领导者必须通过宽容别人展示自己的力量,不但要具有敏锐的洞察力和判断力,还要有吸引他人的个人魅力,通过不断扩大对别人的影响力来巩固自己的地位,而绝不是仅仅靠制度的保证发号施令。

5.2 连锁企业的总部管理

5.2.1 连锁总部的地位与作用

1. 建立服务型总部

连锁企业的构成,就最简单的组织结构来说,一个是总部,另一个是分店。可以用这样的比喻来形容它们之间的关系:总部是大树,分店则是树上开出的花朵,而顾客就是那赏花的人;要开出美丽的花朵,就需要养分的不断滋润,总部所要做的,就是要像一棵真正的大树一样,向处于各枝干末端的成千上万的花朵提供养分,也就是向分店提供持续性的服务。

2. 连锁总部的作用

(1) 开店服务。连锁运营的关键是什么?第一是选址,第二是选址,第三还是选址。古语说"一步差三市",一个分店的盈利能力,就像一个人的身体,虽然跟后天培养不无关系,但是最关键的生长上限,却是在一出生的那一刻就决定了。因此,总部需要做的就是建立一套完善而又符合自己企业特色的店址评估体系,在选址时做好市场潜力分析、商圈调查与分析等各类分析,为分店地址的确认提供科学理性的数据支持;在选址确定后,又能为分店提供相应的开店计划、执行标准与流程，为一个新分店的建立提供最佳的服务。

（2）理念服务。企业文化是企业的灵魂，是推动企业发展的不竭动力。它包含着非常丰富的内容，其核心是企业的精神和价值观。这里的价值观不是泛指企业管理中的各种文化现象，而是企业或企业中的员工在从事商品生产与经营中所持有的价值观念。连锁分店要开出最美丽的花朵，最关键的要素有两个：一个是商品，一个是员工。员工对企业的归属感是一个组织长盛不衰的内在动力，当个体认为自己是组织中不容忽视、不能分割的一份子时，才会将组织的生命视若自己的生命，愿意努力增强组织的力量，甚至以自己的生命力量延续组织的生命。

（3）营销服务。营销服务特指两个方面的内容：一是分店连锁识别（Store Identity，SI）形象的塑造与提升；二是企业品牌形象的塑造与提升。一个是可视的，一个是非可视的；一个是个体的，一个是整体的。这两个部分相辅相成，缺一不可。营销服务的意义，就在于首先能向分店提供一套完整的 SI 体系，其中包括店内布局与店外布局，店内布局又包括基本布局和美化布局，为分店营造出最美丽的形象来招揽顾客。同时，通过广告媒体的运用，塑造起整个企业的品牌形象，为顾客进入分店消除顾虑。

案例阅读

安达连锁机构主管招聘的选择

安达连锁机构是南方的一家全国性大型连锁机构，其华东部负责人苏某掌管着上海、南京、杭州、济南、合肥、南昌 6 个片区的主管人员，而每个主管人员又分管着该片区的 6~8 家营业店。最近，苏某遇到一件棘手的事情：他花了很大力气从爱玛企业集团挖来的手下爱将——其中一个片区的主管甄某突然辞职，应聘了金宇公司的北方区总经理。甄某可是一个难得的人才：漂亮、细心周到、精明能干。苏某慧眼识才，将她从一个商店的经理聘用过来，并给予提拔重用。甄某也不负期望，在不长的时间内，就打造出一支优秀的团队，使自己所管辖的片区业绩迅速攀升，将另外 5 个片区远远抛在后面。现在该怎么办？去哪里找能干的主管来顶替甄某？苏某为甄某辞职之事感到突然，有些恼火和沮丧。然而，作为一位负责人，他必须迅速调整情绪振作起来。他拿起电话，向甄某表示了祝贺，并就她的继任者问题交换了意见。随后，苏某在自己管辖的一个小片区中挑选了一位主管调到甄某原来负责的片区，并开始着手寻找合适的继任人以填补该片区的主管空缺。苏某从档案资料中查看到，该片区主管的岗位职责包括：确保达到公司订立的整洁、服务和产品质量的标准；监管商店经理的工作并评价其绩效；提供片区的月份、季度和年度收入和成本预估；为总部或下属商店经理提出节约开支建议；协调进货；与供应商协商广告合作方案；参与同工会的谈判。

（资料来源：根据百度知道、豆丁网等资料整理）

（4）培训服务。连锁运营成败的关键，在于如何在最短的时间内开出最多的分店，这其中固然涉及资金的运作、货品的调配，但是最重要的，还在于是否能有如此多的连锁经营人才来保障连锁扩张的速度与效率。社会永远不缺人，缺的只是人才。那如何能让人变为人才，能为分店的正常运作提供人力资源保障，这就需要总部为连锁扩张提供培训服务。总部对分店的培训服务主要有两个方面：一是基础培训，也就是新入员工正式上岗前的培训，通过培训为分店复制大批量的执行人员，保证分店扩张的人力需求；二是提升培训，结合每个员工的成长潜力和企业的发展需求，制订详细的培训计划，为企业发展培养出独具特色，在企业运营各领域能独当一面的专业人才。

（5）督导服务。分店一旦执行运作，许多毫无止境的运作问题将接踵而至，如果仅靠培训部门定时定量的培训课程,势将缓不济急且可能会应接不暇。因此,总部派指导人员辅导分店的机能是必要的:一是指导人员可以作为总部与分店之间的桥梁,传达总部的最新思想,吸纳分店反馈的信息,避免其有所断层;二是指导人员可以快速地提供最好最新的经营技术给分店,帮助分店达到总部规定的运营标准,协助分店运作更有绩效。能够承担这一重任的部门就是市场督导部。

督导的实质是服务,为分店的盈利竭尽全力地服务。如果督导人员能够彻底转变思想,以服务分店为目的,以监督分店为工具,以指导分店为导向,在工作方式上严厉但不粗暴,在工作态度上温和而又坚持原则,把每一个分店员工当成自己的兄弟姐妹,把每一次分店提升当作自己的工作业绩,设身处地地倾听分店呼声和解决分店疑难,真正把自己当成沟通总部和分店之间的一座桥梁而不是作威作福的上级领导,那整个连锁行业的运营水平必将进入新的天地。

(6)信息服务。这一服务功能是目前连锁企业终端分店最急需而总部最缺失的部分。说其急需,是因为分店是总部运营思想的直接执行者,日常工作重复而枯燥,简单而繁重,人员素质普遍偏低,没有足够的时间和能力进行信息的收集与分析工作。在激烈的市场竞争中失去了信息优势,也就必然失去了企业生存的立足之本。说其缺失,则是因为随着连锁企业分店规模的急速扩张,企业人员数量的大幅增加,日渐繁杂的运作问题及行政作业,使得总部从业人员焦头烂额,如果再加上管理高层缺乏较宏观长远的视野,只关注当前利润的增加与市场占有率的提高,则此项功能往往成为令人遗憾的牺牲品。

信息服务功能更多的是一家连锁企业长期发展的关键要素。因为中国目前市场的特殊性,良好的市场发展机遇,大量涌入的外国连锁企业导致激烈的竞争市场环境,所以国内连锁企业发展初期更多关注的是如何在短时期内扩展最多的分店,吸引最多的加盟商,拥有最多的市场占有率,获得更高的品牌声誉,引进更多的扩张资金,也就是如何保障企业的生存。

明晰自身的优势,找准对手的劣势,建立专门的信息部门,收集如经营环境的变化、经营相关资讯的整合、行业内国际发展趋势、新观念新技术及内部营运资讯整合、竞争对手发展趋势等相关市场信息,结合分店运营成功案例,由个性推演出共性,制定可推广的运作模式,随时随地向自身企业分店提供最强有力的信息支持,方可保证分店在市场竞争的战争中克敌制胜。

(7)商品服务。一个企业的利润,最终是通过商品的销售来实现的。一个分店销售什么样的商品,分店只有建议权,却不会有决定权,因此,如何真正做好这项服务,就是体现一个连锁企业经营水准的关键要素。分店商品销售是否能实现盈利,一个是分店商品结构是否契合商业圈内顾客的消费需求,一个是顾客需求的商品是否总是能充足供应。这也就是对总部的商品服务提出了两个要求:一是商品研发的速度是否够快,研发的商品结构是否适合市场;二是分店的配送能力是否能跟上商品销售的速度。同时,总部对分店的实时销售数据能否做到了然于心,能否在二次配送时根据分店的实际需求进行对口的商品配送。

案例阅读

宁让顾客肉麻,也不打击服务员的积极性

"当他(员工)把心放在工作上的时候,他就会替你去揣摩顾客的心思",海底捞董事长张勇把联想集团和百胜餐饮也觊觎的服务秘诀,用一句话概括了。

有食客回忆：一次在海底捞吃饭时，旁边的一桌客人中有人过生日，这一信息可能在席间交谈时被服务员"捕获"。没过多久，就有一群服务员唱着生日歌，捧着一个盖着红布的礼物出现在客人面前，让客人猜里面是什么。这种突击式服务是条条框框的硬性规定催生不了的，只有员工本身的积极性和想象力才得以促成。能让大家印象中的在桌边昏昏欲睡或面无表情的大部分中国餐饮业服务员做成这样，着实不易。

该食客承认，感动之余，也产生了因"过分周到的服务"而带来的一丝丝"肉麻"。

"宁可让顾客感到肉麻，也不愿打击服务员的积极性"，张勇曾这样表态。他的这句话，曾在一些场合理论化地表达过："支撑海底捞发展的根本，从来不是钱，而是员工。只有拥有足够满足扩张需要的员工才能考虑较大规模扩张，在没有培养足够合格员工之前拿钱拼店数，是失去顾客进而让海底捞品牌消失的最快死法。"

海底捞只关注两样：顾客满意度和员工满意度。海底捞明文规定，员工宿舍必须是配有空调和电视的楼房，不能是地下室，距离分店的路程步行不能超过20min，因为太远会影响到员工的休息。"我们一个分店，仅员工住宿的费用，一年就要花掉50万元。"海底捞一位管理者说。

而真正吸引员工的，是透明而高效的晋级制度。海底捞非常注重培养干部，据了解，目前管理层的8个成员中，除了采购部长和财务总监是外聘，其余6位都是从基层提拔上来。因此，海底捞流传这样一个说法，农民工的晋升机会比MBA大。

不到30岁就已经负责北京、上海两大区域的袁华强就是一个活生生的例子。袁华强的第一份工作是在西安的海底捞当洗碗工，当时月收入300元。历任传菜员、门迎、厨师、服务员、会计等岗位之后，2001年，袁华强升为领班，不久后又升为大堂经理。2004年2月，海底捞进驻北京，袁华强担任北京区负责人。

凭自己双手，袁华强如今在北京买了一套100多平方米的住房，把全家人都接来北京定居。"海底捞的成功之处在于，让员工们相信，在我身上发生的变化，在他们身上也能发生。"袁华强说。

给员工充分授权是海底捞重视员工价值的另一个表现。不但管理层有很大的自主权，即使普通的服务员，也有权利给自己的熟客送个拼盘或者打个折扣。为了避免权力的滥用，每个员工都有一张卡，他们在店里的所有服务行为，都被记录下来，一旦发现被滥用，相应的权力就会被取消。

为了鼓励员工创新，海底捞成立了一个由各大部长、区域经理组成的创新委员会，对员工们提出的创意做出评判，创意被评选上的员工可以获得200～2 000元不等的奖励。海底捞很多特色服务都是出自基层员工的创意。

对员工价值的认可和尊重，使得海底捞的员工队伍一直很稳定。据了解，中国餐饮行业员工的平均流失率为28.6%，而海底捞员工的流失率大约是10%。

（资料来源：根据百度文库、豆丁网等资料整理）

终端分店是市场战争的前沿，是连锁企业形象的维护和扩展，是企业利润的最终来源。如何做成、做好、做强服务型总部，向连锁终端源源不断地输送养分，保证连锁企业持续扩张，将是我国连锁企业发展过程中一个长期而艰巨的任务。

5.2.2 连锁总部的基本功能

不论是先有总部后有店的情况，还是先有店后有总部的做法，总部主要扮演的角色其实都是一致的。总部最主要的功能，总括说来就是"让分店能顺利运作的幕后支援系统"，也就是"掌握分店运作背后的那双黑手"。因此，分店与总部两者之间，很难各自独立生存，虽然有时候会因彼此双方利益及权利义务的认知差距而可能导致某些冲突，但基本上双方还是一体两面的"命运共同体"，有着互助依存而生的密切关系。

无论何种形态的连锁，其总部组织皆应具备下列条件，才可能真正担负起总部应有的责任。

1. 展店的功能

连锁企业发展销售的实质就是连锁运作体制。如何将这套连锁运作体制推销出去，同时又能使分店及总部双方皆有获利，是总部的首要任务。唯有如此，才能奠定此连锁体系日后的发展基石。因此，总部必须设计出真正属于自己的开店策略，包括全面展店计划、市场潜力分析与计算、商圈调查与评估、开店流程制订与执行、开店投资与效益评估、卖场配置规划等，总而言之，要设法达到又高而精准的开店成功率。

2. 研发的功能

对连锁而言，研发功能是非常关键性的功能之一。连锁企业经历了草创关卡后，要能继续成长的话，只有不断研究开发出适合顾客的商品及服务。研究功能的发挥，必须考虑针对差异性商品（或服务）研究，在顾客可以接受的合理价格之内，开发更多的商品及服务。除了对商品及服务的研发外，如何使连锁运作更加效率化，以及使连锁不断升级，也是研发功能的范畴。

3. 营销的功能

营销是较广义的说法，涵盖了商品采购及分店的促销与活动、整体形象的塑造与建立、广告媒体的运用等，故营销的任务在于如何通过各种工具、手段及种种可行且具体事项，来提高分店的营业额。

4. 教育训练的功能

连锁运作的成败关键在于，如何将连锁运作的精华转接传承给加盟店或分店，也就是如何将连锁运作成功的经验系统地让分店接受并可以很快地运用。这中间，教育训练扮演了内（总部人员）、外（加盟店）部传承中介的角色。唯有如此，才能让毫无经验的门外汉，得以在最短的时间内进入该运作领域，也可让运作熟练的执行者，提高其经营管理的能力，或者让管理者预见其未来连锁发展的蓝图。

5. 指导的功能

分店一旦执行运作，许多运作问题将会出现，单靠培训无法解决，这就需要总部的指导。一是指导人员可以作为总部与分店之间的桥梁，避免其有所断层；二是指导人员可以快速地提供最好的经营技术给分店，协助分店运作更有绩效。

6. 财务的功能

财务功能是发展连锁的关键，只有财务制度健全，才不致使经营努力到最后却不得善终。财务的功能包含正确的账务及会计系统、税务处理、防弊与稽核、善用并调度资金等。通常，财务扮演着较为被动的角色，但若能充分发挥其功能，也可能因此而避免发生营运的危机，甚至也会因其灵活调度而增加非营业方面的收入。

7. 信息收集的功能

信息收集主要集中在各分店的销售状况、经营环境的变化、经营相关资讯的整合、国际发展状况与趋势、新观念新技术及内部营运资讯的整合等方面。没有信息管理功能，总部将无法制定正确的经营决策，连锁企业将无法运转。

8．物流配送的功能

物流是连锁经营的基本功能之一，各分店的物流必须依靠总部的统一调配，把各分店的需求与企业的整体规划紧密地结合起来，才能做到效果和效率的高度统一。

5.2.3 连锁总部的组织结构及其职责

1．连锁总部的组织结构

一般来说，连锁总部包括的职能部门主要有开发部、营业部、商品部、财务部、管理部和营销部，如图 5.5 所示。

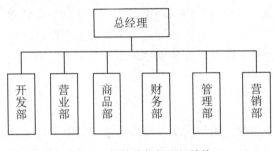

图 5.5 连锁总部的组织结构

2．总部各组织机构的职责

（1）开发部的职责。开发部的职责包括：开设新店或发展加盟店时进行商圈调查；制定选址标准、设备标准和投资标准；决定自行建店、买店或租店；开店流程安排及进度控制；开店工程招标、监督及验收；新开分店的设备采购与各分店设备的维修保养；新开分店的投资效益评估。

（2）营业部（营运部）的职责。营业部（营运部）的职责包括：各分店营业目标和总的营业目标的拟订及督促执行；对分店的经营进行监督和指导；编制营业手册并监督、检查其执行情况；营业人员调配及工作分派；分店经营情况及合理化建议的反馈与处理。

（3）商品部（采购部）的职责。商品部（采购部）的职责包括：商品组合策略的拟订及执行；商品价格策略的拟订及执行；商品货源的把握、新产品开发与滞销商品淘汰；配送中心的经营与管理。

（4）财务部的职责。财务部的职责包括：融资、用资、资金调度；编制各种财务会计报表；审核凭证、账务处理及分析；每日营业核算；发票管理；税金申报、缴纳，年度预决算；会计电算化及网络管理。

（5）管理部（行政部）的职责。管理部（行政部）的职责包括：企业组织制度的制定；人事制度的制定及执行；员工福利制度的制定与执行；人力资源规划、人员招聘、培训；奖惩办法的拟定及执行；企业合同管理及公司权益的维护；其他有关业务的组织与安排，也可与财务部合并。

（6）营销部的职责。营销部的职责包括：分店商品配置、陈列设计及改进；促销策略的制定与执行；企业广告、竞争状况调查分析；企业形象策划及推出；公共关系的建立与维护；新市场开拓方案及计划的拟订，可单设也可并入营运部。

5.3 连锁企业的分店管理

5.3.1 连锁分店的职能及管理目标

1. 连锁分店的基本职能

连锁分店的主要职能是按照总部的指示和服务规范要求，承担日常销售业务。所以说，连锁分店是连锁总部各项政策的执行者。

（1）连锁分店环境管理。环境管理主要包括员工管理、顾客管理以及供应商管理。

（2）商品管理。商品管理主要包括商品质量、商品缺货、商品陈列、商品盘点、商品损耗以及商品销售活动的实施等方面的管理。

（3）现金管理。现金管理包括收银管理和进货票据管理。

（4）信息管理。信息管理主要包括连锁分店经营信息管理、客户投诉与建议管理、竞争者信息管理等。

2. 连锁分店的管理目标

（1）把分店办成"标准的分店"。所谓标准的分店，就是能完整体现连锁总部的设想、计划和要求的分店。从顾客立场出发，分店应当具备几个方面的特征：有充足的商品；完美无缺的商品；便利购买的状态；感觉良好；不需要太多花费。

（2）有较高的数量管理和品质管理水平。数量管理和品质管理是从商品管理角度讲的。数量管理要求达到"单品"管理程度，即具体到顾客无法再分辨但分店计算机可分辨的品种的程度。品质管理主要的要求是按照不同种类商品的理化性质，给予相应的温度、湿度控制，保证商品在保鲜期、保质期内提供给顾客。这两方面一是可以提高分店商品管理和质量管理水平，降低经营费用，提高盈利水平；二是可以提高为顾客服务的质和量，把分店办成更受顾客欢迎的分店。

（3）提供高质量服务。这里的高质量服务，不仅指纯粹意义上的服务，而且包括分店从商品提供、分店设计布局、商品陈列直到最终服务的所有方面、所有环节的内容在内，是连锁经营整体状况的综合反映。毫无疑问，这样的服务主要不取决于分店本身，在相当程度上依赖于连锁战略经营手段的开发和实施，但如果最终执行环节不能切实贯彻落实，此前各阶段开发的战略体系也无法发挥作用。

（4）提供良好的购物环境。良好的购物环境也是一个综合要求，包括分店选址、建筑设计、分店外观、内部装潢、通道与升降设施设置、照明、色彩、色调、商品分区配置和陈列安排、员工服务态度和商店气氛等多方面因素。其中，有些方面有赖于总部安排和提供，有些则要靠分店自己努力才能做好。

（5）低费用。低费用也是必然的要求，指在连锁店运营的各方面都要尽可能降低成本，节省费用：一是为了获取更多的赢利；二是只有低成本、低费用经营，才有可能降低商品销售价格，把连锁店办成真正意义上的大众化分店，奠定企业发展的坚实基础。

（6）造就大批连锁店经营管理人才。对分店经营管理的一项非常重要的要求，是在日常经营管理过程中培养大批优秀人才。连锁经营步入正轨后的企业通常都以每年几百家分店的速度扩张，需要大量从事分店经营管理的人才，而这些人才无法靠学校直接培养，也无法从社会上直接获得，只有经过在连锁体系内的实践和培养锻炼，才能胜任。因此，培养人才的任务自然而然落到了分店的身上。

5.3.2 连锁分店的组织机构及其职责

1. 连锁分店的岗位设计

以连锁超市为例，一个连锁分店一般设有以下岗位：店长、助理店长（副店长）、收银员、理货员、导购员、防损员（保安员）等。

2. 连锁分店各岗位的职责

（1）店长的职责。

店长是一家分店的代表人，是总部政策的执行者，是分店经营目标的规划人，是分店经营活动的指挥者，是激发员工斗志的鼓动者，也是上下沟通的协调者。店长是一个分店的核心人物，他要对分店的运作进行统筹安排，对分店的运行负责。

因此，店长的素质高低对分店的经营业绩影响重大。店长应具备一定的领导能力、教育能力、数据分析能力，具备判断能力、学习能力、业务改善能力和良好的品德与修养。店长的具体职责如下：

① 负责分店的经营管理，完成上级下达的各项经营指标。
② 制订分店的经营计划，督促员工贯彻执行经营计划。
③ 监督分店的商品进货验收、仓库管理、商品陈列、商品质量管理、商品损耗等有关作业。
④ 监督和审核分店的会计、收银作业。
⑤ 负责分店员工考勤、服务规范执行情况的监督与管理，对员工考核、晋升、降级和调动提出建议。
⑥ 组织员工培训，组织分店的促销活动。
⑦ 处理日常经营中出现的意外事件，解决员工之间的冲突。
⑧ 参加一些社区公益活动，成为商店的代言人。
⑨ 处理顾客投诉与意见。

（2）助理店长（副店长）的职责。

① 协助店长安排分店的经营管理。
② 协助店长制订商品经营计划。
③ 必要时作为一个工作组的负责人对本班组人员工作进行统筹安排并协调。
④ 协助店长安排商品进货业务。
⑤ 协助店长对人员进行考核，提出省级或调动的建议。
⑥ 协助店长进行商品防损或服务监督等工作。
⑦ 协助店长解决员工之间的冲突。
⑧ 在店长不在时代理店长职责。

（3）收银员的职责。

① 收银机及相应的清洁工作。
② 收银前做好准备工作。

③ 清楚商品的分类编码及价格情况和促销活动内容。
④ 迅速并有礼貌地完成收银和商品装袋工作。
⑤ 按规定将现金上缴或存入银行。
⑥ 热情、耐心地解决顾客问题。

(4) 理货员的职责。
① 配送中心送货来店时,负责商品的清点和验收工作。
② 负责店内货架上商品的补货工作,保证及时上架。
③ 负责商店商品盘点工作,并做好记录,确认商品损耗数量。
④ 负责货架上商品的清洁工作。
⑤ 及时将缺货商品告知店长或主管人员,以便及时订货。
⑥ 对需要退、换货商品按规定进行处理。

(5) 导购员的职责。
① 热情回答顾客的任何问题,并帮助顾客选购商品。
② 为顾客提供必要的服务,如开发票、换货、装袋等。
③ 协助理货员进行商品陈列、商品盘点和价格标签的粘贴更换。
④ 作为后备收银人员随时加入收银工作。
⑤ 协助店长处理顾客抱怨问题。

(6) 防损员(保安员)的职责。
① 负责商店每日的开店、闭店工作,保护商品和器械完好。
② 负责监督商店人员的作业流程,以防内盗。
③ 负责监视店内顾客购货活动,发现意外情形立即报告店长。
④ 协助店长对商店的偷盗行为进行处理。
⑤ 保证顾客的人身安全与财产安全。

5.3.3 连锁分店的管理

虽然看起来分店只是一个分店,但连锁总部花费大量人、财、物力,精心设计开发的各种经营手段和方式,最终只能在分店日常营业中体现出来。分店业务管理环节可以说是连锁经营与消费者直接见面、最后接受消费者检验的关键环节。

从业务种类来看,分店业务管理的主要任务包括订货业务,商品陈列业务,服务管理,安全、卫生管理,作业分工和人员安排,促销活动等。下面重点讲述分店订货业务与分店销售业务。

1. 分店订货业务

在连锁体系运转循环中,商品的采购、储存和运输功能都由配送中心承担,分店只需要根据销售情况向总部或物流中心提出要货计划,所以订货是分店业务管理中至关重要的一个环节。能否保证商品销售顺畅,在相当大程度上取决于分店的订货是否适当。

(1) 合理订货的条件。
① 准确把握商品库存量。合理的订货首先来自于对现有库存量的准确把握。库存量除了通常意义上仓库中的商品存量外,还包括销售现场陈列品的量。在无仓库营业的分店,货架上的陈列量就是库存量。不管库存表现为何种形态,要想使订货有较高的科学性,必须随时准确了解库存商品的实际状态,做到心中有数。这是合理订货的基本前提。

② 具体、细致的商品管理。日常商品销售和营业过程中，要形成具体、细致的商品管理制度。对商品陈列位置、陈列方式、标价、进货时间、保质期、温湿度控制等有关具体品种的各方面特征，都应实行具体、准确、细致的管理。这些基本情况和数据是确认商品现有存货量、更新的必要性、现有价值等基本数据的依据。只有有了这些方面准确的数据，才能较恰当地得出需要更换、补充和处理的结论，才能真正把握库存状态，为确定订货量提供依据。

③ 了解和把握商品销售动态。日常商品销售动态无疑是合理确定订货量的主要依据，具体需要观察和分析哪些商品正处于畅销期，每日销售量可能达到多少，哪些商品销售开始下降，下降的幅度和速度如何，哪些品种下一阶段会扩大销售量，增长幅度和速度如何，根据销售动态变化明确订货量应该如何调整，调整的幅度多大，等等。上述动态和数据可以根据日常销售动态记录、POS 资料分析、总部销售动态信息通报、新闻媒介宣传、顾客意见和反映等多种途径了解，也可运用一定的调查和分析手段了解。此外，根据产品生命周期变化，也可以在一定程度上了解商品销售的动态。

④ 季节、节日与促销。季节变化、每年固定的节日、纪念日、地区特有的各种活动，都会影响某些种类商品的销售动态。根据过去类似活动期间商品销售的实际情况，在季节性变化来临之前，在节日、纪念日之前适当增加某些种类商品的订货量，可以更好地适应销售需要。当然，时尚、流行的变化也会在相当程度上对商品销售产生影响，需要相应的订货对策与之对应。

（2）订货业务程序。

订货和实际商品到达分店之间，因商品种类的不同有很大差异。有些商品需要一日多次配送，如生鲜食品、加工快餐；有些商品需要一日一次配送，如蔬菜、水果、面包类加工食品；也有些商品容易保存，可以几天，甚至一周以上配送一次，如许多日用百货用品。

在连锁总部和分店之间，根据对各类商品销售规律的分析，往往都有一般情况下相对稳定的各类商品的货架保有量、配送次数、每次配送量等方面的经验数据和常规配送方式，并不是所有商品每次都要重新研究和调整订货量。

在形成较科学的订货、配送工作程序基础上，订货人员需要完成的工作主要包括 3 个方面的内容：一是在每日具体销售情况基础上，在经验订货量基础上略作增减，适应日常销售不均匀造成的波动；二是在适当时机，根据某些商品的趋势性销售动态调整经验订货量，适应变化了的情况；三是应付某些季节性变化，考虑节假日、纪念日、特殊活动对部分商品需求的影响。

2．分店销售业务

销售是分店的主要业务，即通过向顾客提供能够满足其需求的商品，尽可能地扩大销售额，实现利润目标。扩大销售的途径为：首先，要制订销售计划，以指导各项具体工作；其次，在销售活动中要牢固树立为顾客服务、一切为顾客着想的观念。从事销售工作，必须站在顾客立场上考虑和安排各项工作，最大限度地满足顾客要求。

按照销售规律，销售额的变化取决于 3 个因素，具体公式为

$$销售额 = 顾客人数 \times 每个顾客购买量 \times 商品单价$$

因此，增加销售额可通过以下 3 个途径实现：

（1）增加顾客人数。通过改善销售和服务、提高接待水平、广告宣传等方式来树立分店

在顾客心目中的形象，如信用好、品种齐全、价格低廉、购物环境良好等，吸引更多的客人来购物。

（2）增加顾客的购买数量。通过分区布置、合理的分类，在货架陈列上下工夫，来创造有特色的、醒目的商品陈列，以激发顾客的购买冲动，使其增加购物数量。

（3）提高商品毛利。通过提供新开发的商品、优质商品和更多更好的商品，改善服务、改进包装、提供更多的便利等方式来增加商品的附加价值，创造优质商品，相应提高毛利收入。

据调查分析，大部分顾客70%的购物决策，是在到店后作出的。也就是说，分店能否在顾客到分店购物期间激发顾客的购物欲望，在相当大程度上制约着分店的商品销售。在上述3种途径中，以激发店内现有顾客的购物动机最为通行，主要可通过特价展销、大量陈列和促销等几种方式。

5.4 连锁企业的人力资源管理

5.4.1 连锁企业人力资源管理的内容

对连锁企业来说，随着每一个新店的开张，都会伴有相应的人事调整活动发生。因此，做好企业的人力资源规划是人事管理的起点。

连锁企业由于分为总部和分店两个层级，有的企业中间还有区域分部的层级，所以其人力资源管理更为复杂，这是第一个特征。总部和连锁分店都有人力资源管理的职责和任务，但是各不相同。另外，由于连锁经营一致性的要求，要求员工的服务水平和能力都需要保持一致，所以对人员的培训也是连锁经营管理一项特殊的工作内容，这是第二个特征。

连锁企业人力资源管理的核心内容是：根据连锁业务的发展情况，确定人力资源结构，并结合企业内外实际状况及时做出调整；分析各类人力需求状况，并预测员工退休、升迁、调职及流动率情况；考虑企业的所属行业及业态特征，选择合适的佣工。

连锁企业应根据企业扩张计划、经营总目标以及国家的各项法律、法规、政策制订企业的中长期、年度、短期人力资源计划。连锁企业的中长期人力资源计划应对人力资源规划具有方向指导作用；连锁企业的年度人力资源计划应确保中长期人力资源计划的贯彻和实现；连锁企业的短期人力资源计划是人力资源需求或变动较大时的应急计划。

5.4.2 连锁企业人力资源规划

1. 连锁企业人力资源规划的内容与要求

连锁企业人力资源规划具体可分为岗位职务规划、人员补充规划、人力分配规划。

（1）岗位职务规划。岗位职务规划主要解决企业定岗定编问题。企业应根据其发展目标、扩张目标、销售目标等确立相应的总部、配送中心、连锁分店的组织机构、岗位职责、人员数量，进行定岗定编。

（2）人员补充规划。人员补充规划是根据企业在中长期发展过程中可能的岗位职务空缺，制订满足一定数量和素质要求的人员补充计划。

（3）人力分配规划。人力分配规划是依据企业总部、配送中心、连锁分店的组织机构、岗位职务的专业分工来配置所需的人员，包括质量管理工作的负责人、质量管理机构的负责人、商品检验部门的负责人、采购部门负责人、分店管理部门负责人、财务部门负责人、人事部门负责人以及质量管理人员、检验人员、验收人员、养护人员、计量人员、分店销售人员、网络维护人员、物流管理人员、商品管理人员、客户服务人员的配置和调动等。

连锁企业制订人力资源计划应严格按照要求对连锁企业的主要负责人、质量管理工作的负责人、质量管理机构的负责人、检验部门的负责人、商品验收人员、商品养护人员、分店商品销售人员、连锁分店负责质量管理工作人员、连锁分店审核人员、跨地域连锁经营的连锁企业质量管理工作负责人等人员的资格条件进行规定。

2．连锁企业出工类型及人数的确定

连锁企业需要经常聘用的人员是最基层的分店工作人员。分店工作人员按出工类型的不同分为两种：一种是专职人员，另一种是兼职人员或临时工。连锁分店确定聘用基层工作人员数量的评估方法主要有以下几种：

（1）营业面积折算法。如某超市的营业面积为 $1\,000m^2$，若每人服务面积为 $30m^2$，则需 33 名服务人员，其与分店现有人员的差额即为连锁分店所需聘用的人员数量。这一数量确定后还必须根据季节、日期、尖峰、高峰时间等因素来决定每一班次的人数。

（2）人均生产力标准测算法。这种测算方法就是首先预定出每人每天实现的毛利标准，然后再计算出实际水平，两者相比较后再做出相应的人员调整，计算方法为

$$实际人均生产力水平 = \frac{平均每天实现的毛利率}{全体店员每天工作总时数/8h}$$

（3）顾客量决定法。顾客量决定法即依来客数量的高低起伏，绘制一张日来客量走势图，再根据曲线图所示，确定所需工作人员数量，还可在来客高峰时间安排适量的兼职人员。

5.4.3 连锁企业人才招聘与培训

连锁企业的人力资源体系和一般的企业并无很大区别，主要从招聘、薪酬、绩效等方面来进行规范。不同的是，连锁企业的人才招聘与培训等，都是由连锁总部来完成，分店则不需要考虑此任务。下面将对连锁企业一些较为突出的内容进行阐释。

1．员工招聘

连锁企业人员选聘计划包括企业总部、配送中心、连锁分店的招聘人数、招聘人员资格要求、招聘经费、招聘渠道以及人员需求计划表等项目。连锁企业应充分利用企业经营信誉、规模优势、网络资源以及行业影响力吸引高素质人才到企业来，增强企业的人力资源品牌效应，提高企业人才选聘的效率。

连锁企业总部的人员选聘，可以从本企业配送中心、连锁分店现有员工中培养选拔，或从竞争企业优秀人才中高薪挖掘，或从院校招聘没有经验的应届毕业生。选聘的人员主要包括企业主要负责人、质量管理工作的负责人、商品检验部门的负责人、质量管理机构的负责人、采购部门负责人、分店管理部门负责人、财务部门负责人、人事部门负责人以及质量管理人员、检验人员。各部门招聘人员应该具备相应的资质和要求。

连锁企业配送中心人员的选聘主要包括验收人员、商品养护人员、网络维护人员、物流配送人员。同样的，各部门的招聘人员也应该具备相关的资质要求。

连锁企业连锁分店人员的选聘，主要包括分店质量负责人、商品验收人员、销售人员、财务人员、客户服务人员。其中，分店质量负责人可以是本企业分店员工竞争上岗，或从其他企业中引进。其他相关人员也有资质和经验的要求。

招聘是连锁企业获取人才的快捷方法，连锁企业的招聘更突出的是规范化，这是连锁经营作为管理模式的一种体现，尤其很多连锁体系（尤其是直营网络）本身是劳动密集型的行业。人员的招聘是一种经常性工作，高效、科学的招聘模式的设计就显得十分突出。规范化意味着：规范化准备，规范化面试，评估工具规范化。

（1）规范化准备。规范化准备即工作测量、工作分析和人力资源计划。所谓工作分析，是指对某特定的工作做出明确规定，并确定完成这一工作需要有什么样的行为过程。工作分析包括两部分，即工作描述、工作说明书。根据工作分析的结果分析企业所需的人力资源类型和数量，这是招聘工作的依据。

（2）规范化面试。连锁企业对于面试的过程也应该规范化，这种规范化的面试体现了连锁经营的管理标准原理。也就是说，面试过程其实也是连锁经营标准流程的一部分，具体指面试程序的规范化、面试组织的规范化。

（3）评估工具规范化。连锁企业对于面试者的表现，应该有相应的测评工具。例如，在国外的人力资源部门，有专门的测试工具，如 KPI（Key Performance Indicators，即关键绩效指标）测试表，用于测定人员工作性的曲线图等，这些工具必须规范使用条件、测评依据、测评结果和解释等。

2. 员工培训

连锁经营作为一种方兴未艾的经营形态，正以其独特的优势异军突起，而在连锁经营高速发展的同时，企业更应该注重对业内员工的培训与开发。只有这样，企业才能更加充分地利用连锁经营的人才优势，雇用优秀的管理人员及员工，进行科学的管理。

（1）连锁企业人才培训的特点。

① 系统内克隆。在一个连锁企业内，各分店遵循统一的标准，如服务标准、外观装饰、商品质量、价格等，每家分店就如同从同一个模型中复制出来的。连锁企业在扩张发展时，培训人才的一条关键途径就是将新员工送到各家分店顶岗见习，或者将老店中有能力的员工派到新店担任重要的角色，以指导和训练新员工。通过这样的方式，连锁企业可以在企业系统内成功克隆出它的各级员工。

② 波动的周期性。连锁企业的经营过程中，面对客户的需求具有很强的周期性，并形成一定规律。因此，对于连锁企业来说，如何合理地在各个时间段，根据客流量的大小来安排工作人员，是一个重要的问题。在人才培训中，连锁企业可以利用客流量少的时候，轮流组织部分员工和钟点工进行在职培训：一是可以充分利用空余时间，二是可以合理安排工作人数。这是连锁企业与其他企业相比的独特之处，利用这一点，连锁企业可以解决在职培训组织难、时间紧的问题。

③ 培训层次的差异性。连锁企业对不同职位的人才要求是有差异的。因此，企业在对员工进行培训时，要针对不同层次的员工，采取不同的培训方式和内容，这就是培训层次的差异性。这一点要求培训要有针对性和实用性，要学以致用，为用而学，反映在具体培训工作中就是培训方式的多样性和灵活性，培训内容的丰富性和实用性。

人才培训是企业的战略性投资，培训是关系到企业今后发展和在市场竞争中能否取得胜利的一个重要因素。它不仅仅为了培养和训练企业眼前岗位上的空缺员工或眼前发展新店所需要的各种人员，更重要的是服从于企业的长远战略，并与企业各领导阶层的培养机制结合起来。要满足这一要求，关键在于做好人才预测和培训计划，其中包括对企业员工进行继续培训的工作。要考虑其最终效益，这是人才培训成功与否的重要标志。

（2）连锁经营的培训方法及内容。

连锁经营的培训基本上分为岗前培训、在职培训、脱产培训和自我教育 4 种。实际培训中这 4 种方法又分别用于不同的人员培训，各有各的优、缺点。更多时候，对于同一培训内容要同时采用几种方法，或交替使用，通过几种培训方法的叠加效应和综合作用，使员工的素质得到全面提高。

① 岗前培训。岗前培训主要是针对新员工进行的，既要使新员工学识丰富，又要使新员工充实特定的实际工作经验与认识。在培训过程中，可以准确考察新进人员的才能和特长，以便在日后的工作中用其所长，发挥其潜力。职前培训的内容包括两个部分：一部分是基础教育，另一部分是行为培训。其中，基础教育进行的主要内容包括企业历史、规章制度、企业文化、新知识、新技能和新观念等，以此培训员工对企业的归属感，帮助员工适应新的环境，尽快地融入企业文化。

② 在职培训。在职培训往往由上司寻找出每个人需要加以培训的部分，有计划地进行指导。从时间上来说，在职培训可以理解为边工作边接受培训，不脱离工作岗位按照每个人的能力进行实践性教育，直到学会为止。在职培训主要包括两个方面内容：一是职务转换；二是随着时代的进步、环境的变化，需要灌输新知识、新技术、新观念给员工。在职培训具体采用的培训办法根据培训需要的不同而各有侧重。

职务转换包括两个方面：一是员工在各个岗位每隔一段时间的调动——企业的横向交流。横向交流的好处是，一来可以使员工对企业的经营管理活动有全面的了解，有利于员工之间相互协调和培训员工之间的相互沟通，二来管理层也可以发现下属最为适合的发展方向，以便做到人尽其才。通常这种职务转换的培训，可以使用中国传统的培训方法，即师徒式培训，由岗位上熟练员工给职务转换的员工进行指导，或指定专人来做这项工作。这种方式具有很强的实用性，做起来也行之有效。二是员工晋级前的培训，晋级是企业人事管理的必然过程。一个员工晋升到未曾担任过的新职务时，总是需要一个适应与学习的过程，因此，人事部门必须对其进行培训。这类培训可在工作中进行，也可在空余时间进行，还可以根据晋级员工的具体情况采取脱产培训的方法。

③ 脱产培训。脱产培训是指企业的员工暂时离开现职，到学校或有关培训机构以及别的企业参加为期较长的培训。脱产培训的主要对象是管理人员，他们是企业生存发展的中间力量，必须不断充电。进行脱产培训的一个重要途径，是把受训人员送到高等学校内学习一段时间，因为对于管理层来说，重要的是理论方面的提高，而不是实际操作的培训。因此，企业应与大专院校建立稳定密切的长期联系。除院校培训以外，另一个途径是送员工到外单位接受训练，开展企业之间的合作与交流。需要注意的是，派到外单位学习的目的是得到本公司较难得到的信息技术以及其他领域的专业知识，否则价值就体现不出来。

④ 自我教育。自我教育也称为自我启发式培训，指企业鼓励员工利用日常的空余时间各自学习。鼓励企业员工追求上进，不施加个人压力，帮助员工顺利成长，这是员工教育组织者的成功经验。实行自我教育的最大特点就是，在不知不觉中已经在做训练员工的工作了，

这正是自我教育在员工训练中的价值所在。实行员工自我教育可以有效地把企业宗旨、经营目标、企业制度等内在的企业精神灌输给企业员工，并使之深深扎根于员工的脑海之中。例如，日本松下公司的员工进行自我介绍时，往往一开口就是"我是松下人"，这就是它们把企业员工的自我教育作为人员培训的一个重要途径加以重视的结果。因此，员工自我教育搞得好，一方面可以提高员工的全面素质，有利于员工自身的成长发展；另一方面可以加强员工的团队精神，使员工与企业抱作一团，同生死共患难。

自我教育的方式有好多种，例如，企业可以为员工创造一定的条件，征订一些报纸、杂志和购买一些书籍，并定期组织员工交流心得，对其中的优秀者给予一定的物质奖励和精神奖励，并把这一活动同员工的工资奖金挂钩；可以鼓励员工进行函授、夜大、自考、资格证书等学习，企业可以有条件地为这部分员工承担一定的费用，这样就会极大地激励员工自我教育的积极性。

（3）建立培训考核制度与员工培训档案。

企业在对员工进行了各种培训之后，还要看看他是否达到了培训的标准，这就需要对其加以考核；同时，鉴于人才培训对企业经营和发展的战略意义，建立员工的培训档案也是很有必要的。

建立考核制度，一是对理论水平进行考试，检查受训者文化知识的掌握和提高程度；二是实际操作考核，采用不定时的抽测或定期的技术比武，如营业员排列商品的规范性、对货柜上商品的了解程度、货物上架的规范操作和特殊商品的处理等。通过实际操作考核可以获得上岗证；同时，每次抽测，考核的结果应当与职工的效益挂起钩来，记入员工培训档案，作为奖金发放和升降职的依据。

员工培训档案是企业人力资源库的核心，是企业人力资源开发与培训的基础。其基本内容为：一是收集员工现有的培训资料，包括其文化水平、各种资格证书、从事的工作岗位和要求，然后进行统一整理，登记在案；二是员工根据自身的实际情况，拟订培训计划书，向人事部门申请，这一步主要是员工个人职业发展计划的制订；三是人事部门对员工自行制订的计划书进行审核，人事部门可根据企业的业务发展、总体培训规划和人才需求方向以及员工在工作中的表现，确定对该员工的培训计划书；四是把员工接受培训过程中的具体情况和培训结果详细记录在案。应该说，员工档案的建立是一项难度较大的工作，尤其是刚开始阶段，困难尤为突出，然而建立培训档案是企业人才再培训尤其是连锁企业人力资源部门工作的重要组成部分。因此，培训档案的建立需要领导的重视、各部门的积极配合、员工的积极参与，只有这样才能改变目前培训资料混乱的状况。

人才培训是我国连锁业发展中的一个薄弱环节，长此以往，人才的缺乏会成为制约我国连锁业大踏步前进并走向世界的一个瓶颈。因此，重视培训工作，加大企业内部的培训力度，应用科学的方式方法对企业的人力资源进行有效的培训是扩大连锁经营规模、提高连锁经营竞争力的重要途径。

5.4.4　连锁企业员工考核与激励

1. 连锁企业员工考核

连锁企业员工考核体系是由员工考核的方式、考核内容和考核方法等所共同构成的复杂体系。

(1) 员工考核的方式。

员工考核按不同的角度，可分成不同的考核方式。

按考核的目的分类：为评选先进而进行的考核；为选拔人才而进行的考核；晋职、晋级前的考核；为评定工资或提薪、发放奖金而进行的考核；为确保上岗人员质量及作业群体的合理组合而进行的考核；培训前后的考核；对各级领导干部政绩、作风等组织的定期考核；为获取人事管理信息而组织的例行性考核；等等。

按考核的主体分类：上级对下属的考核；同事之间的互相评价；专家鉴定；自我鉴定；人事部门组织专项考核；下级对上级的评价；等等。

按考核的时间分类：定期考核；不定期考核和专案考核；等等。

(2) 员工考核的内容。

① 德。德包括思想政治、工作作风、社会道德及职业道德水平等方面。思想政治主要指员工的政治倾向、理想志向、价值取向。工作作风是员工办事时的风格，如是否雷厉风行；是否尊重别人，实行民主；是否尊重科学，知错必改等。社会道德是指员工处理个人与社会关系的倾向，如是否遵纪守法，维护公共利益等。职业道德是指员工在履行职务方面表现出来的道德倾向，如对待顾客的态度、保守商业秘密、是否公平对待下属等。

② 能。能指员工从事工作的能力，包括体能、学识、智能、技能等内容。体能取决于年龄、性别和健康状况等因素。学识包括文化水平、专业知识水平、工作经验等项目。智能包括记忆、分析、综合、判断、创新等能力。技能包括操作、表达、组织等能力。能力是人事考核的重点。

③ 勤。勤指员工的积极性和工作中的表现，包括出勤、纪律性、干劲、责任心、创造性和主动性等。

④ 绩。绩指员工的工作效率及效果。一般来说，连锁经营员工业绩的考核可以从几个方面进行：总利润的增加、服务和销售网点的增加、营业额的增长、仓库管理费的降低、采购成本的降低、市场占有率的提高、商品周转率的加快、知名度的提高、广告效果的显著、管理成本的降低、分店形象的提升等。

⑤ 个性。个性指员工的性格、兴趣、嗜好等，为合理安排工作，有时必须考虑员工的性格、兴趣、习惯和嗜好对该工作是否有利。

(3) 员工考核的方法。

连锁经营企业员工考核的方法很多，从总体上可分为定量考核方法和定性考核方法两类。定量考核方法是一种对企业各部门和员工的工作绩效及其表现比较准确的考核方法。

2. 激励制度的设计

科学有效的激励机制能够让员工发挥出最佳的潜能，为企业创造更大的价值。激励的方法很多，但是薪酬可以说是一种最重要的、最易使用的方法。它是企业对员工给企业所作的贡献（包括他们实现的绩效，付出的努力、时间、学识、技能、经验和创造）所付给的相应的回报和答谢。在员工的心目中，薪酬不仅仅是自己的劳动所得，它在一定程度上代表着员工自身的价值，代表企业对员工工作的认同，甚至还代表着员工个人能力和发展前景。连锁企业与非连锁企业的薪酬绩效设计基本上是相似的，不过连锁企业在激励制度的设计方面有几个独特的方面：

（1）竞赛奖金。竞赛奖金主要指优秀员工或部门的评选与奖励，而且将这种评选及奖励日常化，不像一般企业一年评估发放一次，连锁企业可以做到一月一次，甚至一周一次。这种奖励更重要的是突出荣誉感，尤其是对于连锁店面员工的激励，如麦当劳的荣誉榜，就张贴在店面，这种荣誉感对于店面员工的开心乐业是至关重要的。

（2）长期激励。对于连锁企业内部元老级员工来说，随着他们年龄的增加，工作时间的延长以及一定的资本积累，国内的很多职业经理人需要更高的目标实现，甚至希望拥有自己的企业。这种情况下，作为连锁企业可以本着进一步拓展加盟网络及经理人实现自身价值的目的，安排其成为公司的加盟商，既可实现连锁品牌的增值，又可实现高级经理人的新陈代谢。实际上，国内的很多连锁企业的负责人都在进行这方面的尝试，应该说这是连锁企业对于员工一种有效的、独特的长期激励。

5.5 连锁企业的财务管理

5.5.1 连锁企业财务管理的特点

连锁企业财务管理的特点是同连锁经营的特点分不开的，它包括以下4个方面。

1．统一核算、分级管理

由连锁总部进行统一核算是连锁经营众多统一中的核心内容。区域性的连锁企业，由总部实行统一核算；跨区域且规模较大的连锁企业，可建立区域性的分总部，负责对本区域内的分店进行核算，再由总部对分总部进行核算。

连锁企业统一核算的主要内容是：对采购货款进行支付结算；对销售货款进行结算；进行连锁企业的资金筹集与调配；等等。

分店一般不设专职财务人员，分店与总部在同一区域内的，由总部统一办理纳税登记，就地缴纳各种税款；分店与总部分跨不同区域的，则由该区域的分总部或分店向当地税务机关办理纳税登记，就地缴纳各种税款。

区域分总部应定期向总部汇报该区域各分店的经营情况、财务状况及各项制度执行情况。

原则上，连锁企业在建立时就应实行统一核算，有特殊情况的企业在实行连锁初期，可以分阶段、分步骤地逐步进行核算上的统一。

2．票流、物流分开

由于连锁企业实行总部统一核算，由配送中心统一进货，统一对分店配送。从流程上看，票流和物流是分开的，这同单店式经营中资金与商品同步运行有着很大的不同。因此，在连锁企业中，财务部门与进货部门保持紧密的联系是非常重要的。财务部门在支付货款以前，要对进货部门转来的税票和签字凭证进行认真核对，同时，在企业财务制度中要规定与付款金额数量相对应的签字生效权限。

3．资产统一运作、资金统一使用

连锁经营的关键是发挥企业的规模效益，主要体现在如下几点：

（1）连锁企业表面上看是多分店的结合，但由于实行了统一的经营管理，企业的组织化程度大大提高，特别是统一进货、统一配送，使资产的规模优势充分发挥出来。

(2)由总部统一核算,实行资金的统一管理,提高企业资金的使用效率和效益,降低成本、减少费用、增加利润。

(3)实行资产和资金的统筹调配,统一调剂和融通。总部有权在企业内部对各分店的商品、资金和固定资产等进行调动,以达到盘活资产、加快商品和资金周转、获取最大的经济效益的目的。

4．地位平等、利益均衡

连锁企业利润的取得是各个部门通力协作共同创造的,不存在谁地位比谁低、谁为谁服务的问题,各方都遵循利益均沾、风险共担、地位平等、协商共事的原则,不能靠牺牲对方利益获取自身利益。

5.5.2 连锁企业财务管理的内容与原则

财务管理是对企业资金运作和价值形态的管理,它通过价值形态的管理实现对企业实物的管理。财务管理贯穿企业经营的各个环节,其内容是企业资金筹集、运用、投资、分配等全盘的管理任务,从事驾驭企业内部各个单位的资金核实、分配、结算、考核的职责。在市场经济社会中,企业以营利为目的,就必须要从注重生产管理转向注重财务管理,并以财务管理为中心,这是市场经济的客观要求。

在传统企业管理中,财务管理的职能作用未能充分发挥的主要原因,就是将两大市场人为地分割开来,导致企业管理以产品市场管理为主,而财务管理以资本市场管理为主。更有甚者,将财务管理局限于企业日常的资金管理,客观上造成了财务管理与企业总体管理的不合拍,人为降低了财务管理的功能。要想扭转财务管理被动的局面,必须建立以产品市场为起点,最终达到产品和资本市场并举的财务管理模式。

1．资金管理

连锁企业的资金管理主要是指企业资金配置、使用效率、安全监管 3 个方面管理。资金是企业的"血液",安全高效地管理和使用资金,就要重视以下几点:

(1)实行资金管理责任制,抓好内部财务制度建设。企业在财务收支上要实施严格的财务监控制度,强化内部约束机制,合理安排资金调度,确保重点项目资金需求,提高资金使用效益。

(2)挖掘内部资金潜力,狠抓货款回笼,调整库存结构,压缩存货资金占用,增强企业支付能力,提高企业信誉。

(3)建立自补资金积累机制,防止费用超支现象。对企业按税后利润提取的盈余公积金,可用于补充流动资金。合理制定税后利润分配政策,促进企业自我流动发展。

2．资产管理

资产的管理分为固定资产管理和流动资产管理,采用分级负责和分类指导的原则。

(1)固定资产管理。

对于固定资产的管理,可以参照以下标准执行:

① 明确固定资产标准,编制固定资产目录。严格按照国家规定确定固定资产标准,对不易划分的器具、工具、物品等,结合企业具体情况自主确定,并据此编制固定资产目录。

② 明确固定资产计价方法。对企业固定资产的原价,应按取得固定资产的不同来源,分

别购入、自行建造、投资者投入、融资租入、接受捐赠、在原有固定资产基础上改动或扩建以及盘盈等情况合理确定。

③ 明确各类固定资产折旧年限。在国家规定的折旧年限内，具体确定各类固定资产折旧年限，折旧年限不得短于国家规定的最短折旧年限。

④ 明确固定资产折旧方法。根据国家规定的直线法、工作量法等折旧方法的适用范围，结合企业实际情况选定具体的折旧方法。需要采用其他折旧方法或变更折旧方法的，应依法履行报批手续。

⑤ 明确固定资产净残值率。固定资产净残值率原则上应不低于10%，低于国家规定标准的，需报主管财政机关审批。

⑥ 制定固定资产内部控制制度。包括固定资产的实物保管、出租、出借、调入、调出、内部转移、盘盈、盘亏、报废、清理盘点等管理制度，明确企业内部各职能部门、各环节的责任和管理权限，明确财务处理办法。

⑦ 制定固定资产修理管理制度。包括制订固定资产年度修理计划及费用预算，建立修理费用的审查制度，规定大修理间隔期以及落实责任部门等。对修理费用发生不均衡、数额较大的，应明确其具体核算办法。

（2）流动资产管理。

流动资产主要分为货币资金和商品存货。对于货币资金的管理，可以参照以下标准执行：

① 制定货币资金日常管理制度。包括确定企业货币资金收支的管理权限，建立货币资金收支信息反馈制度等。

② 制定现金管理制度。规定现金的使用范围和库存现金限额，建立现金的内部控制制度，规定备用金的管理办法等。

③ 制定银行存款管理制度。明确各项结算纪律，保证银行结算业务的正常进行。建立健全银行存款日记账，明确规定其制度以及定期与银行对账单核对制度，保证账实相符。健全银行存款内部控制系统，明确支票登记、领用、签发、报账、核对、清查等具体管理办法，严格各环节及有关人员的责任。

④ 制定其他货币资金管理制度。存货管理是流动资产管理的主要任务。连锁企业的商品存货主要是指采购的商品和低值易耗品。存货占流动资产的比重较大，一般为 40%～60%，对于连锁企业这个比例可高达 80%。存货利用的好坏，对企业财务状况影响很大，因此，加强存货的规划与控制，使存货保持在最优水平上，是连锁企业财务管理的一个重要内容。

对于连锁企业存货的管理，要从以下几个方面进行考虑：

① 明确存货计价方法。企业增加的存货，应分别不同的方式，对购入、自制、委托外单位加工、投资者投入、盘盈、接受捐赠的存货在计价上作出明确规定，确保存货的正确计价。

② 明确存货领用或发出计价方法。企业应对先进先出法、加权平均法、移动平均法、个别计价法、后进先出法、毛利率法等进行具体分析，结合企业实际情况确定计价方法。对计划成本与实际成本之间的差异，应明确核算和分月摊销办法。

③ 制定存货转移、收发、领退的管理制度。

④ 严格控制存货成本。存货的成本主要包括采购成本、订货成本、储存成本、缺货成本。经济批量法、ABC 分析法就是很好的存货成本控制方法。

⑤ 加强低值易耗品和包装物管理。企业应根据低值易耗品和包装物的特点，具体明确其

实物的收发、保管、报废、损失赔偿等管理办法，同时针对一次摊销法、分期摊销法等方法的特点，结合企业的实际情况，合理确定低值易耗品的摊销方法。

⑥ 建立严格存货清查盘点制度。包括对存货进行定期不定期清查盘点制度和方法；存货的实际库存与账面记录核对办法；存货盘盈盘亏和毁损的原因分析以及审批程序，财务处理办法等。

⑦ 根据企业经营情况，在国家规定的幅度内，合理确定商品削价准备金计提比例，并明确具体的账务处理办法。

3. 成本费用管理

（1）连锁企业成本费用内容。

成本费用是指为了达到某一目的，在生产经营活动中发生的人力、物力、财力消耗的总和。连锁企业的成本费用主要是商品采购成本、经营费用、管理费用、财务费用。商品采购成本是指外购商品而发生的支出。经营费用是指连锁企业在供产销过程中发生的各项支出，如运输费、储存费、保险费、展览费、广告费以及专设销售机构的各项费用等。管理费用是指企业行政管理部门为组织生产经营活动而发生的各项费用，包括管理人员的工资、工会经费、教育经费、保险费、咨询费、诉讼费、四小税、业务招待费、坏账损失等。财务费用是指企业在经营过程中为筹集经营所需资金而发生的筹资费用，包括利息支出、手续费、汇兑损益。

（2）连锁企业成本费用管理的原则。

① 制定成本费用核算制度。按照国家规定明确商品进价成本、经营费用、管理费用、财务费用的具体项目，同时结合自身经营特点、内部组织形式、内部核算体制，做出详细规定并制定相应的财务管理办法。

② 制定成本控制制度。规范连锁企业总部与各店面在成本管理中的关系，明确经营单位成本管理的内容，把连锁总部与各店面的成本控制结合起来；同时，规范财务部门与其他业务部门在财务管理中的关系，明确各部门成本管理和成本控制的主要内容。在规范企业内部成本管理责任时，应加强购、销、存全过程的管理，特别要加强购进环节成本管理；建立检查、分析、考核制度；建立内部成本报表制度；等等。

③ 制定费用控制制度。明确管理费用、财务费用、经营费用等费用计划的编制方法，建立严格的预算制度，费用审批制度，明确各项费用权责归属，规定财务部门与经营部门、管理部门在费用管理控制上的关系。特别是一些重点费用开支项目应制定具体的管理办法，如差旅费的管理办法，交际应酬费控制制度，职工福利费、劳动保险费等项目的具体开支范围，并明确有关管理办法。

④ 制定工资管理制度。划清计入有关费用的工资性支出的界限；明确工资性支出的具体项目及其分配方法；明确职工奖励及福利基金、住房补助基金、劳动保险、应交国家对中方职工物价补贴等提取、使用和管理方法。建立工资的控制制度和激励约束机制。

⑤ 明确成本计算方法。采用进价核算的商品，可以采用先进先出法、加权平均法、移动加权平均法、个别计价法、后进先出法或毛利率法等方法计算商品销售成本。采用售价核算的商品，年度内各月份可以采用综合差价分摊法或分类分柜组差价分摊法计算分摊进销差价，年终将各商品的进销差价进行一次核实调整。

⑥ 制定财务费用的管理制度。明确财务费用开支范围及财管处理办法。对一次性开支较大的借款费用应确定具体的摊销办法。

⑦ 明确预提和待摊费用项目和标准。通过成本管理，应该得出商品毛利率、费用开支标准及范围、销售费用率等数据以供连锁经营决策者使用。

4．融资管理

企业融资可分为短期融资和长期融资。连锁经营企业应根据自己的经营规模等实际情况，采取适当的稳健的融资管理方式。

5．连锁企业财务经营活动分析

连锁企业经营活动分析的方法主要有比较分析与比率分析两种。比较分析是对不同时期的财务数据进行连续的对比，以揭示当期财务状况和经营成果增减变化和发展趋势。比较时，可以用绝对值，也可以用相对值，通过制作统计图表或编制报表的方式，进行对比分析。比率分析是运用各种财务指标，评价企业财务状况并发现经营管理中存在问题的一种分析方法。下面主要对比率分析进行介绍。

（1）偿债能力分析。一个企业要生存首先应具备一定的偿还债务的能力，偿债能力的分析主要包括以下几个指标：

$$流动比率 = \frac{流动资产}{流动负债}$$

$$速动比率 = \frac{流动资产-存货}{流动负债}$$

$$资产负债率 = \frac{负债总额}{资产总额}$$

流动比率是企业流动资产占流动负债的比率。流动资产主要包括现金、短期投资、应收及预付款项、存货、待摊费用和1年内到期的长期债券投资等。流动负债主要包括短期借款、应付及预收款项、各种应交款项、1年内到期的长期负债。

流动比率和速动比率是反映企业短期偿债能力的指标，如某连锁企业2017年年末流动比率为1.5，这表明该企业每一元的流动负债就有1.5元的流动资产作为保证。流动比率越高，说明企业偿还债务的能力越强，连锁企业的流动比率比一般生产企业要高。速动比率由于扣除了存货项目，直接反映可立即变现的流动资产偿还债务的情况，所以比流动比率更进一步揭示了企业偿还短期债务的能力。因此，企业能否偿还短期债务，不仅要看有多少短期债务，而且要看有多少可变现用于偿债的流动资产。企业要根据历史的资料数据进行分析，确定适合本企业的指标数值。

资产负债率是反映企业综合偿债能力的指标，它表明在企业的资产总额中有多大比例是通过负债构成的，"1－资产负债率"则表明资产总额中有多大比例是投资人对企业的投入，揭示了企业的资金结构。资产负债率维持在50%左右比较安全，但是，不同的人站在不同的立场会有不同的看法。站在债权人的立场看，他们最关心贷款的安全性，希望按期收回本金与利息，因此，希望企业资产负债率越低越好。这样企业偿债有保证，贷款风险小。企业的投资人关心企业是否盈利，投资是否有回报，当资产利润率超过借款利率，企业的利润就会增加，这对投资人是有利的，此时投资人就希望增加负债，以获得更大的收益。作为企业的经营者必须在财务风险与盈利做出权衡，保持适当的负债。

（2）盈利能力分析。反映企业盈利能力的指标很多，下面介绍常用的几个指标。

$$销售毛利率 = \frac{销售收入-销售成本}{销售收入}$$

毛利率反映企业最基本的获利能力，没有足够大的毛利率便不能盈利。

$$销售利润率 = \frac{利润总额}{销售收入}$$

该指标反映每百元销售收入带来的利润有多少。企业要想提高盈利能力必须想办法提高收入，降低成本费用。

（3）资金周转能力分析。资金周转能力分析主要介绍存货周转率、损益平衡点指标，这是连锁企业的效率性指标，是为了对自身经营进行考核。

$$存货周转率 = \frac{主营业务收入}{平均存货余额}$$

式中：主营业务收入——存货商品销售额；

$$平均存货余额 = \frac{期初存货余额 + 期末存货余额}{2}。$$

$$存货周转天数 = \frac{360（天）}{存货周转率}$$

一般来讲，存货周转速度越快，存货的占用水平越低，流动性越强，存货转化为现金的速度越快。提高存货的周转率可以提高企业的变现能力；反之，存货周转速度越慢，则变现能力越差。一般情况下，超级市场存货周转一次不宜超过 40 天，连锁便利店存货周转一次应在 35 天以下。

$$损益平衡点 = \frac{固定费用}{1 - 变动费用/计划营业收入}$$

损益平衡点即企业保本点，在这一点企业既不盈利也不亏损，只有在保本点以上，企业才能盈利。该指标主要是测定连锁店需要实现多少营业收入才不亏损。固定费用主要有人工费、固定资产折旧费、水电费等。变动费用主要有广告费、包装费、活动经费。计划营业收入（计划营业额）包括日、月、年及定期计划。

归根结底，连锁企业财务管理要突出量化与流程，是连锁经营管理标准原理的应用，每一项业务的资金、成本管理都要有规章制度可循，是流程化财务管理工程的体现。

5.5.3　连锁企业财务管理中存在的问题

连锁经营作为一种现代的流通经营方式和组织形式，近几年在国内得到了较快的发展，尤其是随着国外连锁巨头纷纷进入中国，更是引发了连锁经营发展的热潮，国内连锁经营企业纷纷加快了开拓步伐，通过扩大规模谋求更大的发展。当前连锁经营企业财务指标中存在一些问题，需不断改进，以逐渐完善连锁经营企业的财务分析指标。

1. 销售额

销售额指标是连锁企业最重要的一个经营指标，直接反映连锁经营企业的规模，而经营规模是连锁经营企业竞争力的重要体现。但目前对销售规模的统计还没有一个统一的标准，即销售额是否含税、是否应该包括卖场出租部分的销售收入以及是否仅限于卖场零售额等都不明确，从而使得各个公司上报的数据没有统一的口径，缺乏可比性。

理论上说，以不含税销售额比较各个公司的销售规模更具有可比性，因为公司规模不同、商品品种不同、所处地域不同，税率也会有差异。

对于卖场出租部分的销售收入是否应当计入卖场销售额,目前仍存在着争议。有的认为,卖场出租部分的销售收入实际上是厂家或供应商实现的销售,对于连锁企业而言,这部分销售额不应计入连锁企业的销售额;也有的认为,由于这部分销售是在卖场中实现的,体现了卖场整体的销售能力,所以将卖场作为一个整体看待,这部分销售额应当计入连锁企业的销售额。从会计核算的角度看,连锁经营企业对卖场出租部分只取得租金收入,并作为其他业务收入在企业损益表上体现,而出租部分所实现的销售收入是属于其他企业的收入,不应计入连锁企业的销售额。同样的问题也涉及连锁加盟店的销售额,从会计角度看,连锁企业与加盟店不是母子公司关系,加盟店的销售额不能计入连锁企业的销售额。在收集各连锁经营企业销售额数据时,应区分数据的具体用途,然后再规定相应的标准,统一计算口径。

此外,销售额指标不应仅局限于卖场零售额,卖场批发额及线上销售额也应该包括其中,这样更能反映公司整体的销售能力。

2. 销售毛利率

销售毛利率是反映企业盈利能力的重要指标。超市经营的主要特征是优质低价,商品价格一般都较低,超市要提高销售毛利率就必须控制进货成本。如果企业销售规模大,成本控制严,则超市的毛利率相对就高。因此,在超市竞争激烈、商品售价都较低的条件下,销售毛利率是企业盈利能力的重要体现。

在销售毛利率的计算上,当前存在的主要问题首先是上述销售额的计算要统一,其次计算毛利时的扣除项目也要统一。目前,有的企业在计算销售毛利时将经营费用作为扣除项目扣除,而有的企业却没有扣除,由于商业企业的经营费用一般在销售额中占有较大比重,所以对计算企业销售毛利率的影响很大。按一般会计原理,销售毛利应该是销售额扣除销售成本以及销售税金和附加后的余额,不需要扣除经营费用,因此,销售毛利率指标应该以会计核算方法为准,以便于统一计算口径。

3. 净资产收益率

净资产收益率指标是反映企业盈利能力的最重要的指标,一般的计算公式为

$$净资产收益率 = \frac{净利润}{净资产}$$

该指标在计算分析中存在的主要问题是,净资产额该是年末余额还是平均余额。中国证监会公布的年报披露内容与格式规定的是按年末净资产额计算的,而财政部等四部委颁布的企业效绩评价中则是按平均余额计算的。从理论上说,由于计算公式中分子——净利润是一个时期指标,分母——净资产额也应为一个时期指标。而净资产年末余额是一个时点指标,平均余额是一个时期指标,因此,以净资产平均余额计算更为合理。

此外,连锁经营企业一般有较多下属子公司,在净资产额的计算中可能会涉及少数股东权益问题。理论界对于企业净资产中是否应该包括少数股东权益目前还没有形成定论,持母公司理论的人认为应该将少数股东权益看作负债,而持实体理论的人则认为少数股东权益应作为企业净资产的一部分。从净资产收益率指标来说,由于在合并报表上反映的净利润已经扣除了少数股东损益的影响,所以为保持计算口径的一致,净资产额就不应将少数股东权益包括在内。

4. 单位面积年销售额

单位面积年销售额是分析连锁企业运营能力的一个重要指标，一般是按年销售额除以卖场面积来计算的，即

$$单位面积年销售额 = \frac{年销售额}{卖场面积}$$

该指标的计算除了应统一销售额的计算口径外，对于卖场面积的计算也应该有一个统一的标准。当前的一些统计资料提供的数据，有的是按卖场的计租面积来计算的，而有的则是按计租面积扣除部分出租面积来计算的。一般来说，分子——销售额中如果不包括卖场中出租面积的销售收入，那么从分子分母口径一致的角度，分母——卖场面积中也不应该包括出租面积。另外，卖场其他面积如收货部、电梯间、主过道等是否计入卖场面积也应有统一的标准。这部分面积虽然不直接促成销售，但也是卖场实现销售必不可少的辅助设施，因此，为了体现卖场的实际运营效率，应当将这部分面积计算在内。

5. 存货周转率

存货周转率是营运能力分析指标体系中的一个传统指标，计算公式为

$$存货周转率 = \frac{销售额}{平均存货余额}$$

该指标的主要问题与上述其他指标一样，在于分子分母指标的一致性。分子——销售额指标体现了一个时期的销售情况，应归结为时期指标，从指标一致性的角度，分母也应是时期指标。但在实务中，存货余额有的是以年末余额计算的，有的却是以年平均余额计算的。由于年末余额是时点指标，平均余额是时期指标，所以分母以平均余额计算更为合适。

总之，随着连锁经营企业之间竞争的逐渐加剧，对连锁经营研究的逐渐深入，使连锁经营企业对财务指标的分析正逐渐加强，而统一连锁经营企业财务分析指标的计算口径是做好财务分析的基础，是当前连锁经营企业进行财务分析有待解决的问题。因此，有关部门应当尽快制定相关标准，统一计算口径，并注意与国际惯例接轨，以利于连锁经营企业更好地进行财务分析和国际比较，及时地改进管理、提高效率，从而促进我国连锁经营企业的良性发展。

5.5.4 加强连锁企业财务管理的途径

财务管理是一项涉及面广、综合性和制约性都很强的系统工程，财务管理同时直接制约着其他管理水平，它是企业管理的核心，是深化企业改革、规范建立现代企业制度过程中一项非常重要的工作。目前，我国社会经济正由计划经济转入市场经济，并逐步向知识型经济社会迈进。经济越是发展，对财务工作的要求就越高。现代企业内部经营管理是以实现最佳经济效益为目的。而成本管理又是企业财务管理的重中之重，它相对于价格、利润、资金等其他经济要素来讲，对现代企业经营管理的作用最为突出，它使企业对成本所掌握的主动性更大。由于成本控制最直接的结果就是可以降低成本，所以成本管理处于企业经营管理的核心地位。降低成本，意味着利润增加，意味着增强抗风险和竞争能力，也意味着可减少资金占用、降低消耗、提高经济效益。

1. 树立企业成本管理的系统观念

在市场经济环境下，企业应树立成本的系统管理观念，将企业的成本管理工作视为一项系统工程。一方面，要加强生产过程成本管理，但不能只局限于生产过程的成本管理，而应

该将成本管理向前延伸到产品的市场需求分析、相关技术的发展态势分析以及产品的设计，向后延伸到顾客的使用、维修及处置，从而增强市场竞争力。另一方面，随着市场经济的发展，要不断加强对成本管理内涵的认识，逐步树立人力资源成本、资本成本、服务成本、产权成本、环境成本等意识。

2. 切实推行企业全员成本管理

加强成本管理，首要的工作在于提高广大职工对成本管理的认识，增强成本观念，贯彻技术与经济结合、生产与管理并重的原则，向全体职工进行成本意识的宣传教育，培养全员成本意识，变少数人的成本管理为全员的参与管理，要在企业内部形成职工的民主和自主管理意识。在日常成本管理中，积极运用心理学、社会学、社会心理学、组织行为学的研究成果，努力在职工行为规范中引入一种内在约束与激励机制。改变企业常用的靠惩罚、奖励实施外在约束与激励的机制，实现自主管理，既是一种代价最低的成本管理方式，也是降低成本最有效的管理方式。

3. 全面提升企业财务人员素质

财务管理具有很强的专业性、技术性、综合性和超前性，现代企业必须要提高财务人员的适应能力和创新能力。首先是财务人员要有宽广的经济和财会理论基础和社会、法律等各方面知识；其次要能不断吸取新的知识，用新知识新理论对企业的运行状况和业务进行评估和分析；再次要能适应知识经济发展的要求，根据国际金融的创新趋势和资本的形态特点，运用金融工程开发融资工具和管理融资风险等。只有不断提高学习能力，增强学习的主动性，切实加强对财税法规的学习，苦练内功，在学习中解决观念滞后、知识欠缺、方法落后的问题，提高专业水平和自身素养，增强创新能力，才能做好财务工作。

4. 建立科学的财务考核指标体系

没有完整科学的考核指标体系，就很难判断企业经营的好坏。现代企业必须要建立既能反映企业资产利润效率，又能反映盈利能力的考核指标体系，要把绝对数指标与相对数指标相结合，综合评价企业经营者的经营业绩。要紧密结合企业生产经营实际，制订科学合理、操作性强、覆盖生产经营各个环节的财务指标计划，并实行动态管理，严格考核，促进企业持续快速发展。

5. 推进企业财务管理信息化

加强对企业财务资金的集中统一管理，有利于提高企业财务信息的真实性，有利于提高企业资金运作的透明度，有利于提高企业资金使用的效益，有利于提高整个企业的管理水平，加快与国际经济接轨。因此，当前，加强财务管理的关键，是加强制度创新和管理创新，最大限度地消除制度执行中的人为因素，运用信息技术手段，设定软件程序，把管理制度和企业规程变成大家共同遵守又谁都无法擅自更改的计算机程序，并通过计算机硬授权，用程序来规范所有人的行为，以保证制度的贯彻执行。

本 章 小 结

连锁企业由于其特殊的经营特点，使得其组织结构和具体职能与传统商业的组织形式有着明显的不同。连锁企业的组织一般是一种按职能和地区组织的扁平型结构，"总部—分店"是其典型的组织结构方式，组织结构受外在变化的影响，需要不断进行调整，电子商务的出现对连锁企业的组织结构产生了一定的影响。

连锁总部是连锁企业经营管理的核心，它除了自身具有决策职能、监督职能外，主要承担整体经营的设计功能。

分店是连锁经营的基础，主要职责是按照总部的指示和服务规范要求，承担日常销售业务。分店是连锁总部各项政策的执行单位，其组织结构相对较简单。

人力资源开发是连锁企业发展的基础，而连锁企业的人力资源管理又有其不同的特征。要充分发挥总部的作用，做好企业人力资源的招聘、培训和开发，给连锁事业发展提供人力支持。

财务管理是连锁经营的关键环节，也有其显著的特点。总部统一负责整个连锁体系的资金筹集、运用、投资、分配等全盘的管理任务，履行驾驭企业内部各个单位的资金核实、分配、结算、考核的职责。制度化、流程化和量化是财务管理工作的基本方法。

案例思考：沃尔玛的人力资源战略

1. 留住人才

沃尔玛致力于为每一位员工提供良好和谐的工作氛围，完善的薪酬福利计划，广阔的事业发展空间，并且在这方面已经形成了一整套独特的政策和制度。

（1）合伙人政策。在沃尔玛的术语中，公司员工不被称为员工，而被称为"合伙人"。这一概念具体化的政策体现为3个互相补充的计划：利润分享计划、雇员购股计划和损耗奖励计划。1971年，沃尔玛实施了一项由全体员工参与的利润分享计划，每个在沃尔玛工作两年以上的并且每年工作1 000h的员工都有资格分享公司当年利润。此项计划使员工的工作热情空前高涨。之后，沃尔玛又推出了雇员购股计划，让员工通过工资扣除的方式，以低于市值15%的价格购买股票。这样员工利益与公司利益休戚相关，实现了真正意义上的"合伙"。沃尔玛公司还推行了许多奖金计划，最为成功的就是损耗奖励计划。如果某家商店能够将损耗维持在公司的既定目标之内，该店每个员工均可获得奖金，最多可达200美元。这一计划很好地体现了合伙原则，也大大降低了公司的损耗率，节约了经营开支。

（2）门户开放政策。沃尔玛重视信息的沟通，提出并贯彻门户开放政策，即员工任何时间、地点只要有想法或者意见，都可以口头或者以书面的形式与管理人员乃至与总裁进行沟通，并且不必担心受到报复。任何管理层人员如借"门户开放"政策实施打击报复，将会受到严厉的纪律处分，甚至被解雇。这种政策的实施充分保证了员工的参与权，为沃尔玛人力资源管理的信息沟通打下了坚实的基础。沃尔玛以各种形式进行员工之间的沟通，大到年度股东大会小至简单的电话会谈，公司每年花在计算机和卫星通信上的费用达数亿美元。沃尔玛还是同行业中最早实现与员工共享信息的企业。授予员工参与权，与员工共同掌握公司的许多指标是整个公司不断升格的经营原则。员工只有充分了解业务进展情况，才会产生责任感和参与感。员工意识到自己在公司里的重要性，才会努力取得更好的成绩。

（3）"公仆"领导。在沃尔玛，领导和员工是"倒金字塔"的组织关系，领导处于最低层，员工是中间的基石，顾客永远是第一位的。员工为顾客服务，领导则是为员工服务，是员工的"公仆"。对于所有走上领导岗位的员工，沃尔玛首先提出这样的要求："如果您想事业成功，那么您必须要您的同事感觉到您是在为他们工作，而不是他们在为您工作。""公仆"不是坐在办公桌后发号施令，而是实行"走动式"管理，管理层人员要走出来直接与员工交流、沟通，并及时处理有关问题。另外，沃尔玛还有离职面试制度，可以确保每一位离职员工离职前有机会与公司管理层交流和沟通，从而能够了解到每一位同事离职的真实原因，有利于公司制定相应的人力资源战略。这一政策的实行不仅使员工流失率降低到最低程度，而且即使员工离职，仍会成为沃尔玛的一位顾客。

2. 发展人才

沃尔玛的经营者在不断的探索中领悟到人才对于企业成功的重要性，加强对员工的教育和培训是提高人才素质的重要渠道。因此，沃尔玛把加强对现有员工的培养和安置看作是一项首要任务。

（1）建立终身培训机制。沃尔玛重视对员工的培训和教育，建立了一套行之有效的培训机制，并投入大量的资金予以保证。各国际公司必须在每年的9月份与总公司的国际部共同制定并审核年度培训计划。培训项目分为任职培训、升职培训、转职培训、全球最佳实践交流培训和各种专题培训。在每一个培训项目中又包括30天、60天、90天的回顾培训，以巩固培训成果。培训又分为不同的层次，有在岗技术培训，如怎样使用机器设备、如何调配材料；有专业知识培训，如外国语言培训、计算机培训；有企业文化培训，全面灌输沃尔玛的经营理念。更重要的是，沃尔玛根据不同员工的潜能对管理人员进行领导艺术和管理技能培训，这些人将成为沃尔玛的中坚力量。

（2）重视好学与责任感。沃尔玛创始人山姆·沃尔顿推崇小镇美国人的努力工作和待人友好，因此，在用人中注重的是能力和团队协作精神，学历、文凭并不十分重要。在一般零售公司，没有10年以上工作经验的人根本不会被考虑提升为经理。而在沃尔玛，经过6个月的训练后，如果表现良好，具有管理员工、擅长商品销售的能力，公司就会给他们一试身手的机会，先做助理经理或去协助开设新店，然后如果干得不错，就会有机会单独管理一个分店。

（3）内部提升制。过去，沃尔玛推行的是"招募、保留、发展"的用人哲学，现在则改为"保留、发展、招募"的模式。沃尔玛人力资源部资深副总裁科尔门·彼得森说："这种改变不仅是语意的改变，它表明了对保留与发展公司已经具有的人才的侧重强调，而不再是公司以前的不断招聘的用人特点。"公司期望最大限度发挥员工的潜能并创造机会使其工作内容日益丰富和扩大，尽可能鼓励和实践从内部提升管理人员。对于每一位员工的表现，人力资源部门会定期进行书面评估，并与员工进行面谈，存入个人档案。据了解，沃尔玛对员工的评估分为试用期评估、周年评估、升职评估等。

3. 吸纳人才

除了从公司内部选拔现有优秀人才之外，沃尔玛开始从外部适时引进高级人才，补充新鲜血液，以丰富公司的人力储备。在招聘员工时，对于每一位应聘人员，无论种族、年龄、性别、地域、宗教信仰等，沃尔玛都为他们提供相等的就业机会。从1998年开始，沃尔玛开始实施见习管理人员计划，即在高等院校举行CAREER TALK（职业发展讲座），吸引了一大批优秀的应届毕业生。经过相当长一段时间的培训，然后充实到各个岗位，此举极大缓解了公司业务高速扩展对人才的需求。

沃尔玛总裁兼首席执行官大卫·格拉斯说："是我们的员工创造了沃尔玛的价值体系。"沃尔玛如此辉煌的发展历史和发展前景，其用人之道确实值得中国的零售行业深思、借鉴。

思考：
（1）沃尔玛为什么要强调人的重要性？
（2）连锁经营的人力资源管理有什么优势？

同步训练

一、基础训练

1. 选择题

（1）大型连锁企业的组织形态一般采取（　　）。
　　A. "总部—地区总部—分店"模式
　　B. "总部—地区管理部"模式
　　C. "总部—分店"模式
　　D. "地区管理部—分店"模式

(2) 影响连锁组织的设计因素包括（　　）。
　　A. 经营技术　　　　　　　　　B. 连锁企业目标
　　C. 连锁企业规模　　　　　　　D. 连锁企业经营环境
(3) 连锁企业的组织结构的一般特征是（　　）。
　　A. 根据管理的专业化程度划分为多个职能部门
　　B. 购销分离
　　C. 运营标准化
　　D. 完善的控制体系使管理保持一致
(4) 连锁总部的基本功能有（　　）。
　　A. 展店的功能　　B. 研发的功能　　C. 督导的功能　　D. 配送的功能
(5) 分店的职能主要有（　　）。
　　A. 环境管理　　　B. 业态管理　　　C. 商品管理　　　D. 现金管理

2. 判断题

(1) 连锁经营组织设计必须完全从管理效率出发，降低企业的经营管理成本。（　）
(2) 连锁经营组织的各种职能必须由连锁企业内部承担。（　）
(3) 小型独立商店的组织机构往往是直线型组织机构。（　）
(4) 连锁商店的组织机构体现了管理专业化和运营标准化的特点。（　）
(5) 连锁商店设计组织机构时要考虑自建配送中心问题。（　）

3. 简答题

(1) 简述连锁企业的组织机构构成及其职责。
(2) 如何理解连锁企业总部的职能？
(3) 连锁企业分店岗位的设计和职责都有哪些？
(4) 连锁企业的人力资源规划都有哪些主要内容？
(5) 连锁企业的薪酬制度和激励制度该如何进行设计？
(6) 连锁企业的财务管理都有哪些内容和关键控制点？

二、实践训练

【实训项目】

分析一家连锁企业组织结构的基本情况

【实训情景】

根据当地实际情况，调查当地有代表性的连锁企业如餐饮连锁企业或零售连锁企业。

【实训任务】

通过实地调查和分析，了解当地主要的连锁企业组织结构的类型和有什么特点，分析这种组织结构的优劣；了解和掌握当地连锁企业组织结构的基本情况，并提交调查报告。

【实训提示】

可在教师的帮助下，确定当地有代表性的连锁企业；学生以小组为单位，分别选取不同类型的连锁企业进行调查；建议每组学生的调查资料可以共享，在资料共享的基础上分别完成调查报告。

【实训评价】

项　　目	表　现　描　述	得　　分
调查的对象和目的		
人员及分工		
调查方法		
报告内容		
报告形式		
合　　计		

得分说明：各小组的调查表现分为优秀、良好、合格、不合格、较差五档，对应得分分值为 20 分、18 分、15 分、12 分、10 分；将每项得分记入得分栏，全部单项分值合计得出本实训项目总得分；总得分 91～100 分为优秀，76～90 分为良好，60～75 分为合格，低于 60 分为不合格，不合格须重新训练。

第 6 章

连锁企业的商品管理

 学习目标

职 业 要 求	学 习 任 务
（1）掌握商品管理的方法 （2）能够对分店商品结构进行分析，进行连锁企业的商品市场定位 （3）学会在不同的情况下进行商品组合，在商品贡献度分析的基础上进行商品的经营分类，对分店不合适商品进行删除，对导入新品提出合理化建议 （4）具有商品采购的能力，能制订商品采购计划 （5）熟悉连锁企业自有品牌开发的方法，能运用品类管理的概念和流程，实施商品采购中常用的品类策略，关注品类管理的发展	（1）掌握商品定位与商品组合 （2）掌握商品采购管理 （3）了解新产品的开发引进和滞销品的淘汰方法 （4）了解连锁经营的自有品牌管理 （5）掌握连锁企业的品类管理技巧

导入案例

7-11 的商品管理

独特的商品管理是 7-11 成功的一个重要原因。一般便利店出现畅销食品时就会联想到销售量,联想到赚钱,联想到多进一点货。7-11 却由畅销的食品联想到会顾客吃腻,联想到创新,开发新产品,持续地推出好吃的商品让顾客吃不腻。即使是老产品,7-11 的思维方式也不同于其他便利店。如一般情况下,凉面的销售旺季是每年 8 月份,但 7-11 认为在冬季许多室内一般都会开暖气,时间长了会觉得又热又干,在这种"天气虽冷,但室内热,所以凉面可以卖得好"的假设下,7-11 在 2 月份就将凉面搬上货架。

在日本 7-11 分店里,店员订货时通过 GOT(一种可手持的扁平终端计算机)系统查询各种参考信息,如各种单品的库存销售信息、各分店所在地区 20km 内的气象状况和天气预报、分店周边社区的各种活动、目前新商品的电视广告等。虽然计算机能够给店员订货时提供最近 1 个月中每周以及最近 1 周中每天的销售数据,但是 7-11 还是要求店员在进行订货时,要灵活思考各种会影响顾客购买的因素,结合顾客心理来考虑。如同样是 20℃的天气,顾客对 30%湿度和 70%湿度的感觉是截然不同的,其对饮食类商品需求也是不同的。所以当气象预报气温将达到 30℃时,其他店判断"天很热,所以冰箱要多进些消暑饮料",7-11 分店却可能根据湿度反其道而行之,避免了积压。

(资料来源:根据百度文库、中国物流与采购网等资料整理)

随着我国连锁企业尤其是零售连锁业的迅速成熟,商品管理成为连锁企业管理的重要内容。连锁企业的商品经营管理水平,不可避免地影响其经营业绩。国内连锁企业的竞争日益激烈,对商品管理水平的要求也日益提升。随着计算机智能管理技术的广泛应用,我国连锁企业管理模式也由粗放化逐步转变为精细化,对于商品的管理重点转移到以消费者需求为中心的品种管理。本章主要阐述连锁企业的商品定位与组合、商品采购管理、新品开发与滞销品淘汰、自有品牌管理和品类管理方面的内容。

6.1 商品定位与商品组合

6.1.1 连锁经营的商品品种

连锁企业服务的目标市场,是人们日常生活需要的那些商品市场部分。只满足少数人需要的商品无法规格化、标准化、大批量经营。

1. 大众化和实用品种

连锁企业首先要经营大众化品种和实用品种。大众化品种和实用品种,即 70% 的消费者需要、购买频率非常高的品种。连锁企业确定品种的思路,不是缩小消费者范围,扩大商圈范围,去满足他们的特殊需求,而是扩大消费者范围,缩小地区空间范围,满足他们的基本生活需求。

2. 发展性品种

在大众化品种和实用品种经营的基础上,连锁企业还要积极开发发展性品种,即开发消费者需要但目前尚不能满足的品种,开发消费者实际上有需求但目前没有对应产品的品种,通过新品种开发去开发消费者潜在的需求。

发展性品种的开发是一个不断循环的过程。一个阶段的发展性品种会随着企业推广演变成大众化日常生活必需品，而随着消费需求的不断变化又需要开发新的发展性品种。

3．种类构成原则

连锁经营是一个多世纪形成的经营观念，要求经营种类符合连锁企业经营战略和经营特色，最重要的原则是有利可图和便利消费者。符合这个基本原则的有：消费量大的品种；购买频率高的品种；普及程度高的品种；采购进货容易的品种；产品均质性强、稳定性强的品种；可替代性低的品种；毛利率高的品种；季节性强的品种。

4．组合的原则

确定了要经营的种类构成后，需要解决的问题是连锁企业品种组合的问题。

（1）按照用途来划分商场或分店的部门和类别，即按照用途来分类，按照时间、场所、动机和生活方式来考虑分类组合。

（2）按消费特点和购买频率确定某一部门或大类内部的比重。要根据消费者需求量和购买频率来有意识地扩大某一部分品种，在某些品种内有意识地扩大某些品目、规格和花色。

（3）组合关联性品种。除了分店的布局要做到顾客不需要询问也能找到自己需要的商品外，更重要的是关联性品种的合理组合。把顾客同时使用，同时购买的商品组合在一起，尽可能地减少顾客寻找商品所花的时间，如按照厨房用品、卫生用品、家居用品等这样一些使用标志来分类和组合。

（4）统一商品线。同时陈列的商品品种要处在同一商品线上，品种之间的价格上限和下限大体上对称，如一条普通的裤子和皮尔·卡丹牌西装上衣摆在一起肯定是失败的组合。

5．适度原则

首先要保证主要部门商品品种的适度规模，以顾客感觉丰富、满意为原则；其次考虑部门的搭配和取舍，在确定部门的搭配取舍时，考虑的原则是宁可牺牲某一部门也要保证所选部门的规模，同比例缩小会导致每一部门都达不到适度规模，是应该绝对避免的。

6．品种组合与陈列原则

品种的组合和陈列原则，即具体到某一类品种或商品线内部，如何确定具体规格、花色构成和陈列、库存量的问题。具体的品种组合和陈列原则见表6-1。

表6-1　品种组合与陈列原则

商品类型	品　　种	陈　列　量	陈　列　位　置
畅销品	一周销售若干以上的全部经营品种	与销售量成正比例	货架的下段和中上段
进入成长期	一类里一到两种	—	货架的黄金段
宣传推销品种	不到同一品种的一成	货架的一个单位	上段突出位置

 相关知识

购物篮中的商品生存百态

1．拿了啤酒就走——直接购买

客户拿了需要的东西就走，其他东西什么也不买。比如客户到分店拿了想买的三得利啤酒就离开了。这种购买方式就是直接购买。

2. 降价啤酒买了3瓶——促销购买

分店采取促销、广告等手段，诱使客户在没有购买计划的前提下形成冲动购买。比如客户本来想买一瓶三得利啤酒，到了超市后发现三得利啤酒在促销，于是一口气买了3瓶。这种冲动购买称为促销购买。

3. 三得利啤酒没有了，买了力波啤酒——替代购买

由于某种原因（客户需要的商品没有了，或者是价格因素）导致客户选择了新商品，而不是放弃购买。比如某个客户到超市购买三得利啤酒，分店三得利啤酒没货了，于是客户买了力波啤酒。这种购买称为替代购买。

4. 买了啤酒、也买了花生米——交叉购买

在客户购买 A 商品时，同时也购买 B 商品，形成商品的交叉关系。比如某位客户到分店购买啤酒，发现有一种麻辣花生不错，可以用来下酒，于是顺手拿了一包。这种行为就是交叉购买。

5. 买啤酒结果买了葡萄酒——向上购买

在客户计划购买 A 商品时，分店采取种种手段诱使客户购买更加高档的 B 商品。比如某位客户计划到分店购买啤酒回家饮用，到了分店后发现某种葡萄酒很吸引人，于是客户改变了购买计划，选择购买价格较高的葡萄酒。这种购买行为就是向上购买。

6. 当华夏干红变成了绍兴花雕——向下购买

在具有较多商品选择的前提下，客户选择了价格较低的商品放入购物篮。比如，某位客户计划到分店购买华夏干红葡萄酒，最终却购买了绍兴花雕，购物篮金额由数十元变成了寥寥几元钱。这就是向下购买。

7. 一个砂锅坏了整个购物篮——被放弃的购买

在分店有过这样的情形，某位客户在分店选购了一个砂锅，同时也选购了其他生鲜食品。到收款台交款时发现砂锅有裂纹，而当时收款员态度不好，客户一气之下将所有的商品都放弃了。这就是被放弃的购买。

6.1.2　连锁经营的商品定位

1. 商品定位的概念

连锁企业商品定位是指连锁企业根据目标消费者和生产商的实际情况，动态地确定商品的经营结构，实现商品配置的最佳化。商品定位内容包括商品品种、档次、价格、服务等方面。商品定位是企业决策者对市场分析判断的结果，是企业经营理念的体现，是连锁企业通过商品来设计企业在消费者心目中形象的有效方法。

2. 连锁经营商品定位的程序

连锁企业在业态、目标市场确定了以后，就要考虑用什么样的商品来满足目标顾客的需求，即要进行商品定位。商品定位是市场定位的延续，商品定位的优劣将直接影响到连锁店的销售额和其在顾客心目中的形象。而且，商品定位不是一个静态的过程，它必须随着季节、时尚及顾客的偏好等因素随时加以调整。商品定位的基本程序如下：

（1）企业特性分析。连锁企业特性不同，就决定了连锁企业经营商品的重点不同，商品定位就会不同。如超市的商品定位是食品和日常用品，百货店的商品定位是服饰、鞋类和化妆品。我国有些便利连锁店的商品定位于粮油制品，有些便利连锁店商品定位于休闲食品。商品定位要建立在对企业业态分析的基础上，结合企业自身特点和条件来进行。

（2）目标顾客因素分析。连锁企业有了明确的市场定位后，就要对影响目标顾客的因素做出分析，这些因素主要有地理因素、人口因素、心理因素等。地理因素指连锁店所处的地理位置、交通状况、气候条件等；人口因素包括目标顾客的性别、家庭规模、收入、职业、

文化程度、年龄等；心理因素包括目标顾客所处的阶层、生活方式、价值观念、个性等。随着收入水平和教育程度的提高，目标顾客的心理因素越来越显著地影响到其消费习惯，进而深刻地影响到超市的商品定位，如果经营者觉察不到这种变化，那将失去一部分有较强购买力的顾客。

连锁企业只有对以上因素进行分析后，才能了解目标顾客状况，从而逐步形成商品定位。

（3）目标顾客需求设定。在分析了主客观因素后，要设定目标顾客的需求内容，即需要产品的品种、档次等。知己知彼，方能百战不殆，只有摸清目标顾客详细的情况（有条件的连锁企业要专门为顾客建档），才能有针对性地组织商品服务，才能满足顾客的消费需求。

在对影响目标顾客等因素做出了粗略的分析后，按下列要素做进一步分析：一个家庭每天由谁外出购物；一周外出购物次数；购物的通常时间；喜欢何种环境购物；每次购买的商品种类；平均消费额；确定合适的价格带（价格带是一类品种价格的分布幅度）。顾客层次不同，对商品的要求也不同，如超市一般适宜于制定"适中价格"幅度的战略，品种数量适中，规格花色品种多，价格种类不能过多而且应集中于低价，价格带尽量压缩，陈列量要充分。

商品定位是一个从目标顾客需求出发确定商品经营结构的过程。它决定了连锁企业各分店的商品结构，并决定了此后商品品种的开发。

案例阅读

商品的重新定位

广东某连锁超市最近新开了一家大卖场，该店商圈包括一个大型居民区和广东一个典型的城中村——外地大学毕业生到广东找工作时的出租屋集中地。

这家分店在生鲜商品经营上遇到了一个麻烦事。生鲜品中初级产品的销售还不错，但是不管他们怎么调整价格、怎么促销、怎么活性化卖相，生鲜品中的加工制品，特别是熟食和面包一直销售很不理想。

这家公司老总很纳闷："我的熟食都是按照家庭主妇的口味制作的啊，而且促销时段也选择在下午16:00—18:00的晚市，商品出炉时间控制在16:00左右，以保证商品新鲜，怎么还是不行？"

从该店商圈分析来看，其熟食的主流目标顾客应是那些到广东寻梦的大学生们，他们住在出租屋里，可能连锅都没有，刚毕业不久工作非常卖力，每天下班时间基本在18:00以后……公司在找准该类商品的目标顾客——外地大学生群体后，经过调研分析，该店的熟食类商品构成与营销作如下调整：

（1）商品构成以满足广东家庭主妇为核心的"广式口味"，转变成以满足外地大学生群为核心的"全国风味"——湖南风味、四川风味、潮州卤水、东北炖菜……具体操作方式采取联营抽成等方式，以弥补自身厨师的不足。

（2）商品构成以满足家庭主妇为核心的大包装、大分量，转变成以满足年轻人为核心的小包装、即食性包装为主。

（3）商品出炉时间由以满足家庭主妇为核心的下午16:00左右，转变成以满足这些年轻人为核心的晚18:00左右，以使得这些目标顾客一到卖场就能买到新鲜出炉的商品。

（4）时段促销商品调整，由半成品配菜、大包装促销品转化为以即食性小包装促销品为主，免费提供一次性手套服务。

经过系列商品与营销构成的调整，该店的熟食部由原来的滞销部门成为整个店的领头羊，同时有效带动了其他相关联商品的销售。

（资料来源：根据百度文库、联商网咨询中心等资料整理）

6.1.3 连锁经营的商品组合

1. 商品组合的定义

商品组合又称商品经营结构,是指一个商场经营的全部商品的结构,即各种商品线、商品项目和库存量的有机组成方式。简而言之,商品组合是企业经营的商品的集合。商品组合一般由若干个商品系列组成。

商品系列是指密切相关的一组商品。某组商品能形成系列,有其一定的规定性:有的商品系列,是由于其中的商品均能满足消费者某种同类需求而组成的,如替代性商品(牛肉和羊肉);有的是其中商品必须配套在一起使用或售给同类顾客,如互补性商品(手电筒与电池);有的可能同属一定价格范围之内的商品,如特价商品……商品系列又由若干个商品项目组成。商品项目是指企业商品销售目录上的具体品名和型号。

商品组合可以采取广度性和深度性相结合的方法。广度性是指增加商品系列的数量。一个连锁企业的商品组合的广度越宽,其综合化程度就越高。深度性是指增加商品系列内所包含的各种商品项目的数量。以一男装店为例,广度指西装、衬衫、领带和袜子等商品线,深度是指商品线中款式的多少,如不同的颜色、尺寸、面料等。商品组合的深度越深,其专业化程度和商品之间的关联性越强。商品组合的广度和深度必须适度,必须根据连锁企业的特性和所处商圈的条件来确定。

商品组合的目标有 3 个:一是给顾客生活带来便利,二是满足顾客生活所需,三是让顾客买起来方便和愉悦。

2. 商品组合的搭配

在连锁企业的经营中,顾客对某一家连锁企业的印象偏好,不是来自于所有商品,而是来自于某个商品组合。如某家超市的速冻小包装产品品种多、新鲜度高,某家超市星期六特价商品最实惠。商品组合的搭配主要是根据商品在销售中的地位来确定。

(1)主力商品。主力商品是指所完成销售量或销售额在商场销售业绩中占举足轻重地位的商品。主力商品的增加或减少,经营业绩的好坏直接影响分店经济效益的高低,决定着分店的命运。它的选择体现了分店在市场中的定位以及整个连锁企业在人们心目中的定位。主力商品的构成一般可以考虑以下几类:

① 感觉性商品。在商品的设计上、格调上都与分店形象相吻合的商品。

② 季节性商品。配合季节的需要,能够多销售的商品。

③ 选购性商品。与竞争者相比较,易被选择的商品。

(2)辅助商品。辅助商品是与主力商品具有相关性的商品,其特点是销售方面比较好,可分为以下 3 类:

① 价廉物美的商品。在商品的设计上、格调上不需太重视,但对于顾客而言,在价格上较为便宜,而且实用性高。

② 常备的商品。在季节性方面可能不太敏感,但在业能或业种上,必须与主力商品具有关联性而且容易被顾客接受。

③ 日用品。即不需要特地到各处去挑选,随处可以买到的一般目的性的商品。

（3）附属品。附属品是辅助商品的一部分，对顾客而言，也是易于购买的目的性商品。附属品可分为以下 3 类：

① 易接受的商品。即展现在卖场中，只要顾客看到，就很容易接受而且立即想买的商品。

② 安定性商品。具有实用性，但与设计、格调、流行性无直接关系的商品，即使卖不出去也不会成为不良的滞销品。

③ 常用商品。即日常所使用的商品，在顾客需要时可以立即指名购买。

（4）刺激性商品。为了刺激顾客的购买欲望，可以针对上述 3 类商品群，选出重点商品，必要时挑出某些单品来，以主题系列的方式，在卖场显眼的地方大量地陈列出来，借以带动整体销售效果的商品。刺激性商品可分为以下 3 类：

① 战略性商品。即配合战略需要，用来吸引顾客，在短期内以一定目标数量来销售的商品。

② 开发的商品。考虑到以后可能热销，商店积极地开发，并与厂商配合所选出的重点商品。

③ 特选的商品。利用陈列表现加以特别组合，具有强诉求力且易于引起顾客冲动购买的商品。

3．商品组合的方法

（1）按消费季节的组合法。如在夏季可组合灭蚊蝇的商品组合，辟出一个区域设立专柜销售；在冬季可组合滋补品商品组合、火锅料商品组合；在旅游季节，可推出旅游食品和用品的商品组合等。

（2）按节庆日的组合法。如在中秋节组合各式月饼系列的商品组合，在老人节推出老年人补品和用品的商品组合，也可以根据每个节庆日的特点，组合用于送礼的礼品商品组合等。

（3）按消费的便利性的组合法。如根据城市居民生活节奏加快、追求便利性的特点，可推出微波炉食品系列、组合菜系列、熟肉制品系列等商品组合，并可设立专柜供应。

（4）按商品的用途的组合法。如在家庭生活中，许多用品在超市中可能分属于不同的部门和类别，如厨房系列用品、卫生间系列用品等，但是都可以用新的组合方法将其组合，从而推出新的商品组合。

由于现代化社会中消费者需求变化的多样性，连锁企业的经营者必须及时地发现消费者的变化特征，适时地推出新的商品组合，可巩固企业在同行业中的战略领先地位。

案例阅读

啤酒和尿布的组合

在一家超市里，有一个有趣的现象：尿布和啤酒赫然摆在一起出售。但是这个奇怪的举措却使尿布和啤酒的销量双双增加了。这不是一个笑话，而是发生在美国沃尔玛超市的真实案例，并一直为商家津津乐道。原来，美国的妇女们经常会嘱咐她们的丈夫下班以后要为孩子买尿布，而丈夫在买完尿布之后又要顺手买回自己爱喝的啤酒，因此，啤酒和尿布被一起购买的概率还是很大的。

是什么让沃尔玛发现了尿布和啤酒之间的关系呢？正是商家通过对超市一年多原始交易数字的详细分析，才发现了这对神奇的组合。

6.2 商品采购管理

6.2.1 连锁经营商品采购制度

商品采购是指连锁企业为实现销售目标,在充分了解市场需求的情况下,根据企业的分店经营能力,运用适当的采购策略和方法,通过等价交换,取得适销对路的商品的经济活动过程。

连锁企业的采购制度一般分为集中采购制度和分散采购制度。以集中采购制度采购的商品占采购商品总量的70%以上,其余部分由分店自行采购,以保持其灵活性和各自特色。

1. 集中采购制度

集中采购制度又称中央采购制度,是指连锁企业设立专门的采购机构和专职采购人员统一负责商品采购工作,如统一规划同供应商的接洽、议价、商品的导入、商品的淘汰及POP促销等。连锁企业所属各分店只负责商品的陈列和销售以及内部仓库的管理工作,对于商品采购,各分店只有建议权,可以根据自己的实际情况向总部提出有关采购事宜。

集中采购正是实施连锁企业规模化经营的基本保证,保证了价格竞争的优势地位,有利于降低商品采购成本和规范超市的采购行为。

2. 分散采购制度

分散采购制度就是连锁企业将采购权分散到各个分店,由各分店在核定的金额范围内,直接向供应商采购商品。分散采购模式有以下两种具体形式:

(1)完全分散采购。完全分散采购形式是连锁企业总部根据自身的情况将采购权完全下放给各分店,由各分店根据自己的情况灵活实施采购。例如,法国的家乐福公司曾经在很长一段时间都是实行分散采购,由于其单店规模巨大,同样也有效。

(2)部分分散采购。部分分散采购形式是超市总部对各分店的地区性较强的商品及一些需要勤进快销的生鲜品实行分散采购,由各分店自行组织进货,而总部则对其他的商品进行集中采购。例如,某分店目标消费者有特殊的饮食习惯,不了解市场行情的总部可以让分店自行采购该部分商品。

6.2.2 商品采购组织及采购方式

1. 商品采购组织

(1)分权式采购。分权式采购又称连销式经营,指企业把与采购相关的职责和工作分别授予不同的部门来执行。此种经营形态虽属连锁店方式,但采购业务仍授权给各分店自行负责。

(2)本部采购。本部采购是把采购权集中在本部,并设立专责采购部门来负责,采购权不下放,品项的导入、淘汰、价格制定、促销活动的规划等,完全由本部控制,卖场只负责陈列、库存管理及销售的工作,对商品采购无决定权,但有建议权。

(3)采购委员会。组织规模较大的连锁企业,通常都成立采购委员会,裁决商品采购事宜。采购委员会的成员,则从各连锁企业中选出,目的是综合各连锁企业的意见来决策采购问题。

（4）联合采购。联合采购又称集团式采购或委托采购，指汇集同业或关系企业的需求量，向供应商订购。容易取得较好的效果，尤其适合于畅销品的采购。

2．商品采购方式

连锁企业要根据各类商品的进货渠道和来源的不同特点，结合企业的实际情况，采用相应的商品采购方式。

（1）集中统一采购。集中统一采购由连锁企业经理或专门商品采购部门全权负责商品采购，各商品部只负责填报订货单和销售。这种方式适用于中小型连锁企业，大型企业则不宜采用。

（2）分散独立采购。分散独立采购由各商品部直接负责商品的采购，连锁企业只控制全局平衡，根据各商品部的销售状况来调节资金的分配和使用。这种方式比较适合规模较大、就近采购的连锁企业。

（3）集中与分散相结合采购。集中与分散相结合采购的特点是就近采购时由各商品部分散进货，到外地采购时则由企业集中统一进货。这种方式一般适合大型连锁企业。

（4）委托采购。委托采购是委托中间商代为采购，付给对方一定代理费。这种方式主要适用于中小型连锁企业。这类企业因为规模相对较小，所购商品种类较多而批量却较小，加上手续复杂，没有专人负责进货，委托给中间商更能节省人力物力。

6.2.3 连锁经营商品采购流程

1．建立相应的商品采购机构

连锁企业的商品采购机构有两种：一种是正式的采购组织，专门负责商品采购工作，人员专职化；另一种是非正式的采购组织，企业不设专职采购部门，由销售部、销售组负责商品采购工作。非正式采购组织一般不设专门采购人员，而由销售人员兼职从事商品采购。

2．制定商品经营目录及采购品种

商品经营目录即连锁企业或分店所经营的全部商品品种目录，是连锁企业组织进货的指导性文件。连锁企业制订商品经营目录，必须根据目标市场需求和企业的经营条件，具体列出各类商品经营目录，借以控制商品采购范围，确保主营商品不脱销，辅营商品花色、规格、样式齐全，避免在商品采购上的盲目性。连锁企业的商品经营目录并不是一成不变的，可根据市场需求变化和企业经营能力适时进行调整。

连锁企业的商品采购品种，由各分店根据本店的实际销售需要，在连锁企业的商品经营目录范围中提出。若需采购其他的商品或特殊品种，则按连锁企业的新品开发计划来确定。

3．确定采购批量

（1）采购费用。随采购次数变动而变动的费用，包括差旅费、业务费等。该费用与采购批量成反比关系，即采购批量越大，采购次数越少，采购费用就越低。

（2）储存费用。随储存量变动而变动的费用，包括仓储费、占用资金利息费用、商品损耗费用等。该费用与采购批量成正比关系，因为采购批量越大，平均储存量就越大，储存费用也越高。

如果采购批量过大，会造成存货积压、储存费用增加；如果采购批量过小，又会造成销售断档缺货、销售额减少，采购费用增加。以上两种情况都将影响企业的经济效益。经济采购批量是在满足销售需要的条件下，使采购费用与储存费用之和最小，其计算公式为

$$Q = \sqrt{\frac{2DC_1}{C_2}}$$

式中：Q——经济采购批量；

　　　D——一定时期内采购总量；

　　　C_1——每次采购费用；

　　　C_2——单位商品储存费用。

以上公式指出了在采购量一定时商品采购的最佳批量，批量确定后，进货次数也被确定。但这里只考虑了采购费用和储存费用，实际上，连锁企业的商品由配送中心负责采购，所以还必须要考虑配送费用的因素，在考虑配送费用基础上找到总费用最低点的批量，才是经济采购批量。除此以外，对理论上确定的经济采购批量，还要根据采购难易程度和总部经营方针进行某种程度的修正，使之符合连锁体系的实际情况。

4．选择合理的采购渠道

（1）企业自有供货者。有些连锁企业自己附设加工厂或车间，有些连锁企业设有商品配送中心。这些供货者是连锁企业首选的供货渠道。商品（如时装、针纺织品、鞋帽等）市场花色、式样变化快，如果从外部进货，批量大、时间长，不能完全适应市场变化，如果从加工厂或车间加工定做，则产销衔接快，批量灵活。

（2）企业原有外部供货者。连锁企业稳定的外部供应者来自各个方面，既有生产商，又有批发商，还有专业公司等。在选择供货渠道时，原有的外部供货者应优先考虑，一方面可以减少市场风险，另一方面也可减少对商品品牌、质量的担忧，还可以加强协作关系，与供应商共同赢得市场。

（3）新的外部供货者。由于连锁企业业务扩大，市场竞争激烈，新产品不断出现，所以企业需要增加新的供货者。选择新的供货者是商品采购的重要业务决策，要从几个方面做出比较分析：货源的可靠程度、商品质量和价格、交货时间、交易条件等。

为了保证货源质量，连锁企业商品采购必须建立供应商资料档案，并随时增补有关信息，以便通过信息资料的对比，确定供应商。

5．购货洽谈和签订合同

在对供货商进行评价选择的基础上，采购人员必须就商品采购的具体条件进行洽谈，达成一致，然后签订购货合同。

一项严谨的商品采购合同应包括以下主要内容：货物的品名、品质规格；货物数量；货物包装；货物的检验验收；货物的价格，包括单价、总价；货物的装卸、运输及保险；贷款的收付；争议的预防及处理。

签订购货合同，意味着双方形成交易的法律关系，应承担各自的责任义务。供应商按约交货，采购方支付货款。

6．商品检验和验收

采购的商品到达分店或指定的仓库后，要及时组织商品验收工作，对商品进行认真检验。

商品验收应坚持按采购合同办事，要求商品数量准确，质量完好，规格包装符合约定，进货凭证齐全。商品验收中要做好记录，注明商品编号、价格、到货日期。验收中发现问题，要做好记录，及时与运输部门或供货方联系解决。

 相关知识

商品采购验收标准

1. 日用百货类商品验收标准

（1）引用标准：《消费品使用说明 第1部分：总则》（GB 5296.1—2012）

（2）国产商品。

① 必须索取的法规文件：厂家营业执照；法定质量检验机构出具的检验报告；厂家生产许可证（压力锅和餐具洗涤剂、无磷洗衣粉、无磷洗衣液、消杀用品、保健用品）。

② 必须具备的商品中文标签标识内容：生产厂商名称、地址；使用说明和维修保养说明；警示标志及说明；生产日期、安全使用期或失效期；产品规格、等级、成分等。

（3）进口商品。

① 必须索取的法规文件：委托代理或委托经销证明；国家检验检疫局或指定单位出具的合格检验报告单；中华人民共和国海关进口货物报关单。

② 必须具备的商品中文标签标识内容：使用说明和维修保养说明；警示标志及说明；生产日期、安全使用期或失效期；产品规格、等级、成分等；须标注原产国（地区）和国内经销（代理）商的名称和地址。

（4）发放生产许可证的商品，包括压力锅、餐具洗涤剂、消杀用品、保健用品等。

2. 服饰、纺织品验收标准

（1）引用标准：《消费品使用说明 第4部分：纺织品和服装》（GB 5296.4—2012）

（2）进口商品。

① 索取的法规文件：委托（代理）授权书；国家检验检疫局或指定单位出具的合格检验单证；中华人民共和国海关进口货物报关单。

② 必须具备的商品中文标签标识内容：品名、号型、规格等级；产品标准号；布料原料名称和主要成分的标志和标识；产品使用洗涤标识；须标注原产国（地区）和国内经销（代理）商的名称和地址。

（3）国产商品。

① 必须索取的法规文件：厂家营业执照；法定质量检验机构出具的检验报告。

② 必须具备的商品中文标签标识内容：品名、号型、规格等级；产品标准号；布料原料名称和主要成分的标志和标识；产品使用洗涤标识；生产商的厂名、厂址；商品检验合格标记。

③ 其中型号、规格、原料成分和洗涤方法，应标注在耐久性标签上。

6.2.4 连锁企业与供应商的合作

1. 寄卖

寄卖即代销。供应商以寄卖的方式向连锁企业供货，即连锁企业对供货商不及时清算货款，按售后结算方式和供应货商协议订立一个结算期来结算货款。

（1）结算方式。寄卖的具体结算方式可以分为两种：第一种为定期结算，即对有关的寄卖货品根据每个结算期内的实际销售额来结算应付的货款，结算期大多为1～3个月；第二种为翻单结算，即在供货商供应第二批货品时结算第一批货品的货款。

（2）合作方式。供应商在寄卖合作形式中所扮演的角色有两种：第一种是只提供货品，售货员和管理等支援工作则由连锁企业负责；第二种是供应商既提供商品又提供售货员，售货员的薪酬由供货商提供，而连锁企业则引厂进店成了第三方平台，只管收取费用，风险转嫁给了供应商。目前，部分连锁企业会对新进场代销货品收取上架费、堆头费等。

2．买断

买断即购销。买断经营在国际商界是很普遍的经营手段，如沃尔玛80%的商品都是买断经营，麦德龙89%的利润是通过买断来获取的。买断经营指用现金支付方式大批量地购买生产方的商品，获取其独家经营权和所有权，付款方式从原来的约期付款改变为现款结算，对购进的商品只要不存在质量问题，一律不再退货。

（1）结算方式。买断结算按货款结算条件的不同又分为"即期结算"（货到付款或款到付货）和"数期结算"（货到后一定期限内结算）两种。数期结算的时间一般为1～2个月，数期越短，连锁企业要求的进货价越低，买断经营供货价一般比寄卖要低。

（2）订货方式。不论是寄卖还是买断，连锁企业订货一般采取两种形式，即一次性的订货和一段时期的订货。对于一次性的订货，连锁企业一般通过交易双方签订认可的产品购销合同，确认订货品种、数量、金额、交货期及有关的交易条件等。对一段时期的订货（包括半年和一年期的订货），交易双方签订一次订货、多次发货的产品购销合同，确认一段时期总的订货品种、数量和金额，以及相关的交易条件。通常每次发货的具体品种、规格、数量和交货时间，要以连锁企业发出的具体订货要求为准。

3．专柜

专柜指连锁企业和供应商根据事先约定的合作条件共同开设的品牌销售专柜。专柜的结算方式基本上与寄卖相同，按连锁企业和供应商协定的保底和营业额分成，在指定的结算期结清货款。

专柜商品的定价一般情况下采取两种方式：一种是由供应商提出，由双方协议确定零售价；另一种是在供应商的供货价基础上加一定的比例作为零售价。专柜商品的销售原则上按连锁企业有关规定进行，统一收款。

设专柜的费用，除了保底和分成之外，有些分店供应商也要缴付其他费用，如促销及推广费（占月销金额的1%～5%）、仓储费（每月50～80元）等。连锁企业专柜每平方米的平均租金一般比商场和临街铺面低。

4．生产厂家自设专卖店

自设专卖店有助于对货品供应的管理和结算。连锁经营专卖店可以通过信息管理系统，加强对不同产品销售情况的监控，把握消费需求趋势，从而改善产品质量设计及加强其竞争能力。

虽然经营专卖店需要支付员工薪金、分店租金以及其他各种费用，使整体成本上升，但与连锁店专柜相比，自营专卖店不用与连锁企业分成利益，所以在销售超过一定数额后，自营专卖店的实际零售收益比经营专柜要高。

6.3 新品开发与滞销品淘汰

6.3.1 新品开发与滞销品淘汰的意义

1. 新品和滞销品的定义

从产品整体性概念的角度来说,凡是产品整体性概念中整体或任何一部分的创新、改进,能给消费者带来某种新的感受、满足其利益的相对新的或绝对新的商品,都叫新品。

对连锁企业来说,新品分为 4 个层次来理解:对制造商和供货商来说的新产品;对本地市场来说是第一次引进的新产品;对公司来说是第一次引进的产品线、增补产品线中的某些产品项目或原有产品经过重新组合形成新的"商品组合"(如礼品组合、烧烤食品商品组合、微波炉食品商品组合);对消费者来说的新产品,能给消费者以新的认识、效用和利益。新品具有丰富的含义,给连锁企业带来了更多的新品开发机会。

滞销品则是指分店在经营过程中,因为受自身的原因或经营环境的影响,导致销售困难、回转低、造成积压的商品。

2. 新品开发和滞销品淘汰的意义

随着社会经济的发展和人们收入水平的提高,消费者需求呈多样化趋势,对商品的要求也越来越高。新品开发和滞销品淘汰对连锁企业意义重大。

(1)商品组织优化的需要。可以将商品组织表形象地看成是一个巨大的"棋盘",每一个分类都是一个"棋盘格",等待着不同属性的"棋子"(商品)落入其中。直到棋盘格下满,才表示提供齐了满足顾客需求的商品,顾客在这里可以购买到自己想要的东西。对于分店来说,只有不断地引进和淘汰商品,才能确保"棋盘格"越来越满,存入的"棋子"越有活力。市场在变,新商品、新需求也在不断地出现与改变。由于"棋盘结构"已经划定,所以只有不断地引进与淘汰产品,不断保持和维护商品组织结构的完整性和合理性,才能不断为顾客提供最新、最好的商品,并满足其需求。

(2)分店优化产品毛利结构的需要。利润是一切商业组织追求的核心,是一切商业行为的根本。要想确保分店的盈利水平,首先,要从优化商品的毛利结构入手,用低毛利的商品吸引消费者,同时用高毛利的商品为分店赚取利润;其次,通过引进新品和淘汰滞销品,可以对分店现有的商品利润结构进行调整,让分店始终保持一个较高的盈利水平。

(3)市场精细化的要求。消费者的消费需求是需要不断刺激的。分店要想引导消费者不断创造新的消费需求,就必须通过商品汰换来实现。而商品汰换的一个重要原则,就是判断该产品在功能和理念上是否具有前瞻性,是否能吸引消费者的眼球。在市场需求越来越细分化的今天,要想满足不同的消费人群,就必须在了解各类消费人群不同消费需求的基础上,对现有商品结构进行有针对性的调整。

6.3.2 连锁经营新品开发的程序

1. 编制年度新产品计划

对年度的新产品开发项目做系统的规划,内容包括增加新分类、增加品项数、增加商品组合群、确立每一分类的利益标准、季节性重点商品计划、自行开发商品计划等。

2. 新品初评

企业开发的任何新商品在质量方面必须符合要求，包括符合国家行业、地方政府的有关法律、法规等。采购人员应该就新品的进价、毛利率、进退货条件、广告宣传、赞助条件等项目予以初评，见表 6-2。

表 6-2 新产品开发引进评估表

品　名	货　号		厂　商			
毛利率	*酒类 8%以下　　　□……1 分 8%～10%　　□……2 分 11%～15%　　□……3 分 15%以上　　　□……4 分		*一般商品类 15%以下　　□……1 分 16%～20%　□……2 分 21%～25%　□……3 分 25%以上　　□……4 分		*特殊商品类 20%以下　　　□……1 分 20%～25%　　□……2 分 26%～30%　　□……3 分 31%以上　　　□……4 分	得分
进退货	*进货 自行配送　　　　　　□……1 分 自行订货　　　　　　□……2 分 指定配送（协力厂商）□……3 分 直接配送（统仓）　　□……4 分			*退货 不可退货　　　□……1 分 有限退（换）货 □……2 分 可换货　　　　□……3 分 可退货　　　　□……4 分		得分
市场竞争力	*超市差价幅度 -10%以下　　□……1 分 -9%～0　　　□……2 分 1%～5%　　 □……3 分 5%以上　　　□……4 分		*一般零售店差价幅度 -5%以下　　□……1 分 -5%～0　　 □……2 分 1%～10%　 □……3 分 10%以上　 □……4 分		*便利店商店差价幅度 -5%以下　　　□……1 分 -5%～0　　　 □……2 分 1%～10%　　□……3 分 10%以上　　　□……4 分	得分
广告	*媒体 宣传单　□……1 分 广播　　□……2 分 报纸　　□……3 分 电视　　□……4 分		*预算 10 万元以下　　□……1 分 11～50 万元　　□……2 分 51～100 万元　□……3 分 100 万元以上　□……4 分		*时间 不定　　　□……1 分 1～2 周　　□……2 分 3～4 周　　□……3 分 5 周以上　□……4 分	得分
赞助能力	*年度销售折扣 1%～2%　□……1 分 2%～3%　□……2 分 3%～4%　□……3 分 5%以上　□……4 分		*商品陈列费 1 000 元以下　　　□……1 分 1 001～5 000 元　 □……2 分 5 001～10 000 元　□……3 分 10 000 元以上　　□……4 分		*其他赞助金（周年庆、新店等） 1 000 元以下　　□……1 分 1 001～5 000 元 □……2 分 5 001～10 000 元□……3 分 10 000 元以上　□……4 分	得分
总　分						
说明： 1. 30 分以下，不考虑进货 2. 30 分以上，同意进货试卖			主办：　　　　　　　　主管： 日期：　　　　年　　月　　日			

3. 新品复评

采购人员初评之后，还需具有商品专业知识的人员组成的采购委员会进行复评，对拟引进的品项进行筛选，复评的项目除初评项目外，还需对商品的口味、包装、售价及市场接受程度等项目进行具体的评价,以防止不合标准的商品流入本企业。

4．新品试销

对连锁企业而言,贸然引入新品的风险很大,通常选择部分分店先进行试销,再就试销结果做出是否推广到所有分店的决策。

5．更新卖场商品陈列表

若新品试销效果良好,则采购人员应配合进货,并制作新的商品陈列表。

6．通知分店

新品全面引进分店之前,需事先以书面或其他方式告知分店,并予以前置时间,要求分店限期做好新品引进的各项工作。

7．跟踪管理

商品导入分店后要对销售量进行观察、记录与分析。

6.3.3 新品开发的评价标准

1．事先评价标准

连锁企业采购业务人员,应在对新引进商品的市场销售前景进行分析预测基础上,对该新引进商品能给公司带来的既定利益进行评价,这一既定利益可参照目前公司从经营同一类畅销品所获利益,或新产品替代淘汰商品所获利益。如规定新品引进 3 个月内,销售额至少不低于替代淘汰商品的销售额,方可列入采购计划的商品目录之中。

2．事中评价标准

连锁企业在与供应商进行某种新商品采购业务的谈判过程中,根据供应商提供该商品的详细、准确、真实的各种资料,以及提供该商品进入连锁企业销售系统后的促销配合计划进行评价。

3．事后评价标准

负责新商品引进的采购业务人员,根据新商品在引入分店试销期间的实际销售业绩(销售额、毛利率、价格竞争力、配送服务水平、送货保证、促销配合等)进行评估,评估结果优良的新商品可正式进入销售系统;否则,中断试销,不予引进。

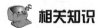
相关知识

选择新商品时应考虑单品集客力

先来看一个计算公式:

利润＝(单品平均销售额×单品数×平均毛利率)－经营费用

上式是利润计算公式的一种,从品项优化的角度来说,这个公式对于利润的控制有 3 个重点,单品平均销售额、单品数和平均毛利率。其中,如何提高单品平均销售额和提升单品数是困扰很多分店的问题。

分店的主推品类对于商品的销售是至关重要的。比如同一商品推荐的形式不同,其销售额可能有天壤之别。但是由于地域性和消费者消费能力的不同,对于各类的购买习性来说,商品和商品之间的集客力就会存在某些差别,这样就会产生一个虎、狼、小白兔、瘦狗的虚拟品项等级,分别代表了集客力差别。

A．虎类——顾客为解决自身问题而首先想到的首选类商品
B．狼类——首选类商品之外仍可想到的让自己满意的备选商品
C．小白兔类——在没有 A 类、B 类的情况下，会想到的有胜于无的备选商品
D．瘦狗类——没有分店的引荐，根本不会想到的可选品类

举例来说，比如一位顾客感冒进店以后，首先，会想到的是品牌类的胶囊制剂——虎类商品；其次，会想到品牌类的冲剂——狼类商品；再次，根据个人情况不同，比如在没有找到虎类、狼类的可心商品时，可能会考虑使用一些外用药油（小白兔类商品）来减轻自己的症状；最后，可能选择找个大夫抓点中药，或听从店家的推荐使用一种以前从来没有见过的品种——瘦狗类商品。

作为管理人员毫无疑问地应该了解这些差别，并合理排列推荐次序。但是，在此之中更重要的是要发现那些被埋没了销售潜能的"小白兔"和"瘦狗"，并采用适当的措施发挥其潜能，由此让 C 类、D 类商品合理地享有基本的权利——让 A 类、B 类商品带动 C 类、D 类商品的销售。总的来说，就是让所有的商品发挥其应有的销售能力。

但是，C 类、D 类商品一般是新的商品，如何选择和搭配非常重要。现在，由于价格战激烈，很多单体店或连锁企业都在使用品类杠杆调节品类，引进新的高毛利品项来缓冲品牌商品的低毛利威胁。但是，很多分店引进新商品并不得法，甚至造成更大的亏损面或者引发现金断流的危险。

因此，单品数（种类数）是创造利润的重要控制点。有效的单品数越多，整个卖场产生的利润就越大，所以及时有效地引进新商品也会在一定程度上提高卖场的利润，有时甚至能够彻底扭转分店的销售衰势。有人将这一规律称为单品数杠杆原理。

整个杠杆一端为有效单品数上升，另一端为无效单品数下降，支点就是数据分析。相对于传统商品管理所实行的柜组管理、大类管理而言，单品数杠杆原理是强有力的卖场细节管理工具。那么，如何运用单品数杠杆原理来组织新品的引进呢？可以使用"五看点新品引进法"：一是采购前看分类；二是销售能力看排行；三是实际贡献看毛利；四是注重流动看周转；五是聚客能力看单品。

这就要主管商品引进和销售的人员进行协调管理，根据不同的商圈进行对接和灵活运用。总而言之，要重视数据的分析工作，按照数据反映的真实情况，有根据地进行决策，这样就能够降低商品引进的风险。

6.3.4 滞销品的类型及其成因

1．滞销品的类型

（1）因持续销售不佳（对公司整体贡献度衰退）而必须淘汰的现有商品。

（2）市场上已推出新的替代商品且厂商也将停止生产的商品。

（3）引进失败而成为滞销品的新商品。

（4）过季商品。

2．滞销品的成因

（1）质量问题导致滞销。供应商所供应的商品有质量问题，且采购人员进货和收货过程把关不严，顾客购买以后发生退货，造成分店商品积压而成为滞销品。

在管理不善的连锁企业中，造成滞销的原因一般有两个：一是采购人员明知道商品质量不好，但为了高收益（高毛利、进场费或个人贿赂），将商品硬塞进卖场；二是配送中心或分店收货部门工作不认真，把掺杂在好商品里的劣质品也收进了。

（2）进价问题导致滞销。商品进价过高，或物流等采购费用过高，导致商品定价高过市场同期水平，从而影响商品畅销度。一般造成这种情况的原因是：采购人员不熟悉本地和其

他地区的商品价格行情，但为增加商品的丰富性，专门从外地现金购入新商品。进入分店销售后，才发现本地有此类商品的供应商，并且价格也有一定优势，从而使商品变成了滞销品。

（3）商品过季导致滞销。供应商供货不及时，或者连锁企业内部商品运营混乱，延误了销售时机，使得季节性商品成为过季商品。例如，在中秋节前一天，某分店一些畅销品牌的月饼已经大面积断货，供应商因为各种情况无法当天供货，而在中秋节下午才将大量的商品送至分店，那么此时的月饼就成为滞销品了。

（4）被供应商压货导致滞销。很多采购人员没有事先对制造商商品的销售情况进行全面分析，仅看重厂家所给予的买赠、数量折扣或者现金折扣。其实，在消费者选择商品时，只有在两种商品品牌和价格定位相似、质量和数量相同时，附赠商品才具有一定的吸引力，不是所有带赠的商品就都能成为畅销商品。

（5）统一采购下的决策失误导致滞销。总部对各个分店的存货和销售情况没有把握准确，没有掌握商品畅销和滞销的状况，盲目订货或者自动补货系统出错，都会导致商品库存突然增加。

（6）分类/陈列不善导致滞销。分店里商品分类不清楚，商品陈列位置不好或不固定，促销方式不佳，都会导致滞销。例如，品类管理中经常提到的成人纸内裤和纸杯问题。由于纸内裤和纸杯的供应商往往同时代理卷纸、盒纸、婴儿纸尿片，大部分的连锁企业为了便于管理，就将所有这些商品都陈列在"纸制品"的品类里。这样就导致大部分的消费者找不到某些商品。

（7）突发的需求变化导致滞销。连锁企业面临突发的需求变化，来不及准备也会导致滞销。例如，某连锁企业根据春节的一贯销量，大量采购了禽蛋类的商品，但由于禽流感疫情在当地的蔓延，严重影响了该种商品的销售，使得连锁企业所有相关类型的商品销售下滑严重甚至长期出现零销售的现象。

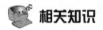 相关知识

滞销商品的危害

（1）从陈列空间上看，滞销商品大量阵列，占据了分店的货架空间，迫使其他畅销商品的陈列空间不够，新进商品无法正常上货，影响了分店商品周而复始的更替循环。

（2）从资金占用方面看，滞销商品的大量存在，影响到零售企业的资金流转，使得企业的流动资金都变成了陈列在分店的滞销商品，没有正常的流动资金进行新一轮的商品采购。

（3）从维护成本上看，不管滞销商品陈列在分店的货架上还是堆在配送中心的库房里，都需要零售企业的工作人员（包括分店理货员、管理者、库管员、采购员等）定期地清洁卫生、稽核数量以及控制质量，这都产生费用。

（4）从机会成本上看，分店和配送中心的场地建设等费用都需要从所经营的商品上获取，商品长期滞销，影响了零售企业的投资收益，如果采用畅销商品就会减少一部分的费用开支，并且还可能获得一定的经营收益。

（5）对于顾客来说，滞销商品大量陈列在分店的货架上，这样既影响了顾客挑选自己需要的商品，浪费了消费者的注意力，同时也耗费了消费者的正常购物时间，甚至导致顾客无法找到所需的商品。

（6）从分店在商圈内的形象上看，如果分店有大量的商品长期不做销售周转，可能会让消费者对分店失去信心，减少或者改变原本的购物需求，转投其他分店进行消费。

6.3.5　滞销品的淘汰方法及程序

1. 淘汰方法

（1）销售额排行榜淘汰法。根据分店 POS 系统提供的销售额信息资料，挑选若干排名最后的商品作为淘汰对象，淘汰商品数大体上与引入新商品数相当。在执行时要考虑两个因素：一是排行靠后的商品是否是为了保证商品的齐全性才采购进场的；二是排行靠后的商品是否是因为季节性因素而销售欠佳。如果是这两个因素造成的滞销，则应对其淘汰持慎重态度。

（2）最低销售量或最低销售额淘汰法。对于那些单价低、体积大的商品，可规定一个最低销售量；对主力商品可规定最低销售额，达不到标准销售额的即可淘汰。达不到这一标准的，可列入淘汰商品。执行时应注意，这些商品销售不佳是否与其布局、陈列位置不当有关。

（3）质量淘汰法。对被技术监督部门或卫生部门宣布为不合格商品的，应被淘汰。对于连锁企业来说，引进新商品容易，而淘汰滞销商品阻力很大，因为相当一部分滞销商品当初是作为"人情商品"进入超市的。为了保证超市经营高效率，必须严格执行标准，将滞销商品淘汰出超市卖场。如果新品引进率不正常地大于滞销品淘汰率，那么采购部门可能了出现问题。

通过上述方法选择商品，进行商品结构的优化，对分店销售起着重要作用。

2. 淘汰程序

（1）订定滞销品的基准。

① 以销售最后的项数或百分比为淘汰基准。例如，以 3 个月销售排行榜资料为参考，以最后 100 品项为淘汰的对象，或是以排行榜最后的 3%为淘汰基准，不过以这样的基准来作为淘汰的依据时要注意考虑：这种商品的存在是否为了使品项齐全，或是因为季节性的因素才滞销，如属这些因素产生的滞销便不可遽然予以剔除。

② 以销售数量未达到某个标准为淘汰基准。例如，订定连续 3 个月平均销售未达 2 000 元或未达 5 箱的品项为滞销品项，再考虑是否要淘汰。

③ 以销售单位未达某个数量标准为滞销品的基准。例如，以每月单品销售未达 50 个为淘汰的基准，这对于某些低单价的商品特别适用，有时一个单品售价才 5 元，卖了 50 个才 250 元，但所占面积却很大，所以对低单价商品的管制要特别注意，将其单位提高，如还未达标准便可考虑是否有出售的必要。

④ 品质出现问题的商品也应列为淘汰的对象，被食品卫生单位或卫生单位宣布为有问题的商品皆应列入淘汰的对象。

（2）淘汰作业。

① 列出淘汰商品清单。确定要淘汰哪些项目，列出一张清单，并经主管确认。

② 确定淘汰日期。淘汰商品最好每个月固定集中处理，不要零零散散地处理。例如，规定每月某日为淘汰日，所有的分店或要进行淘汰的分店，便在这一天把淘汰商品下架退货。

③ 淘汰商品的数量统计。确定要淘汰的商品后，再清查各分店所有淘汰品库存数量及金额，以便于处理及了解处理后所损失的毛利是多少，以保证整体利益。

④ 查询有无货款可扣抵。查询被淘汰商品的供应商是否有剩余货款可抵扣，这点相当重要，必须和财务单位联系，确认后请财务单位进行会计手续处理。若无货款，则不可将商品退给供应商。

⑤ 决定处理方式。对淘汰下来的商品决定处理方式，有的可以退回给供应商，有的无法退给供应商。对无法退给供应商而又有一定使用价值的商品，可以降价贩卖或便宜卖给员工，也可以当作促销的奖品来送给顾客，可从中选定一种方式处理。

⑥ 进行处理。若采取退货处理方式，应通知供应商按时取回退货，并将扣款单送缴会计单位，做会计处理；若采取卖场处理方式，则将处理方式明确通知各店，在分店进行处理，直到处理完成为止。

⑦ 整理淘汰商品的记录。每月都将处理完成的淘汰商品汇成总表，整理成档案，以便随时查询，避免因年久或人事异动等因素，又将滞销品重新引进。

6.4 自有品牌商品开发

6.4.1 自有品牌开发的意义

1. 自有品牌的含义

自有品牌（Private Brand，PB）是指由连锁企业开发、组织生产并归其所有的商品品牌或公司符号和标记。自有品牌开发是连锁企业通过收集、整理、分析消费者对某种商品的需求信息及要求，提出新产品的开发设计要求，并选择合适的制造商进行生产或自行设厂生产制造，最终以连锁企业自有品牌在其分店内销售的一种策略。

2. 开发自有品牌的意义

（1）有利于增强商品的竞争力。自有品牌的实施增强了商品竞争力，最突出的表现是它实现了商品的低价。其中原因主要有4点：一是自己生产或组织生产有自家标志的商品，节省了流通费用；二是内部销售，减少广告费；三是包装简洁大方，节省包装费用；四是规模生产和销售，降低成本。

（2）有利于形成特色经营。根据市场情况及时组织生产和供应某些自有品牌商品，使连锁企业的商品构成和经营富有特色，同时连锁企业以自有商品为基础向消费者提供更全面的服务，借助于商品又可进一步强化企业形象，两者相辅相成，形成企业自身对消费者的独特诉求。

（3）有利于充分发挥无形资产的优势。自有品牌战略的实施，使连锁企业的无形资产流动起来，给连锁企业增加了利润来源。通过自有商品赢得商标的信誉，这种商标的信誉最终变成连锁企业的信誉，从而赢得稳定的市场。

（4）有利于掌握更多的自主权。连锁企业以自有品牌进行销售，取得市场经营的主动权，获得了制定价格的主动权，获得商业利润和部分加工制造利润，增强了抗击市场风险的能力，成为市场经营活动的积极参与者，从厂家的销售代理人转变成为顾客的生产代理人。

（5）有利于准确把握市场需求。自有品牌战略的选择，使大型连锁企业的这种优势能够得到有效的发挥，它们直接面对消费者，能够迅速了解市场需求动态，并及时做出反应，大型连锁企业实施自有品牌战略往往能够领先生产者一步，无形中增强了企业自身的竞争力。

（6）有利于提高经营管理水平。实施自有品牌战略，要求连锁企业必须造就和培养一批高素质的经营管理人才，因为此时的连锁企业不仅只是销售商品，而且要负责产品开发设计、品牌管理、生产与质量检验、促销宣传等一系列复杂的整体营销工作，更需要培养大批专业人才，以利于提高企业经营管理水平。

6.4.2 自有品牌的营销策略

1. 产品策略

如果单从市场盈利这个角度来说，那么只要毛利率高、市场上又存在制造商品牌的空缺，就可以在该产品类别中引入自有品牌。但是，并不是连锁企业内所有商品都适宜使用自有品牌。一般来说，具有以下属性的商品比较适合采用自有品牌：

（1）科技含量不高的大众消费品。
（2）购买频率较高的商品。
（3）价格较低的商品。
（4）品牌意识不强的商品。
（5）售后服务程度高的商品。

案例阅读

深圳连锁超市的自有品牌商品

深圳连锁超市自有品牌的商品主要集中在快速消费品和服饰两大方面。在快速消费品方面，有如沃尔玛的"惠宜"鱿鱼干、"惠宜"巧克力威化、"惠宜"茶树菇以及"equate"沐浴露等；全家乐超市的"维加"早餐饼、沐浴露、洗洁精、地板净、牛奶威化饼、汉堡糖等；新一佳的"新一佳"纸巾、红色旅行袋和固体香剂等；民润市场的"精明选"一次性纸杯、纸巾和悠闲食品等；万佳百货的"家之精选"纸巾和糖果等；华润超市的"五丰"米粉、"怡宝"纯净水和"德信"茶叶等；人人乐的"乐丝"毛巾以及中山壹加壹超市的"阔吉"糖果、"先达"面包以及"1+1"纸巾等。而在服饰方面，则有沃尔玛的"725"牛仔裤；人人乐的"乐丝"袜子和休闲服装；万佳百货的"RMKY"服装；等等。

（资料来源：根据百度文库、中国物流与采购网等资料整理）

2. 价格策略

在自有品牌的价格策略中，首先需要决定的是和产品定位相适应的价格定位问题。一般来说，自有品牌产品的价格都要明显低于同类产品的价格，比较合理的让利比例是 20%～30%。如果定价与市场上的品牌产品相差太远，不仅压缩了连锁企业的利润空间，而且很容易让消费者产生"价低质劣"的担心，不利于自有品牌产品的销售。例如，深圳百佳超级市场的自有品牌衣物柔顺剂，价格大概是相同容量的金纺牌衣物柔顺剂的 1/3；但是 Watson（屈臣氏）的自有品牌的价位和其他制造商品牌产品的价位差别就没有那么大，有些产品的价格甚至要高于制造商品牌。

3. 渠道策略

连锁企业自有品牌的渠道策略包括两个问题：一是通路的选择问题，即在一个零售组织的什么业态内引入自有品牌的问题。目前，自有品牌主要存在于超级市场中。二是自有品牌的配送问题，它涉及自有品牌营销中的物流管理问题，如何从时间、空间、数量和质量等方面来解决生产地和销售地不在同一地点的问题。

4. 陈列策略

分店卖场开端及主题促销区为"第一磁石点",卖场主动线及自动扶梯出入口等顾客必经之地是"第二磁石点",卖场中央陈列架两侧端头为"第三磁石点",穿插在卖场货架中间的排面为"第四磁石点"。连锁企业可以将着力推广的 PB 商品陈列在不同磁石点,以提高顾客接触商品的机会,强化 PB 商品的视觉冲击效果。

5. 促销策略

连锁企业对 PB 商品的促销可以结合价格促销,POP(现场)广告促销及其他方式一起进行。在价格方面,除了直接的低价销售外,还可以将 PB 商品用特价品、限时特卖、特惠包装、散装货品、奉送赠品或抽奖等形式推出,尽管这些都是常用的陈列招式,但效果依然很好,容易为消费者所接受。在广告促销上,连锁企业完全可以采用 POP 广告大力推广 PB 商品。此外,还可以采用 DM(带实物照片的免费派发海报)、TG(端架促销)、ActSpot(不定期消费者"惊喜")、First Price(采购力最强商品系列促销)、Linear Promotion(排面促销)、Theme Promotion(主题式活性化促销)、动线推头、岛式均价促销、演示促销等,配合现场 POP 和背景气氛的调控,从心理上和技术上营造 PB 商品的低价和优质印象。

6.4.3 自有品牌的开发策略

1. 联合开发策略

联合开发策略就是连锁企业与实力强劲的大生产商联合开发自有品牌商品,共同分担开发费用,共担风险,共享利润。商品不但冠以连锁企业自有品牌,而且冠以在市场上为公众所熟知的生产商品牌,形成鲜明的双品牌现象。这种模式的优势在于可以充分利用实力强大的生产商的声誉及其在市场上的知名度,为消费者提供双重质量保证,降低消费者的购物风险,同时也有利于提高连锁企业自有品牌的知名度和市场份额。

2. 战略联盟策略

战略联盟策略是指连锁企业与实力较弱的中小生产商结成联盟,连锁企业根据市场需求,提出产品的生产标准,委托中小生产商加工生产,待验收合格后在产品上冠以超市自有品牌进行销售的一种策略。这种模式的优势在于连锁企业可充分利用自己的销售能力控制较为弱小的中小生产商,在生产上不必分散过多的精力和资金,可以专注于自有品牌的开发。

> **案例阅读**
>
> **沃尔玛的自有品牌开发**
>
> 中小企业给沃尔玛做自有品牌,绝非简单的利润驱动。惠宜是目前沃尔玛主推的 3 个自有品牌之一,另外两个分别为 Mainstays 与 Simply Basic。对于生产惠宜品牌食品的小公司多利亚娜来说,要经历比国家标准更为严苛的沃尔玛质量检测。沃尔玛每季度进行一次例行抽检,费用就达到了 3 000 元,而国内同类的检测只需 1 000 元。即使如此,强大的订单需求量还是吸引了多利亚娜公司以及很多中小企业的目光。
>
> 现在,在沃尔玛购物广场里,仅冠以"惠宜"这个品牌的食品、家居用品就有大概 120 种,而沃尔玛中国 56 家卖场中则有 1 800 种沃尔玛自有品牌商品在销售,这占到了其全部 25 000 种商品的 7%。目前,沃尔玛所有在国内推出的自有品牌的商标权属都是沃尔玛(中国)投资有限公司。
>
> (资料来源:根据百度文库、中国物流与采购网等资料整理)

3. 自主开发策略

自主开发策略是连锁企业进军生产领域的一种品牌开发模式。连锁企业充分利用盈余的资本投资设厂，自主设计开发和生产产品，然后在自己的产品上加注自有品牌并置于自己的分店内进行销售，是一种典型的"前店后厂"模式。这种模式的优势在于连锁企业将从产到销的整个价值链整合在一起，有利于对其中的各个环节的有效控制。例如，目前许多连锁分店开展绿色蔬菜销售专柜，积极倡导绿色品牌产品，投入大量的资金与生产商一起开发和经营绿色食品，如无化学污染的蔬菜和水果、无病害的肉类、无菌处理的鸡蛋等，满足了人们对食品高品质的要求，并引导新的消费模式。

🌐 案例阅读

美国拉笛尔蔬菜超市的前店后厂

在美国的休斯敦市，有一家世界上独一无二的蔬菜超市——拉笛尔蔬菜超级市场，其最大特色就是种植同销售融为一体。拉笛尔蔬菜超市以其丰富的品种、新鲜的产品、优良的服务和低廉的价格赢得了众多消费者的青睐和信赖，也由此先后挤垮了不少中小蔬菜市场成为休斯敦市最大、最受市民们欢迎的日常蔬菜供应中心，并成为全美所有蔬菜超市的佼佼者。

设在店后的蔬菜"农场"，与超市只隔着一层玻璃，人们可以从超市清楚地看到将要购买的蔬菜是怎样生长的。"农场"近 10m 高的大棚被充分利用。一排排放有几十层可以自动调节升降的金属架，从地面一直到棚顶，每一层都种植有不同的蔬菜，自上而下分为一个生长和成熟周期。金属架的 4 根柱子是自来水管道，每层的架子都设有喷水口，"农场"工人只要按一下遥控器按键，即可为任何一层蔬菜浇水。棚顶吊着几十盏高低不同的人造小太阳灯，能够照射到每个角落，以满足蔬菜对阳光的需求。棚内还设有温、湿度自动调节器，里面的"气候"和"季节"都由人工调控。

由于拉笛尔蔬菜超市省去了各地收购、运输和中间商等多道环节，损耗率极低，所以其售价比市价普遍低 5%~7%，与同类蔬菜市场相比具有明显的质量和价格优势。

（资料来源：根据百度文库、联商网咨询中心等资料整理）

6.4.4 自有品牌商品的管理

1. 前期规划

（1）品牌的申请注册。为了培养顾客对自有品牌的认知度和忠诚度，注册品牌最好一次就做完整的策划。连锁企业在对自有品牌的商标管理中，有的是按分类进行申请，各类有各自不同的品牌名称，如食品、生鲜、服装、生活用品等各有其名，分层次推广并不断延伸；也有的只有一个自有品牌，大多以企业名为品牌名。

（2）自有品牌的品类设置。一般来说，基础的品类品种设置，以销售量大的快速消费品为选择开发的对象。对于生鲜类产品，应该以生产基地为主，全程建立自己的质量体系，把好商品质量关。基本品类的自有品牌品种可分批设立，以形成基本品类分布网，为下一步品种延伸打基础。品种延伸主要是在基础品种的周围选择更高毛利率的产品或单品价值高、毛利额高的产品，比如洗衣粉属于销售量大、利薄的产品，可以设立衣领净、漂白剂等作为提升毛利的品种。

（3）包装设计基本要点。按品类属性不同进行统一包装设计，比如包装食品、洗涤品、日用品等都要有完整不易损坏的外包装，这一类产品多陈列在货架上，所以包装要大致相同。可以从基本色、图案、LOGO（标识）位置等元素上来考虑。外包装基本与产品外形要一致，图片设计采用一两种（最多 3 种）颜色，素淡直接，大同小异即可，只需在外包装正中间留出足够的位置进行品名规格等说明，可附上一些不必太精美但能直接表达产品特性的粗线条图形或概念性图片。

2．实施重点

除了前期的精心策划外，把握好跟商品有关的控制点也是自有品牌良好运作的关键性要求。只有把控制点抓好，自有品牌才能真正步入良性的发展轨道。

（1）供应商选择。选择自有品牌的供应商一般有两种思路：要么找顶尖级的一级品牌生产商加工，要么就找普通生产商加工。不同的品类要根据本地的产业特点、优劣势来分析选择最适合的供应商。如选择纸品产品开发自有品牌，由于生产量大，单品价值低，所以尽量选择本土的或运输方便的普通生产商。因为这类商品的质量容易控制，但运输成本比重太高，会影响销售毛利水平。

（2）单品成本价格分析。在自有品牌的前期策划中，基于市场价格调查数据及分析，对各小类品种的销售价格、成本价格、基本毛利水平、促销毛利水平、平均毛利水平都要做详细规划。自有品牌产品销售的核心是利润最大化，对单品的成本分析不能离开同类产品价格带及销售占比的实际情况。

一般来说，自有品牌品种参考的是畅销品类、大众规格和品质稳定的产品，这类商品在价格战中已经进入低毛利成熟销售期，一般的毛利空间不会高于 20%。因此，自有品牌品种售价不得高于同类商品的平均价，根据产品属性不同，自有品牌商品的毛利应该达到 30%～50%。这只是定价策略中的基本点，把握好了基本点并依照前期规划在保证价格优势的基础上，可以纵向挖掘最大的价格空间。

（3）自有品牌陈列原则。自有品牌商品是卖场要重点推广的高毛利商品，陈列的时候要注意以下细节：

① 摆放要临近同类重点品种，借用重点品种的高购买率，加深客人对自有品牌的印象和关注度，凭借价格优势吸引顾客的购买，提升自有品牌的销量和认知度。

② 摆放在货架最佳视觉区，一般是在人的脖子到头部这个高度为最佳区域。

③ 除货架陈列外，在通道区、收银区、促销区多点陈列。

顾客在分店卖场里的动线是流动的，而且很多时候是无意识的关注和购买，因此，提高顾客对商品的关注度是增加自有品牌商品销量的重要途径，一个重要的条件就是多重刺激，反复出现在顾客的视线里，并且是大面积、大量的陈列。

自有品牌发展是一个长期战略，是企业为了利益最大化的更高挑战。我国连锁企业在慢慢学习运用国外卖场管理方法的同时，也要结合自身特点，抓住区域的发展优势，将自有品牌做成自己的新亮点，争取有能力走出低级的竞争模式，在提升获利能力的同时，也提升自己的竞争力。

6.5 商品品类管理

6.5.1 品类管理的概念

品类管理是把所经营的商品分为不同的类别,并把每一类商品作为企业经营战略的基本活动单位进行管理的一系列相关活动。它通过强调向消费者提供超值的产品或服务来提高企业的营运效果。

在传统的商业活动中,品牌是供应商的经营核心,连锁企业的经营则是以其分店的销售情况来决定商品组合及陈列摆设的调整。供应企业和连锁企业都以品牌及分店为中心来决定其经营策略,在收集产品信息时难免会有所遗漏。品类管理则为连锁企业和供应企业提供了另一个经营方向,在品类管理的经营模式下,连锁企业通过 POS 系统掌握消费者的购物情况,而由供应企业收集消费者对商品的需求,并加以分析消费者对品类的需求后,再共同制定品类目标,如商品组合、存货管理、新商品开发及促销活动等。

品类管理的重点在于以下几个方面:
(1)品类管理需要供销多方合作。
(2)品类管理需要零售商和生产商共同推进,可以提高彼此的利润和效率。
(3)品类管理是一系列流程支持的工作。
(4)品类管理需要有了解市场信息、消费者习惯以及成本效益分析的能力。
(5)合作双方必须彼此互信,而且有提供消费者更好产品和服务的共同愿景。

案例阅读

宝宝屋的品类管理

北京华联婴儿护理中心(宝宝屋)作为品类管理的成功案例被广泛关注。原来,北京华联的婴儿产品分散于不同的品类,如奶粉和成人奶粉放在一起,属于奶制品品类;婴儿纸尿片和纸巾等放在一起,属于纸制品品类。但调查发现,抱着婴儿的妈妈或者即将成为妈妈的孕妇需要辛苦地走上 1~2h 才能购齐所需妇婴物品,她们最大的希望就是花较短的时间一次性购齐所需物品。于是,新的品类(妇婴用品品类)应运而生。1~2 个月后,购物者便习惯性地步入华联宝宝屋购买妇婴用品了。宝宝屋的设立,使北京华联婴儿品类的销售额增长了 33%,利润增长了 63%。

(资料来源:根据百度文库、联商网咨询中心等资料整理)

6.5.2 品类管理的步骤

品类管理的流程主要包括 8 个步骤,即品类定义、品类角色、品类评估、品类评分表、品类策略、品类战术、品类计划实施和品类回顾(不作介绍),如图 6.1 所示。

1. 品类定义

品类是一组易于区分、能够管理的商品或服务。从消费者角度来看,是一组在满足其某一方面需求时可以相互联系或相互替代的产品。在确定商品品类时,要围绕满足顾客需求的目标达成 3 个基本目的:一是可识别;二是可规划;三是可操作。

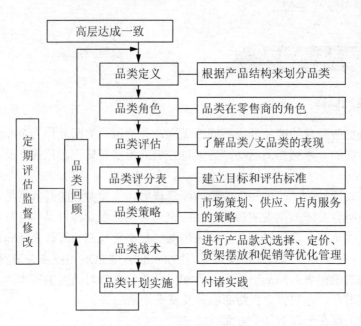

图 6.1 品类管理的流程图

品类是根据消费者需求进行的分类，有别于仅仅根据商品属性进行的分类。这就是品类管理与传统商业在分类上的最大不同。例如，传统商业把杯子归为器皿类，包括玻璃杯、陶瓷杯、铝合金杯、一次性纸杯等；筷子归为厨房用品类，包括锅具、菜刀、竹筷、铝筷、一次性木筷等。那么顾客去郊游需要购买一次性纸杯和一次性木筷要跑两个不同的区域选购，很不方便，所以品类划分将其划分成一个新品类——一次性用品。定义品类的时候，需要考虑以下几个方面因素：

（1）消费者的需求。只有更好地了解到消费者需求，对有消费需求潜力的商品品类进一步细分，并加以采取有针对性的品类角色、策略、评价、回顾，才能够使得零售商所销售的产品真正能够达成其目标顾客群的需求。

（2）零售商的定位。零售商自身的定位也决定了产品的选择，具体包括业态的定位和目标购物群的定位。

（3）购物者的购买决策过程。购买决策树是指购物者购买过程中考虑各种因素的先后次序。例如，购买洗发水时，购物者会考虑品牌、价格、功能、发质等因素。购买决策树不仅影响产品的定义，其需求的排列顺序还会影响到产品的陈列。

（4）品类趋势。成功的企业必须高瞻远瞩。只有关注品类的长远发展，才能通过差异化竞争，引领市场而将顾客长期地锁定在该品类上，使得其成为顾客心目中的目标性品类。

（5）零售商管理的需求。零售商需要关注的是，是否能够有相应的举措在系统管理层面中体现和追踪到相关信息。另外，即使有非常好的体系将以上信息进行管理，还要看其后期的维护。

2．品类角色

定义品类角色时，需要考虑品类对商店的重要性，对目标购物群的重要性以及对品类发展的重要性。它汇总了不同购物群在不同品类的购物频率、消费金额等数据。

（1）普遍性品类。消费者于日常生活中因习惯使然而会购买的商品，如报纸、杂志、饮料等。

（2）特殊性品类。该品类商品具有吸引消费者消费的特性，而且该品类是该商店与众不同的卖点，消费者会为了购买这项商品而专程前来购买。

（3）偶发性品类。该品类商品主要是满足消费者在偶发状况下所引发的需求。如一般商店所提供的轻巧雨具等商品，便是偶发性品类商品。

（4）季节性品类。为特定节日或活动所摆设的商品。

（5）便利性品类。具有增进消费者从事某项活动之便利性的品类商品。

3．品类评估

品类管理实施之前，需要对商店和品类现状进行评估。品类管理实施后，需要对效果进行评估。评估不能只局限于销量、利润等财务指标，还需考虑库存、脱销、单位产出、人力投入等。因为品类管理涉及滞销单品的淘汰、货架的重新分配等，而这些操作很大程度地优化了上述指标。品类评估包括以下几个方面的内容：

（1）品类的业绩和发展趋势评估。品类发展趋势的评估对于零售商来讲可以最大化地利用有限的资源给到最需要的品类，以提高店面单位面积产出。

（2）零售商销售表现评估。零售商销售表现的评估主要针对零售商自身的销售数据进行，评估指标包括销售额、销售量、利润、库存天数、库存周转、缺货率、投资回报等。

（3）市场/竞争对手表现评估。市场和竞争对手的表现主要通过供应商和专业市场机构来获得。主要评估市场和竞争对手的增长点是否与零售商保持一致，其产品组合、价格带、包装大小与零售商是否有差异。

（4）供应商评估。品类中业绩不断增长的供应商及品牌，为零售商提供了良好的市场机会，以便于零售商可以通过 80/20 原则将有限的精力和资源放在主要的供应商及品牌上，带动整体品类的增长。

4．品类评分表

以往产品销售情况都是借助销售数量与销售毛利的方式来判断，而在导入品类管理之后，品类管理又提供了 ABC 成本分析、库存天数、缺货率、库存周转率、消费者满意度等几个方面的评量，丰富了内容评量及其准确性。品类评分表主要涉及以下两个方面：

（1）商店总体情况。包括购买者、市场（商圈）、产出效率、财务状况等。

（2）品类状况。包括产品组合及货架管理、定价及促销、新产品引进、商品补货等。

案例阅读

某零售商为了将洗发水品类管理工作做得更系统、更深入，以便更长远地规划品类的发展，采用了较全面的品类评估表，见表6-3。

表6-3 品类评估表

	评估指标	目前水平	目前对去年指数	目 标	目标对目前指数
消费者	客单价				
	购物频率				
	客户满意度				
市场	市场份额				
	品类发展指数				

续表

	评估指标	目前水平	目前对去年指数	目 标	目标对目前指数
销售	销售额				
	增长率				
	销售量				
利润	毛利率				
	毛利额				
	货架空间收益				
	GMROI				
自有品牌	销售额				
	毛利率				
供应链	库存天数				
	库存周转				
	库存金额				

注：品类发展指数 = $\dfrac{\text{品类的市场份额}}{\text{零售商的市场份客额}}$，该指数反映该品类相对于零售商平均水平的发展状况；

GMROI（毛利库存投资回报率）= $\dfrac{\text{毛利率}}{1-\text{毛利率}} \times \text{周转天数}$。

 相关知识

ABC 成本分析法

ABC 成本分析法是根据事物在技术或经济方面的主要特征，进行分类排队，分清重点和一般，从而有区别地予以确定管理方式的一种管理方法。它把被分析的对象分成 A、B、C 这 3 类，所以称为 ABC 分析法。首先，以存货的品种和金额作为分类的标准，将存货分为 3 类。其次，将品种比重不超过 20%、金额比重在 70% 以上的存货项目划分为 A 类存货；将品种比重不超过 30%、金额比重占 20% 左右的存货划分为 B 类存货；将品种比重不低于 50%，金额比重只占 10% 左右的存货划分为 C 类存货。通过分析，对起决定性影响的 A 类商品进行重点管理。ABC 分类库存商品的控制方法简介见表 6-4。

表 6-4 ABC 分类库存商品的控制方法

分类项目	A	B	C
管理要点	由于金额比重大，应投入较大精力，精心管理，把库存压缩在最低限度	按经营方针调节库存水平，根据情况，有时控制严一些，有时控制松一些	集中大量订货，以较高的库存来节约订货成本
订货方式	按照经济订货批量，采用定期订货方式	按照经济订货批量，采用定量订货方式	大批量订货
定额水平	按品种、规格控制	按大类品种控制	按总金额控制
检查方式	经常检查	定期检查	按月或季检查
统计方法	按品种控制	按大类控制	按金额控制

5. 品类策略

通过上述步骤，可以明确找出哪些品类最受消费者喜爱，进一步决定采用何种策略来提

升该品类的竞争力,如增加顾客来店次数、增加消费者在店内时间、增加顾客在分店内的消费额、销售高毛利品类等。

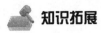 **知识拓展**

品类的策略

品类的策略,即根据品类的角色制定相应的品类策略,可以将其形象的称为客流吸引、份额保护、交易促进、利润源泉、激情创造、形象提升等。

客流吸引策略目的:增加品类的购物人数,增加客流量。为了让消费者来到分店并购买该类别及店内其他类别的商品,消费者必须被分店和该特定类别所吸引。具体甄选方法,如从历史数据中挑选销量高的产品,保证高中低价位的品牌齐全,面向不同消费水平的顾客。

份额保护策略目的:保护已经获得的市场份额和重点商品的销售不被竞争对手夺走,零售商希望在该类别的市场划分中是无可匹敌的。通过满足顾客一站购物的需求,巩固商店便利、服务的形象。

交易促进策略目的:提升消费者对于该类别的平均购买量。可以是通过增加单次购买的价值(如更多高价商品),增加单次购买的数量(如大宗购买、大包装),刺激冲动性消费(如非计划性商品),加大投入和优化品类结构选择。

利润源泉策略目的:提升高毛利(大于部门平均毛利)商品的销售。重点在于不断引进新产品和重视季节性、偶然性品类。该策略用于弥补由客流吸引和市场份额保护策略所带来的较低毛利,以保证部门的总体毛利。

激情创造策略目的:通过为消费者提供让人激情的和创新性的商品来满足他们的需求。该策略的成功通常是与令人激情的店内购物环境及店内活动的安排相关,通过制造紧迫感,戏剧化效果以激发消费者的购买行为,提高消费者的购买兴奋度,产生购买冲动。在某些情况下,该策略支持了客流吸引策略。

形象提升策略目的:建立一个针对目标消费者的形象并且支持分店所做的消费者承诺。建立并强化分店或品类的产品形象和服务形象,强化与竞争对手的差异性。可用于此策略的商品亦可用于加强其所属类别的形象。

6. 品类战术

品类战术包括高效的产品组合、高效的货架管理、高效的定价、高效的促销、高效的补货、高效的新品引进等。

(1)高效的产品组合。高效产品组合的目的是增加产品的多样性,降低产品的重复性。所以在确定销售产品品种时,除了按销量、销售额和利润的综合指数进行 20/80 排名外,还需要考虑产品细分的完整性(如产品功能、成人/儿童、价格带),产品在整个市场的表现,是否新品等。

(2)高效的货架管理。货架是分店卖场的重要资源。除了储存商品,它向顾客传递零售商的价值取向,展示销售策略,指引品类的发展趋势,引导顾客的购买行为。所以陈列商品时,需要考虑以下几点:

① 品类角色。
② 品类相邻性。
③ 购买者的购买决策过程(买产品时考虑品牌、功能、价格等的先后次序)。
④ 公平货架原则(根据产品表现确定陈列)。

(3)高效的定价。连锁企业的价格在购物者心中的形象不单单是由价格这个数值决定的,也是价格优势、价格透明度和性能价格比综合作用的结果。在定价时可以采取以下方法：

① 聪明定价。用价格敏感的产品吸引客流，用价格不敏感的产品获取利润。

② 系统定价。根据品牌角色确定毛利率，而非一个品类一个毛利率。

③ 减少价格管理难度（线性定价）。进价一样的同品牌产品尽量统一定价。

（4）高效的促销。高效的促销可以理解为：在正确的时间，选择正确的单品，以正确的促销形式，配以适当的宣传，陈列在正确的地方。从促销单品的选择到陈列都应考虑品类的目标购物者及品类的策略。如果想提高单价，就不能总促销小包装的产品。值得注意的是，销量最高点并非一定发生在价格最低的时候，并且降价并非对所有的品种都适用。例如，对于新品，店内演示比样品派发更加有效。

（5）高效的补货。高效的补货是用最低的成本将正确的产品迅速补充到货架上，同时保持适量的库存以满足每家分店的需求变化，从而减少缺货，维持较高的客户服务水平，满足消费者的需求。高效补货是对品类管理工作的有效保障，主要目标是控制店内的缺货率和库存天数。

（6）高效的新品引进。高效的新品引进是维持高效品种组合的要素之一，某些连锁卖场优化完商品组合后又持续大量地引进新品，致使品种组合重新趋于混乱。所以在引进新品时需参考以下因素：

① 品类的角色。目标性品类需确保其多样性，但便利性品类只需销售主要品种。

② 产品特点。产品特点包括产品表现及新功能、性能价格比、消费者测试、盈利能力、销量潜力等。

③ 市场支持度。市场支持度指媒体投入、消费者试用活动、消费者教育、公关活动、专业协会认可情况等。

④ 店内推广活动。店内推广活动包括店内演示、店内广告、促销等。

⑤ 供应商。如供应商以往 3 个月店内销售业绩、该品牌或相关品牌以往 3 个月店内销售业绩、生产商分销新品的能力等。

7. 品类计划实施

品类计划实施是为了实现分销商和供应商的品类角色、品类策略、品类技巧和品类指标，是经营计划实施品类管理的过程。在计划实施中，能够挖掘出品类管理的潜在优势。计划实施的关键环节主要是审批过程和设定责任。

（1）审批过程。审批过程的核心是发挥所有合作伙伴的能力，为实施品类经营计划提供必要资源。审判内容包括：一是策略的适用性，管理层应保证每个品类的经营计划与企业总体战略相统一；二是品类指标的影响，管理层要对既定指标的影响表示认同；三是资源配置，审批过程要支持分销商和供应商对其他资源的需求；四是对其他领域的影响，管理层应该把对全局的影响作为计划审批过程的一部分。为了保证计划实施的质量，审批过程必须严格。

（2）责任设定。责任设定就是在实施计划中把各种技巧分解到各个具体岗位上，把各项任务分派给分销商、供应商以及双方的具体人员，并制定具体实施方案。

案例阅读

海王星辰的品类管理

作为国内最早试水品类管理的企业，海王星辰的商品管理备受业界追捧。现任国药控股国大药房商品总监的喻江、北京金象大药房商品部部长石海陆等均来自海王星辰……海王星辰的商品管理人才颇为抢手，由此可见业界对海王星辰的认可。

1. 品类管理的分工

海王星辰是国内最早推行品类管理的药店之一。2002年，海王星辰做的仅限于产品线分类规划和分店空间管理。产品线分类规划就是将分店经营的产品根据品类（又细分为大、中、小3类）及该产品在商品线中的地位（细分为基础商品、主力商品、新品、专供产品等）两个维度来逐一定义。这个评估定位的工作由商品部来操刀定夺。

产品线分类规划一旦确定，商品就有了身份。而分店陈列直接关系到商品的动销快慢，这就是品类管理中不可或缺的"分店空间管理"。在海王星辰，商品部和市场部会合力打造空间管理技术，而采购工作围绕着"品类毛利额、营业额双指标最大化"的宗旨来开展。采购经理必须明确了解哪些商品是利润来源，哪些需要取得最低的价格，哪些商品属于淘汰商品等。

海王星辰的经验是，进货并不是越多越好，货架上也不是摆得越满越好。事实上，任何企业都不可能把市面上所有的商品尽数囊括。因此，采取有效的组合延伸每一品类的广度和深度非常必要。也就是说，通过品牌组合、功效组合、价格组合等来营造"商品齐全，价格优惠"的药店形象。

2. 品类管理的深化

海王星辰注重定期对入店消费者进行调查，了解在不同渠道里，店内与店外消费者行为的差异，通过分析数据，确定各个品类动态调整的方向，再根据价格、商品线、促销来定位货架管理。

以个人护理品品类为例，通过调整个人护理品的商品结构，按消费者日常生活逻辑去重新调整货架的摆放顺序，个人护理的健康教育理念渗透到空间陈列中。通过消费者个人护理知识的提高，进一步细化个人护理品的分类，提高购买频率。同时，利用POP广告、产品小指引手册、货架标识牌、跳跳卡、堆头以及大量店内的宣传品来对品类以及一些主推商品进行推介和指引。对重点商品也可通过在黄金陈列位进行增大排面的陈列，配合标识来凸显，通过货架陈列以及促销使销售额攀升。

在品类管理的实战中，店员发挥主观能动性非常关键。通过每月两次的"商品通信"，分店员工和总部保持信息通畅，围绕品类开展的培训使得药师、店员的导购信心和意识也逐渐增强。在海王星辰的品类管理培训中，注重分店员工以及相关部门的员工对市场细分的理解，让员工明白通过品类管理可以给消费者带去的附加值。培训内容中还包括额外健康知识培训，关联商品销售，销售的标准话术语，对有潜在某类疾病（如糖尿病、高血压）的顾客提供专业的建议，导购适合顾客的商品等。

随着品类观日渐渗透进日常的零售管理中，行业普遍存在的"纺锤形"商品结构对海王星辰的困扰也日渐强烈，高价位的品牌商品和低价位的实惠商品都是少数，宝贵的空间大量充斥着既没有价格优势也没有品牌号召力的二三线"专攻终端拦截"的品牌，这无疑浪费了消费者选择的时间，也增加了购物成本。后来，海王星辰开始对每个品类进行"哑铃形"的重新规划，对品类结构进行调整，将商品结构简单化，清理二三线品牌，突出一线品牌，增加质优价廉的自有品牌。

（资料来源：根据百度文库、联商网咨询中心等资料整理）

6.5.3 实施品类管理的效益

1. 从连锁企业方面来看

对于连锁企业而言，实施品类管理能更有效地运用资源，具体来说，品类管理有以下优点：减少管理货架的人力；降低缺货率；减少库存成本；提高销售量；提高商品周转率；提供较佳的采购及商品组合建议。通过品类管理，连锁企业能更好地迎合消费者要求。如某些产品在这一地区的表现很好，就应该在分店内经营；如果某些产品在这一地区的分店内销售长期表现失败，就应该停止销售，腾出货架空间和占用资金，让给畅销的产品。

2. 从供货企业方面来看

品类管理可以从整体上使产品供应链更有效率。对于供货企业来说，从短期来看，会有更高的回报，从长远来看则会有更好的生产及运营基础。具体来说，品类管理有以下优点：减少存货成本；增加销售量；提高市场占有率；提高毛利率；提高净利率；提高投资报酬率。通过品类管理，供应企业可以更深入地了解消费者，清楚地了解强弱商品的分布，通过品牌评估而增强商品在整体中的表现，也可以为将来的新品研究准备资料和数据。

3. 从市场需求方面来看

品类管理是高效消费者回应（Efficient Consumer Response，ECR）的重要策略之一，品类分类是以消费者需求为依据，为消费者提供最佳的产品选择。在满足市场需求方面，品类管理可以：一是更加迎合消费者的需要，增加消费者购买产品的利益；二是实现消费者与连锁企业更好地沟通，清晰地向消费者传递连锁企业的价值取向，展示连锁企业的销售策略；三是指引品类的发展趋势，引导消费者的购买行为。通过品类管理，能及时反应并满足不断变化的市场需求，使消费者可以得到更符合自己需求的产品和附加值，增加顾客让渡价值。

6.5.4 实施品类管理注意事项

当前，我国连锁企业在执行品类管理时，遇到很多障碍。在外部环境方面，整体环境成熟度不够，我国目前的品类管理多数仍停留在"货架管理"的层面。国内连锁企业仅专注于公司内部的业绩增长，不同单位或公司之间的互相信任程度仍有待考验。在企业内部环境方面，企业决策者对品类管理的认知不明确，而目前实施品类管理的效益又缺乏有力数据，很难说服决策管理层全面执行品类管理。企业各部门对品类管理的重视程度与方向不一，执行部门定位不明确。

品类管理最大的障碍在于缺乏管理层的承诺，另外，还有诸如难以取得有效信息、信息错误、信息传递失真等。缺乏品类管理的技巧、无专门负责主要客户的经理人等原因均可能对实施品类管理造成冲击。因此，推行实施品类管理时应注意以下几个方面：

（1）调整组织结构，明确管理责任。连锁企业实施品类管理必须调整传统的组织结构，设置品类管理机构。

（2）设计品类管理进程。包括确定需要做什么样的市场决策，如定价、广告、货架摆放、决定品类管理的相对角色和实施品类计划中的仓储业务等。

（3）引进复合型人才，培训品类管理人员。品类管理人员不单指商品的采购人员，卖场内的现场管理者也是品类的管理者，他们必须专业，能将商品的陈列和现场演示做得生动，从而吸引消费者的目光。

（4）商品采购者与现场管理者要保持顺畅沟通，将供应商的信息和消费者的需求互相传递并作为品类优化的依据。

（5）分段实施品类优化管理。第一步，进行试验性的品类优化管理。通常先在一个部门里推行品类优化管理，并评估其成功之处，修正不足。第二步，全面推行品类优化管理。当连锁企业确信其品类优化管理程序能有效地推广到其他部门之后，在整个组织内实施便可以正式开始了。

（6）加强与供应商之间的联系。连锁企业与供应商之间的合作已延伸到品类管理之外，在其他领域也产生效率和成本节约。

实施品类管理这一项新的突破性的管理方式，能增强连锁企业的竞争力，有效地占领市场；同时，在最大限度满足消费者需求、给予消费者真正需要的重大价值的过程中，实现"高效的消费者回应"，从而实现销售量的增加和利润的增长。

本 章 小 结

连锁企业经营商品品种大都是人们的日常生活用品。只满足少数人需要的商品无法规格化、标准化大批量经营。商品定位是指连锁企业针对目标消费者和生产商的实际情况，动态地确定商品的经营结构，实现商品配置的最优化。商品定位包括商品品种、档次、价格、服务等方面。商品组合也称商品的经营结构，是商品定位的核心。简单来说，商品组合就是连锁企业把同类商品或不同商品以某种规格样式进行的销售组合和搭配模式。

商品采购活动是一个复杂的过程。连锁企业主要采用的是中央采购制。采购流程由建立相应的商品采购机构、制定商品经营目录、确定采购批量、合理选择采购渠道、购货洽谈和签订合同、商品检验和验收构成，采购活动过程中，要适当选择与供应商的合作方式。

在分店经营过程中，作为流通业主导者的连锁企业，应主动承担起引导消费、引导生产的重任，不断开发出能满足消费者需要的新商品。同时，为了更有效地利用有限的卖场空间，提高销售业绩，企业采购部门在开发新商品的同时，也应认真做好滞销商品的淘汰工作。自有品牌也称零售商品牌，采用自有品牌方式开发畅销品是一条捷径。

品类管理为连锁企业和供货企业提供了另一个经营方向，把所经营的商品分为不同的类别，并把每一类商品作为企业经营战略的基本活动单位进行管理的一系列相关活动。它通过强调向消费者提供超值的产品或服务来提高连锁企业的营运效果。

案例思考：宜家卖家具，更卖生活

2006年4月12日，宜家全球第二大店——北京新店正式开门迎客了。这个非周末的日子，没有任何特别的促销活动，激情满怀的人们却纷至沓来，差点把4.3万平方米的卖场挤破，可容纳700人的餐厅也被挤得满满当当，连新店的"宜家目录"手册也被一抢而空。联想宜家1998年在上海、1999年在北京、2005年在广州开张时的火爆场景，这个来自瑞典、以高质低价著称于世的家居巨头，究竟何来如此魅力呢？

1. 有价值的低价之道

宜家一切以降低成本为核心，从设计、采购、生产、运输到销售的每一个环节都不遗余力地降低生产成本。

（1）采购部的逆向运作。大多数生产厂家都是先设计产品，然后再决定产品价格。但宜家的产品设计师却进行"反向设计"，先根据顾客情况确定市场价格，然后采购部才开始运转。各地采购人员在得到该定价后，先根据规格、标准向各自地区的供应商询价，再挑选品质相当的材料，直接和生产商研究协调如何降低成本，这样在降低成本的同时也不会影响产品品质。

（2）OEM生产。宜家的生产采用贴牌生产（Original Equipment Manufacturer，OEM）的运作模式，通过对其外包的生产厂商的质量与技术的监督、审核，达到统一的"宜家标准"。宜家非常鼓励OEM生产商之间的自由竞争，这种竞争的压力迫使OEM生产商参加到这场追求"价低质优"的角逐中来。另外，宜家与其全球所有终端销售通过互联网连接，了解其世界各地的所有终端的产品种类、销售情况、库存、订单等一系列数据。通过这些数据，宜家集团向其OEM生产商发送生产订单。

（3）家具DIY（Do It Yourself）。在销售中，宜家倡导"我们做一些，你来做一些，宜家为你省一些"

的理念。因此，宜家采用自选方式，以减少商店的服务人员。在宜家没有亦步亦趋的服务人员，顾客可以自由地选择商品。如果顾客想了解商品，各种生动的标签可以"告诉"你几乎全部的信息。宜家在所有商品上都贴有标签，这些标签上标明了产品的尺寸，所采用的材料、颜色、价格、产地、功能、购买程序、使用规则及保养指南等。如果顾客还想了解其他的信息，则可以在咨询台得到帮助。顾客自己挑选家具、自己提货、自己组装。顾客可以选择性付费。

2. 打破常规的立体组合展示

目前在国内，除了大型的百货公司和购物中心，家具一般只在家具店里卖，而锅碗瓢盆、玩具、灯具等则往往又是超级市场货架上的商品。但是在宜家卖场，你则可以买到几乎所有的家居用品。

顾客购买家具时往往还有一个想法，那就是害怕不同的产品组合买到家之后不协调。宜家也考虑到这一点，它把各种配套产品进行家居组合，设立不同风格的样板间，充分展现产品的整体现场效果，这样就更方便顾客选择，同时还有利于连带购买其他相关产品。

宜家的展示区按照客厅、饭厅、工作室、卧室、厨房、儿童用品和餐厅的顺序排列。这种顺序是从顾客习惯出发制定的，客厅最为重要、饭厅是人们处理日常事务的地方，家庭办公室紧随其后，卧室是最后一个大型家具区。

在宜家的展示区中，有一个个分隔开来的展示单元，分别展示了在不同功能区中如何搭配不同家具的独特效果。在宜家饭厅示范室，你会看到一张餐桌、几把竹椅，餐桌上摆放着高脚玻璃杯、咖啡壶、闪闪发亮的刀叉、精美的瓷盘以及鲜花和果蔬；而在卧室示范室，被子、床单、枕头和抱枕在大床上展示它们的效果，灯光也和家中一样柔和、浪漫……这些示范室内往往集中了宜家家居所售卖的大部分商品品种，摆放有序，让人感觉如家般的温馨迷人。

每个宜家商场均有一批专业装修人员，他们负责对展示区进行调整。调整的基本要求是符合普通百姓家居生活的状况。如背墙的高度为2.9m，这是普通住房的层高，过高过低都会给顾客造成错觉，做出错误的购买决定。背墙的颜色也必须是中性的，符合日常生活的习惯，不会使用一些特殊颜色来烘托家具的表现效果。每个展示单元都标注实际面积。所有这些都是从顾客的需要出发，顾客原封不动地把展示区的摆设方式搬回家去，也会得到和商场中一样的效果。宜家经常变换摆设方式，和竞争者形成了显著的差异，并且这种展示风格是不易模仿的。

宜家最近在做一个家居储纳方式的展示。未来几年，聪明储纳是宜家首要推崇的生活方式。储藏需求出现在家的任何地方，衣柜、书柜、橱柜、浴室柜、杂物柜、储物盒、储物架、储物袋，按照宜家建议的储藏方式，生活可以更加清晰和从容。

3. 个性十足的"宜家目录"

宜家的产品目录采用39种语言编写，由宜家全球的150位专业家居设计师和摄影师参与制作，向宜家的顾客群体赠阅。2006年发行量超过1.3亿册，成为世界上最大的印刷发行物之一。200页的目录册全部采用彩色印刷，将宜家的产品有机地结合在一起，并给每一种产品起了一个好听的名字，便于识记也方便查询，以独特的创意展现了宜家产品的品质和功能，给人提供无限的想象空间。产品目录为顾客在选择宜家产品提供了更为直观、简洁的方式，融商品信息、家居时尚、家居艺术为一体，并能指导顾客如何布置个性化的家居生活环境。

许多装修的家庭几乎人手一本宜家目录，一方面是为了购买家具，一方面想从中找出家居设计的灵感和实用的解决方案。他们拿着目录在大厅里走来走去，不断同内心交流，问自己究竟心仪何物。

思考：

（1）宜家是通过哪些方式实现低成本运作，这些方式是如何降低成本的？

（2）宜家商品组合的特色体现在哪些方面？

（3）宜家曾被人称作"目录杀手"，目录在宜家的商品销售中起了什么作用？

同 步 训 练

一、基础训练

1．选择题

（1）根据各种商品组合在卖场销售业绩中所起作用的不同，可将商品结构分为（   ）。

  A. 主力商品　　　B. 应用商品　　　C. 刺激商品

  D. 辅助商品　　　E. 附属品

（2）将午餐肉、开罐器、面包、矿泉水、塑料布等组合成一个"旅游快餐"系列商品组合是（   ）。

  A. 按消费便利性组合　　　　　B. 按消费季节组合

  C. 按商品用途组合　　　　　　D. 按供应商组合

（3）（   ）是连锁企业的商品采购制度。

  A. 集中采购制度　　　　　　　B. 分散采购制度

  C. 分权式采购制度　　　　　　D. 采购委员会制度

（4）采购批量与采购费用的关系是（   ）。

  A. 成正比　　　B. 成反比　　　C. 没有比例关系　　　D. 不确定

（5）下列属于连锁企业自有品牌开发中自主开发方式的有（   ）。

  A. 委托生产性质的贴牌生产　　　B. 投资兴建新企业生产

  C. 并购现有生产企业　　　　　　D. 自产自销

（6）品类管理通过强调向消费者提供超值的产品或服务来提高企业的营运效果，新品类必须具备（   ）的特点。

  A. 可识别　　　B. 可规划　　　C. 可组合　　　D. 可操作

2．判断题

（1）连锁商业商品结构要尽量做到品种齐全。（   ）

（2）连锁分店的功能就是商品管理。（   ）

（3）连锁企业根据产品结构及库存，适时组合有创意的商品群，一般采用的组合方法有消费季节组合法、节庆日组合法、消费便利性组合法、商品用途组合法。（   ）

（4）商品组合也称商品的经营结构是商品定位的核心。（   ）

3．简答题

（1）商品定位和组合的方法有哪些？试分别举例说明。

（2）连锁企业应如何进行商品采购？

（3）哪些原因可能导致商品滞销？应如何解决？

（4）搜集你身边卖场的自有品牌商品，分析其产品、价格、渠道、陈列、促销策略？

（5）品类管理与传统商品管理有何区别？品类管理实施的步骤有哪些？

二、实践训练

【实训项目一】
连锁企业自有品牌调研

【实训情景】
选择附近一家大型连锁超市,就其自有品牌开发现状进行调研和分析。

【实训任务】
通过本次实训,加深对连锁企业自有品牌开发战略的认识,进一步理解连锁企业开发自有品牌的意义;实地调研连锁超市自有品牌开发现状,分析其成功的原因及存在的问题,并提交调研报告。

【实训提示】
要求分组完成,每组人数为4~6人,小组的各成员分工明确(要有任务分配说明和完成情况说明);各小组上交一份实训报告,小组内成员每人撰写实训总结与体会。

【实训评价】

项 目	表 现 描 述	得 分
调研报告名称		
人员及分工		
调研范围		
调研报告内容简述		
调研结果		
合 计		

得分说明:各小组的调查表现分为优秀、良好、合格、不合格、较差五档,对应得分值为20分、18分、15分、12分、10分;将每项得分记入得分栏,全部单项分值合计得出本实训项目总得分;总得分91~100分为优秀,76~90分为良好,60~75分为合格,低于60分为不合格,不合格须重新训练。

【实训项目二】
连锁企业商品品类评估训练

【实训情景】
本次实训项目选自《品类管理实施指南系列三》中的范例,所选载体是美国城乡结合部的一家超级市场中的常规性品类之一——糖果。该品类下面有5个子品类,分别是趣味包装(单独包装、有趣包装)、大/超大包装(大块巧克力)、盒/听装特殊包装(按盒、听销售或礼品包装)、混合包装(包含多个单块的包装和散称糖果)、袋包装(所有其他按袋销售的糖果),通过以下具体数据报表进行分析并得出结论。

【实训任务】
通过本次实训,熟悉品类发展趋势的评估,熟悉零售商销售表现的评估,熟悉市场/竞争对手表现的评估,熟悉供应商的评估,掌握品类评估数据的收集方式,了解品类评估与品类评分表的关系,了解品类评分表常用的指标。学生以小组讨论的方式完成该实训项目,写出书面分析报告与改进建议。

(1)结合场景中给出的相关数据(见表6-5、表6-6),分组进行品类评估,进而讨论企业绩效评估——绩效与市场水平并得出结论。

表 6-5 市场份额和机会缺口

子品类	市场份额	与上年相比/点	市场指数（市场指数一般为 16.8%）	销售额机会缺口/美元
大/超大包装	16.0%	−0.2	95	17 069
盒/听/特殊包装	17.3%	+0.5	103	13 454
趣味包装	16.6%	+0.4	99	4 949
混合包装	15.0%	+0.5	89	76 486
袋包装	15.6%	None	93	192 132
整个品类	15.8%	+0.2	94	277 182

注：市场指数＝市场份额÷市场一般指数

表 6-6 按业态划分的市场份额

子品类	超市	大商场	连锁药店	其他业态
大/超大包装	80%	12%	8%	不适用
盒/听/特殊包装	15%	38%	47%	不适用
趣味包装	51%	13%	37%	不适用
混合包装	51%	16%	34%	不适用
袋包装	45%	23%	31%	不适用
整个品类	46%	26%	28%	不适用

（2）结合场景中给出的相关数据（见表 6-7、表 6-8 和表 6-9），分组进行品类评估，进而讨论绩效评估——品类内部表现并得出结论。

表 6-7 销售情况

子品类	零售商销售额/美元	品类销售额占比	与上年相比	单品数量占比
大/超大包装	358 441	7.7%	−2.9%	8.8%
盒/听/特殊包装	452 052	9.8%	−3.7%	12.2%
趣味包装	415 742	9.0%	6.2%	5.6%
混合包装	713 868	15.4%	9.2%	12.8
袋包装	2 689 852	58.1%	6.5%	60.6%
整个品类	4 629 955	100.0%	5.2%	100.0%

表 6-8 利润情况

子品类	毛利额/美元	品类利润占比	毛利额与上年相比	毛利率
大/超大包装	107 712	8.9%	−1.4%	30.1%
盒/听/特殊包装	136 990	11.4%	−4.0%	30.3%
趣味包装	73 985	6.1%	2.7%	17.8%
混合包装	191 492	15.9%	9.9%	26.8%

续表

子 品 类	毛利额/美元	品类利润占比	毛利额与上年相比	毛利率
袋包装	695 462	57.7%	6.9%	25.9%
整个品类	1 205 641	100.0%	6.6%	26.0%

表 6-9　商品供应和毛利回报率情况

子 品 类	仓储周转/（次/年）	供应天数/天	毛利回报率
大/超大包装	5.47	67	1.65%
盒/听/特殊包装	6.68	55	2.03%
趣味包装	10.22	36	1.82%
混合包装	8.31	44	2.23%
袋包装	7.19	51	1.87%
整个品类	7.61	48	1.98%

（3）结合场景中给出的相关数据（见表 6-10、表 6-11），分组进行品类评估，进而讨论绩效评估——供应商评估并得出结论。

表 6-10　主要供应商情况

主要供应商	是否分店直送	是否连锁补货	品类销售额占比
Hersheys	否	部分	31.7%
M&M/Mars	否	部分	23.9%
Nestle	否	否	8.7%
Brach&Brach	否	否	6.7%
Leaf	否	否	3.7%

表 6-11　知名品牌和自有品牌情况

品 牌	品类销售额占比	单品数量占比	毛利额占比	毛利率
M-M'S	8.5%	7.1%	6.8%	20.7%
Reeses	6.0%	5.8%	4.7%	20.4%
Snickers	5.7%	6.0%	5.3%	24.2%
Kisses/Hugs	5.2%	2.1%	4.3%	21.3%
Hersheys	3.8%	4.9%	3.5%	23.9%
Kit Kat	2.7%	3.6%	2.6%	25.4%
Butterfinger	2.6%	3.8%	2.7%	26.7%
其他品牌	63.9%	65.0%	68.1%	27.7%
自有品牌	1.6%	1.7%	2.0%	33.1%
整个品类	100.0%	100.0%	100.0%	26.0%

（4）结合场景中给出的相关数据（见表 6-12、表 6-13），分组进行品类评估，进而讨论消费者评估——消费者购物行为并得出结论。

表 6-12 消费者行为情况

子品类	渗透性(家庭购买百分比)	购买周期/周	平均每次购买量	家庭年支出单位/美元
大/超大包装	27%	21.5	1.7	5
盒/听/特殊包装	65%	20.7	1.4	12
趣味包装	53%	22.2	1.8	9
混合包装	46%	17.3	1.7	8
袋包装	88%	7.0	1.8	18
整个品类	96%	3.4	2.4	32

表 6-13 零售商、品类和所选子品类的消费者构成分析

名 称	消费者构成分析
零售商	中等收入；乡村和部分城市人口，受过中等教育，部分受过大学教育；35 岁以上，孩子较少
品类	35 岁以上；有孩子的家庭；非城市人口
大/超大包装	35 岁以上；有多个孩子的家庭；非城市人口
袋包装/趣味包装	有孩子的家庭，特别是有年龄较大孩子的家庭；35 岁以上；非城市人口
盒/听/特殊包装	高消费阶层；35 岁以上；孩子较少；郊区城镇人口
混合包装	有孩子家庭；35~54 岁；乡村和较小的城镇人口；工薪阶层

(5) 结合场景中给出的相关数据(见表 6-14、表 6-15)，分组进行品类评估，进而讨论竞争评估——竞争及促销概况并得出结论。

表 6-14 竞争概况

关键竞争者	占整个市场份额的比例	销售增长与市场指数	品类定位
Save Place	35.7%	95%	品种丰富，有竞争力的价格
Shop Mart	18.9%	108%	最低的价格
其他竞争者	—	—	—
Bob's Markets	8.5%	97%	品种较丰富，天天平价
Drug-O-R	8.3%	89%	便利，好的组合
Jackpot	5.6%	111%	低价格，有限的品种组合

表 6-15 促销概况

名 称	某零售企业		Sav Pleace		Shop Mart	
子 品 类	活动次数/次	平均价格/美元	活动次数/次	平均价格/美元	活动次数/次	平均价格/美元
大/超大包装	1	1.57	1	1.55	0	1.39
盒/听/特殊包装	16	1.86	6	1.89	5	1.78
趣味包装	20	2.43	14	2.42	10	2.39

续表

名称	某零售企业		Sav Pleace		Shop Mart	
子品类	活动次数/次	平均价格/美元	活动次数/次	平均价格/美元	活动次数/次	平均价格/美元
混合包装	10	1.35	17	1.21	11	1.23
袋包装	49	1.90	48	1.83	31	1.80
整个品类	96	—	86	—	57	—

【实训提示】

指导教师进行分组，学生 5~8 人一组。第一步，阅读报表；第二步，分析报表；第三步，得出结论，给出建议。指导教师也可以结合设计的场景，指导学生向企业收集相关数据，并结合数据进行分析。有条件的班级可以根据上述品类评估模板联系企业进行实战分析，并写出报告。

【实训评价】

考评人		被考评人（组）		
考评地点				
考评内容	连锁企业商品品类评估			
考评标准	内容		分值/分	评分/分
	企业绩效评估——绩效与市场水平分析结论		20	
	绩效评估——品类内部表现分析结论		20	
	绩效评估——供应商分析结论		20	
	消费者评估——消费者购物行为分析结论		20	
	竞争评估——竞争和促销概况分析结论		20	
	合计			

注：考评满分为 100 分，60~70 分为及格，71~80 分为中，81~90 分为良好，91~100 分为优秀。

第 7 章

连锁经营管理信息系统

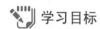 学习目标

职 业 要 求	学 习 任 务
（1）掌握现代信息科学的知识、技术、技能和先进工具 （2）能熟练操作连锁企业 POS 系统、MIS 系统 （3）能根据连锁企业实际情况，健全信息管理系统及建立有效的信息流程，并对信息管理流程进行分析 （4）懂得信息系统开发和信息系统管理的技术与方法 （5）具有信息系统分析设计、信息系统管理的能力	（1）明确连锁经营管理信息的特征和构成 （2）掌握销售时点管理系统的构成与应用 （3）掌握电子订货系统的构成与应用 （4）了解连锁经营信息技术的主要内容

导入案例

沃尔玛的神话

沃尔玛在短短几十年间，由一家小型折扣商店发展成为世界上最大的零售企业之一。如何能在如此短的时间内不断壮大，超越对手，坐上世界零售企业的头把交椅呢？沃尔玛强大的物流信息系统在其发展过程中起到了举足轻重的作用。

沃尔玛有80 000多种商品，为满足全球4 000多家连锁店的配送需要，沃尔玛每年的运输总量超过78亿箱，总行程达6.5亿千米。没有强大的信息系统，它根本不可能完成如此大规模的商品采购、运输、存储、物流等管理工作。早在20世纪80年代沃尔玛就建立起自己的商用卫星系统，在强大的技术支持下，如今的沃尔玛已形成了"四个一"："天上一颗星"——通过卫星传输市场信息；"地上一张网"——有一个便于用计算机网络进行管理的采购供销网络；"送货一条龙"——通过与供应商建立的计算机网络连接，供货商自己就可以对沃尔玛的货架进行补货；"管理一棵树"——利用计算机网络把顾客、分店或山姆会员店和供货商像一棵大树有机地联系在一起。

与其说沃尔玛是零售企业，不如说它是科技企业。凭借先发优势、科技实力，沃尔玛的分店冲出阿肯色州，遍及美国，走向世界。信息技术的支持，使得沃尔玛可以以最低的成本、最优质的服务、最快速的反应进行全球运作，始终立于世界零售业的不败地位。

(资料来源：根据百度文库、中国物流与采购网等资料整理)

连锁经营管理是以全面准确的信息为基础的，连锁经营作业活动的效率化离不开信息的支持，信息是连锁企业经营管理的前提条件。因此，建立和完善连锁企业管理信息系统，是连锁经营管理的重要内容。本章主要阐述连锁经营管理信息系统的特征、构成以及常用的管理信息系统，并对现代连锁经营信息技术进行介绍。

7.1 连锁经营管理信息系统概述

7.1.1 连锁经营信息的特征

1. 连锁经营信息的含义与特征

(1) 连锁经营信息的含义。

连锁经营信息是指与连锁企业的经营活动密切相关的各种情报、消息等。连锁经营信息与商品交易信息、市场信息相互交叉、融合，彼此有着密切联系。连锁经营信息不仅能起到连接整合从生产商、批发商和零售商到消费者的整个供应链的作用，而且能在应用现代信息技术基础上实现整个供应链活动的效率化。也就是说，连锁经营信息不仅对连锁经营管理活动有支持保证的功能，而且具有连接整合整个供应链，并使整个供应链活动效率化的功能。

(2) 连锁经营信息的特征。

连锁经营信息具有信息量大、更新快和来源多样化等特征。从信息量来看，随着消费需求的日益多样化，企业生产经营向着多品种小批量方向发展，顾客对连锁经营服务的需求也呈现出小批量、高频率的特征，这就会大大增加连锁经营信息的数量。从信息更新来看，伴随着商品更新换代速度的加快、周转速度的提高、订货次数的增加，连锁经营作业活动的频率也大幅度提高，从而要求连锁经营信息不断更新，且速度越来越快。从信息来源看，连锁经营信息不仅来自连锁企业内部，而且还包括生产信息、市场信息和社会信息等；连锁经营信息的涉及面越来越广，渠道也越来越多，连锁企业可利用现代信息技术将有关信息进行实时传递，实现信息共享。

2．连锁经营信息管理的要求

连锁经营信息是伴随连锁经营管理活动同时发生的。在连锁经营活动中，连锁经营信息一般包括订货信息、库存信息、生产信息、发货信息和管理信息等。连锁经营管理对信息质量有很高的要求，主要表现在全面适量、及时准确和通信通畅 3 个方面。

（1）全面适量。没有全面适量的连锁经营信息，连锁企业就很难作出正确的决策并采取有效的措施，从而影响连锁经营管理的正常运转。因此，连锁经营信息是否全面适量，是否能满足连锁经营管理的需要至关重要。

（2）及时准确。及时准确是指连锁经营信息的收集和处理要准确无误，并及时传输到相关部门和相关人员。只有准确及时的信息才有实用价值，才能为连锁经营管理提供强有力的支持。

（3）通信通畅。连锁经营管理要得到及时准确的信息，这就要求连锁经营管理信息系统通信顺畅。通信方式应使人容易接受理解，否则可能产生误解，导致决策失误，影响连锁经营管理活动的开展。

7.1.2 连锁经营管理信息系统的概念

连锁经营管理信息系统（Management Information System，MIS）是对连锁经营的信息进行收集、加工、传递、存储等的组织体系，是由人和机器（通信工具设备、计算机）共同组成的体系。管理信息系统处理的对象是各种信息，是为企业进行决策、计划、组织、控制、协调等管理职能提供信息服务。连锁经营管理信息系统借助了现代通信技术和计算机技术，形成了计算机化和网络化信息系统，在连锁经营活动中发挥了必不可少的作用，代表了商业现代化的发展方向。

连锁经营信息管理系统的功能可以归纳为以下几个方面：

（1）采集信息。把连锁企业各个环节的信息收集起来，纳入后台应用程序和企业的信息中心。

（2）加工信息。把采集的信息进行整理、加工、分析，使经营者及时掌握企业的进、销、存的动态和企业的人、财、物动态，掌握市场的第一手资料，为市场预测提供数据资料。

（3）存储信息和检索信息。存储信息是为了信息的连续性和实用性。信息检索是为了连锁经营查询、监测某些信息服务，以确保企业不受损失。

（4）传输信息。连锁企业与生产商、各类供应商、其他合作伙伴、政府机构、消费者交流有关的信息，关键是达到以销定产、以销定进、以销定存，保证进货质量，优化经营布局和商品结构的目的。

7.1.3 连锁经营管理信息系统的构成

连锁经营企业的机构由公司总部、配送中心和各分店 3 个部分组成。为完成总部的集中控制、配送中心的物流管理、各分店的商品销售管理，需保持各环节在物流、商流、资金流和信息流的畅通。总部、配货中心、分店各系统之间通过数据通信系统成为有机的一体，其系统的结构图如图 7.1 所示。

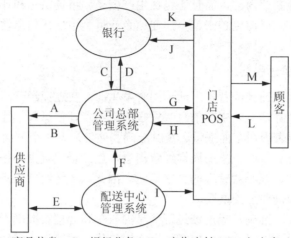

A—订货信息　B—商品信息　C—银行业务　D—应收应付　E—入出库、盘存、催提、催销
F—出库单、发票　G—补货、到货、销售、调剂信息　H—商品变价信息　I—实际调配
J—营业款　K—银行对账　L—商品购买　M—商品销售

图 7.1　连锁企业管理信息系统结构流程图

1. 总部管理信息系统

在整个连锁经营管理信息系统中，总部管理信息系统堪称是灵魂，由它控制和维护几乎所有的基本资料及供应商的进价等，它可以监视各个部门（分店）的营运情况，并享有最高的订货权和调价权。因此，总部管理信息系统主要是为高层管理者及业务主管提供有力的决策支持。总部管理信息系统主要包括决策管理、订货管理、进货管理、库存管理、销售管理、财务管理、报表分析、综合查询和基本资料维护等内容。连锁总部管理信息系统的基本构成如图 7.2 所示。

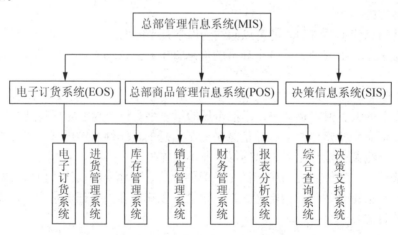

图 7.2　连锁总部管理信息系统结构

对于连锁经营总部来说，需要有一台服务器、若干台微机作为工作站。由于连锁总部所要处理的数据很大，主服务器要承担企业主要数据的存储和计算、处理配送中心和各连锁分店等下级核算机构的数据汇总、统计计算、数据交换等任务，所以，一般选用性能较好的小型机或专用服务器，有条件的尽量采用磁盘陈列或双备份方式。根据连锁企业的规模特点，

一般采用集中分布式或集中式的网络结构较好。计算机操作系统的选择应具有强大的任务、多用户处理功能，具有开放性体系结构的国际上成熟的操作系统（比如 UNIX）；数据库采用国际化成熟的大型数据库（如 Oracle、Sybase 等）及开发工具（如 Delphi、Power Builder 等）。

2．配送中心管理信息系统

配送中心管理信息系统是连锁经营管理信息系统不可缺少的部分，在整个连锁经营信息管理系统中，配送中心管理信息系统是整个信息系统的物流枢纽。配送中心的物流操作作业是在配送中心的管理计算机控制下进行的，以指示书的方式说明作业程序，配以配送计算机控制的自动仓库以及机械化分拣装置等来完成，必须与总部系统和运输配送系统相协调才能充分发挥其功能。

配送中心管理信息系统是以接受订货及分店补货为起点，以商品运输、储存、配货到各分店为结束，实现商品和信息在公司内部的畅通。它主要包括进货管理、配送/调拨管理、损益管理、库存盘点管理和订货管理等业务内容，其管理信息系统基本构成如图 7.3 所示。

（1）入库管理系统。入库是指对供货商入库的货品进行核对、入库以及货品的补货处理。入库系统需要利用网络反映入库预定货品的信息，并能迅速地反映入库时的商品库存，用传送装置移动货品的时候，在入库货品上贴上带有条形码的入库标签，利用条形码扫描功能对货品入库数据进行更新。

（2）出库管理系统。出库是以客户的订单为依据，进行库存货品对照、库存寻找和核对。出库系统包括库存寻找和货品集中核对系统，主要应考虑寻找快速、错误率低，通过货区来指示寻找范围，并能够及时输出库存寻找清单，与订货单相核对。

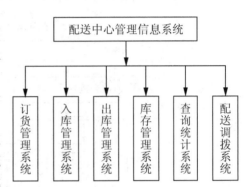

图 7.3　配送中心管理信息系统结构

（3）库存管理系统。配送中心最基本的功能是：掌握有什么样的货品，有多少，在哪里，以什么样的方式存放等。要实时地管理各种货品，必须有最合理的计划、科学化的货区管理以及装载、配送分析和物流服务成本管理等支持系统。库存管理系统是配送中心系统的核心，它控制接受订单的订货系统，进行每种货品的库存管理，与货区管理衔接，在库存清单上用货区号进行库存对象货品的指示和表示；它也与配送系统相连，指示不同配送货车的装载箱数和件数。

库存管理的目标是：提高库存精度，合理地进行补货，削减库存的损耗，建立起合理的库存商品结构，高效、及时、准确地与各连锁店保证供货补货。

（4）配送调拨系统。配送调拨系统是供应商与配送中心之间、配送中心与分店之间货品的配送调拨业务管理系统，要求能支持连锁店多品种、高频率、小批量配送的需求。

配车问题历来是靠主管人员或者是运输员的经验，用对配送量的目测来决定配送载重量和配送车数。现在，在少量多品种多次配送中，要全面地考虑，并制定配送的规则，由计算机自动计算，作出配货计划，由自动作业线来完成。

注意：查询统计系统无论是在库存管理时，还是在订货管理时，都可以对在库商品现状进行统计分析；订货管理系统在 7.3 节专门介绍。

连锁配送中心的系统设备采用小型机或高档微机服务器作为管理系统的服务器，工作站点使用通用微机，使用专用热转印式条形码打印机；网络系统为局域网和广域网，并采用 TCP/IP 协议，实现系统的数据共享和通信；软件平台服务器的操作系统使用 UNIX，微机使用 Windows 操作系统；数据库使用大型关系式数据库 Oracle 或 Sybase；开发工具为 Delphi 或 C 语言等。另外，也可采用微机服务器或高档微机做服务器，采用通用微机做工作站，使用专用热转印式条形码打印机；网络系统可使用 Windows NT 或 NOVELL；软件平台为 DOS 操作系统或 Windows 操作系统、小型关系数据库（如 FOXFRP）等应用管理软件。

3. 分店管理信息系统

分店管理信息系统是连锁经营管理信息系统的基础，对整个分店经营过程中商品的销售、补货以及库存全过程等信息进行管理与控制，完成系统一定范围内的信息采集，为高层经营分析与决策奠定基础。它主要包括收银管理、进货管理、要货/订货管理、盘点管理、货位管理、客户管理、财务管理、数据统计和综合查询等内容，其基本构成如图 7.4 所示。

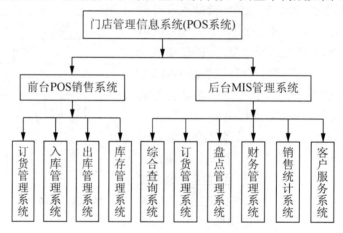

图 7.4 分店管理信息系统结构

7.2 销售时点管理系统

7.2.1 POS 系统的含义

POS（Point of Sale）系统也称为销售时点信息管理系统，是指利用光学式自动读取设备收集销售商品时按照单品类别读取商品销售（商品名、单价、销售数量、销售时间等）、进货、配货等阶段发生的各种信息，通过通信网络传入计算机系统，按照各个部门的使用目的对上述信息进行处理、加工和传送的系统。

POS 系统有广义和狭义之分。广义的 POS 系统是指由前台 POS 销售系统和后台 MIS 管理系统所组成的，对连锁经营管理实行全方位、多功能管理的管理信息系统；狭义的 POS 系统是指由 POS 销售系统为基础，以销售收款为主要功能的管理信息系统。本节以狭义的 POS 系统为基础介绍该系统的构成、功能和作业流程。

7.2.2 POS 系统的基本构件与功能

1. POS 系统的基本构件

POS 系统的基本构件主要有商品条形码、条形码标签印刷机、POS 收银系统和商品代码 4 大部分。

（1）商品条形码。商品条形码是商品的标识，一个商品一个条形码。借助条形码，POS 系统可以实现商品从订购、送货、内部配送、销售、盘货等零售作业循环的一元化管理，提高商品管理的准确性和高效性。商品条形码是商品销售和商品管理的重要技术手段，有严格的编码规范和要求，后面专题解释。

（2）条形码标签印刷机。目前，我国商品条形码一般有两类：一类为原印码（Source Marking），这是由制造商申请核准的条形码，并在商品出厂前直接印制在商品包装上；另一类是店内码（Instore Barcode），是由分店自行印制的条形码标签，在商品出售前粘贴在商品包装上。因为目前我国食品和日用品的原印码普及率还不高，故连锁分店还需使用店内码。

印制店内码的条形码标签印制机有 3 种：第一种是掌上型，第二种是桌上型。这两种都可以印制规格化商品（同样商品，价格也相同）的条形码标签。第三种是电子秤＋条形码标签印制机，连锁分店经营生鲜食品时，常采用此种方式。以上 3 种印制机分别如图 7.5、图 7.6 和图 7.7 所示。

图 7.5 掌上型条形码标签印制机　　图 7.6 桌上型条形码标签印制机　　图 7.7 电子秤＋条形码标签印制机

（3）POS 收银系统。连锁分店收银结账必须通过 POS 收银系统才能阅读商品条形码、寻找商品售价或接受该商品售价，并记录商品的销售状况。因此，POS 收银系统是该系统的重要构件之一。

目前，较通用的 POS 收银系统有两类：第一类是电子收银机＋扫描器＋主档控制器＋计算机。此系统适用于规模较大、收银台较多的大卖场，主档控制器可储存商品代码资料，供寻找或接受商品售价之用，再以批次方式将商品销售资料传至后台计算机，可减轻后台计算机的作业负荷。第二类是计算机收银机＋扫描器。此系统较适用于小型分店，计算机收银机兼具收银及存取商品销售数据的功能。图 7.8 所示就是第一类的收银系统。

条形码扫描器可以说是条形码系统的眼睛，它是从视觉上收集条形码数据，并把它们转换成可用信息。条形码扫描器是一种光电系统，首先照亮条形码符号来测量反光，然后将模拟形式的光波数据转换为数字形式交给解码器（内置在扫描器内或者作为单独的插件）处理,最后传输给计算机上的应用软件。扫描器有手持式和固定式两种。手持式扫描器可以阅读固定物品上的条形码,物品可手持或者放在传送带通过固定扫描器来阅读条形码。手持式扫描器有3种技术方案:接触笔、CCD 扫描器和激光扫描器。

① 接触笔。接触笔是顶端带光孔的笔状设备,可由用户划过条形码。使用接触笔需要经过练习,才能掌握阅读所要求的合适的斜度(一般为30°)和适当的移动速度。这也是最便宜的条形码扫描器。

② CCD 扫描器。CCD 扫描器价格居中。它使固定光束(通常是发光三极管 LED)将条形码符号的图像反射给光敏元件阵列。扫描器阅读条形码的最佳距离(称为景深 DOF)在 15cm 以内。CCD 扫描器没有激光扫描精确度高。新型的 CCD 手持式图像扫描器不但能够阅读一维条形码和二维堆叠式条形码,还可以阅读二维矩阵式条形码。

③ 激光扫描器。激光扫描器最贵。它用迅速移动的镜体将激光三极管发出的光束散射成水平光弧,虽然光束每秒扫描 40 周,但看起来像一条光线(如果在可见光谱内的话)。使用不可见光的红外线光谱激光扫描器时,采用辅助照明法使用户瞄准激光光束。也可用旋转多边形或者振动镜像产生更复杂的移动光束、交叉阴影或者星形脉冲来提高阅读能力和全向扫描。激光扫描的优点是有更大的视野和景深(平均为 15～30cm,但使用特殊的长趴离反射标签的话可达 10m),因此,可识别歪斜的条形码。新型的手持式激光扫描器(图 7.9)能够阅读二维堆叠式条形码。固定式激光扫描器使用的是移动光束 CCD 技术(也称为图像传感技术),常见于超市的收款处,也广泛用于流水线式制造企业仓储和配送中心的理货与装运业务;小型固定式激光扫描器也用在实验室和流程控制业务;悬挂式或半固定式激光扫描器可见于几乎所有行业;固定式图像扫描器常用于高速理货业务。

图 7.8　电子收银机+扫描器+主档控制器+计算机

图 7.9　手持激光条形码扫描器

POS 系统结构示意图如图 7.10 所示。

(4)商品代码。POS 系统要能运转,还要靠计算机内建立的商品代码。当扫描器接收商品信息后就要到计算机内去寻找相应的商品代码资料,以辨识商品代码是否正确,然后找出售价或接受该商品售价,并记录该项商品的销售数量。因此,商品代码也是 POS 系统的主要构件。

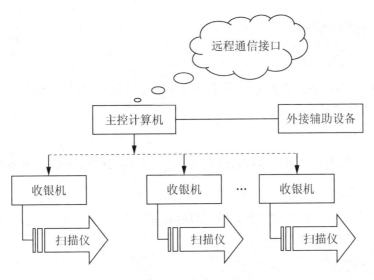

图 7.10　POS 系统结构示意图

企业常常根据商品分类进行树状层级的编码方法。例如，把店号用 1~2 位表示，把大类用两位表示，再用其他几位表示商品的信息，比如生产厂家、包装、重量等，如图 7.11 所示。

2．POS 系统的基本功能

不同类型的 POS 系统具有不同功能，连锁企业 POS 系统归纳起来主要有以下 4 个方面的功能：

（1）销售收银功能。POS 系统的主要功能是完成日常的售货收款工作，进行销售输入操作，记录每笔交易的时间、数量和金额。若遇到条形码不识读等现象，系统应允许采用价格或手工输入条形码号进行查询。POS 系统可支持现金、支票、信用卡等不同的付款方式，以方便顾客支付。

图 7.11　商品代码示例图

（2）交班结算功能。POS 系统可进行收款员交班时的收款小结、大结等管理工作，计算并显示出本班交班的时间、现金及销售情况，统计并打印收款机全天的销售金额及各收银员的销售额，并作为各收银员一天的工作记录。

（3）顾客服务功能。POS 系统能按规定要求计算会员的优惠金额，记录会员的消费情况，自动统计会员的积分。根据顾客需要，POS 系统可提供查询、换货和退货等多种服务，并可打印出各种单据作为资料或凭证。

（4）即时纠错功能。这是指 POS 系统能根据一定程序对分店销售过程中出现的错误立即进行更正，以保证销售数据和记录的准确性。

此外，连锁企业的 POS 销售系统与后台 MIS 管理系统相结合还可提供商品出入库管理、商品调价管理、商品销售管理、单据票证管理、报表打印管理、统计分析管理、数据维护管理和销售预测等。

7.2.3 POS 系统的作业流程

1. 粘贴商品价签

连锁分店商品销售之前都应贴上表示该商品信息的条形码或光学识别（OCR）标签，为 POS 系统的作业做好准备。

2. 扫描销售信息

顾客结账时，收银员使用扫描读数仪自动读取商品条形码标签或 OCR 标签上的信息。

3. 确认销售信息

通过店内计算机确认商品的单价，计算顾客购买总金额等，同时输送给收银机，打印出顾客购买清单和付款总金额。

4. 传输销售信息

各个分店将本店的销售时点信息，通过 VAN 以在线连接方式，即时传送给连锁总部或配送中心使用。

5. 分析处理信息

连锁总部、配送中心和分店对销售时点信息进行分析，以掌握顾客的需求动向，明确畅销商品或滞销商品。

6. 调整作业管理

连锁总部、配送中心和分店以信息分析结果为依据，进行库存调整、配送管理、商品订货、品种配置和商品陈列等方面的作业。

7. 向供货商输出信息

连锁企业可利用 VAN 在线连接的方式把销售时点信息即时传送给供货商，使供货商能根据销售现场最及时准确的销售信息制订经营计划，进行经营决策。

7.3 电子订货系统

7.3.1 EOS 的概念

电子订货系统（Electronic Ordering System，EOS）是指企业之间利用通信网络（VAN 或互联网）和终端设备，以在线连接方式进行订货作业和订货信息交换的系统。它是连接供应商、连锁总部、配送中心和连锁分店等的整体订货系统。使用 EOS 时，订货人员先通过扫描将欲订购商品的条形码扫入接收设备，并同时输入订货数量，进行订货操作，然后再通过计算机和网络系统将订货信息输送给供应商或配送中心，以便最大限度发挥电子订货系统的各种功能。EOS 因其具有许多先进管理手段，所以在实际中使用非常广泛，并且越来越受到连锁企业的青睐。连锁企业电子订货系统的构成与流程如图 7.12 所示。

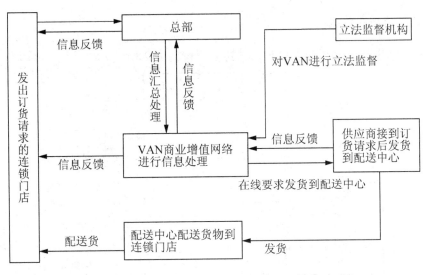

图 7.12 连锁企业 EOS 构成与流程

7.3.2 EOS 的基本构件与功能

1. EOS 的基本构件

（1）价格卡。EOS 是以扫描的方式将欲订货的商品条形码输入掌上型终端机，再输入订货数量来完成商品的订货工作。在订货作业中，商品条形码不一定要贴在商品上，只要扫描商品价格卡（含商品条形码）上的商品条形码就可完成订货作业。之所以只要扫描价格卡，是因为价格卡上的条形码不易变动，其稳定性和准确性好。在电子订货系统中采用价格卡的好处还在于，订货人员可在卖场中随时掌握存货状况，并对是否订货作出迅速决定。

（2）掌上型终端机。掌上型终端机的功能是将所需订货的商品条形码及订货数量，以扫描输入方式储存在掌上型终端机的记忆体中，待订货作业结束，再将掌上型终端机与后台计算机连接，把存储在记忆体中的订货资料存入计算机主机。掌上型终端机具有计算机储存、处理和运算等功能。

（3）数据机。输入计算机内的订货资料必须经过数据机处理才能输送给供应商或配送中心。数据机可将计算机内的订货资料转化为数位信号，形成脉冲电波，通过专用线或拨接方式传递给对方的数据机，然后再还原成数位信号，进入计算机生成发货资料。数据机是连接订货地和发货地两地计算机的主要通信装置。

2. EOS 的功能

（1）订货管理。订货是连锁经营管理的起点。订货质量的好坏、订货效率的高低直接关系到连锁经营的效益。EOS 在连锁分店、配送中心、连锁总部和供应商之间建立起了一条高速通道，使各方的信息能及时得到沟通，不仅提高了订货效率，使订货周期大大缩短，保证商品及时供应，而且减少了订货差错，提高了订货质量，有利于订货业务管理的规范化。

（2）盘点管理。盘点是连锁企业加强商品管理的重要手段，但由于连锁企业所经营的商品品种成千上万，所以采用传统盘点方式，既费时间又影响营业。采用 EOS 盘点可迅速准确地完成盘点任务，将连锁企业营业场所和仓库内的商品降低到最低限度，为提高企业经营效益打好基础。

7.3.3 EOS 的订货作业流程

连锁企业应用 EOS 进行商品订货，其作业流程如图 7.13 所示。

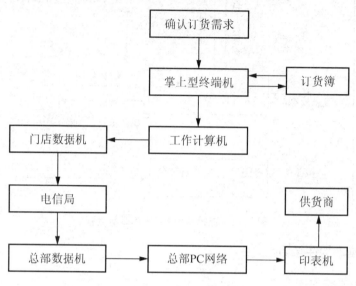

图 7.13 EOS 电子订货流程图

1. 确认订货需求

订货人员在进行订货作业时，应在卖场查看各商品的销售状况，特别要注意是否有未上货架的库存商品。确认必须订货，方可进行订货作业。

2. 登录订货信息

若确认后仍有订货需求，则可在下列两种方式中择一进行。
（1）在订货簿上记入订货品种和订货量，再持掌上型终端机登录储存订货资讯。
（2）手持掌上型终端机，直接赴卖场，扫描价格卡，以登录商品条形码及数量。

3. 传输订货信息

订货人员将掌上型终端机的订货资料输入后台计算机，然后由后台计算机通过数据机，把订货资料传送至连锁总部的采购部门或配送中心。

4. 向供货商订货

连锁总部采购部门或配送中心汇总各分店的订单后，可用以下 3 种方式向供货商进行订货。
（1）以数据机将汇总的订货资讯传至供货商的计算机。此种方式较适合大型供货商。
（2）将连锁总部的订货资讯直接传至供货商的传真机。此种方式适用于中小供货商。
（3）将连锁总部汇总的订单资料列印出来，交给供货商的业务人员带回。

7.3.4 EOS 的盘点作业流程

连锁企业也可应用 EOS 进行商品盘点，其作业流程如图 7.14 所示。

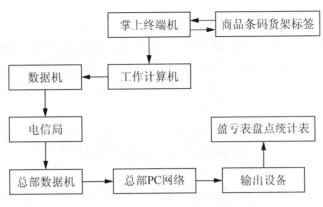

图 7.14 EOS 盘点作业流程图

1. 采集商品信息

这是指盘点人员手持掌上型终端机去卖场和仓库,逐一扫描商品价格卡或商品条形码,输入所要清点商品的库存数量。

2. 统计库存资料

盘点人员完成存货清点后,用掌上型终端机将相关资料输入到工作计算机上,并进行分类统计,以便传输盘点资料。

3. 汇总资料,形成报表

盘点人员通过数据机把盘点资料传输至总部的计算机,总部汇总后经过运算,做出盘点统计表、盈亏表和其他相关报表,为进一步加强连锁经营管理服务。

7.4 连锁经营信息技术

连锁经营信息技术是指连锁经营管理过程中所应用的现代信息技术。它是连锁企业现代化极为重要的领域之一,尤其是飞速发展的计算机网络技术的应用使连锁经营信息技术达到了新的水平。

7.4.1 商品条形码技术

商品条形码是指由一组规则排列的条、空及其对应字符组成的标识,用以表示一定商品信息的符号。其中,条为深色、空为浅色,用于条形码识读设备的扫描识读;其对应字符由一组阿拉伯数字组成,供人们直接识读或通过键盘向计算机输入数据使用;每一组条空和相应的字符所表示的信息是相同的。

条形码技术是随着计算机与信息技术的发展和应用而诞生的,它是集编码、印刷、识别、数据采集和处理于一身的新型技术。1970 年,美国的食品杂货业率先在食品包装载体上使用这种条形码,随之扩展到世界范围内使用。商品条形码是商品的"身份证",是商品流通于国际市场的"共同语言"。为了使商品能够在全世界自由、广泛地流通,企业无论是设计制作、申请注册,还是使用商品条形码,都必须遵循商品条形码管理的有关规定。

1. 条形码的构成

目前世界上常用的条形码系统有两种：一种是以欧洲诸国为主体发展的条形码，采用13位方式，称为EAN（European Article Numbering），又称为国际通用商品代码系统；另一种是以北美地区为主发展的条形码，采用12码方式，称为UPC（Universal Product Code），又称为美国商品代码系统。

EAN商品条形码由国际物品编码协会制定，通用于世界各地，是目前国际上使用最广泛的一种商品条形码。我国目前在国内推行使用的也是这种商品条形码。EAN商品条形码分为EAN-13（标准版）和EAN-8（缩短版）两种。

以EAN标准版为例，EAN-13编码的组成有条形码符号和相对应的阿拉伯数字符代码两部分，条形码便于机读，数字便于人工使用。商品条形码示例如图7.15所示（注：以下所写的位数从左向右数起）。

图7.15　商品条形码示例

（1）前缀码。前缀码是国家或地区的独有代码（前2~3位），由EAN国际物品编码中心负责向世界各申请国家或地区颁发，用完了再去申请。如中国的前缀码为690、691、692、693，中国台湾为471，中国香港为489，韩国为880，泰国为885，新加坡为888；美国由于使用较早，它的国家前缀码是两位，为00~04，还有06、09；而加拿大的为05、07、08。

（2）制造商代码。制造商代码（前缀码后面4位）为我国（或其他国家和地区）物品编码中心分配给申请企业的企业代码，也就是制造商识别代码。

（3）商品代码。制造商代码后面5位为商品代码，由生产企业自行赋码。

（4）校验码。校验码是为校验条形码使用过程中的扫描正确与否而设置的特殊编码（1位），其数字由前面12位数字以一定公式计算得出。其计算方法如下：

① 将EAN-13编码中相对应的数字从右到左依次编上序号1~13。

② 将所有处于偶数位置的数字相加之和再乘以3。

③ 从顺序号3开始将所有处于奇数位的数字相加。

④ 将②步和③步所得结果相加。

⑤ 用一个大于④步所得结果且为10的整数倍的数减去④步结果的差即是校验位的值；若④步结果为10的整数倍，则校验位的值为0。

【例7-1】　6914644828019商品条形码，691为中国代码，4644为制造商代码，82801为商品代码，9为校验码。其计算过程如下：

第一步，　13　12　11　10　9　8　7　6　5　4　3　2　1
　　　　　　6　9　1　4　6　4　4　8　2　8　0　1　X

第二步，1+8+8+4+4+9=34　　34×3=102

第三步，0+2+4+6+1+6=19

第四步，19+102=121

第五步，X=130-121=9

说明这个校验码是对的。

（5）图书条形码。EAN-13编码中有国际物品编码中心分配给国际标准书号（ISBN）的两个前缀码：978和979，目前只启用了978；还有分配给国际标准期刊号（ISSN）的前缀码977。

（6）EAN 缩短版。EAN-8 主要用于包装体积小的产品上，其前缀码（2～3 位）、商品代码（4～5 位）、校验码（1 位）的内涵同 EAN-13。按照 EAN 的规定只有印制条形码的面积超过总印刷面积 25%以上时才允许用 8 位码，因而只有 EAN 总部及各国编码中心才有权掌握它的分配和使用。

【例 7-2】　691　　　XXXX　　　C
　　　　　　前缀码　　商品代码　　校验码

至于一些连锁企业进货时没有厂商的代码，为了管理方便而编制一些商品信息于条形码上用于商品结算，那就只有每个连锁企业自己赋予它一定的意义，如散装食品等。

2．条形码的编码原则

商品条形码的编码遵循唯一性原则，以保证商品条形码在全世界范围内不重复，即一个商品项目只能有一个代码，或者说一个代码只能标识一种商品项目。不同规格、不同包装、不同品种、不同价格、不同颜色的商品只能使用不同的商品代码。

商品条形码的标准尺寸是 37.29mm×26.26mm，放大倍率是 0.8～2.0。当印刷面积允许时，应选择 1.0 倍率以上的条形码，以满足识读要求。放大倍数越小的条形码，印刷精度要求越高，当印刷精度不能满足要求时，易造成条形码识读困难。

3．条形码系统的重要作用

商品条形码具有制作简单、信息采集速度快、信息量大、可靠性强、柔性好和信息对应性强的特点。因此，商品条形码的诞生极大地方便了商品流通，在社会经济生活中发挥了极其重要的作用。现代社会已离不开商品条形码，据统计，目前我国已有 50 万种产品使用了国际通用的商品条形码。条形码被广泛使用的原因有以下 5 点：

（1）输入速度快，准确度高，操作简便，使销售过程更畅通、迅速。

（2）条形码编码所包含的商品信息，相当于商品的"身份证"，用于商品原产地、生产厂家的识别。

（3）销售者利用条形码系统进行库存更新、销售分析、商品订货与商品管理。

（4）商品标准化程度高，与国际市场接轨。

（5）使用成本低、可靠性强，利于扩大商品的销售市场。

4．条形码技术在连锁企业中的应用

借助条形码，POS 系统可以实现商品从订购、送货、内部配送、销售、盘货等零售作业循环的一元化管理，使商品的管理模式实现 3 个转变：一是从传统的依靠经验管理转变为依靠精确的数字统计分析管理；二是从事后管理（隔一段时间进行结算或盘点）转变为"实时"管理（在商店营业过程中可随时对销售、库存情况通过计算机进行查询）；三是从商品分类（或部门）管理转变为单品管理。这样一来，连锁企业可随时掌握商品的销售情况，以调整进货计划，组织适销货源，从而减少脱销、滞销带来的损失，并可加速资金周转，有利于货架安排的合理化，提高销售额。条形码技术可应用于以下几项管理实务。

（1）分店商品管理。

① 店面进货处理（进店控制）。自动搜索订单，核对到货商品数量和品种，控制进货的准确性，补货确认。

② 店面退货处理（出店控制）。过期、过季商品或滞销商品需要退给供应厂家，以便于

柜台的有效应用；控制退货出仓流程，自动搜索退货单，核对退货单与出仓商品品种和数量，退货单核对。

③ 盘点处理。通过扫描条形码，从主机中搜索对应商品信息，实盘数量自动登记，实时运算盘盈、盘亏情况，加快盘点速度，自动通知同一商品在其他货架的情况，提高作业人员进行实物盘点的效率，检查商品在货架中的摆放情况。

④ 价格控制。扫描商品条形码，从主机中搜索对应商品信息，搜索对应的最新价格，通知价签生成，更新价格，通知价格修改完毕。

（2）商品销售管理。

① 收款。销售时主要是通过 POS 系统对产品条形码的识别，从而实现等价交换。但要注意的是，条形码标签一定要是质量好的，一是方便售货员扫描，提高效率；二是防止顾客把低价标签贴在高价货品上结账所造成的损失。

② 销售业务追踪管理。即利用条形码实现销售企业的内部管理，通过单品管理和进销存信息管理为企业的业务决策提供支持，以实现效率的提高和效益的增长。

（3）仓库管理。

① 商品编码管理。根据货物的品名、型号、规格、产地、牌名、包装等划分货物品种，并且分配唯一的编码，也就是"货号"。分货号管理货物库存是商品管理的单件集合，并且应用于仓库管理的各种操作。

② 仓库储位管理。即对存货空间的管理。仓库分为若干个库房，库房是仓库中独立和封闭的存货空间，库房内空间细划为库位，细分能够更加明确定义存货空间。在产品入库时将库位条形码号与产品条形码号一一对应，在出库时按照库位货物的库存时间可以实现先进先出或批次管理。

③ 进行货物单件管理。条形码技术不仅可以按品种管理货物的库存，而且可以管理货物库存的具体每一单件。采用产品标识条形码记录单件产品所经过的状态，就可实现对单件产品的跟踪管理，更加准确完成仓库出入库操作。

④ 差错管理。一般仓库管理只能完成仓库运输差错处理（根据人机交互输入信息），而条形码仓库管理不仅可以直接处理实际运输差错，而且能够根据采集的单件信息及时发现出入库的货物单件差错（如入库重号、出库无货），并且提供差错处理。

⑤ 仓库业务管理。包括出库、入库、盘库、月盘库、移库，不同业务以各自的方式进行，完成仓库的进、销、存管理。

（4）市场销售链管理。

通过在销售、配送过程中采集产品的单品条形码信息，就可根据产品单件标识条形码记录产品销售过程，完成产品销售链跟踪，保证产品销售链政策的有效实施与监督。

（5）零售信息管理服务。

产品从厂家经过各种批发、配送渠道，通过零售环节到达最终用户手中。零售商业企业的日常业务经营活动主要包括购、销、存3个方面。在实际作业中，商业企业推行大类管理、单品进销存管理，利用商品上现有的条形码配合自打条形码作为自动识别输入的基础，减少了操作时间，提高了录入的准确性，节约了大量的人力物力，提高了自动化程度。

（6）供应商管理。

使用条形码对供应商进行管理，主要是要求供应商供应的货物必须有条形码，以便进行货物的追踪服务。供应商必须把条形码的内容含义清晰地反映给零售企业，企业也将逐渐通过货品的条形码进行订货。同时，通过这些条形码的使用，零售企业掌握着大量准确的市场供求信息，这些信息可以作为"货品"卖给供应商和市场调查公司，从中获利。

（7）员工管理。

使用条形码对员工进行管理，主要是应用在行政管理上。企业可以通过条形码影像制卡系统为每个员工制出一张员工卡，卡上有员工的彩色照片、员工号、姓名、部门、ID 条形码以及各项特有标记。员工必须在每天工作时间内佩带员工卡，并使用员工卡上的条形码配合考勤系统作考勤记录，而负责员工的支薪、领料和资料校对等需要身份证明的部门，都配上条形码扫描器，通过扫描员工卡上的 ID 条形码来确定员工的身份。

例如，北京西单图书大厦完成了无线条形码终端盘点、图书批送中心的盘点、出入库管理系统的设计和安装，解决了几十万种图书盘点困难、操作时间长的难题，减少了停业盘点带来的损失，可以说带来了巨大的经济效益。目前国内的流通领域，比如百货、超市、香烟、音像制品等各种专卖店等已经广泛使用了条形码设备，并可完成诸如销售单品管理、进货入库检验、依据库房拣货、货物分发配送、库存盘点、流动销售、价格检查、外出订货等种种操作，为商品零售环节提供了强有力的数据管理功能。譬如说：大型商业企业的仓库大多采用仓位管理，利用条形码信息技术可对仓库的库位进行编码管理；以供货商订单作为商品入库的依据，同时对有保质期要求的物品通过批号和保质期管理，提高物品周转的合理性，减少损失，最大限度地缩短物品出入库的时间；保证库存账面与实物数量一致，为系统其他模块提供最新的物品出入库信息；将每种商品的条形码、商品名称、规定货位的编码信息对应，通过扫描商品条形码，显示商品名称和应在货位，与实际商品的实际位置进行比较、整理，完成价格检查、理货等各种操作。

可见，条形码技术提供了一种对物流中的物品进行标识和描述的方法，借助自动识别技术、POS 系统、EDI 等现代技术手段，企业可以随时了解有关产品在供应链上的位置，并作出即时反应。当今在欧美等发达国家兴起的 ECR（有效消费者反应）、QR（快速反映）、ACEP（自动连续补货）等供应链管理策略，都离不开条形码技术的应用。条形码技术是实现 POS 系统、EDI、电子商务、供应链管理的技术基础，是实现物流管理现代化，提高企业管理水平和竞争能力的重要技术手段。

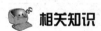 相关知识

部分国家地区（EAM）成员的条形码前缀码

前　缀　码	编码组织所在国家（或地区）/应用领域	前　缀　码	编码组织所在国家（或地区）/应用领域
000-019；030-039；060-139	美国	385	克罗地亚
020-029；040-049；200-299	店内码	387	波黑
050-059	优惠券	400-440	德国
300-379	法国	450-459；490-499	日本
380	保加利亚	460-469	俄罗斯
383	斯洛文尼亚	470	吉尔吉斯斯坦

续表

前缀码	编码组织所在国家（或地区）/应用领域	前缀码	编码组织所在国家（或地区）/应用领域
471	中国台湾地区	619	突尼斯
474	爱沙尼亚	621	叙利亚
475	拉脱维亚	622	埃及
476	阿塞拜疆	624	利比亚
477	立陶宛	625	约旦
478	乌兹别克斯坦	626	伊朗
479	斯里兰卡	627	科威特
480	菲律宾	628	沙特阿拉伯
481	白俄罗斯	629	阿拉伯联合酋长国
482	乌克兰	640-649	芬兰
484	摩尔多瓦	690-695	中国
485	亚美尼亚	700-709	挪威
486	格鲁吉亚	729	以色列
487	哈萨克斯坦	730-739	瑞典
489	中国香港特别行政区	740	危地马拉
500-509	英国	741	萨尔瓦多
520	希腊	742	洪都拉斯
528	黎巴嫩	743	尼加拉瓜
529	塞浦路斯	744	哥斯达黎加
530	阿尔巴尼亚	745	巴拿马
531	马其顿	746	多米尼加
535	马耳他	750	墨西哥
539	爱尔兰	754-755	加拿大
540-549	比利时和卢森堡	759	委内瑞拉
560	葡萄牙	760-769	瑞士
569	冰岛	770	哥伦比亚
570-579	丹麦	773	乌拉圭
590	波兰	775	秘鲁
594	罗马尼亚	777	玻利维亚
599	匈牙利	779	阿根廷
600-601	南非	780	智利
603	加纳	784	巴拉圭
608	巴林	786	厄瓜多尔
609	毛里求斯	789-790	巴西
611	摩洛哥	800-839	意大利
613	阿尔及利亚	840-849	西班牙
616	肯尼亚	850	古巴
618	科特迪瓦共和国	858	斯洛伐克

续表

前缀码	编码组织所在国家（或地区）/应用领域	前缀码	编码组织所在国家（或地区）/应用领域
859	捷克	899	印度尼西亚
860	南斯拉夫	900–919	奥地利
865	蒙古	930–939	澳大利亚
867	朝鲜	940–949	新西兰
869	土耳其	955	马来西亚
870–879	荷兰	958	中国澳门特别行政区
880	韩国	977	连续出版物
884	柬埔寨	978–979	图书
885	泰国	980	应收票据
888	新加坡	981–982	普通流通券
890	印度	990–999	优惠券
893	越南		

7.4.2 射频识别技术

1. 射频识别技术的含义和特点

射频识别技术（Radio Frequency Identification，RFID）也称电子标签，是指通过射频信号自动识别目标对象并获取相关数据的一种信息技术。它是一种非接触式自动识别技术，其主要功能是通过电磁波射频的扫描，对物体对象的相关信息进行直接读写，或者经过计算机网络传输信息。

射频识别技术是近年发展起来的一种重要标识技术，与条形码技术相比其主要有4个特点：一是可识别单个非常具体的物体，而不是只能识别一类物体；二是采用无线电射频，可透过外部材料读取数据，而条形码必须依靠激光来读取信息；三是可同时对多个物体进行识读，而条形码只能一个一个读；四是识别工作无须人工干预，操作简单方便，信息储存量大。因此，射频识别技术是现代连锁经营管理的重要信息技术。

2. 射频识别技术的基本构成和工作原理

（1）射频识别技术的基本构成。

一个基本的RFID系统由射频读写设备和标签构成。RFID标签包含一个处理芯片和一个天线。读写器通过射频感应与标签之间进行信息沟通。

① RFID标签（TAG，即射频卡）。由耦合元件及芯片组成，每个标签具有唯一的电子编码，附着在物体上标识目标对象。这跟条形码原理一样，只不过标签更智能。

② 阅读器。读取（有时还可以写入）标签信息的设备，可设计为手持式或固定式。

③ 天线。在标签和读取器间传递射频信号。

（2）射频识别系统的工作流程。

该系统的工作流程是：阅读器通过发射天线发送一定频率的射频信号，当附着标签的目标对象进入发射天线工作区域时产生感应电流，标签获得能量被激活，将自身编码等信息通过内置天线发送出去；系统接收天线接收到标签发送过来的信息，经无线调节器传送到阅读器，阅读器对接收的信号进行解调和解码后传送到后台主系统进行相关处理，主系统根据逻辑运算判断该标签的合法性，针对不同设定作出相应的处理和控制，发出指令信号控制执行机构动作。

3. 射频识别技术在连锁经营管理中的应用

射频识别技术在连锁经营管理中有着较为广泛的用途，主要体现在以下4个方面：

（1）库存管理。因电子标签具有防冲撞性、封装任意性、使用寿命长和可重复利用等特点，适合应用于现代库存管理系统。

将电子标签贴在商品的包装上或托盘上，在标签中写入商品的有关资料和存放位置等信息，就可通过阅读器迅速地查阅商品的进出库时间、数量和价格、产地以及存放位置等详细信息，并通过计算机进行统计和分析，形成相关报表。这就可以减少库存量，降低库存成本，提高库存管理效率。

（2）供应链管理。连锁经营供应链涉及生产、运输、储存、加工和销售等众多环节，任何一个环节出问题都会影响连锁企业的信誉和效益。商品从制成之时起就有了身份证，实行射频识别技术管理，可随时对商品信息进行快速查询，及时了解商品在各个环节的情况，明确责任人，有利于加强供应链管理。

（3）销售管理。RFID 技术在销售管理上的应用有 3 个方面：一是缺货报警。一旦商品缺货，电子标签就会及时发出信息，使商品按需补充，避免由于商品紧缺造成的销售损失。二是销售跟踪。RFID 阅读器可以跟踪商品的销售速度和销售状况，提高单品管理的效率和质量。三是商品安全。RFID 技术具有安全防盗功能，只要标签中的防窃功能处于激活状态，分店出口处的传感器就能发出警告信息，从而减少失窃损失。

（4）顾客服务。提高顾客服务质量是连锁经营管理的重要环节。采用 RFID 技术，一是能给顾客带来新的购物体验，顾客可直接了解所购商品的信息，并得到相应的智能服务；二是收银员可将顾客所购买的商品进行一次性扫描并结算出总额，大大缩短顾客付款等候时间；三是采用 RFID 技术可全程监督商品的生产经营过程，明确职责，有利于迅速处理顾客投诉，提高服务质量。

 相关知识

RFID 技术的展望

射频识别技术是一项新兴的数据收集技术，主要由阅读器与电子标签组成。制造商和经销商可在生产、运输、储存乃至质量保证期等各环节中预先在电子标签上输入实时的数据，并能通过阅读器阅读后及时准确地反映出来，具有减少误差、数据实时、读取数据距离远等传统技术无法比拟的优势，从而起到节约各环节成本、提高工作效率与准确性、与国际要求接轨、提高企业在国际上的竞争地位和提升企业形象等作用。

据报道，沃尔玛曾对供应商提出了这样的要求：到某一年如果厂家和供货商无法达到在商品上贴上 EPC 电子标签的要求，将要失去作为沃尔玛供应商的资格。有的公司已正式启用其智能型仓库设施，货物抵达仓库时 RFID 自动激活。此仓库不但可以区分各种货物，还可以探测到高价货物的移动情况，如果有高价货物未经记录被拿走，设施就会发出警报。日本建立了"食品身份证制度"，即产品履历和跟踪监视制度，要求生产、流通等各部门广泛采用条形码技术、无线射频识别技术等电子标签，详细记载产品生产和流通过程的各种数据。中国香港特别行政区的机场也已启用了 RFID 行李管理系统。

可见，RFID 技术发展非常快，已渗透到各个行业，在全球掀起很大的热潮。RFID 技术将会像互联网一样，促进整个物流链与供应链管理的巨大变化。RFID 技术能够将供应链各环节连结为一个有机整体，在提高工作效率，降低营运成本，以及产品质量追溯和产品信息加载方面具有显著优势。

（资料来源：根据慧聪网等资料整理）

7.4.3　电子数据交换技术

1．EDI 的含义

EDI（Electronic Data Interchange）即电子数据交换，中国港澳台地区及海外华人称作"电子资料联通"。国际标准化组织将 EDI 描述为："将商业或行政事务处理，按照一个公认的标准，形成结构化的事务处理或信息数据格式，从计算机到计算机的数据传输方式。"它是一种在公司之间传输账单、发票等作业文件的电子化手段。它通过计算机通信网络将贸易、运输、保险、银行、海关等行业信息，用一种国际公认的标准格式实现各有关部门与企业以及企业与企业之间的数据交换和处理，并完成以贸易为中心的全部过程。它是 20 世纪 80 年代发展起来的一种新型的电子化贸易工具，是计算机、通信和现代管理技术相结合的产物。

2．EDI 的作用

EDI 作为开展电子贸易的一种信息化手段，对于提高贸易活动的效率、降低贸易成本、促进经济效益的提升发挥着重要作用，主要体现在以下 5 个方面：

（1）实现无纸贸易。采用 EDI 后，纸面文件和表格均可由计算机完成，不仅处理和传递速度快，而且不易出错，便于反复处理，大大节省成本。

（2）变革贸易方式。实施 EDI 会引起企业内部结构及运行机制的改变。它介入企业的采购、生产、规划、会计及运输等环节，使贸易伙伴间的业务处理环境更趋协调，促进资金流动、库存、成本和客户服务等方面的改善。

（3）节约时间、提高效率。利用通信网络可以在几秒钟内完成全部单据和票证的传送，比起传统的邮寄、传真方式大大节省了时间，缩短了事务处理周期。

（4）提高数据传输的准确性。由于 EDI 在数据传输过程中无需人工干预，所以提高了数据传输的准确性。

（5）提高企业竞争能力。贸易活动是以信息为前提的，信息传递速度的加快，有利于企业快速捕捉市场信息，对客户作出快速响应，提高客户服务水平，从而增强市场竞争能力。

🌐 案例阅读

沃尔玛的快速反应系统

沃尔玛由于使用了 EDI 和配送中心，货物和信息在供应链中始终处于快速流动的状态，所以提高了供应链的效率。例如，如果一名顾客在沃尔玛的一家连锁店里购买了一件某种品牌的粗布衬衫，由于这种衬衫的供应商的计算机系统已经与沃尔玛的计算机系统连接在一起，供应商每天都会从沃尔玛的计算机里获取数据，包括销售额、销售单位数量、哪一个分店、库存情况、销售预测、汇款建议等，沃尔玛的决策支持系统会向供应商提供这种衬衫在此之前100个星期内的销售历史记录,并能跟踪这种产品在全球或者某个特定市场的销售状况。而且,这种衬衫的销售数据只提供给生产这种品牌衬衫的供应商。此后,供应商根据订单通过配送中心向沃尔玛的商店补货。从下订单到货物运到商店只需要3天时间,而在20世纪80年代中期,整个过程需要1个月。

(资料来源:根据百度文库、中国物流与采购网等资料整理)

3. 构成EDI技术的基本要素

(1) 通信。

在传统的商务活动中,贸易单证票据的传递通常由邮政系统或专业传递公司完成。EDI技术使连锁企业在商务活动中采用电子手段生成、处理和传递各类贸易单证,因此,电子通信网络是EDI系统必不可少的组成部分。

从EDI所依托的计算机网络通信技术的发展演变来看,最初是点到点方式,随后是增值网络(VAN)的方式,进而是电子邮件(E-mail)方式,当今则演变为Internet模式。这一变化趋势使得EDI的应用范围变得更加广阔。

传统的EDI系统基于VAN技术。在这一模式下,通常需要建立一个区域性的EDI中心,同时建立一个VAN网络。用户首先以会员方式加入到EDI中心,并按通用标准格式编制报文才能通过网络传送信息。由此可见,传统的EDI对系统要求较高,推广应用较难。为此,逐步改变传统EDI系统单纯依靠增值专用网的封闭式传输模式,向基于Internet和Web技术的开放式EDI应用模式发展,将是EDI发展信息增值服务的关键。

Internet模式的EDI是指利用先进的国际互联网、服务器等电子系统和电子商业软件运作的全部商业活动,包括利用电子邮件提供的通信手段在网上进行的交易。Internet模式的EDI大大方便了中小型企业,不用购买和维护EDI软件,不用进行EDI单证和应用程序接口API(Application Programming Interface)开发,只需利用浏览器软件即可应用,而有关表格制作和单证翻译等工作则由EDI中心或商业伙伴完成。

(2) 标准。

在EDI技术构成中,标准起着核心作用。EDI技术标准分成两大类:一类是表示信息含义的语言,称为EDI语言标准,主要用于描述结构化信息;另一类是载运信息语言的规则,称为通信标准,它的作用是负责将数据从一台计算机传输到另一台计算机。一般来说,EDI语言对其载体所使用的通信标准并无限制,但对语言标准却有严格限定。

目前,广泛应用的EDI语言标准有两大系列:国际标准的EDIFACT和美国的ANSIX.R。目前,EDIFACT标准作为联合国与国际标准化组织联合制定的国际标准,正在被越来越多的国家所接受。

(3) 软件。

EDI系统通常由"报文生成及处理""格式转换""联系""通信"4个模块构成,如图7.16所示。

为了实现EDI系统的上述功能,必须设计和开发相应的EDI软件。EDI软件的作用是将组织内部的非结构化格式的信息(数据)翻译成结构化的EDI格式,然后传送EDI报文,这是针对"信息发送方"而言的。对"信息接收方"来说,则需要把所接收到的标准EDI报文,翻译成在该部门内部使用的非结构化格式的信息。根据这样的要求EDI软件应具有3个方面的基本功能:数据转换、数据格式化和报文通信。

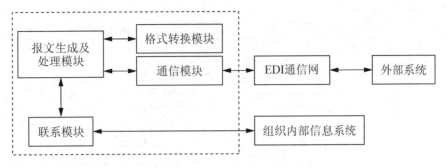

图 7.16 EDI 系统示意图

7.4.4 全球定位系统

1. GPS 系统的构成

全球定位系统（Global Positioning System，GPS）是 20 世纪 70 年代由美国陆海空三军联合研制的新一代空间卫星导航定位系统。其主要目的是为陆、海、空三大领域提供实时、全天候和全球性的导航服务，并用于情报收集、核爆监测和应急通信等一些军事目的，是美国独霸全球战略的重要组成。经过 20 余年的研究实验，耗资 300 亿美元，到 1994 年 3 月，全球覆盖率高达 98%的 24 颗 GPS 卫星星座已布设完成。

GPS 系统由以下 3 个部分构成：

（1）地面控制部分。地面控制部分由主控站（负责管理、协调整个地面控制系统的工作）、地面天线（在主控站的控制下，向卫星注入信息）、监测站（数据自动收集中心）和通信辅助系统（数据传输）组成。

（2）空间部分。空间部分由 24 颗卫星组成，分布在 6 个道平面上。

（3）用户装置部分。用户装置部分主要由 GPS 接收机和卫星天线组成。

2. GPS 系统的特点

（1）定位精度高。单机定位精度优于 10m，采用差分定位，尤其是在军事和航天等方面，GPS 系统的误差更可达到厘米级和毫米级。测速的精度可达 0.1m/s，测时的精度可达几十毫微秒。

（2）观测时间短。随着 GPS 系统的不断完善，软件的不断更新，GPS 系统的观察时间越来越短。目前，当每个流动站与基准站相距在 15km 以内时，流动站观测时间只需 1～2min，然后可随时定位，每站观测只需几秒钟。

（3）操作简便。随着 GPS 系统接收机不断改进，其自动化程度越来越高，有的已达"傻瓜化"程度，接收机的体积越来越小，重量越来越轻，极大地减轻了工作紧张程度和劳动强度。

（4）全天候作业。GPS 系统的观测可在一天 24h 内的任何时间进行，不受阴天黑夜、起雾刮风、下雨下雪等气候的影响。

（5）功能多、应用广。GPS 系统具有测量、导航、测速和测时等功能。其应用领域不断扩大，在车船导航、工程测量、市政规划、航空遥感、导弹制导和紧急救援等方面应用广泛。

3. GPS 系统在连锁经营管理中的应用

目前，GPS 系统在连锁经营管理中主要应用于物流配送等方面，其基本过程如图 7.17 所示。

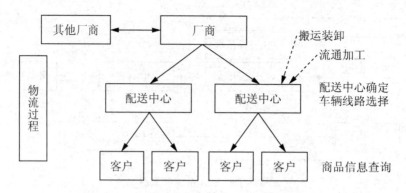

图 7.17　GPS 系统在物流配送中的应用示意图

（1）配送中心位置的确定。连锁分店往往遍布全国甚至世界各地，因此，如何确定配送中心的布局直接涉及连锁企业的经济效益。通过 GPS 系统的测量可迅速而准确地了解连锁分店地理位置的分布状况，为连锁配送中心的选址打好基础。

（2）合理规划配送线路。连锁企业可把 GPS 系统测量的相关数据和要求输入专门的软件系统，由计算机自动设计最佳行驶路线，并显示在电子地图上，指出配送车辆运行路径和运行方法，以提高配送效率，降低配送成本。

（3）合理调度控制车辆。配送中心可通过 GPS 系统观测车辆精确的位置、速度、运行方向等信息，对车辆和道路状况实行有目的的全程监控，及时发现问题并采取有效措施加以解决，以合理调度控制运输车辆，提高车辆利用率。

（4）实时查询商品信息。通过 GPS 系统的实时监控，连锁企业可以及时掌握商品在运输途中的状态及运输时间等信息，提前安排商品的接收、停放以及销售等工作，缩短商品周转时间，提升企业经济效益。

（5）费用低廉。GPRS 网络按照客户收发数据包的数据流量来收费，而不是采用 SMS 的按条数的方式收费，极大地降低了通信使用费用。以 GPS 监控系统为例，同样的一笔业务，其通信费用为过去的 1/8～1/5，具有较强的成本竞争能力和市场推广性。

本 章 小 结

连锁经营信息是指与连锁经营管理相关的，反映连锁经营管理各种活动的知识、资料、图像、数据和文件的总称。连锁经营信息具有信息量大、更新快和来源多样化等特征。连锁经营信息的基本要求是全面适量、及时准确和通信通畅。常见的连锁经营管理信息系统主要包括总部管理系统、配货中心管理系统、分店管理系统 3 个组成部分。

电子订货系统是指企业间利用通信网络（VAN 或互联网）和终端设备，以在线连接方式进行订货作业和订货信息交换的系统。其基本构件有价格卡、掌上型终端机和数据机。电子订货系统的主要功能是订货管理和盘点管理。

POS 系统是指利用光学式自动读取设备，收集销售商品时按照单品类别读取的商品销售、进货和配货等阶段发生的各种信息，通过通信网络传送入计算机系统，并按照各个部门的使用目的对上述信息进行处理、加工和传送的系统。POS 系统的主要基本构件有商品条形码、条形码标签印刷机、POS 收银系统和商品代码 4 个部分。连锁企业的 POS 系统主要有销售收银、交班结算、顾客服务和即时纠错 4 个功能。

连锁经营信息技术是指在连锁经营管理过程中应用的现代信息技术。常用的连锁经营信息技术有商品条形码技术、射频识别技术、电子数据交换技术和全球定位系统。这4项信息技术是开展连锁经营管理活动的重要技术支撑，在连锁企业中有着广泛的应用。

案例思考：沃尔玛的信息系统战略

连锁巨头沃尔玛之所以取得成功，其强大的物流信息系统功不可没，其成功的信息系统战略使它永远领先于竞争对手一步。

沃尔玛先行对零售信息系统进行了积极投资：1969年，最早使用计算机跟踪存货；1974年，全面实现SKU单品级库存控制；1980年，最早使用条形码；1984年，最早使用CM品类管理软件；1985年，最早采用EDI；1988年，最早使用无线扫描枪；1989年，最早与宝洁公司等大供应商实现VMIECR（产销合作）。在信息技术的支持下，沃尔玛能够以最低的成本、最优质的服务、最快速的反应进行全球运作。尽管信息技术并不是沃尔玛取得成功的充分条件，但它却是沃尔玛成功的必要条件。这些投资都使得沃尔玛可以显著降低成本，大幅提高资本生产率和劳动生产率。沃尔玛的全球采购战略、配送系统、商品管理、电子数据系统战略在业界都是可圈可点的经典案例。可以说，沃尔玛所有的成功都是建立在利用信息技术的基础之上。

在信息技术的支持下，沃尔玛能够以最低的成本、最优质的服务、最快速的反应进行全球运作。1974年，公司开始在其分销中心和各家商店运用计算机进行库存控制。1983年，沃尔玛的整个连锁商店系统都用上条形码扫描技术。1984年，沃尔玛开发了一套市场营销管理软件系统，这套软件系统可以使每家商店按照自身的市场环境和销售类型制订出相应的营销产品组合。在1985—1987年，沃尔玛安装了公司专用的卫星通信系统，该系统的应用使得总部、分销中心和各商店之间可以实现双向的声音和数据传输，全球4 000家沃尔玛分店也都能够通过自己的终端与总部进行实时的联系。这一切的优势都来自于沃尔玛积极地应用最新的技术成果。通过采用最新的信息技术，员工可以更有效地做好工作，管理者可以更好地做出决策以提高生产率和降低成本。

在沃尔玛的管理信息系统中最重要的一环就是它的配送管理。20世纪90年代沃尔玛提出了新的零售业配送理论：集中管理的配送中心向各商店提供货源，而不是直接将货品运送到商店。其独特的配送体系，大大降低了成本，加速了存货周转，形成了沃尔玛的核心竞争力。沃尔玛的配送系统由3个部分组成：高效的配送中心、迅速的运输系统、先进的卫星通信网络。

除了优秀的配送系统外，沃尔玛还把信息技术与经营活动进行密切配合，开发出沃尔玛管理信息系统，该系统的应用更是使其如虎添翼，可以迅速得到所需的货品层面数据、观察销售趋势、存货水平和订购信息甚至更多。沃尔玛公司的管理信息系统来自强大的国际系统支持。沃尔玛在全球拥有3 000多家商店、40多个配销中心、多个特别产品配销中心。公司总部与全球各家分店和各个供应商通过共同的计算机系统进行联系。它们有相同的补货系统、相同的EDI条形码系统、相同的库存管理系统、相同的会员管理系统、相同的收银系统。这样的系统能从一家商店了解全世界的商店资料。

目前，在信息化建设上走在了零售业前沿的沃尔玛，采用视频会议系统以解决传统的电话沟通方式的不便，或者是各地相关员工赶往某地进行会议所需的高昂的差旅费用，甚至还严重影响了工作效率的问题。例如，通过视频会议系统，全球的沃尔玛公司人员可以在世界各地进行报表分析、销售预测、企业内部培训等，操作人员还可以将PowerPoint、Excel等数据、培训资料呈现在每个与会者的计算机桌面上，同时，还可以在已共享的文档上进行勾画、修改等操作。

从沃尔玛的成功中可以看出信息技术的采用虽然投资巨大，但是它却能降低成本，带来无限的收益与竞争力，可谓沃尔玛成功的一大法宝。沃尔玛能够通过信息技术的支持以最低的成本、最优质的服务、最快速的反应进行全球运作，这就使得沃尔玛可以始终立于世界零售业的不败地位。

思考：
（1）沃尔玛是怎样建设自己的信息系统的？
（2）沃尔玛的信息系统对它的成功有什么作用？

同 步 训 练

一、基础训练

1. 选择题

（1）现代商业企业的"EOS 系统"是指（　　）。
  A. 收银操作系统　　　　　　　　B. 销售时点信息管理系统
  C. 电子订货系统　　　　　　　　D. 电子数据交换系统

（2）连锁经营信息的特征是（　　）。
  A. 信息量大　　B. 更新快　　C. 来源多样化　　D. 更复杂

（3）连锁经营管理信息系统的功能有（　　）。
  A. 采集信息　　B. 加工信息　　C. 存储信息　　D. 检索信息

（4）POS 系统的基本构件主要有（　　）。
  A. 商品条形码　　　　　　　　B. 条形码标签印刷机
  C. POS 收银系统　　　　　　　D. 商品代码

（5）GPS 系统由哪部分构成（　　）。
  A. 地面控制部分　　　　　　　B. 空间部分
  C. 用户装置部分　　　　　　　D. 移动部分

2. 判断题

（1）电子订货系统是指企业间利用通信网络（VAN 或互联网）和终端设备，以在线连接方式进行订货信息交换的系统。（　　）

（2）连锁企业的 POS 系统主要有销售收银、交班结算、顾客服务 3 个功能。（　　）

（3）常用的连锁经营信息技术有商品条形码技术、射频识别技术、电子数据交换技术和全球定位系统。（　　）

（4）射频识别技术也称电子标签。（　　）

3. 简答题

（1）连锁经营信息的主要构成是什么？
（2）条形码的构成是什么？
（3）电子订货系统的主要功能是什么？
（4）电子订货系统是如何开展作业的？
（5）POS 系统有哪些基本构件？

二、实践训练

【实训项目】
POS 系统实训

【实训情景】
本实训在软件实训室完成。

【实训任务】

认识POS系统的合理使用以及规范化管理,了解POS系统装备在连锁分店管理中的作用,了解POS系统的组成、功能、结构设计、系统开发、软件操作、资料维护、业务流程、应用范围等基本知识;掌握相关设备的实际操作技能,并提交实验总结报告。

【实训提示】

先由教师对要操作或演示的对象进行总体介绍,使学生在观摩、了解、认识的基础上进行实际操作,并能够掌握其工作特性、使用方法和适用场合。

【实训评价】

项 目	表 现 描 述	得 分
实训时间		
实训目的及理论依据		
实训要求及操作规程		
所用仪器设备/软件		
实训步骤		
实训结果分析及体会		
合 计		

得分说明:各小组的调查表现分为优秀、良好、合格、不合格、较差五档,对应得分值为 16.5 分、15 分、12.5 分、10 分、8.5 分;将每项得分记入得分栏,全部单项分值合计得出本实训项目总得分;总得分91~100 分为优秀,76~90 分为良好,60~75 分为合格,低于 60 分为不合格,不合格须重新训练。

第 8 章

连锁企业的价格策略

 学习目标

职 业 要 求	学 习 任 务
（1）掌握产品的定价程序、定价方法和定价技巧 （2）具有产品定价所需的市场调查能力、资料整理分析能力、价格方案设计能力、定量分析能力、价格策略的运用能力 （3）能够熟练运用商品定价模型、运用价格策略的方法和技巧 （4）能制定较为合理的定价策略，并能及时地发现定价中的问题，科学地进行商品定价优化	（1）掌握连锁经营的定价原则 （2）了解连锁经营的定价程序 （3）掌握连锁经营的定价方法 （4）熟悉连锁经营的价格策略和技巧方法

导入案例

沃尔玛的"天天平价"策略

沃尔玛比竞争对手的价格低 30%~40%,因而消费者趋之若鹜,这是一个十分浅显的道理。自 1950 年一家名为"沃尔顿小店"在阿肯色州的本特维拉市开业的 60 多年以来,沃尔玛的创始人山姆·沃尔顿一直把"最大可能地向消费者提供最低价位的商品"作为沃尔玛的经营宗旨,而沃尔玛的成功也得益于这个简单而又平凡的道理——天天平价。

"天天平价"是沃尔玛对消费者的坚实承诺,沃尔玛几十年如一日地恪守并履行了这一承诺,就是这么一个简单而基本的商业规则,创造了一个让世界瞩目的商业奇迹——沃尔玛连续数年蝉联世界 500 强老大,成了 500 强的"不倒翁"。

(资料来源:根据百度文库、豆丁网等资料整理)

价格一直是消费者做购买决策时一个重要的影响因素,所以连锁企业在经营过程中必须有计划、有目的地制定商品价格策略,分析影响制定价格的各种因素,选择合适的定价方法。本章将系统介绍连锁经营的价格特征、定价原则、影响商品定价的因素等基本知识,详细介绍连锁企业商品定价的程序、方法和定价策略,调整商品价格的策略以及零售店提高价格竞争力的途径。

8.1 连锁企业的定价原则

8.1.1 连锁企业的商品价格

1. 价格的含义与作用

(1) 价格的含义。

价格是商品同货币交换比例的指数,或者说价格是价值的货币表现。价格是一种从属于价值并由价值决定的货币价值形式。价值的变动是价格变动的内在的、支配性的因素,是价格形成的基础。但是,由于商品的价格既是由商品本身的价值决定的,也是由货币本身的价值决定的,所以商品价格的变动不一定反映商品价值的变动,例如,在商品价值不变时,货币价值的变动就会引起商品价格的变动;同样,商品价值的变动也并不一定就会引起商品价格的变动,例如,在商品价值和货币价值按同一方向发生相同比例变动时,商品价值的变动并不引起商品价格的变动。因此,商品的价格虽然是表现价值的,但是,仍然存在着商品价格和商品价值不相一致的情况。在简单商品经济条件下,商品价格随市场供求关系的变动,直接围绕它的价值上下波动;在资本主义商品经济条件下,由于部门之间的竞争和利润的平均化,商品价值转化为生产价格,商品价格随市场供求关系的变动,围绕生产价格上下波动。

(2) 价格的作用。

价格的作用是价值规律作用的表现,是价格实现自身功能时对市场经济运行所产生的效果,是价格的基本职能的外化。在市场经济中,价格的作用主要有以下几个方面:

① 价格是商品供求关系变化的指示器。借助于价格,可以不断地调整企业的生产经营决策,调节资源的配置方向,促进社会总供给和社会总需求的平衡。在市场上,借助于价格,可

以直接向企业传递市场供求的信息，各企业根据市场价格信号组织生产经营。与此同时，价格的水平又决定着价值的实现程度，是市场上商品销售状况的重要标志。

② 价格水平与市场需求量的变化密切相关。一般来说，在消费水平一定的情况下，市场上某种商品的价格越高，消费者对这种商品的需求量就越小；反之，商品价格越低，消费者对它的需求量也就越大。而当市场上这种商品的价格过高时，消费者也就可能作出少买或不买这种商品，或者购买其他替代性商品的决定。因此，价格水平的变动起着改变消费者需求量、需求方向以及需求结构的作用。

③ 价格是实现国家宏观调控的一个重要手段。价格所显示的供求关系变化的信号系统，为国家宏观调控提供了信息。一般来说，当某种商品的价格变动幅度预示着这种商品有缺口时，国家就可以利用利率、工资、税收等经济杠杆，鼓励和诱导这种商品生产规模的增加或缩减，从而调节商品的供求平衡。价格还为国家调节和控制那些只靠市场力量无法使供求趋于平衡的商品生产提供了信息，使国家能够较为准确地干预市场经济活动，在一定程度上避免由市场自发调节带来的经济运行不稳定，减少经济运行过程的不稳定因素，使市场供求大体趋于平衡。

④ 价格是实现商品销售的条件和促销的有效武器。价格是商品的重要组成部分，没有价格，商品将无法销售；而低廉优惠的价格，则可以吸引顾客购买，扩大销售。商品价格成为市场竞争的有力武器。

2．连锁经营商品价格的特征

连锁经营作为特殊的经营模式和经营方式，有它不同于一般商品价格的特征。

（1）统一定价。统一定价是连锁经营的显著特征。统一定价是指连锁分店的定价决定权在总部，各个分店无权自行定价。如果连锁分店所在地区人们的消费水平、消费习惯比较特殊，则分店有责任及时、全面、准确地向总部提供价格信息，并有权向总部提出适合自身的价格修订建议，在总部的许可下，可重新制定价格，以增加商品的地区适应性和竞争能力。

（2）体现企业经营目标。不同的企业在不同时期、不同环境中，可以有不同的经营目标，它可以以销售量、利润的增加为目标，也可以以市场占有率的提高或市场竞争能力的增强为目标。作为连锁企业，为了实现定价目标，对不同的商品，可能同时采取多种价格策略，但必须与企业商品的总体经营目标相协调。

（3）收益定位。不同的商品给予不同的收益定位，每一种收益定位的商品其价格特征都是不同的。例如，反映企业形象的商品，其价格特征可能比较优惠，而收益定位则是考核其对顾客流量的吸引力；促销商品，其价格特征是特别低价，而收益定位则是考虑其在一段时间内销售总量提升幅度的比率，以及供应商所给予的其他利益，如进货奖励、提高折扣率、延长付款期等。

（4）竞争性强。由于商品统一批量进货，统一专业化管理，成本低、费用低、销售价格低，再加上统一服务，统一企业形象，使顾客在哪一家分店都能感受到相同的企业文化和服务质量，任何人都可以方便地享受到物美价廉的商品和满意的服务，所以在某一区域形成强大的覆盖网络。这是竞争对手所无法比拟的。

8.1.2　总部与分店的定价权限

总部和分店之间由于连锁类型不同，定价的权限就明显不一样。对直营连锁来说，由于分店是总部投资和管理的，所以定价权也是由总部统一进行管理，分店没有定价权，只有执行权。但分店也要积极主动地反馈有关商品、服务及一切顾客需求方面的资料与商业情报，使分店产品的价格符合当地市场需求。对于特许加盟来说，加盟者与总店是合同关系。一般来说，总店为了统一形象，会要求加盟者按总部的要求统一价格，但由于对加盟者管理松散，常常得不到执行。究竟谁在商品定价上权力大，要看加盟体系中总店的管理能力，特别是核心技术管理能力的强弱。一般来说，总部管理能力强、有核心技术时，分店常常会按总部的定价进行销售，如果分店所处的环境不合适，分店也有权自己定价。对于自由连锁来说，由于加盟者是自愿的，管理是也较松散，所以各自都有自己相对独立的定价权。

8.1.3 连锁企业的定价原则

商品价格是在市场竞争过程中，由供需双方根据商品供求状况所确定的交易条件。商品定价是连锁经营管理的主要内容，价格制定得恰到好处是企业经营成功的必要条件之一，它可以促进企业商品销售，实现企业经营目标。为此，连锁企业必须按照一定原则进行商品定价。

1. 薄利多销原则

"薄利多销，以量定价"是连锁经营定价的基本原则。这是因为连锁企业实行的是规模经营，大多数企业主要经营中低档的日常用品，商品差异性不大，市场竞争激烈。在此情况下，谁追求厚利高价，谁就会失去市场份额。因此，连锁企业必须贯彻薄利多销原则，尽可能地降低商品价格，以实现规模效益。

2. 物有所值原则

物有所值是指连锁企业所出售商品的价值要大于或等于价格。如果价值大于价格，就会产生"消费者剩余"，简单地说，就会使消费者感到合算，愿意购买；如果价值等于价格，这时虽无"消费者剩余"，但也不会吃亏，消费者如确有需要也会愿意购买；如果价值小于价格，消费者就会感到不合算，所以会尽量避免购买。因此，在制定价格时必须从消费者角度来考虑商品价值，并让消费者了解商品价值，这样才能使消费者接受，商品的价格才具有竞争力。

相关知识

消费者剩余

消费者剩余是指消费者为购买一种商品愿意支付的货币量减去其实际支付量的节余部分。消费者剩余衡量了消费者自己感觉到所获得的额外利益。比方说，某个商品价格为 20 元，可消费者认为其价值应该是 30 元，那么消费者剩余则是 10 元。消费者剩余是一种主观感受，同一商品、同一价格，不同消费者群的消费者剩余不同，因此，根据不同消费者群的消费观念、职业收入和兴趣爱好等合理确定商品价格，是连锁经营管理的重要工作之一。

3. 适当利润原则

企业是以赚取利润为目的，商品定价太低，企业没有利润，就无法生存，更谈不上发展；商品定价高，企业利润空间大，但不能被消费者接受，利润就无法实现。贯彻适当利润原则就是要把供应商、消费者和连锁企业自身利益统一起来，合理确定商品价格，使其既能使消费者接受，又能使连锁企业和供应商有一定利润空间。

8.1.4 连锁企业价格管理的内容

连锁经营企业的价格管理主要是分析影响价格的因素，明确指导定价的原则，按照定价的程序，用适合自己的定价方法给商品定出合理合适的价格来，达到供应商、消费者和连锁企业的共赢。当价格不适合时，要做出适当的价格调整，具体内容在本章后面小节中会详细讲解。

8.2 商品定价程序

8.2.1 影响商品定价的因素

连锁企业确定商品价格时，要充分考虑一系列内外部因素对企业价格决策的影响和制约。

1. 制定价格应考虑的内部因素

（1）经营成本。连锁企业的商品销售价格应能弥补该商品的经营成本，这是获利的前提。商品经营成本是连锁企业制定价格的最低界限和基本要素。经营成本低，价格变动和利润空间都较大，有利于企业进行商品定价；经营成本高，价格变动余地小，商品在市场竞争中就会处于不利地位。因此，在正常经营条件下，连锁企业所制定的商品价格必须大于该商品经营成本。

（2）预期定价目标和经营策略。从市场营销角度来看，价格制定还需考虑企业定价目标。企业定价目标不同，价格确定的水平和确定的方法也不同。例如，在以追求短期利润最大化的目标下，可以确定较高的价格；如要提高市场占有率，则可以制定较低的价格。此外，商品定价要与企业经营策略相配合，不同的经营策略应采用不同的价格水平。例如，促销时就应适当降低商品价格，以吸引顾客，扩大企业影响力。

（3）商品质量。商品质量是影响产品定价最重要的内在因素。质量与价格的关系大体上有 3 种类型：按质论价、物美价廉和质次价高。在产品供大于求，人们生活水平普遍提高的情况下，消费者更注重商品质量而非价格。因此，连锁企业在制定价格时，一定要以质量为前提。同时，也应根据商品类别的不同，处理好价格与质量的关系。有些商品应高质高价，如珠宝首饰；有些商品则应低价，质量也可差一点，如一次性使用的商品；有些商品则应价廉物美，如生活日用品。

（4）商品市场寿命周期。商品市场寿命周期是指商品从投入市场到退出市场的全过程，可分为投入、成长、成熟和衰退 4 个周期阶段。一般来说，商品在投入期，为了引起消费者的注意和兴趣，可以以较低的价格出售；成长期商品可以维持一个稳定且有适当利润的售价；成熟期的定价策略与成长期相似，但应注意替代品的出现和竞争者的价格行为，故应加大促销力度；衰退期应以较低价格，通过促销活动尽快清出存货，并及时退出。

2. 制定价格应考虑的外部因素

（1）市场供求状况。商品价格除受成本影响外，还受市场供求的影响，即受商品供给与需求的相互关系的影响。当商品的市场需求大于供给时，价格会高一些；当商品的市场需求小于供给时,价格则会低一些。例如,我国某些城市的房地产价格居高,就是由市场供求状况决定的。

(2)市场竞争状况。市场竞争也是影响价格制定的重要因素。根据竞争的程度不同,企业定价策略会有所不同。按照竞争程度,市场竞争可以分为完全竞争、不完全竞争与完全垄断3种情况。

① 完全竞争。完全竞争也称自由竞争,它是一种理想化的极端情况。在完全竞争条件下,买者和卖者都大量存在,产品都是同质的,不存在质量与功能上的差异,企业自由地选择产品生产,买卖双方能充分地获得市场情报。在这种情况下,无论是买方还是卖方都不能影响产品价格,只能在市场既定价格下从事生产和交易。

② 不完全竞争。它介于完全竞争与完全垄断之间,是现实中存在的典型的市场竞争状况。在不完全竞争条件下,最少有两个以上买者或卖者,少数买者或卖者对价格和交易数量起着较大的影响作用,买卖各方获得的市场信息是不充分的,它们的活动受到一定的限制,而且它们提供的同类商品有差异,因此,它们之间存在着一定程度的竞争。在不完全竞争情况下,企业的定价策略有比较大的回旋余地,既要考虑竞争对手的价格策略,也要考虑本企业定价策略对竞争态势的影响。

③ 完全垄断。它是完全竞争的反面,是指一种商品的供应完全由独家控制,形成独占市场。在完全垄断竞争情况下,交易的数量与价格由垄断者单方面决定。完全垄断在现实中也很少见。

企业的价格策略要受到竞争状况的影响。完全竞争与完全垄断是竞争的两个极端,中间状况是不完全竞争。在不完全竞争条件下,竞争的强度对企业的价格策略有重要影响。因此,企业首先要了解竞争的强度,竞争的强度主要取决于产品制作技术的难易,是否有专利保护,供求形势以及具体的竞争格局;其次,要了解竞争对手的价格策略,以及竞争对手的实力;再次,还要了解、分析本企业在竞争中的地位。

(3)消费者状况。消费者能否接受本企业的商品定价是消费者能否购买该商品的基本前提,若消费者不认可该商品的定价,他们就会减少甚至拒绝购买该商品,企业就无法开展经营。因此,连锁企业商品定价必须充分考虑目标消费群的职业、收入、消费心理和消费习惯等因素,使商品价格符合目标消费群所期望的价位。

(4)需求的价格弹性。消费者是否购买某种商品以及购买数量的多少,在一定程度上取决于商品价格的高低及其变化。价格水平与商品需求量之间,存在着一种内在关系,即需求的价格弹性。它是指价格变动比率与所引起需求量变动比率的比例,反映了需求量对价格变动的敏感度。需求的价格弹性系数计算公式为

$$需求的价格弹性系数(E) = \frac{需求量变动的百分比}{价格变动的百分比} \times 100\%$$

计算结果有3种情况:一是当$E>1$时,即价格变动率小于需求量变动率时,此产品富于需求弹性,或称为弹性大;二是当$E=1$时,即价格变动率同需求量的变动率一致,此产品具有一般需求弹性;三是当$E<1$时,即价格的变动率大于需求量的变动率时,此产品缺乏需求弹性或者非弹性需求。

影响需求弹性大小的因素主要有3个:商品替代品的数目和相近程度、商品在消费者收入中的重要性和商品有多少用途。不同类型商品的需求量对价格变动的反应不同,也就是价格弹性大小不同。企业在制定价格时,必须考虑需求的价格弹性,对于价格弹性大的商品(弹

性系数大于1）应该采取降低价格、薄利多销的价格策略，因为此类商品的降价能扩大销售，增加收入；对于价格弹性小的商品（弹性系数小于1），可适当提高价格，这类商品的提价可使单位商品的利润增加，从而增加企业总利润。

（5）政策法规。价格对交换双方来说，存在着此消彼长的物质利益关系，它牵涉各行各业和千家万户的利益，与人民生活息息相关。因此，我国虽然实行了市场经济，但仍对企业定价有不少限制，这主要表现在政策与法规上。从政策上讲，国家会制定诸如货币政策、信贷政策、税收政策、工资政策及财政政策来影响价格；从法律上讲，政府会制定相应的法律法规来约束企业价格行为，从而影响商品价格。

总之，商品定价是个复杂的过程，受到企业、供应商、市场、消费者和政府等多种因素的影响。因此，连锁企业在确定商品价格时，要综合考虑各方利益关系，合理确定各方认可的商品价格。

 相关知识

价 格 弹 性

所谓价格弹性，即供给量和需求量对价格变动的敏感反应，又称供需价格弹性，是指某一产品价格变动时，该种产品需求量相应变动的灵敏度。而价格弹性分析，就是应用弹性原理，就产品需求量和供给量对价格变动的反应程度进行分析、计算、预测、决策。

价格弹性表明供求对价格变动的依存关系，反映价格变动所引起的供求的相应的变动率，商品本身的价格、消费者的收入、替代品价格以及消费者的爱好等因素都会影响对商品消费的需求。在需求有弹性的情况下，降价会引起购买量的相应增加，从而使消费者对这种商品的货币支出增加；反之，价格上升则会使消费者对这种商品的货币支出减少。在需求弹性等于1的情况下，降价不会引起消费者对这种商品的货币支出的变动。

价格弹性取决于该商品的替代品的数目及其相关联（即可替代性）的程度、该商品在购买者预算中的重要性和该商品的用途等因素。价格弹性主要应用于企业的决策和政府的经济决策，可分为需求价格弹性、供给价格弹性、交叉价格弹性、预期价格弹性几种类型。

（1）需求价格弹性是需求变动率与引起其变动的价格变动率的比率，反映商品价格与市场需求量的关系，表明价格升降时需求量的增减程度，通常用需求量变动的百分数与价格变动的百分数的比率来表示，也可做图或列表示。

（2）供给价格弹性是供给变动率与引起其变动的价格变动率的比率，反映价格与供给的关系，表明价格升降时供给量的增减程度，通常用供给量变动百分数与价格变动百分数的比率衡量。

（3）交叉价格弹性又称交错价格弹性，是需求的变动率与替代品或补充品的价格变动率的比率，表明某商品价格变动对另一商品需求量的影响程度。

（4）预期价格弹性是价格预期变动率与引起这种变动的当前价格变动率的比率，反映未来价格变动对当前价格的影响，用预期的未来价格的相对变动与当前价格的相对变动的比例表示。

有时，哪怕只降价一点点，人们也会跑到百货商店购买商品；而有时，人们又嫌降价时百货商店太拥挤而不愿去购物。可见，价格弹性对商品销售具有很大影响。

对于经销商来说，需要了解其经营商品的价格弹性，这样不仅有助于提升商品促销的投资收益，更有助于在与零售商合作的过程中进行定价决策，帮助他们分析是否应该由自己承担持续的降价损失以及可能是只对零售商有利的促销费用。

价格弹性的范围从接近零（救命的药品）到接近无穷大（如普通商品价格稍微发生变化顾客就会转向其他的商品）不等。很多品牌商品经常被零售商盲目地拿来促销，这种促销行为往往缺乏长期考虑，如品牌的

忠诚度、品牌的健康形象、类别的动态等。实际上，不同品类不同属性的商品仅仅依靠价格促销可能并不能带来最好的投资回报，其他的店内促销方式如展示堆头、赠券、试用商品等活动有时也能提升商品的销量，采取何种方式进行促销的关键在于评估营销组合中各个因素的相对贡献。

8.2.2 连锁企业商品定价程序

连锁企业在对某商品进行第一次定价时，一般应经过 6 个基本步骤：确认定价目标→确定需求量→测算成本→分析竞争对手的价格行为→选择定价方法→确定最终价格。

1. 确认定价目标

定价目标是连锁企业定价的指导方针，不同的定价目标会产生不同的定价心理。一般来说，连锁企业的定价目标有以下 4 种：

（1）求生存目标。这是指连锁企业在经营不景气的情况下，应制定较低的商品价格，以吸引消费者，扩大销售，维持企业生存。一般来说，此定价是以能否弥补可变成本为基本标准，大于可变成本就有可能被企业认为是可接受的价格。

（2）短期利润最大化目标。对于一些新产品或流行性商品，连锁企业可根据商品的技术特性或流行特点，在估计需求与成本的基础上，制定一个能使短期利润最大化的价格，以求在短期内尽可能多地收回投资，赚取利润。

（3）市场份额目标。这是连锁企业为了赢得最大市场份额，进而实现最低成本和最高长期利润为目的的定价目标。为此，连锁企业应制定一个尽可能低的价格，最大限度地吸引消费者，排斥竞争者，以提高企业市场占有率。

（4）质量目标。这是指以树立商品质量领先地位或特定企业形象为目的的定价目标。为达到此目的，连锁企业一般会制定一个比较高的价格，以显示该商品高品位高质量的形象，但定价必须注意符合"物有所值"原则，主要适用于高档商品、名牌商品和特色商品等。

2. 确定需求量

一般来说，商品价格与需求量之间成反比关系，即价格越高，需求量越小。因此，连锁企业定价时必须考虑需求量的大小，通过科学方法来寻求价格与需求量的最佳组合，最大限度地获取利润。此外，在定价时还应考虑消费者的爱好、收入、对价格变化的期望以及相关商品的价格等因素对需求量的影响。

3. 测算成本

连锁企业经营的直接目的是获取利润，而商品成本的高低直接制约利润空间的大小，为了合理进行商品定价就必须对商品成本进行测算。就零售业而言，商品成本可从进货成本、经营费用和营业税金等方面来考虑。在测算成本时还应考虑以下因素：以历史成本作为基本依据；不同的经营规模下平均成本的变化；市场资源条件的变化对经营成本的影响；企业经营管理水平的高低等。

4. 分析竞争对手的价格行为

分析竞争对手的价格行为，主要是了解竞争对手的价格和商品质量。如果本企业所提供的商品质量与竞争对手相似，那么所制定的价格应接近于竞争者，否则将会失去市场份额；如果本企业所提供的商品质量高于竞争对手，价格可高于竞争对手；如果本企业所提供的商品质量不如竞争对手,则制定的价格应低于竞争对手的价格。此外,还应分析竞争对手对本企业的商品价格可能作出的反应。

5. 选择定价方法

商品定价方法是零售企业实施其定价策略,给商品确定具体的价格时所采用的具体方法。零售商品价格的高低主要受成本、市场需求和竞争状况 3 方面因素的影响,除此之外,零售商在制定价格时还应该考虑卖场定位、销售目标及促销活动等方面的因素。零售商通常采用的定价方法包括成本导向定价法、需求导向定价法和竞争导向定价法。定价方法不同,商品价格也就不同。准确地选择定价方法,才能制定恰当的商品价格,做到适销对路。

6. 确定最终价格

由于商品价格的确定涉及多种因素,而连锁企业通过一定方法所制定的价格往往只考虑少数因素,有一定的片面性,所以连锁企业还应在此基础上结合消费者的心理、供应商的态度、商品的特性和政府的政策等因素综合确定商品的最终销售价格。

8.3 商品定价方法

8.3.1 成本导向定价法

成本导向定价法是以商品成本为定价的基础或者依据。这种定价方法是多数商店经常采用的一种定价方法,其优点有:一是计算简便,可保证零售商能获得正常比例的利润;二是同类商品进货成本和经营成本比较接近,定出的价格相差不大,不会引起激烈的竞争;三是合理的加成率可以让消费者感觉价格公平合理。具体的定价方法包括成本加成定价法、损益平衡定价法和目标贡献定价法等。

1. 成本加成定价法

成本加成定价法包括完全成本加成定价法和进价加成定价法。前者为蔬菜、水果的定价普遍采用;后者通常用于百货商店、连锁零售店的商品定价。

(1) 完全成本加成定价法。

完全成本加成定价法首先确定单位变动成本,再加上平均分摊的固定成本组成单位完全成本,在此基础上加上一定的成本加成率(毛利率)形成销售价格。其计算公式为

$$商品售价 = 单位完全成本 \times (1 + 成本加成率)$$

式中:$成本加成率 = \dfrac{售价 - 进价}{进货成本} \times 100\%$。

完全成本加成定价法是按产品单位成本加上一定比例的利润制定产品价格的方法。大多数企业是按成本利润率来确定所加利润的大小的。其计算公式为

$$价格 = 单位成本 + 单位成本 \times 成本利润率 = 单位成本 \times (1 + 成本利润率)$$

【例】 某企业全年生产某种产品 10 万件,产品的单位变动成本 10 元,总固定成本 50 万元,该企业要求的成本利润率 20%,则该产品的价格 =(10+50÷10)×(1+20%)=18(元)。

由此可见,在产品单位成本一定的条件下,制定产品价格的关键在于确定成本利润率。不同的产品加成比例不同,企业一般以同类产品的加成比例为参考依据进行加成。完全成本

加成定价法是企业较常用的定价方法，它有以下优点：

① 计算方法简便易行，资料容易取得。

② 根据完全成本定价，能够保证企业所耗费的全部成本得到补偿，并在正常情况下能获得一定的利润。

③ 有利于保持价格的稳定。当消费者需求量增大时，按此方法定价，产品价格不会提高，而固定的加成，也使企业获得较稳定的利润。

④ 同一行业的各企业如果都采用完全成本加成定价，只要加成比例接近，所制定的价格也将接近，可以减少或避免价格竞争。

但是，完全成本加成定价法是典型的生产者导向定价法。现代市场需求瞬息万变，竞争激烈，产品花色品种日益增多。只有那些以消费者为中心，不断满足消费者需求的产品，才有可能在市场上站住脚。因此，完全成本加成定价法在市场经济中也有以下不足之处：

① 完全成本加成法忽视了产品需求弹性的变化。不同的产品在同一时期，同一的产品在不同时期（产品生命周期不同阶段），同一的产品在不同的市场，其需求价格弹性都不相同。因此，产品价格在完全成本的基础上，加上固定的加成比例，不能适应迅速变化的市场要求，缺乏应有的竞争能力。

② 以完全成本作为定价基础缺乏灵活性，在有些情况下容易做出错误的决策。

③ 不利于企业降低产品成本。

为了克服完全成本加成定价法的不足之处，企业可按产品的需求价格弹性的大小来确定成本加成比例。由于成本加成比例确定得恰当与否，价格确定得恰当与否依赖于需求价格弹性估计的准确程度，所以这就迫使企业必须密切注视市场。只有通过对市场进行大量的调查，详细的分析，才能估计出较准确的需求价格弹性，从而制定出正确的产品价格，增强企业在市场中的竞争能力，增加企业的利润。

以需求价格弹性确定成本加成比例的定价方法与完全成本加成定价法相比的另一优点，是以变动成本为定价基础。这样可以避免按完全成本定价可能带来的错误决策，变动成本为价格的最低经济界限。如上例中，只要价格不低于单位变动成本 10 元，就可以为企业增加利润。

以需求价格弹性确定成本加成比例的定价方法还有利于企业不断降低产品成本。在激烈的市场竞争中，产品成本的降低，一方面可以增加企业的利润，另一方面企业可以在产品价格上掌握主动权，从而增强企业在市场的竞争力。

（2）进价加成定价法。

进价加成定价法的计算公式为

$$商品售价 = \frac{进货价格}{1-加成率}$$

式中：$加成率 = \frac{售价-进价}{售价} \times 100\%$。

加成定价法的关键是加成率的确定。一般来说，加成率的大小与卖场商品的需求弹性和公司的预期赢利有关。需求弹性大的商品，加成率宜低，以求薄利多销；需求弹性小的商品，加成率不宜低。在实践中，同行业中往往有一个能为大多数零售商所接受的加成率。

 相关知识

分类加成定价法

超市的低价策略并不意味着所有商品都实行最低毛利和最低价格,对不同商品采取差别毛利率定价,既能保证较高的利润水平,又能达到低价促销的效果。

被人们称为"价格最大破坏者"的美国"超市之父"迈克尔·卡伦在创新一种零售业态的同时,也创新了一种定价方法。在所有出售的商品种类中,将27%左右的品种按进价出售,18%的品种在进价上加成5%的毛利出售,27%左右的品种在进价上加成15%出售,剩下的加成20%,最后计算起来,所有商品的平均毛利率在9%左右,纯利率也有2%~5%,这比当时美国的其他商店毛利率在25%~40%,纯利率为15%来说是足够低的,从而可以让超市成为靠薄利多销维持成功经营的商业典范。

目前,外资零售企业均采用这种定价策略,如一般食品杂货商品所加毛利率仅为5%~6%,生鲜食品的毛利率为15%~16%,百货商品毛利率为15%~25%,它们的零售价格大部分比其他商场低10%左右,一部分与其他商场持平,从而保证了商场的低价定位和赢利水平。一份针对家乐福某分店的调查显示:1/3的商品价格比国内零售企业低,1/3的价格持平,1/3的价格要高。然而在普通消费者看来,家乐福的商品就意味着便宜。

分类加成定价法实施起来需要严格控制敏感商品价格水平。据有关调查资料表明,70%的消费者的购买决定是在商场作出的,而他们只对部分商品在不同商场的价格有记忆,这部分有记忆的商品被称之为敏感商品。

敏感商品往往是消费者使用量大、购买频率高、最受欢迎、省时、便利的商品,实行低价销售,可在市场上拥有绝对竞争优势,并树立价格便宜的良好形象。超级市场应该注重控制"敏感商品"的毛利率,最好能在靠全面低价策略打开市场后,靠敏感商品的低价来巩固和发展市场。

这就需要超市进行深入详细的调研工作,经过精确计算确定无利、低盈利、高盈利的商品范围,长期保持10%左右的敏感商品实施较低的定价政策,用这部分敏感商品的低价位维持并强化其定位形象,并带动90%左右的正常价格的商品销售,从而达到以点带面、以小带大的促销目的。

国外某些超市轮流选择一些低值易耗、需求量大、周转快、购买频率高的商品(如牙膏、肥皂、蔬菜水果、饮料、食用油等)作为吸引顾客的"磁石"商品,制定特别低的价格以招揽顾客。在节假日、双休日,这种商品就更多一些,做到特价销售常不断,周期性循环。通过持之以恒的强化,顾客通常只记住了特价商品的特低价格而忽略了其他商品正常的甚至稍高的价格。

我国华联超市对不同的商品采取不同的毛利水平,针对与居民联系较紧密的新鲜蔬菜、副食品、常用工业品,采取极低毛利的定价,一些新鲜蔬菜甚至只按采购价销售,这样就给居民和下岗职工以极大的实惠,不仅服务了一方百姓,而且提高了华联超市的知名度,吸引了一大批中低收入的顾客群。对一些居民不常用的电器和奢侈品,盈利水平则较高,但由于其成本非常低,所以价格仍低于市场价格,还是能吸引顾客前来购买。

分类加成定价法比传统习惯上采用的统一毛利率定价法更具有灵活性,更加符合市场竞争的要求,甚至能够获得比统一毛利率定价法更高的利润。

2. 损益平衡定价法

损益平衡定价法又称为收支平衡定价法、盈亏分界定价法,旨在分析在既定的固定成本、单位变动成本和价格条件下,确定能够保证公司收支平衡的产(销)量。收支平衡点也称为损益平衡点(或盈亏分界点)。其计算公式为

$$损益平衡点销售量 = \frac{固定成本}{价格 - 单位变动成本}$$

在此价格下实现的销售量为保本销售量,因此,该价格实际上是保本价格。其计算公式为

$$保本价格 = \frac{固定成本}{损益平衡点销售量} + 单位变动成本$$

零售商在定价时,可利用此方法进行定价方案的比较和选择。对于任一给定的价格,都可以计算出一个保本销售量。如果零售商要在几个价格方案中进行选择,只要给出每个价格对应的预计销售量,将其与此价格下的保本销售量进行对比,低于保本销售量,则被淘汰。而在保留的定价方案中,具体的选择取决于零售商的定价目标。利用盈亏分析,实际价格的计算公式为

$$实际价格 = \frac{固定成本 + 目标利润 + 总变动成本}{预计销售量}$$

损益平衡定价法侧重于总成本费用的补偿,这一点对于经营多条商品线和多种商品项目的零售商极为重要。因为一种商品盈利伴随着其他商品亏损的现象时有发生,所以定价从保本入手而不单纯考虑某种商品的盈利状况无疑是必要的。在某种商品预期销售量难以实现时,可以相应提高其他商品价格,逐步在整体上实现企业商品结构及销量的优化组合。

3. 目标贡献定价法

目标贡献定价法又称为可变成本定价法,即以单位变动成本为定价基本依据,加入单位商品贡献,形成商品售价。其计算公式为

$$价格 = 单位可变成本 + 单位商品贡献额$$

在这里,商品售价超出可变成本的部分被视为贡献。贡献的意义在于,单位商品的销售收入在补偿其变动成本之后,首先用来补偿固定成本费用。在盈亏分界点之前,所有商品的累积贡献均体现为对固定成本费用的补偿,分店无盈利可言;到达盈亏分界点之后,商品销售收入中的累积贡献才是现实的盈利。由于补偿全部固定成本费用是分店获取盈利的前提,所以所有商品销售收入中扣除其变动成本后的余额,不论能否真正成为分店盈利,都是对分店的贡献。在实践中,由于以可变成本为基础的低价有可能刺激商品销量大幅度提高,所以贡献额有可能弥补固定成本甚至带来盈利。

目标贡献定价的关键在于贡献的确定,其步骤如下。

(1)确定一定时期内分店目标贡献,计算公式为

$$年目标贡献 = 年预计固定成本费用 + 年目标盈利额$$

(2)确定单位限制因素贡献量,计算公式为

$$单位限制因素贡献量 = \frac{年目标贡献}{限制因素单位总量}$$

式中:限制因素指超市所有商品在其市场营销过程中必须经过的关键环节,如劳动时数、资金占用等,也可根据分店商品自身特性加以确定;各种限制因素单位加总即为限制因素单位总量。

(3)根据各种商品营销时间的长短及难易程度等指标,确定各种商品在营销过程中对各种限制因素的占用数量(或比例)。

(4)形成价格,计算公式为

$$价格 = 单位可变成本费用 + 单位限制因素贡献量 \times 单位商品所含限制因素数量$$

目标贡献定价法有以下优点:

(1)易于在各种商品之间合理分摊固定成本费用。限制因素越多,价格中所包含的贡献

量就越大，表明该种商品固定成本分摊额就越多。

（2）有利于分店选择和接受市场价格。在竞争作用下，市场价格可能接近甚至低于超市的平均成本，但只要这一价格高于平均变动成本，企业就可接受，从而大大提高分店的竞争能力。

（3）根据各种商品贡献的多少安排分店的商品线，易于实现最佳商品组合。

企业在运用目标利润定价法时，对销售量的估计和对预期利润的确定要考虑多方面因素的影响。这样制定出来的价格才比较可行。

相关知识

损益平衡图

目标定价法是指根据估计的总销售收入（销售额）和估计的产量（销售量）来制定价格的一种方法。运用目标定价法制定出来的价格能带来企业所追求的利润。目标定价法要使用损益平衡图这一概念，损益平衡图描述了在不同销售水平上预期的总成本和总收入，如图 8.1 所示。图中 E 为损益平衡点，Q_0 为保本销售量。Q_0 的计算公式为

$$Q_0 = \frac{固定成本}{价格-单位变动成本}$$

假设：P_0 表示价格，C 表示单位变动成本，F 表示固定成本，则上述公式可表示为

$$Q_0 = \frac{F}{P_0 - C}$$

在此价格下实现的销售额，刚好弥补成本，因此，该价格实际是保本价格。由上式可推出

$$P_0 = \frac{F}{Q_0} + C$$

在实际定价过程中，可利用此方法进行定价方案的比较与选择。如果企业要在几个价格方案中进行选择，只要估计出每个价格对应的预计销售量，将其与此价格下的保本销售进行对比，低于保本销售量的则被淘汰。在保留的定价方案中，具体的选择取决于企业的定价目标。假设企业预期利润为 L，预计销售量为 Q，则实际价格 P 的计算公式为

$$P = \frac{F+L}{Q} + C$$

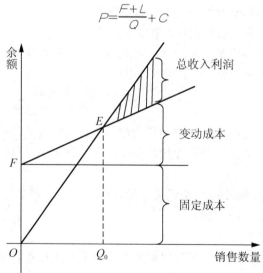

图 8.1　损益平衡图

8.3.2 需求导向定价法

需求导向定价法是以顾客的需求强度及对价格的承受能力作为定价的依据，其特点是商品价格随着需求的变化而变化，与成本因素的关系不大。零售商作为直接服务消费者的终端，能最准确地了解市场需求状况，故此方法更容易采用和实施。需求导向定价法主要包括认知价值定价法、反向定价法和差别定价法。

1. 认知价值定价法

认知价值定价法认为，任何一种产品的性能、质量、服务、品牌、包装和价格等，在消费者心目中都有一定的认识和评价。消费者往往根据他们对产品的认识、感受或理解，综合购物经验，对市场行情和同类产品的了解而对价格做出评判。当商品价格水平与消费者对商品价值的理解水平大体一致时，消费者就会接受这种价格；反之，消费者就不会接受此价格。认知价值定价法在实际操作时不易掌握，主观性较大，故零售商需通过各种促销手段引导消费者去认知和理解商品价值。

2. 反向定价法

反向定价法是指零售商根据消费者的购买能力，确定市场零售价格，并以此为基础，推定销售成本，决定进货价。这种方法的优点是，价格能反映市场需求情况，保证中间商的正常利润，有利于形成与中间商的良好关系，使商品迅速推向市场，并根据市场供求情况及时调整，定价比较灵活。

反向定价法适用于需求弹性大、花色品种多、产品更新快、市场竞争激烈的商品和企业新开发的、拟投入市场的新产品。

3. 差别定价法

差别定价法是指同一商品对不同的细分市场采取不同的价格，是差异化营销策略在价格制定中的体现，是一种较为灵活的定价方法。此方法所制定的价格通常与成本无关，只与顾客的需求相联系。一般来说，差异定价法可以依据以下因素来定价：

（1）顾客差异。同一种产品，对不同的顾客，制定不同的价格。例如，飞机、铁路及其他公共交通设施对成人和儿童制定不同的价格。

（2）产品差异。对不同型号、不同档次的产品制定不同的价格，但产品间的差价并不完全是为了抵补因产品差异所增加的生产成本。例如，某品牌商品为了应季推出礼盒包装，其价格要高于各单品价格的加总，高出的部分并不仅仅是包装和促销的成本。

（3）空间差异。同一种产品因处于不同的空间位置而制定不同的价格。例如，同一产品在专业店、专卖店和超市的价格并不相同。

（4）时间差异。同一种产品，在不同季节、日期甚至钟点销售的价格不同。例如，旅游业的淡旺季就存在销售差价，月饼等应季商品的价格会随节日的临近不断变化。

对于零售企业来说，采用差别定价法必须具备以下3个条件：

（1）企业对价格有一定的控制能力，如企业在行业中处于垄断或领导的地位。

（2）产品有两个或两个以上分离的市场，即两个市场上的顾客不能相互倒卖商品。

（3）不同市场的价格弹性不同。对价格弹性大的市场，价格定得低一些，通过销售量获利；弹性小的市场，价格定得高一些，以此获取单位商品的最大利润。

8.3.3 竞争导向定价法

在不同的市场竞争结构中,企业面临的竞争激烈程度不一样,这也将直接影响企业的定价行为。因此,企业在制定价格时要结合目标市场的竞争结构和水平,依据企业在目标市场的竞争地位,选择适当的定价方法。常见的竞争导向定价法主要有随行就市定价法、限制进入定价法和投标竞争定价法 3 种。

1. 随行就市定价法

随行就市定价法是指在一个竞争比较激烈的行业或市场,企业根据行业中的主要竞争者的价格或市场的平均价格,来确定自己商品价格的定价方法。采用随行就市定价法对企业来说有以下优点:

(1) 现行价格水平代表了整个行业所有企业的经营水平。

(2) 各企业价格保持一致,可以避免恶性价格战的发生,有利于整个行业健康、稳定的发展。

(3) 定价相对简单,不必考虑成本和需求,减少企业进行市场调研的时间和费用,也可以避免价格变动所带来的风险。

2. 限制进入定价法

限制进入定价法是指企业的定价低于利润最大化的价格,以达到限制其他企业进入的目的,这是垄断和寡头垄断企业经常采用的一种定价方法。采用这种定价方法,虽然在短期内不能实现利润最大化,但由于市场盈利有限也阻止了其他竞争者的进入,从而在长期内获得一个较低但有保障的持续收入流。

必须注意的是,采用限制进入定价法的前提是企业必须比潜在的进入者拥有成本优势,否则无法从较低的价格中获取足够的收益来维持经营。

3. 投标竞争定价法

投标竞争定价法是指由投标竞争的方式确定商品价格的方法,一般由招标方(买方)公开招标,投标方(卖方)竞争投标,密封递价,买方择优选定价格。由于投标有多家企业参加,所以价格相对于商品或服务质量会因为竞争激烈而有走低的趋势。

投标方在考虑报价水平时,报价高,利润大,中标的机会小;反之,报价低,利润小,中标的机会大。因此,企业在投标时,就有一个最优价格的确定问题。一般情况下,企业通常采用最大期望利润来确定最优报价,具体的步骤如下:

(1) 企业根据自身的成本、投资和竞争实力状况,确定几个备选的投标价格方案,并计算各标价下企业可能的赢利水平。

(2) 分析竞争对手的实力和可能的报价,确定本企业几种备选方案的中标几率。

(3) 根据每个方案可能的赢利水平和中标机会,计算每个备选方案的期望利润。其计算公式为

$$每个方案的期望利润 = 每个方案可能的赢利水平 \times 中标概率$$

(4) 企业选择期望利润最大的一种备选方案进行投标。

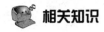 **相关知识**

利用价格断裂点模型法确定商品定价

价格断裂点模型法于 1965 年提出，对于新产品预先确定好几个可能的价格，然后对每个价格询问被访者购买产品的可能性，由此可以确定产品的最优价格以及分析产品价格变化对需求的影响。其具体的做法如下：

(1) 通过市场调查，统计出各种价格水平下消费者肯定或可能购买此产品的百分比。

(2) 计算仿造收益，用列表的方式对比各种价格水平的仿造收益，其公式为

仿造收益＝价格水平×在此价格水平回答肯定或可能购买的百分比

因为仿造收益虽然与收益（收益＝价格×需求数量）不同，但在价格变化时，两者数值大小的变化趋势是相同的。因此，在某价格水平下仿造收益最大，则真正的收益也应该取最大值。由于成本是相同的，故在此价格水平上利润也是最大的。这就说明，可以利用仿造收益来推断出使利润达到最大的价格水平，这个价格常被称为最优价格。

(3) 选择仿造收益最大的价格水平为产品定价。

表 8-1 为某产品预计价格水平、消费者肯定或可能购买的百分比及由此计算出来的仿造收益。

表 8-1 某产品仿造收益表

价格水平/元	肯定或可能购买的百分比	仿造收益/元
2.10	99%	2.08
2.30	99%	2.28
2.50	98%	2.45
2.70	98%	2.65
2.90	98%	2.84
3.10	95%	2.95
3.30	92%	3.04
3.50	75%	2.63
3.70	67%	2.48
3.90	55%	2.15
4.10	34%	1.39
4.30	18%	0.77
4.50	0	0

从表中可以看出，在价格为 3.30 元时，仿造收益值最大，它也是产品利润最大的价格。

(资料来源：郑宗成，陈进. 市场研究实务[M]. 广州：中山大学出版社，2002)

 ## 8.4 商品定价策略

商品定价策略是指企业在特定情况下，依据企业既定的定价目标所采取的定价方针和价格对策。常见的策略有新产品定价策略、折扣定价策略、地区定价策略、心理定价策略、差别定价策略和产品组合定价策略，还有价格不合适时的价格调整策略。

8.4.1 连锁企业商品定价策略

1. 新产品定价策略

零售商经常会引进一定数量的新商品,而定价则会直接影响顾客能否顺利接受这些商品。对新商品的定价可采用以下 3 种方法:

(1) 撇脂定价策略。撇脂定价是指在产品上市初期,价格定得较高,以便在较短的时间内获得最大的利润。销售对象是那些收入水平较高的创新消费者或猎奇消费者。高价不但可以获取丰厚的利润,而且为以后竞争白热化后的降价留下了空间。

撇脂定价还有几个优点:一是有利于树立企业名牌产品的形象;二是有利于企业掌控调价的主动权;三是可以缓解产品供不应求的状况。撇脂定价策略也存在着一些缺点:一是高价产品的需求规模毕竟有限,过高的价格不利于开拓市场、增加销量,也不利于占领和稳定市场,容易导致新产品市场开发失败;二是高价高利会导致竞争者的大量涌入,仿制品、替代品迅速出现迫使价格急剧下降,此时若无其他有效策略相配合,企业产品的高价优质形象可能会受到损害,失去一部分消费者;三是价格远远高于价值,在某种程度上损害了消费者利益,容易招致公众的反对和消费者的抵制,甚至会被当作是牟取暴利的手段而被取缔,以免诱发公共关系问题。

(2) 渗透定价策略。这是与撇脂定价相反的一种定价策略,即在新产品上市之初将产品价格定得较低,从而吸引大量的消费者,迅速扩大市场占有率。利用渗透定价策略的前提条件:首先是新产品的需求价格弹性较大;其次是新产品存在着规模经济效益。如日本精工手表在具备这两个条件的基础上,采用渗透定价策略,以低价在国际市场与瑞士手表角逐,最终夺取了瑞士手表的大部分市场份额。

(3) 满意定价策略。满意定价策略既不是利用产品的高价格来获取高额利润,又不是实施低价格制约竞争者进而占领市场。满意定价指零售企业制定介于撇脂与渗透两种价格区间中的适当价格,兼顾供应商及顾客利益,使各方面都能顺利接受。其优点是价格比较平稳,正常情况下可按期实现盈利目标。

2. 折扣定价策略

折扣定价是指根据不同交易方式、数量、时间及条件,在基本价格的基础上给予顾客适当的折扣而形成的实际售价。此种方法容易让消费者打消对价格表示怀疑而不愿购买的顾虑。零售商给予顾客的折扣形式主要有现金折扣、数量折扣、交易折扣、季节折扣和促销折扣。

(1) 现金折扣。现金折扣指对按约定日期付款或提前付款的顾客给予一定的价格折扣,目的在于鼓励零售企业的老顾客及分期付款的顾客按期或提前支付货款,减少零售企业的利率风险,加速资金周转。折扣大小一般根据付款期间的利息和风险成本等因素确定,如消费满 1 000 元返 100 元现金等。

(2) 数量折扣。数量折扣是根据购买数量或金额的差异给予不同的价格折扣,包括非累计数量折扣和累计数量折扣两种形式。前者是对一次购买超过规定数量或金额给予的价格优惠,目的在于鼓励顾客增大每份订单的购买量,以便于零售企业组织大批量进货;后者是对一定时期内累计购买超过规定数量或金额给予的价格优惠,目的在于鼓励顾客与零售企业建立长期固定的关系。数量折扣的形式如消费满 1 000 元打 9.5 折,满 5 000 元打 9 折等。

(3) 交易折扣。交易折扣又称为功能性折扣,指零售企业依据其下游中间商在市场营销中担负的不同职能,给予不同的价格折扣,目的在于刺激各类零售企业的下游中间商更主动、更充分地发挥各自承担的渠道职能，如物流、仓储、广告和市场调研等。

（4）季节折扣。季节折扣是指对在非消费旺季购买商品的顾客提供的价格优惠，目的在于鼓励顾客和小零售商在淡季购买，减少零售企业的货物积压，以利于商品的均衡流通。

（5）促销折扣。促销折扣是指对零售商为推广商品所进行的各种促销活动而采用的折扣，如对快讯商品、印花促销等给予的一定折扣。

3．地区定价策略

地区定价策略是针对消费者所在地区的不同而采用不同的定价方法，常见的有以下 5 种策略：

（1）FOB 原产地定价。FOB（离岸价格）是一种贸易条件，是指消费者（买方）按照厂价购买某种产品，企业（卖方）只负责将这种产品运到产地某种运输工具（如卡车、火车、船舶、飞机等）上交货。

（2）统一交货定价。所谓统一交货定价，就是指企业对于卖给不同地区消费者的某种产品，不论远近都实行一个价格。

（3）分区定价。分区定价是指企业把全国（或某些地区）市场划分为若干个价格区，对于不同价格区销售的产品，分别制定不同的地区价格。如同一型号的新日电动车，在江苏与昆明的价格不一样。

（4）基点定价。有些企业会选定某些城市作为基点，然后按一定的厂价加上从基点城市到消费者所在地的运费来定价，而不管产品实际上是从哪个城市起运的。

（5）运费免收定价。顾名思义，就是不收取任何运费，定价时不考虑运费成本。

4．心理定价策略

每一件产品都能满足消费者某一方面的需求，其价值与消费者的心理感受有着很大的关系。这就为心理定价策略的运用提供了基础，使得企业在定价时可以利用消费者的心理因素，有意识地将产品价格定得高些或低些，以满足消费者生理的和心理的、物质的和精神的多方面需求，通过消费者对企业产品的偏爱或忠诚，扩大市场销售，获得最大效益。常见心理定价策略的形式有以下 7 种：

（1）尾数定价策略。尾数定价也称零头定价或缺额定价，即给产品定一个零头数结尾的非整数价格。大多数消费者在购买产品，尤其是购买一般的日用消费品时，乐于接受尾数价格，如 0.99 元、9.98 元等。消费者会认为这种价格经过精确计算，购买不会吃亏，从而产生信任感。同时，价格虽离整数仅相差几分或几角钱，但给人一种低一位数的感觉，符合消费者求廉的心理愿望。这种策略通常适用于基本生活用品。

（2）整数定价策略。整数定价与尾数定价正好相反，企业有意将产品价格定为整数，以显示产品具有一定质量。整数定价多用于价格较贵的耐用品或礼品，以及消费者不太了解的产品，对于价格较贵的高档产品，顾客对质量较为重视，往往把价格高低作为衡量产品质量的标准之一，容易产生"一分价钱一分货"的感觉，从而有利于销售。

（3）声望定价策略。声望定价即针对消费者"便宜无好货，价高质必优"的心理，对在消费者心目中享有一定声望，具有较高信誉的产品制定高价。不少高级名牌产品和稀缺产品，如豪华轿车、高档手表、名牌时装、名人字画、珠宝古董等，在消费者心目中享有极高的声望价值。购买这些产品的人，往往不在乎产品价格，最关心的是产品能否显示其身份和地位，价格越高，心理满足的程度也就越大。

（4）习惯定价策略。有些产品在长期的市场交换过程中已经形成了为消费者所适应的价格，成为习惯价格。企业对这类产品定价时要充分考虑消费者的习惯倾向，采用"习惯成自然"的定价策略，不宜轻易变动。降低价格会使消费者怀疑产品质量是否有问题。提高价格会使消费者产生不满情绪，导致购买的转移。在不得不需要提价时，应采取改换包装或品牌等措施，减少抵触心理，并引导消费者逐步形成新的习惯价格。

（5）招徕定价策略。这是适应消费者"求廉"的心理，将产品价格定得低于一般市价，个别的甚至低于成本，以吸引顾客、扩大销售的一种定价策略。采用这种策略，虽然几种低价产品不赚钱，甚至亏本，但从总的经济效益看，由于低价产品带动了其他产品的销售，所以企业还是有利可图的。

（6）吉祥数字定价策略。在各个国家的风俗习惯中，都存在对一些事物赋予特定寓意的现象，数字也不例外。零售商利用消费者追求吉祥、幸运的心理，以包含这类寓意的数字来标示商品价格。例如，在我国传统文化中，6、8、9 都是吉祥数字，包含这些数字标价的商品通常更容易被消费者所接受。

（7）错觉定价策略。错觉定价指零售商利用顾客对商品价格过分关注而忽略其他因素的购买习惯，制定让消费容易产生错觉的价格。例如，某袋装产品的重量是 500g，价格为 5 元，而同样的产品将包装重量改为 450g，价格为 4.85 元，则消费者更乐于购买后者，因为错觉让他们觉得后者比前者更便宜。

5．差别定价策略

差别定价也叫价格歧视，是指企业按照两种或两种以上不反映成本费用的比例差异的价格销售某种产品或服务。这种差别定价，不表明产品成本的不同或其他差异，而是根据不同的顾客、不同的时间、不同的场合确定不同的价格。

（1）差别定价的主要形式。

① 顾客差别定价。针对不同顾客采用不同价格，许多旅游门票都是对本国与外国人有不同的价格。例如，某段时期安阳殷墟对外国人免门票；许多连锁店对会员非会员有不同的价格。

② 产品形式差别定价。不同的包装常常会有不同的价格。方便的、礼品的包装都会不一样。

③ 产品部位差别定价。产品不同部位有差异，所以定价就有差别。例如，最常见的是猪肉的不同部位有不同的价格。

④ 销售时间差别定价。主要是为平衡人流，缓解拥挤。比如有大型商场规定，上午 8 到 11 点，所有商品 9 折。

（2）差别定价的适用条件。

① 产品市场必须是可以细分的，而且各个子市场需表现出不同的需求程度。

② 以较低价格购买某种产品的消费者不可能以较高价格把这种产品倒卖给别人。

③ 竞争者不可能在企业高价销售产品的市场上以低价竞销。

④ 细分市场和控制市场的成本费用不得超过因实行价格歧视而得到的额外收入，这就是说，不能得不偿失。

⑤ 价格歧视不会引起消费者反感而放弃购买，影响销售。

⑥ 采取的价格歧视形式不能违法。

6．产品组合定价策略

产品组合是连锁经营企业为了服务好顾客的重要策略，也是促进销售的有效方式。在定价上也有一定的技巧，可以从以下几个方面来考虑：

（1）产品线定价。产品线定价策略是指企业就同一系列产品的不同规格、型号和质量，按照相近原则，把产品划分为若干个档次，不同档次制定不同价格的策略。

（2）选择品定价。许多企业在提供主要产品的同时，还会提供与主产品密切相关，但又可独立使用的产品。选择品定价有两种主要策略：一是将选择品的价格定得较高，使其成为企业赢利的一个来源；二是将选择品价格定得较低或免费提供，以吸引消费者购买。

（3）补充产品定价。如果一种产品的销售会促进另一种产品的销售，则这两种产品互为补充品。企业经常为主要产品（如剃须刀、照相机）制定较低的价格，而为附属产品制定较高的价格。

（4）两段定价。在服务业中两段定价法是经常采用的方法，即企业先收取一定固定费用，在此基础上再加收一定的可变使用费用。

（5）副产品定价。在生产加工肉类、石油产品和其他化工产品的过程中，经常有副产品。如果副产品价值很低，处理费用昂贵，就会影响到主要产品的定价，企业确定的主要产品价格必须能够弥补副产品的处理费用；如果副产品对某一消费者有价值，能带来收入，则主要产品的价格在必要的时候可定低一些，以提高企业产品的竞争力。

（6）产品系列定价。企业可以把相关产品组合在一起，为它制定一个比分别购买更低的价格，进行一揽子销售。

8.4.2 商品价格的调整策略

商品调价策略也是企业针对竞争环境、顾客变化和企业自身需要所采用的有效策略，是企业变被动为主动的有效途径。常见商品价格的调整有调高和调低两种形式。

1．商品价格的调整策略

（1）调高价格。

① 调高价格的原因。价格一经确定，一般是不再动的。但如果是产品成本提高了，或者产品供不应求或者产品税率发生了变化等，经营者为了保证自己的利润空间，经常要调高商品的价格。

② 调高价格的方法。调高价格的方法主要有：一是明调，即公开涨价；二是暗调，则是通过取消折扣、在产品线中增加高价产品、实行服务收费、减少产品不必要的功能等手段来实现，这种办法十分隐蔽，几乎不露痕迹。

（2）调低价格。

调低价格的原因主要有以下几个方面：

① 产品供过于求，生产能力过剩。

② 市场竞争激烈，产品市场占有率下降。

③ 企业生产成本下降，希望扩大市场份额。

④ 企业转产，老产品清仓处理。一般企业在新产品上市之前，需要及时清理积压库存产品。

2. 企业对产品调价反应的对策

（1）消费者对企业产品调价的反应。

① 消费者对企业降价的反应。消费者对企业降价做出的反应是多种多样的。有利的反应是认为企业生产成本降低了，或企业让利于消费者。不利的反应有：这是过时的产品，很快会被新产品代替；这种产品存在某些缺陷；该产品出现了供过于求；企业资金周转出现困难，可能难以经营下去；产品的价格还将继续下跌。

② 消费者对企业提价的反应。当企业提价时消费者也会做出各种反应。有利的反应会认为企业的产品质量提高，价格自然提高；或认为这种产品畅销，供不应求，因此提高了售价，而且价格可能继续上升，不及时购买就可能买不到；或认为该产品正在流行等。不利的反应是认为企业想通过产品提价获取更多的利润。消费者还可能做出对企业无害的反应，如认为提价是通货膨胀的自然结果。

（2）竞争者对企业产品调价的反应。

① 当产品供不应求的时候，竞争者一般都会追随企业的产品提价而提价，因为这对大家都有好处，所有企业产品都能够在较高的价位上全部销售出去，即使有个别企业不提价也不会影响到本企业产品的销售。

② 当企业由于通货膨胀导致成本上升时，只要有一个竞争者因为能在其内部全部或部分地消化增加的成本，或认为提价不会使自己得到好处，因而不提价或提价幅度较小，那么其他企业和追随者提价的产品销售都将受到影响，可能不得不降价。企业产品降价时，竞争者产品不降价，企业产品销量会上升，市场占有率也会提高。当然，竞争者也可能采取非价格的手段来应付企业产品降价。但更多的情况是，竞争者会追随企业进行产品降价，企业间进入新一轮产品价格竞争。

（3）企业对产品调价反应采取的策略。

企业对于消费者的产品调价反应，应提前有所预见，充分利用其有利的反应，而尽量避免其不利的反应，根据消费者的产品调价反应采取相应调价策略，不应一厢情愿地降价或涨价。

对于竞争者的产品调价反应，则首先应该了解竞争者调价的相关信息，对竞争者调价的原因调查清楚，分析明白，然后采取以下相应的应对策略：

① 维持原来的价格。

② 维持原价并采用非价格手段（如改进产品、增加服务）进行反攻。

③ 追随产品降价，如果企业不降价将会导致市场份额大幅度下降，而要恢复原有的市场份额将付大更大代价，企业应该采取这个策略。

④ 进行产品提价并开发新品牌来围攻竞争者的降价品牌。这将贬低竞争者降价品牌的市场定位，提升企业原有的品牌定位，也是一种有效的价格竞争手段。

⑤ 推出更廉价的产品进行竞争。企业可以在市场占有率正在下降时，在对价格很敏感的细分市场上采取这种策略。

本 章 小 结

商品价格是在市场竞争过程中由供需双方根据商品供求状况所确定的交易条件。连锁企业商品定价有其特殊性，要按薄利多销、物有所值和适当利润的原则来确定。连锁企业制定价格应综合考虑内外因素，内部因素主要指企业的经营目标、成本状况、商品属性和经营策略，外部因素主要指市场状况、消费者状况和社会因素等。

连锁企业要按确认定价目标、确定需求量、测算成本、分析竞争对手的价格行为、选定定价方法和确定最终价格的程序来确定商品价格；连锁企业的定价方法主要有成本加成定价法、损益平衡定价法、目标贡献定价法、需求导向定价法和竞争导向定价法等，不同的定价方法其适用范围不同，连锁企业应根据影响商品价格的各种因素来综合确定商品的最终销售价格。

连锁企业的价格策略多种多样，常见的策略有新产品定价策略、折扣定价策略、地区定价策略、心理定价策略、差别定价策略、产品组合定价策略，还有价格不合适时的价格调整策略。企业应采取灵活多样的价格策略。

案例思考：沃尔玛的"天天平价"策略

山姆·沃尔顿说："我们重视每一分钱的价值，因为我们服务的宗旨之一就是帮每一名进店购物的顾客省钱。"沃尔玛通过降低商品价格推动销售，进而获得比高价销售更高的利润。沃尔玛从它的第一家店开办起就始终坚持这一价格哲学，从不动摇。

所谓"天天平价"，就是指零售总是把商品的价格定得低于其他零售商的价格。在这种价格策略的指导下，同样品质、品牌的商品都要比其他零售商低。在沃尔玛，任何一位哪怕身份最低微的商店员工，如果他发现其他任何地方卖的某样东西比沃尔玛更便宜，他就有权把沃尔玛的同类商品降价。沃尔玛经营几种零售业态，虽然他们的目标顾客不同，但经营战略却是一致的，即"天天平价""为顾客节省每1美元"，实行薄利多销。这样的口号在沃尔玛店面的灯箱上，店内POP宣传单上，甚至在其购物小票上，比比皆是，这句话对沃尔玛的重要性由此可见一斑。

1. 控制成本

沃尔玛一般是直接从工厂以最低的进货价采购商品。

采取仓储式经营。沃尔玛商店装修简洁，商品多采用大包装，同时店址绝不会选在租金昂贵的商业繁华地带。

与供应商采取合作态度。通过计算机联网，实现信息共享，供应商可以第一时间了解沃尔玛的销售和存货情况，及时安排生产和运输。

强大的配送中心和通信设备作技术支撑。沃尔玛有全美最大的私人卫星通信系统和最大的私人运输车队，所有分店的计算机都与总部相连，一般分店发出的订单24~28h就可以收到配发中心送来的商品。

严格控制管理费用。沃尔玛对行政费用的控制十分严格，如采购费规定不超越采购金额的1%，公司整个管理费为销售额的2%，而行业平均水平为5%。

减少广告费用。沃尔玛认为保持天天平价就是最好的广告，因此不做太多的促销广告，而将省下来的广告费用，用来推出更低价的商品回报顾客。

2. 让利销售

让利销售包括折价销售、会员制销售。

沃尔玛在定价时就坚持两点原则：一是尽可能地低廉，仅仅高出成本一点儿，如3%；二是长期稳定地保持这种低价。即使是某些商品拥有某种垄断优势或是遇到意外情况也不轻易改变价格，折价销售已成为沃尔玛的一种经营战略。对全部商品折价销售，主要适用于沃尔玛连锁店的新开张、周年店庆以及一些重大的节庆日的促销；对某个部类的商品优惠售卖，主要适用于各种节日和季节性消费展开的促销活动。

沃尔玛公司的会员制销售主要是在山姆俱乐部实行，它对沃尔玛平价形象的塑造起着非常重要的作用。

在山姆俱乐部，商品的价格比普通的零售店低30%~40%，这或许没有给沃尔玛带来多大的利润，但却把一批忠实的顾客紧紧地吸引在自己的身边，缩小了竞争对手的消费群体，这无疑是一种高明的战略。

3. 特惠商品

为了巩固和维护沃尔玛连锁店的低价形象，增加客流量，提高市场占有率，沃尔玛经常从各大部类商品中分别抽出一些商品进行优惠售卖。

沃尔玛的特惠价格要比市场价格低20%~40%，比原定价格低10%，把有限的让利集中在特定的品种上。特惠商品品种很多，并且每隔一定时间就要更换品种，实行滚动促销，吸引了大量顾客。

总而言之，沃尔玛的低价策略不是降低商品质量，而是在质量保证的情况下想尽一切办法从进货渠道、分销方式、营销费用、行政开支等各方面节省资金，努力做到"天天平价、始终如一"，实现价格比其他商号更便宜的承诺。

思考：

（1）沃尔玛天天低价的原因是什么？

（2）企业的低价策略应怎样实施才更有效？

同 步 训 练

一、基础训练

1. 选择题

（1）价格的作用主要有（　　）。

  A. 是商品供求关系变化的指示器

  B. 价格水平与市场需求量变化密切相关

  C. 是实现国家宏观调控的一个重要手段

  D. 是实现商品销售的条件和促销的有效武器

（2）连锁经营商品的价格特征是（　　）。

  A. 统一定价　　B. 竞争性强　　C. 收益定位　　D. 体现企业经营目标

（3）连锁企业的定价原则有（　　）。

  A. 利润最大化原则　　　　　　B. 薄利多销原则

  C. 物超所值原则　　　　　　　D. 适当利润原则

（4）制定价格应考虑的外部因素有（　　）。

  A. 市场供求状况　　　　　　　B. 政府法规

  C. 消费者状况　　　　　　　　D. 需求的价格弹性

2. 判断题

（1）针对加盟连锁来说，由于分店是总部投资和管理的，定价权也是由总部统一进行管理，分店没有定价权，只有执行的权力。（　　）

（2）"物有所值"是连锁经营定价的基本原则。（　　）

（3）收支平衡点也称为不损平衡点。（　　）

（4）差别定价法所制定的价格通常与成本无关，只与顾客的需求和竞争对手相关。

（　　）

3．简答题

（1）连锁经营的定价原则是什么？
（2）简述连锁经营的定价程序。
（3）商品定价应考虑哪些因素？
（4）商品定价的主要方法有哪些？
（5）心理定价策略有哪些？
（6）简述竞争者对企业调价的反应。

二、实践训练

【实训项目】

手机市场的价格策略状况调查

【实训情景】

通过本地手机专卖店、手机商店、百货商店、手机专柜、网络等途径对某品牌手机的价格及其销售情况进行调查。

【实训任务】

通过对手机市场的价格评析，加深对各种定价方法及策略的理解；进一步了解价格的制定、修订和变动的原因及其策略，熟悉制定企业定价策略的方法和技巧，并撰写被调查手机的价格策略评析报告。

【实训提示】

选择熟悉的手机品牌为调查对象，学生以小组为单位，每小组进行至少 3 种方法的调查，如实地调查、上网调查、观察调查、深入访谈等；每个小组必须记录调查内容，小组进行讨论汇总、整理和归纳；在课前做出分析报告，上课前，每组派一个代表阐述本组的观点，并提交调查报告。

【实训评价】

项　　目	表　现　描　述	得　　分
调查的对象和目的		
人员及分工		
调查方法		
报告内容		
调查结果分析		
合　　计		

得分说明：各小组的调查表现分为优秀、良好、合格、不合格、较差五档，对应得分分值为 20 分、18 分、15 分、12 分、10 分；将每项得分记入得分栏，全部单项分值合计得出本实训项目总得分；总得分 91～100 分为优秀，76～90 分为良好，60～75 分为合格，低于 60 分为不合格，不合格须重新训练。

第 9 章

连锁企业的促销策略

 学习目标

职 业 要 求	学 习 任 务
(1) 掌握连锁企业的促销策略及促销活动策划的流程 (2) 能根据连锁企业实际情况及市场状况，拟定营销方案，确定促销主题，选择促销时机，选择合适的促销方式，做好合理的促销选品，实施促销活动 (3) 具有制定和运用营销组合策略的能力，并能正确运用促销评估的方法对营销过程进行分析 (4) 能够对促销的流程提出合理化建议	(1) 明确连锁促销的目标和要求 (2) 熟悉连锁促销方式和计划的制订 (3) 理解并掌握连锁促销策略 (4) 理解并掌握连锁促销活动的实施与促销效果评估

> **导入案例**
>
> ### "光棍节"的革命
>
> "双 11"可能是淘宝平台目前最为成功、单日销售规模最大的促销活动,也是业内销售规模最大的网络促销活动。2009 年开始,阿里巴巴集团每年都会在 11 月 11 日举行大规模的消费者回馈活动,这一天从一个普通的日子逐渐成为中国电子商务行业乃至全球关注的年度盛事。根据阿里巴巴公布的数据,2014 年 11 月 11 日,阿里巴巴"双 11"全天交易额 571 亿元,其中在移动端交易额达到 243 亿元,是 2013 年移动交易额的 4.54 倍,占到 2014 年总成交额的 42.6%,创下全球移动电商平台单日交易的历史新高。而 2013 年,天猫与淘宝的"双 11"交易总额为 350 亿元;2012 年 11 月 11 日,淘宝平台当天共计完成销售 191 亿元,是 2011 年的 3 倍多。事实上,目前"双 11"的消费季不但吸引了越来越多的零售企业,而且已经引发了行业的变革。
>
> 2014 年,天猫"双 11"总攻略是"全球化""无线化"和"平台化"三大方向,O2O 是 2014 年"双 11"无线化的另一重要阵地,包括线下购物、淘宝旅行、淘宝电影、淘点点几部分。"天猫会员优先购"是 2014 年"双 11"无线端亮点;"云+端"战略落地的"码上淘"都发挥了重要作用。早在"双 11"到来前的 1 个月,网上、网下的商业巨头就已经纷纷展开活动布局。除了众多的电商卖家,全国共有 317 家百货分店和 1 111 家餐厅参与到这个移动大促中去,加上 UC、优酷、微博、高德地图以及 ISV、淘女郎等,可以说这是移动电商生态的一次"总动员"。
>
> (资料来源:根据百度文库、联商网咨询中心等资料整理)

连锁促销活动是在总部统一指导下,有目的、有计划、有组织地进行的。分店的促销次数、时间安排、促销主题、供应商、商品选定与落实、进场时间、组织和协调以及促销评估等,都要有严密的计划和程序。分店要在与连锁总部保持一致的前提下开展促销活动,以实现促销目标。本章以超市大卖场为例,阐述连锁企业的促销方式、促销策略和促销活动的实施等内容。

9.1 连锁经营促销

9.1.1 促销的目的与要求

连锁经营的促销是指连锁店通过开展各种活动或者宣传报道,向顾客传递有关商品或者服务的信息,以引起买方行动,唤起需求,实现销售。促销是为销售商品服务的,其主要任务是为买卖双方沟通信息,使顾客了解商店和商品,树立企业形象,突出商品和服务的特色,诱导需求,扩大销售。连锁企业总部将各个分店反馈回来的商情信息以及带有共性的影响销售的客观因素加以综合分析,慎重考虑和周密计划,然后制定出统一的推广方案下达给各分店具体实施。

1. 促销的目的

(1)树立企业形象。连锁企业通过大型促销活动和企业形象宣传提高企业的知名度,扩大企业在消费者心目中的影响,获得消费者对企业的认同感。

(2)刺激消费,增加销售额。为了在激烈的市场竞争中提高市场占有率,实现销售最大化的目标,在企业的正常销售阶段,通过采取一项或几项促销手段来提高销售额。特别是新商品、季节性商品和生鲜商品的销售,以商品销售作为促销目标,效果比较直接明显。

(3)优化商品结构。针对本企业所积压的商品或过季商品进行特价促销,以清理滞销商品,调整库存结构,加速资金流转。

(4)加强与消费者的联系。连锁企业的促销活动可以直接向消费者推荐新的商品,通过强化宣传消费新观念、新时尚、新生活方式以及与之对应的新商品,缩短了消费者接受某种生活观念的过程,普及了新产品。

(5)稳定原有顾客,吸引新顾客。顾客需求有时是一种潜在的需求,对哪些具体商品能满足其需求并不十分清楚。而连锁分店所经营的商品也经常发生变化,或增加新商品,或进行季节性变换。实施例行性促销,经常向目标消费者传递商品信息,其促销目标在于稳定老顾客,吸引新顾客,增加客流量。

2. 促销的要求

为使连锁企业取得良好的促销效果,促销人员必须运用创造性思维,使促销方案富有新意,并以创造性思维寻求方案变异,突出个性。

(1)促销的内容、方法和手段要有新意。一是要抓住特定时空的有利条件,以引人注目的形式展示连锁企业及其经营商品的特色,强化其竞争优势;二是要以全新的内容刺激消费者,使连锁企业及其经营商品的形象在赞叹和惊奇声中定格在消费者的脑海之中,从而刺激消费需求;三是要以巧妙的手法及时传递信息,吸引消费者的注意力并对其产生同化作用,最终实现连锁企业的促销目标。

(2)促销方案要有创意。有创意的促销方案,才能在促销过程中给消费者一种新鲜感、一种冲击力。当然,创意要为实用服务,没有实用价值的创新就是臆想。在促销方案的策划和实施过程中,不要注重过多的形式,也不能仅凭策划者或执行者的主观感受作为创意性促销的标准。

(3)促销活动与其他营销计划要相互协调。首先,顾客促销活动应与行业促销活动同时进行,免费使用活动应在推出新产品之际;其次,促销活动应有助于品牌的定位及形象的塑造,要将促销活动与品牌的广告活动联系起来,达到强化广告信息的目的。

(4)传递信息要清晰。促销活动的文字说明应简单明了,引人注意,图示要新颖,易于辨认,文字和图片要辅助相成,共同发挥作用。

(5)媒介选择要合适。要提前对促销活动的效果进行测试,对不同的价格、创意方法以及投送方式进行测试。了解促销活动涉及的媒介情况,以确定哪种媒介最为合适,如试用样品是放在店内,还是挨家挨户上门赠送,或者通过直邮的方法寄到消费者手中,促销活动是否需要报纸或杂志的支持等。

🌐 案例阅读

维也纳酒店——微信1年订房1个亿

作为全国中档连锁酒店第一品牌,维也纳酒店微信最初就看到了强大的智能服务接口,并果断地升级为服务号,申请并使用微信各大高级接口开发功能服务客户。移动端更多注重的是客户体验,维也纳通过自定义菜单的深度优化和闭环管理思维,不断地提升平台的客户体验,有效激活了平台会员的消费黏性和活跃度。

首先，预订系统的开发，与 PC 官网进行打通实现微信预订，通过"微信预订立减 20 元"差异待遇进行流量引导和转化；其次，每日签到的闭环设计，娱乐和让利的双重驱动，让维也纳的会员留在微信平台上，并得到愉快和实惠。微信的自助服务使维也纳订房各环节实现信息一体化和智能化，有效提高客户体验和平台消费黏性。目前，维也纳通过微信日均订房超过 1 000 间，结合维也纳服务号的关注量来讲，这一转化率目前在业内也是位居前茅的。

（资料来源：根据百度文库、豆丁网等资料整理）

9.1.2 促销的方式

促销方式按信息沟通的方式可分为人员促销和非人员促销两类。人员促销是指企业推销员直接与顾客接触、洽谈、宣传、介绍商品和劳务以实现销售目的的活动过程。非人员促销是指用广告、公关、营业推广方式进行的促销。

1. 人员推销

人员推销在购买过程的后期是最有效的一种手段，特别是容易使消费者产生偏好、信服并最终购买。人员推销有以下 3 个突出的特点：

（1）人际接触。人员推销涉及 2 个或 2 个以上的人之间即时和相互的关系，每一方都能很方便地观察对方的需要及兴奋点，并做出迅速调整。

（2）培养关系。人员推销可能发展出各种各样的关系，从仅仅是买卖关系到深厚的友谊，有成效的销售代表为了建立长期的关系，通常会考虑顾客的利益。

（3）及时反应。人员推销使买方感到有听取推销陈述后作出反应的责任，即使他们的反应只是一句礼貌的"谢谢！"。

2. 广告

广告是由明确的主办人发起并付费的，通过非人员介绍的方式展示和推广其创意、商品或服务的行为。广告有以下特点：

（1）普遍性。广告是一种普及媒体，允许卖者多次重复一条信息，也使得买者从各种竞争卖者处收集信息，相互比较。

（2）扩大的表现力。通过印刷字体、声音、色彩的艺术使用，广告为增强企业及产品的宣传效果提供了机会。

（3）非人格性。一方面，广告不像公司的销售代表那样有强迫力，广告只能向受众传送一段独白，而不能与受众对话；另一方面，广告可以用来为产品创造长期形象（如可口可乐的广告），还能引发快速销售。广告是与地理上大量分散的购买者接近的一种有效方式，而且每次播放的成本低廉。

3. 公关

公关包括被设计用来保护或推广一个公司形象或公司个别产品的各种计划。公关的吸引力在于它的以下 3 个突出的特点：

（1）高可信度。新闻报道及特写看上去比广告更真实、可信。

（2）消除防卫。公关可以达到那些想避开广告及销售人员的疑心者，商品信息以新闻而不是以与销售直接相关的宣传的形式传递给购买者。

(3) 戏剧性。公关与广告一样具有使公司或产品戏剧化的潜在力量。

4. 营业推广

营业推广也称销售促进,它是企业用来刺激早期需求或强烈的市场反应而采取的各种短期性促销方式的总称。营业推广有以下3个明显特征:

(1) 信息沟通。赢得人们注意并提供一些可能使顾客购买产品的信息。

(2) 刺激。融合了一些明显的让步、引导或贡献,能使消费者获得价值。

(3) 诱导。诱导消费者立即进行交易。

需要注意的是,促销是一种密切结合市场需求而采用的各种促销方式的组合活动。这些活动不仅告知消费者购买产品有什么利益,以说服其购买,而且结合市场营销的其他手段,给予消费者更多的附加利益,以引起消费者对广告的兴趣,在短期内收到即效性广告效果,有力地推动产品的销售。

9.1.3 促销活动的实施

连锁企业制订促销计划后,关键在于实施,实施的重点是促销活动的组织与评估。

1. 促销作业流程

连锁企业的促销是在总部统一指导下开展的,因此,各分店要根据总部的促销目标和要求实施促销活动。其主要作业流程如图9.1所示。

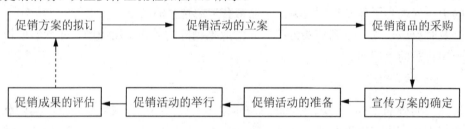

图9.1 促销作业流程图

(1) 促销方案的拟订。促销方案是连锁企业开展促销的具体策划,目的是为了保证促销有组织有步骤地开展。连锁总部销售部门需要做的工作:一是根据年度促销计划,针对近期即将展开的促销活动,就最近商圈内同行的促销活动、顾客的需求变化和市场动态进行研究,初步拟订本次促销的诉求重点及做法,提出活动方案;二是邀集财务、采购和公关等部门的相关人员召开讨论审议会,就促销方案的策划及有效性进行讨论修正,主要议项有促销主题、举办时间、竞争对手、促销活动分析、促销价格等。

(2) 促销活动的立案。销售部门把经过讨论、听证并确定的促销方案报送总部负责人,总部负责人在听取公关、采购、财务等部门意见后批准实施,重大促销活动还应集体讨论形成决议后方可实施。

(3) 促销商品的采购。顾客的基本需求是能买到价格合适的商品,所以促销商品的价格是否具有吸引力,将影响促销活动的成败。同时,促销商品的品项对促销活动的成败也有很大的影响。一般来说,促销商品应以节令性商品、敏感性商品、众知性商品、特殊性商品为主。连锁总部应协调好与供应商的关系,努力争取供应商在数量、质量和价格上的支持,并严格保证促销商品供应时间上的及时性。

（4）宣传方案的确定。确定宣传方案主要是根据本次促销活动的预期目标和规模，确定所要宣传的信息（包括促销商品的品项、价格等）和具体做法，选择一种或几种合适的宣传媒体，加以落实。同时，当连锁企业开展系列的促销活动或进行较大型统一的促销活动时，需要设计一个统一、鲜明的主题，使系列活动或各分店的促销活动成为一个有机的整体。

（5）促销活动的准备。前期准备工作的大体内容有：方案的策划与制定、商标标签的修改；文字宣传的准备、印刷与分发；广告的设计、制作与安置；营业场所人员的调配和工作安排；商品库存数量的落实以及销售额的预测；促销活动时间的设定；等等。

（6）促销活动的举行。按执行方案如期举行，做好现场宣传和服务工作。

（7）促销成果的评估。促销活动举行后，可通过信息统计和顾客反馈了解本次促销是否达到预期目标，并进行反思，分析得失，积累经验，吸取教训，以便为今后的促销活动打下良好基础。

2．促销方案实施要点的确定

（1）制定有诱因的促销策略。

促销策略是促销方案实施的一个重要内容，促销策略的选择应该以促销的目标、促销的主题及促销商品的特点为依据，以达到促销效果。

连锁企业在通过营业推广的方式提高吸引力的同时，还要结合公共关系活动方式建立良好的企业形象，逐步形成稳定的市场。因此，促销策略可以从营业推广的人员促销、特价销售、优惠券、赠奖活动、有奖销售、机会奖励和公共关系的宣传型活动、服务型活动、公益型活动、娱乐型活动、教育型活动等方式中选择。无论采取何种策略，都要从消费者的利益出发，扎扎实实地为消费者做些实事，哗众取宠、沽名钓誉只会流失更多的顾客。

（2）选择合适的商品品项、广告宣传品和礼品。

① 广告宣传品的设计要求。一是广告宣传风格应与目标顾客的心理特征一致。如运动饮料宣传品的基调应与体育赛事结盟，突出活力和迅速补充体力的特点；中低价食品宣传方向应突出更实惠、更大容量、更营养；儿童用品宣传风格是产品好吃好用、赠品好玩、诉求方式卡通化。二是POP上促销价与原价同时标出，以示区别。如尽可能减少文字，使顾客能一眼就看完全文，清楚知道促销内容。

② 赠品选择的要求。一是尽可能是实惠而新颖的常见用品；二是高形象、低价位，如毛巾、围裙、洗衣粉、计算器等。

（3）确定促销人员数量、商品储备数量及物料需求。

在促销活动中，连锁企业应根据促销规模的大小安排好数量合适、素质较高的促销人员，为促销做好人员准备。同时，还要合理确定促销商品的储备数量，太多了会造成积压，提高促销成本；太少了会造成缺货，影响促销效果。

（4）效果预测和费用预算。

① 效果预测。根据本企业的历史销量，综合考虑促销政策对商品流通速度带来的影响，做出促销期间销量的预测。

② 费用预算。根据销量预测配备相应的促销品、广告宣传品、礼品，依据本企业促销规模和促销期长短，预计销量和所需促销人员等，并做出费用预算。

（5）规定巡视频率，维护活动效果。

若促销期大于1天，那么及时补货、陈列以保证场内货品充足及陈列整齐就成了很容易疏忽、很容易出问题的工作，所以有必要在促销方案中将商品的备货、陈列、广告品布置落实到具体责任人身上（促销员、理货员或业务员），规定责任人保持对促销卖场的高巡视频率，做好接单、上货、陈列等工作，以保证促销效果。

（6）制定各项工作完成日程表。

以上各项工作落实后，接下来就进入了实质性的准备工作，为避免某项工作出现疏漏而影响整体进程，需将准备工作细分责任，落实到人，规定完成时间并制定出日程表。

（7）执行计划和规定期限。

每个执行人都应有明确的岗位职责培训手册，有专项评估督办、奖罚规定。促销活动期越长，越容易在促销过程中出现某一环节的失控，良好的计划和责任落实可以避免失控的局面。

（8）保证各个环节的衔接和畅通。

在促销活动中各岗位、各工作环节之间应建立必要的管理程序，要通过相应的表单相互衔接，如业务代表回访及工作日报表、促销员工作日报表、促销日报表、促销效果评估表、奖罚单、促销费用支出单等，以避免可能出现的漏洞。

 **相关知识**

卖场 5s 广告

顾客在逛商场时，每分钟可能浏览 100~200 个商品，每种商品的平均关注时间为 5s，因此，在专场做广告有"卖场 5s 广告"之说。作为促销的主题，应能够在短时间内吸引住顾客，否则会影响促销的效果。

3. 促销合作洽谈

在促销活动中，供应商的作用不可忽视。因此，做好与供应商的促销合作洽谈是促销活动的重要内容。

（1）谈判前的充分准备。

① 确定谈判负责人。一般为采购部主管。

② 做好洽谈前的准备。谈判前准备工作充分，会使谈判更具有说服力。应召集有经验的业务人员商讨，对供应商可能提出的要求和异议做出应答方案。

③ 谈判效果预测。主要包括促销期的销量预估、预计销量增长曲线图、预计利润增长曲线图等。

④ 列好谈判提纲。应详细列出谈判所需达到的目的（商品数量、价格优惠、保证供货、人员参与、费用分担和违约责任等）。

（2）掌握谈判技巧。

谈判制胜的关键是要让对方深切感受到此次活动带给他们的利益。在与供应商的谈判中，主要应把握好以下要点：

① 注意控制自身情绪。保持平静理性的状态，避免急于求成、不耐烦和兴奋等。

② 注意职权范围。不做超出自己职权的许诺，不夸大其词。

③ 注意让步方式。事前了解本方可让步的空间，对方提出的要求即使在本方计划之内也不要轻易应允，经过"艰苦"谈判之后的让步才会使对方更有"成就感"。

④ 掌握谈判节奏。谈判若不能达成共识时可暂且搁下稍后再谈,并约好下次会谈的时间和具体内容。

(3) 确认谈判结果。

主要通过签订促销协议来确认谈判结果,促销协议应注明供货时间及价格、进货数量、货款结算方式、促销费用标准、支付方式、分担方式和违约责任等内容。

(4) 告知促销信息。

告知是促销成功的前提,连锁企业必须尽最大努力把自身的各种信息传达给顾客。告知促销消息时要做到以下几点:

① 顾客路过店门口就可以看到醒目的促销信息。
② 店内货架上有促销告知信息。
③ 陈列区、促销区的广告宣传品应尽可能简洁醒目地传达促销内容。
④ 在卖场内非本产品的促销区域,应告知促销信息并指明本产品销售位置。
⑤ 收款台、出入口是促销信息的重点告知区域。

通过以上 5 个告知点的布置,使顾客尽可能多地接触到商品的促销信息。

(5) 促销活动检查。

① 准备工作检查。

A. 准备工作责任到人,规定完成时间、责任人和检查人,促销前确认各项工作到位。

B. 若促销活动的策划和检查不是同一个团队进行,活动前策划方要对检查方以口头、书面、图示、现场演示等方式说明方案内容,同时策划方应派人全程跟踪检查过程,予以辅导。

C. 陈列、上货、广告宣传品布置等工作必须在促销活动开展的前一天晚上做好,避免活动当天才去做,更不要在生意高峰期做,以免引起现场混乱。

② 促销过程检查。

A. 促销第一天,促销负责人和执行人要提前到场,再次确认准备工作到位,整理广告宣传品、陈列及标价等。当天主管要全程跟踪,了解准备不足和方案欠妥之处加以调整改善,并对促销人员进行现场辅导。

B. 检查人员应对促销人员掌握促销目的、政策和推销技巧等情况进行检查,以使促销人员目的明确、政策熟悉、技巧运用得当,更好地实现促销目标。

C. 促销管理(如礼仪、服装、工作纪律、接客方式、需填表单、薪资及奖罚制度)必须到位,主管要不定期巡场,对现场工作人员是否按岗位职责积极认真工作做出评估打分,并通知当事人。

③ 促销结束的检查总结。促销活动结束后,要及时进行检查总结。检查总结的要点包括促销期销量、利润的汇总统计;促销活动总费用和活动总销量的汇报以及费用占比的统计;对促销活动中岗位职责、培训资料、准备工作安排表、谈判技巧等资料进行分析,并作进一步修改完善,为下次促销活动积累经验。

(6) 促销评估。

① 促销评估方法。

A. 促销检查表法。通过填表的方式对企业促销前、促销中和促销后的各项工作情况进行检查对比,见表 9-1。

表 9-1　促销活动检查表

类　　别	检 查 标 准
促销前	（1）促销宣传单、海报、POP（见 9.2.3 节相关内容）是否发放和准备妥当 （2）卖场所有人员是否均知道促销活动即将实施 （3）促销商品是否已经订货或进货 （4）促销商品是否通知计算机部门变价
促销中	（1）促销商品是否齐全、数量是否充足 （2）促销商品是否变价 （3）促销商品陈列是否具有吸引力 （4）促销商品是否张贴 POP 广告
促销后	（1）过期海报、POP、宣传单是否均已拆下 （2）商品是否恢复原价 （3）商品陈列是否调整恢复原状

B．前后比较法。这是指通过促销前、促销中与促销后销售量的对比分析来评价促销业绩的方法，一般会出现十分成功、基本成功、得不偿失和适得其反等几种情况。

C．顾客调查法。连锁企业可组织有关人员对顾客进行抽样调查，了解促销效果。例如，调查有多少顾客记得本企业的促销活动，他们对该活动有何评价，对他们今后的购物场所选择是否会有影响等，从而评估促销效果。

D．观察法。这种方法简便易行，而且十分直观，主要是通过观察顾客对促销活动的反应来评估促销业绩。例如，顾客在限时折价活动中的踊跃程度、优惠券的回报度、参加抽奖竞赛的人数及赠品的偿付情况等。

② 促销效果评估。

A．促销主题配合度。促销主题是否针对整个促销活动的目标，是否抓住了顾客的需求和市场的卖点，促销内容、方式、口号是否富有新意和吸引顾客。

B．促销创意与促销目标的差距。促销创意是否偏离促销目标，是否符合促销的主题和整个内容，是否过于沉闷、正统及缺乏创造力、想象力和吸引力。

C．促销商品选择的正确与否。促销商品能否反映本企业的经营特色，是否选择顾客真正需要的商品，能否给顾客增加实际利益，促销商品的销售额、毛利额是否与预期目标相一致等。

③ 自身运行状况评估。

A．总部运行状况评估。主要包括总部对各分店促销活动的协调、控制及配合程度。

B．配送中心运行状况评估。主要评价配送中心送货是否及时，品种是否齐全和质量是否完好等内容。

C．分店运行状况评估。主要评价分店对总部促销计划和方案的执行情况，是否完成总部布置的促销任务等。

D．促销人员评估。评估项目主要有：促销业绩是否达到规定要求；有无促销的干劲和合作精神；准备和结束工作是否符合规定；是否与顾客保持密切关系并受到顾客的欢迎。

9.2 连锁企业的广告促销

9.2.1 广告的概念与作用

1. 广告的概念

广告宣传是现代企业最常用的促销手段之一，对连锁企业显得更为重要。企业广告宣传是运用各种手段向消费者、厂商企业和各类社会机构提供各种商品、服务与信息，传播企业形象，扩大知名度和提高销售额的一种方法。广告能够有效地引起顾客的注意，引发顾客的兴趣，激起顾客的购买欲望，最终导致顾客的购买行为。广告已经发展为电视、报纸、互联网等多种形式，它伴随着市场经济的发展而不断发展创新，成为企业开展市场营销活动不可缺少的手段之一。

2. 广告的作用

（1）信息的传达。消费者在购买商品之前一般都要了解商品的性能、质量和价格等信息，经过思考判断才会做出购买决定。在现代社会中，商品经营者与消费者之间的信息沟通对于企业的生存与发展起着越来越关键的作用，广告就是向消费者传达这些信息的有效手段。

（2）艺术性的感染。一般来说，广告宣传都有一个艺术性很强的载体。例如，街头的巨型广告，多数采用色彩鲜艳、构图完美的人类生活的场景或商品的图案，再配上各种醒目的宣传文字。电视广告也是采用动感极强的画面配上动听的音乐和有感染力的解说，给观众视听两种信息齐全的、立体的、艺术的感受。艺术性较强的广告可以引起消费者的注意，产生特别的宣传效果。

（3）激发购买需求。从现代市场营销学的角度来看广告宣传，其艺术性仅仅有了吸引人们观看的魅力，但是千万不能忽视它的实用性，以促进销售，增强认同感。如果商品促销广告没有达到扩大销售的目的，就不是好广告。促销性广告本身的价值，就在于向消费者介绍企业、宣传商品、扩大销售。

（4）新消费观念的传播。一般来说，消费是一种目的性很强而且受意识影响的社会行为，它受民族、地域、经济、文化等因素的影响较为深刻，也受到传统观念的制约。有时一定的社会阶层表现出消费观念的趋同性，有时在某些商品的消费上人们却极力表现自己独特的个性，因此，广告不断地向消费者宣传新商品，宣传新的消费观念，可以一定程度上改变人们的传统消费观念，推进社会的文明进步。

9.2.2 广告促销的 5M 决策

实施广告活动，就要考虑广告宣传策划的 5 个关键决策，即 5M：任务（Mission），广告要达到什么目的；资金（Money），要动用多少资金；信息（Message），要向公众传送什么信息；媒体（Media），使用什么媒体；衡量（Measurement），如何对结果做出评价。广告的 5M 决策如图 9.2 所示。

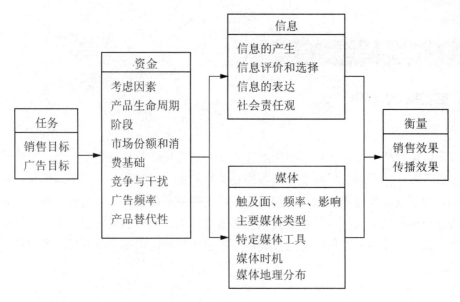

图 9.2　广告的 5M 决策

1. 确定广告目标

连锁企业进行广告促销时必须明确广告目标,也就是广告要达到的目的,这是进行广告促销的前提。广告按其目的可分为通知、说服、提醒和强化 4 种形式。

(1) 通知性广告。通知性广告(Informative Advertising)适用于一种产品的开拓阶段,目的是激发初级需求,发展新的顾客。通知性广告的功能有:向顾客告知店内新增商品;向顾客宣传新产品的用途;提倡一种消费的新时尚、新理念,引导顾客的消费观念;通知店内有关商品的价格变动;具体描述商店所提供的服务;宣传商店的经营特点,树立形象。

(2) 说服性广告。说服性广告(Persuasive Advertising)在竞争阶段十分关键。这时,连锁企业的目的在于建立特定品牌的选择性需求,这是品牌营销的一个重要方面。而有些说服性广告仅属于比较广告的范畴,它通过与这一类产品中的其他一种或者几种品牌的比较来建立某产品的优越性。在使用比较广告时公司应确信它能证明其处于优势的宣传,并且不会遭到其他强势品牌的反击。说服性广告的主要功能有:建立顾客对连锁企业自有品牌的偏好;改变顾客对店内商品的不良印象;使顾客对店内商品的品质放心;说服顾客立即购物;说服顾客接受一次推销访问。

(3) 提醒性广告。提醒性广告(Reminder Advertising)则一般是为了保持市场的份额,维系老顾客。连锁企业如何抓住老顾客的心,使他们保持对连锁企业的忠诚,是十分重要的。如可口可乐公司不但在黄金季节大做广告,而且在平时也保持一定的广告曝光率,以引起注意。提醒性广告的主要功能有:提醒顾客可能在最近出现某些商品;维持顾客对商店的忠诚度。

(4) 强化性广告。强化性广告(Reinforcement Advertising)在于说服现有的购买者相信他们购买这种商品的决定是正确的,如汽车广告应该经常描绘满意的顾客是如何享用自己新汽车的某些特色的。

> **案例阅读**
>
> **你今天休息过了吗?**
>
> 麦当劳最近某个会计年度拨出 300 个总收视率点数的预算,相乘所得是每年 300 亿个印象总数。美国大约有 1 亿户家庭,平均每年每个家庭得到 300 次印象,相当于一天一次。难怪麦当劳有"你今天休息过了吗?"(Have you had your break today?)这样的广告口号,这个连锁巨人其实是在提醒每个电视观众,每天都到麦当劳用餐。这家公司每年在美国为这些小小的提醒付出 5 亿美元。

2. 广告预算决策

广告预算是十分重要的,连锁企业应本着产出大于投入的经济性原则和少花钱多办事的原则对广告资金进行严格而精确的预算。广告预算对于不同发展时期的连锁企业会有所差异,一般来说,处于发展初期的连锁企业,应加大广告宣传来提高知名度,通过建立起品牌优势来赢得顾客,扩大销售额,步入稳步发展的轨道,所以广告预算必须大一点,可以占到企业销售额的较高比例。对于快速发展的连锁企业来说,广告预算应同销售额同比例增长;而对于成熟期的连锁企业来说,品牌优势已建立起来,可以适当削减广告预算,但广告预算必须保持较高的弹性,当竞争优势受到挑战时,应及时进行反击,这时就应大幅提高广告预算,进行强势营销。

3. 广告信息决策

广告信息是指连锁企业通过广告想以什么形式传递什么广告内容,这也决定了广告效果的好坏,所以连锁企业还必须注意广告信息的决策。一般要求这种信息的传递发布集中而明确,而且要能使观众过目不忘。例如,如果某一广告仅声明"销售外套",那么它肯定没有声明"销售男士大号外套"的效果好。如果你再进行更多的限制,声明"销售 Levi's 品牌大号男士外套,原价 300 美元,现价 260 美元",那么它的效果会更好。可见,广告信息决策的有效性远比广告花费更为重要。有一句格言也表达了同样的意思:"除非激发兴奋,否则没有销售"。

4. 媒体决策

(1) 广告媒体的种类。

人们每天都接触到各种媒体传播的广告。据调查,美国消费者每天接触 1 600 条广告信息。广告媒体非常多,归纳起来主要有以下几种类型:

① 印刷媒体。主要包括报纸、杂志、广告画册、宣传品以及刊登广告的挂历、各种书籍等。

② 电子媒体。主要包括广播、电视、电影、计算机网络、手机等。

③ 户外媒体。主要包括广告牌、路牌、霓虹灯、灯箱、橱窗、旗帜等。

④ 交通工具媒体。包括汽车等交通工具的外部和内部。

⑤ 其他媒体。如作为礼品的休闲衫、扇子、提包、气球、模型飞机等。

广告主要媒体特点见表 9-2。

表 9-2　广告主要媒体特点

媒　体	比　例	优　点	局　限　性
报纸	24.1%	灵活、及时，本地市场覆盖面大，能广泛地被接受，可信性强	保存性差，复制质量低，传阅者少
电视	1.7%	综合视觉、听觉和动作，富有感染力，能引起高度注意，触及面广	成本高，干扰多，瞬间即逝，观众选择性少
邮寄	19.3%	接收者有选择，灵活，在同一媒体内没有广告竞争，人情味较重	相对来说成本较高，可能造成滥寄"三等邮件"的印象
广播	6.7%	大众化宣传，地理和人口方面的选择性较强，成本低	只有声音，没有图像，非规范化收费结构，展露瞬息即逝
杂志	6.2%	地理、人口可选性强，可信并有一定的权威性，复制率高，保存期长，传阅者多	有些发行数是无用的，版面无保证
户外广告	0.8%	灵活，广告展露时间长，费用低，竞争少	观众没有选择，缺乏创新
POP 广告	34.2%	刺激性强，见效快	需要其他形式广告配合
网络广告	7%	成本低，感染力强，有听觉、视觉，可下载	受众面较窄
手机广告	7%	成本低，感染力强，有听觉、视觉，可下载，可移动，一对一，受众面较广	规范性差，可信度较差

（2）企业的广告媒体策略。

① 广告媒体的地区分析。对于广告媒体的地区分布，有以下 3 种可供选择的策略：

A．全部投入全国性媒体。

B．全国性媒体与地方性媒体相结合。

C．使用全国各地或某些地区的地方性媒体。

案例阅读

必胜客的广告策略

必胜客从特许经营中征收 4%的广告费，它把 2%的预算用于全国媒体，2%用于地区和当地媒体。某些全国性广告被浪费了，因为必胜客在有些地区的售点比率较低。例如，即使该公司在全国有 30%的特许经营市场份额，但在有些城市可能只有 5%的份额，而在另一些城市为 70%。高市场份额城市的特许经营者希望在他们城市花更多的广告费，但必胜客没有足够的钱用于全国。全国广告是有效的，但对各不同地区不一定都有效。

② 媒体的广告时间。任何企业都不可能全年占用各种媒体进行连续不断的广告，必须有计划地分配媒体的广告时间。一般情况下，其可以选择以下两种策略：

A．连续发布策略。节假日或企业的重大活动的开展时期，可以采用集中广告，在一段时间连续不断地发布广告。

B．周期发布策略。虽然不中断广告，但不同时间广告量的大小有所不同，一般是以低量广告维持，以周期性广告加强效果。

5．广告效果评价

判断广告效果好坏的关键指标有 4 个：到达率、记忆率、喜欢程度、影响购买意愿程度。

（1）到达率。到达率即所有消费者中看到了所投放广告的人群比例。到达率是第一重要的指标，因为看到广告的消费者越多，消费者受到广告的影响而购买产品的人数就可能越多。影响到达率的主要因素是媒体、投放时间、投放频次等。

（2）记忆率。记忆率即在没有任何提示的情况下就能够回忆起某支广告的消费者占所有消费者的比例。广告只有被记住了，才有可能达到最大限度地影响消费者的购买意愿。

（3）喜欢程度。喜欢程度即看过该广告的消费者中表示喜欢这支广告的人群所占的比例与喜欢水平。相关研究表明，喜欢程度越高，消费者购买产品的可能性就越大。

（4）影响购买意愿程度。影响购买意愿程度即广告能够吸引所有消费者中多少人尝试所宣传的产品的比例。影响购买意愿程度又称购买意向，它告诉人们会有多少人看到广告以后去购买宣传的产品。

一般来说，对广告经济效果（销售效果）的评价比较困难，因为除了广告因素外，销售还受许多因素影响，诸如产品特色、质量、价格、竞争者行为等。如果这些因素越少或越能控制，那么广告对于销售量的影响越容易衡量。因此，通过对广告前和广告后的销售额的对比来进行测量评价的方法并不总是正确的，经营者还要对各因素做出分析，综合考虑，再得出结论。

9.2.3 卖点广告策略

卖点（Point of Purchase，POP）广告即店头广告，是指在连锁企业卖场内及店门口制作的广告。在连锁企业的卖场促销中，必须提高商品陈列的视觉效果；但仅仅通过商品陈列是不够的，还应通过POP广告强烈的视觉传达效果，直接刺激顾客的购买欲望，以扩大销售。POP广告的任务是简洁地介绍商品，如商品的特色、价格、用途与价值等。可以把POP广告的功能界定为商品与顾客之间的对话，敞开式销售方式尤其需要POP广告来沟通分店与消费者之间的关系。

 相关知识

POP 广告

凡在商店建筑内外所有能帮助促销的广告物，以及提供有关商品情报、服务、指示、引导等标示，都可以称为 POP 广告。如商场外悬挂着的横幅、标语，以友好的姿态向顾客提供商品信息；引人注目的商品橱窗、色彩鲜艳的广告塔和指示牌将引导顾客进入商店；商店里，那纵横交错的绳子上飘动着一排排具有醒目商标、品名和商品形象的吊旗，那货架上闪烁着柔和光芒的灯箱；等等。

1．POP 广告对分店促销的作用

在卖场促销中，必须提高商品陈列的视觉效果。但仅仅通过陈列来提高是不够的，因为 POP 广告具有强烈的视觉传达效果，可以直接刺激消费者的购买欲望。POP 广告对促销的作用主要体现在以下几点：

（1）传达分店商品信息。传达分店商品信息主要体现在：吸引路人进入分店，告知顾客该分店正在销售什么，告知商品的位置配置，简洁告知商品的特性，告知顾客最新的商品供应信息，告知顾客商品的价格，告知顾客特价商品，刺激顾客的购买欲，烘托分店卖场的气氛，促进商品的销售。

（2）创造分店的购物气氛。随着顾客收入水平的提高，不仅购买行为的随意性增强，而

且需求层次也在不断提升。顾客在购物过程中，不仅要求能购买到称心如意的商品，而且要求购物环境舒适。POP 广告既能为购物现场的顾客提供信息、介绍商品，又能美化环境、营造购物气氛，在满足顾客精神需要、刺激其采取购买行为方面具有重要作用。

（3）促进连锁企业与供应商之间的互惠互利。通过 POP 广告的促销，可以扩大连锁企业及其经营商品的知名度，增强其影响力，从而促进企业与供应商之间的互惠互利。

值得一提的是，要注重知识性 POP 广告的应用。当前，在许多分店中，大部分的 POP 广告都是一些利益性促销广告，如某商品降价、某商品可以抽奖等，而知识性促销广告所见甚少。当今是知识经济时代，知识已经成为经济发展的重要力量，连锁企业应树立起知识营销的新理念，通过知识性 POP 来加强零售店与消费者之间的沟通。

2．POP 广告的种类

POP 广告在实际运用时，可根据不同标准对其进行划分。不同类型的 POP 广告，其功能也各有侧重。

（1）连锁企业常用的 POP 广告。

① 招牌 POP。主要包括店面、布幕、旗子、横（直）幅、电动字幕，其功能是向顾客传达企业的识别标识，连同企业销售活动的信息，并渲染这种活动的气氛。

② 货架 POP。货架 POP 是展示商品广告或立体展示售货，这是一种直接推销商品的广告。

③ 招贴 POP。类似于传递商品信息的海报，招贴 POP 要注意区别主次信息，严格控制信息量，建立视觉上的秩序。

④ 悬挂 POP。主要包括悬挂在卖场中的气球、吊牌、包装空盒和装饰物，其主要功能是创造卖场活泼、热烈的气氛。

⑤ 标志 POP。主要是指商品位置指示牌等，其主要功能是向顾客传达购物方向的流程和位置等信息。

⑥ 包装 POP。主要是指商品的包装，具有促销和宣传企业形象的功能，如附赠品包装、礼品包装和若干小单元的整体包装等。

⑦ 灯箱 POP。连锁企业的灯箱 POP 大多稳定在陈列架的端侧或壁式陈列架的上面，它主要起到指明商品的陈列位置和品牌专卖柜位置的作用。

（2）销售型 POP 广告与装饰型 POP 广告。

销售型 POP 广告是指顾客可以通过其了解商品的有关信息，从而进行购买决策的广告；装饰型 POP 广告是用来提升企业形象，进行卖场气氛烘托的 POP 广告。这两种 POP 广告各自的功能及有关情况见表 9-3。

表 9-3 销售型 POP 广告与装饰型 POP 广告的比较

名　　称	功　　能	种　　类	使 用 期 限
销售型 POP 广告	（1）帮助营业员出售商品 （2）帮助顾客选购商品 （3）增强顾客购买欲望	（1）商品价目卡 （2）拍卖 POP （3）商品展示卡	拍卖期间或特价日，多为短期用
装饰型 POP 广告	制造店内的气氛	（1）形象 POP （2）消费 POP （3）招贴画 （4）悬挂小旗	较为长期性而且有季节性

（3）外置POP广告、店内POP广告与陈列现场POP广告。

外置POP广告是将本连锁分店的存在以及所经销商品告之顾客，并将顾客引入店中；店内POP广告是将分店的商品情况、店内气氛、特价品的种类以及商品的配置场所等经营要素告知消费者；陈列现场POP广告是在商品附近的展示卡、价目卡及分类广告。它们帮助顾客做出相应的购买决策，各自的功能及有关情况见表9-4。

表9-4 外置POP广告、店内POP广告与陈列现场POP广告比较

种　类	具体形式	功　能
外置POP广告	超级市场招牌、旗子、布帘	告诉顾客超市所在的位置及所售商品的种类，通知顾客正在特卖或营造气氛
店内POP广告	卖场引导POP、特价POP、气氛POP、厂商海报、广告板	告诉进店的顾客某种商品的位置，告知正在实施的特价展卖及展卖的内容，制造店内气氛，传达商品情报以及厂商情报
陈列现场POP广告	展示卡、分类广告、价目卡	告诉顾客商品的使用方法、厂商名称等，告知广告品或推荐品的位置、尺寸及价格，告知商品的名称、价格、数量等

3．POP广告使用的检查

及时地检查POP广告在分店的使用情况，对发挥其广告效应有很大的促进作用，其检查要点如下：

（1）POP广告的高度是否适当。
（2）是否依照商品陈列来决定POP广告的尺寸。
（3）广告上是否有商品使用方法的说明。
（4）有没有脏乱和过期的POP广告。
（5）广告中关于商品的内容是否介绍清楚（如品名、价格、期限）。
（6）顾客是否看得清、看得懂POP广告的字体，是否有错别字。
（7）是否由于POP广告过多而使通道视线不明。
（8）POP广告是否有因水湿而引起的卷边或破损。
（9）特价商品POP广告是否强调了与原价的跌幅和销售时限。

9.3　连锁企业的公共关系促销

9.3.1　公共关系的定义与特点

1．公共关系的定义

《大英百科全书》对公共关系的定义为："公共关系是指在传递关于个人、公司、政府机构或其他自制的信息，以改善公众态度的政策和活动。"一般来说，公共关系是企业创造良好形象，提高声誉，增进与社会各界联系和了解的活动。公共关系是促销组合的一个重要方面，其基本手段为沟通信息。由于公共关系具有效果上客观可信性、形式上巧妙灵活性、影响上长期综合性的特点，所以进行公关宣传往往有助于树立良好的企业形象，促进商品销售；建

立良好的信誉，有助于企业赢得大众支持；建立良好的声望，有助于企业开拓发展。公共关系分为企业内部关系和企业外部关系，公共关系只有做到企业内外关系的相辅相成、相互协调、良性发展才能使连锁企业有一个良好的生存和发展环境。

2．公共关系的特点

连锁企业开展的公共关系活动具有对象的广泛性、活动的长期性、工作的主动性、信息表达的间接性以及创新性等特点。

（1）对象的广泛性。公共关系的对象是社会公众，它不但包括企业的现有顾客和潜在顾客，而且包括媒介公众、社区公众、合作者、竞争者等。

（2）活动的长期性。一方面是工作的长期性，企业和社会公众之间的信息沟通是一项经常性的、长期性的工作，不存在一劳永逸的情形；另一方面是目标的长期性，公共关系追求的是长期目标，侧重于长远利益。

（3）工作的主动性。连锁企业需要积极主动地向公众传递企业及其产品的信息，加强和公众的联系，使公众能够充分了解和认识企业，及时化解危机，并树立起良好的企业形象。

（4）信息表达的间接性。连锁企业通过广告等方式传递有关商品信息时，表达的方式大都是直截了当的，而利用公共关系来传递信息时，通常表达得比较含蓄。

（5）创新性。公共关系活动不能拘泥于固有的形式，也不能简单地模仿。只有不断追求创新，才能增强公关活动的效果。

9.3.2 公共关系活动的意义

连锁企业的公共关系活动是向社会传递有关信息，以改善相互之间的关系、塑造良好的企业形象、实现企业目标的活动过程。由于公共关系具有效果的客观可信性、形式上的巧妙灵活性、影响上的长期综合性的特点，所以进行公关宣传往往对连锁企业具有以下几点作用：

（1）树立良好的企业形象，增强企业信誉。

（2）加强企业同内部、外部公众的联系，了解社会各界力量对企业的看法，有助于连锁企业赢得大众支持，提高好感度。

（3）运用各种传播手段影响社会公众的意见，引导消费。

（4）建立良好的声望，取得政府、社会团体的支持与合作，有助于连锁企业发展。

🌐 案例阅读

许昌胖东来的公益营销

许昌胖东来商贸集团公司是一家具有雄厚实力与文化底蕴并且发展迅速的专业百货、超市连锁企业。公司于1995年3月创立，从40多平方米的糖烟酒小店起步，经过多年的艰苦拼搏，已发展成为拥有30多家连锁店，8 000多名高素质的员工队伍，在河南商界具有较高知名度、美誉度的零售商业企业。

胖东来的经营理念是"真心待顾客，诚心对员工，爱心献社会，信心求发展"。在胖东来生活广场，消费者可以免费打市内电话；不管衣服是不是在这儿买的都可以免费修裤边，免费熨衣服；上电梯有人扶，拎的东西多了有人帮忙。胖东来曾提出"不满意15天之内无理由退货"的承诺。为了达到这样的要求，他们拿出所得的1%用于因顾客退货造成的损失，同样，他们还给每个部门每月定期的赔偿金，用于与顾客的口碑沟通。胖东来电器推行了包括质量保障、低价保障、快速送货、安装、免费设计、终生维修、上门维修、

7日快修和周转机器备用等一系列"阳光服务"。比如，承诺12h送货到家，如果晚了几分钟，就会按照公司要求赔偿顾客等待时间的补贴100元，当场兑现。若顾客在退货当中发现员工服务态度不好，刁难顾客不予退货，一经查实，将给予顾客500元的奖励。胖东来没有在常规广告上投入大批资金，而是拿出一部分用于公益营销的推广，赢得了顾客的广泛好评，顾客自发地为其宣传。

对于胖东来来说，公共关系营销是一个简单而有创意的方法，提升了胖东来的公众形象，增加了利润，造福了社会。

（资料来源：根据百度文库、豆丁网等资料整理）

9.3.3 连锁企业的内部公共关系

企业内部的公共关系是企业内部各种社会、经济关系活动的总和。它具有复杂性、利益冲突性、不完全公开性、集团性的特点。企业内部的公共关系主要包括以下内容：

（1）上下级关系。这往往会有直接或间接的领导内容，如普通员工与中层经理、中层经理与高层决策者等，这是一种冲突关系。

（2）平级关系。如普通员工之间、中层领导之间等，这往往是一种竞争关系。

（3）劳资关系。如员工与企业、老板之间的合同关系，这是一种以利益分割为主要内容的雇佣法律关系。

（4）集团关系。如部门与部门之间、分公司与公司之间、人员派别之间就是这种关系，它们也是一种竞争关系。

（5）劳保关系。主要是为了职工的身体健康而存在的各种关系，如劳动保护、工伤、大病医疗、工会互助医疗等。

（6）文化关系。包括员工与企业制度之间的关系、技术创新关系、企业倡导的培训学习关系、企业文化关系、职业道德等。

当然，企业内部公共关系包含的内容很广，并不止这几条，但它们不是孤立存在，而是综合地、交融地缠绕在一起，此起彼伏地发生作用。因此，处理好内部企业关系既有难度，又有一定的艺术性。抓好企业内部关系，对于建立有效团队、稳定职工队伍、缓和劳资矛盾、平息内部纠纷、企业创新发展、展示企业良好风貌、塑造企业优秀文化，都具有重要作用。

9.3.4 连锁企业的外部公共关系

企业外部的公共关系是指企业与企业以外的相关的社会组织和个人之间所发生的一切社会关系的总和。它包括政治和经济的、有形和无形的、有冲突和无冲突的关系。连锁企业实施外部公共关系策略，不仅有利于树立良好的企业形象，而且可以赢得消费者良好的口碑，还可以消除一些可能发生的不利的谣言。连锁企业外部公共关系范围十分广泛，涉及不同的领域。

1. 连锁企业与消费者的关系

（1）牢固树立"消费者第一"的思想。

消费者作为商品的购买者和使用者，构成现实或潜在的市场需求。他们在市场上购买什么、购买多少，直接关系到企业利益和目标的实现程度。特别是随着买方市场的形成和竞争的加剧，消费者日益成为掌握企业命运的主导力量。能否赢得消费者的依赖和支持，直接关系到企业经营的成败。因此，明智的企业无不对消费者关系予以高度重视。

企业牢固树立"消费者第一"的经营宗旨，即把满足消费者需要作为企业的首要目标，置之于各项生产经营活动的中心，使企业的一切行为都以消费者的利益和要求为导向。企业应从产品定价、广告宣传、购物环境、促销方式、售后服务等方面为消费者提供优质产品和全方位服务，使消费者的物质需求和精神需要得到充分满足。如沃尔玛为顾客提供"无条件退货"的保证，所倡导的"天天平价"的经营理念都是根据顾客需求制定的。连锁企业要不断研究顾客的需求，根据市场变化不断调整经营力度和内容。

（2）连锁企业加强与消费者密切联系的措施。

连锁企业除了树立正确的经营宗旨，提供优质的产品与服务外，还需要从多方面采取措施，加强与消费者的密切联系。这些措施具体包括如下内容：

① 向消费者传递有关企业的信息。可以通过口头、文字、视听等多种信息交流方式和传播手段，向消费者报道企业的经营宗旨、经营内容、产品特点、经营能力、销售方式和服务项目等，以便使顾客在全面了解和熟悉的基础上，形成对企业的良好印象，如免费向消费者赠送企业刊物。

② 收集与消费者有关的信息。通过发放问卷、召开用户座谈会、口头询问、电话信函调查等多种渠道和方式，广泛调查和了解不同年龄、性别、职业的消费者的消费观念、方式、需求和偏好，征询其对企业服务质量和服务态度的意见等，从而根据消费者的意见和要求调整企业的经营策略和内容。

③ 切实维护消费者权益。要尊重消费者的合法利益，健全保障消费者利益的规章制度，设立专人或专门机构，及时妥善地处理消费者投诉，采纳消费者好的建议并做出反馈，如很多连锁超市专门设立客户服务部来服务消费者。

④ 加强对消费者的科学分析。随着现代经济的迅速发展和产品更新换代的加快，企业还负有对消费者进行科学分析，发掘其隐性需要，促进其提高消费能力的任务。企业可以通过开展多种形式的消费者教育，向消费者传授有关产品性能、使用方法和维修技术方面的知识，指导消费者掌握提高生活质量、实现科学消费的技能。在开展消费教育的基础上，连锁企业可以将消费者组织起来，培养消费者成为企业的忠实顾客，保持与企业长期稳定的关系。

2．连锁企业与交易伙伴的关系

交易伙伴关系是指企业与在经营活动中发生业务往来的其他企业组织的关系，其根据业务联系性质的不同，可以分为供应商关系、经销商关系、同业关系等。因此，交易伙伴关系是企业面临的最经常也是最大量的外部关系。这类关系的协调与否，直接影响到企业经营活动的顺利进行。对于连锁企业来讲，最具有重要意义的是供应商，连锁企业整个经营活动都是围绕商品转的，没有稳定、便捷、低廉的商品来源，连锁企业将很难发展。

（1）与供应商建立全方位的伙伴关系。首先应树立正确的指导思想，即双赢的方针。供应商与企业之间在经济利益上直接相关，只有坚持互利互惠、共同受益，才能形成长期稳定的合作关系。与供应商建立良好的关系，可以使企业获得充足、稳定的货源，为经营活动的连续性和稳定性提供保障；可以促进物流的大循环，增强企业的经济实力和竞争能力；可以充分发挥供应商的积极性和合作精神，帮助企业提高经济效益。

（2）制定正确的采购策略。正确的采购策略，要明确规定供货方和购货方的责任、权利和义务。无论规模大小，给各供应商以公平待遇；选择信誉可靠、能够提供优质适价货源、确保准时交货的供应商建立交易关系；维持公平、正当的交易程序；重要商品采取多元采购方式，避免独家供应造成供应商对企业的过度支配。

（3）与供应商密切交流和合作。供应商是保证商品质量和低价位的关键。连锁企业和供应商经常在一起协商，采取各种措施来降低供应商的成本，如对包装提出建议，或介绍好的包装商。供应商可以通过自己的计算机系统和连锁企业联网，随时了解它们的商品在任何一家商店的销售情况，就可以及时调整生产，避免产品过剩，有效地控制成本。供应商成本降低，零售商就能以优惠的价格购买商品。

3．连锁企业与政府的关系

政府是具有特殊性质的社会组织，与企业有关的政府主要有政府主管部门及工商、税收、财政、环保、卫生、审计等部门，任何社会组织都存在与政府的关系问题。一方面，政府是国家权力的执行机构，它代表国家运用权力对全社会进行统一管理；另一方面，政府是国家利益和社会总体利益的代表者和实现者，政府行为对社会各个领域和组织的利益都具有不同程度的影响。因此，政府是企业的重要公众，政府关系是企业协调外部关系的重要方面。

（1）政府关系对连锁企业的影响作用。

① 政府运用宏观调控手段对企业的微观经济行为实行间接调节和控制。在市场经济条件下，政府不再直接干预企业的生产经营活动，而主要通过政策法规、税收、信贷、价格、工资等宏观调节手段对企业实行间接调控，依靠工商、税务等职能机构监督企业的经济活动。企业是国民经济的一个单元，在坚持商品经营的独立性及维护商品企业权利的同时，不得违反国家的经济政策、法规和条例。

② 政府对企业经济利益的实现程度和分配具有影响和制约作用。政府作为社会管理者，为保证国家权力机构、军队、学校等非营利性组织有效地发挥功能，以税收形式向企业征收一定比例的收入，从而直接参与企业物质利益的分配。在市场经济条件下，企业创造的物质财富不仅要以货币收入的形式在企业内部分配，而且要作为国民收入在物质生产产业和非物质生产产业以及其他非营利性社会组织之间进行再分配。企业有责任遵守国家的税收政策，按照规定的税种、税率依法纳税。

③ 政府对企业的生产经营活动具有信息导向功能。在一定意义上，信息掌握的充足、确凿程度决定着企业经营的成败。政府提供的信息以其全局性、权威性和可靠性而对企业具有重要参考价值，成为企业制定经营决策的主要依据。而企业囿于自身地位、能力的局限，难以全面、系统地收集、整理各类信息，并及时向企业外发布。因此，政府和各部门编发的各种文件、简报、通报、内部刊物、参考资料等，也构成了企业重要的信息来源。

④ 政府是企业重要的资金来源和客户。采用财政拨款、低息贷款、提供基金等方式支援重点建设，扶持弱小行业和产业，是各国政府行使管理职能的惯常做法。因而，政府成为企业获取资金和订单的一个重要来源。能够争取到政府提供的资金支持和大笔订单，对企业获得优越的资金使用条件和稳定的产品销路，无疑是十分有利的。连锁企业应积极寻求政府政策、税收等方面的支持，积极发展形成规模优势，争做行业的龙头老大。

（2）连锁企业协调与政府关系的措施。

由于政府对企业有着多方面的行为和利益的影响，所以企业必须正确对待和努力协调与政府的关系。

① 及时了解和熟悉政府颁布的各项政策法令。收集汇编各级政府和部门下达的各种文

件、条例，并随时研究政府政策法令的变动，准确掌握政府的大政方针和宏观意图，以便正确接受国家对企业的宏观指导。

② 熟悉政府机关的机构设置和职能分工，弄清与本企业联系密切的职能部门的工作范围和办事程序，并与有关工作人员保持经常联系，以便提高办事效率。

③ 主动向政府有关部门通报企业经营情况，提供有关信息资料，争取政府部门的了解与沟通，为政府制定有利于企业发展的政策和法令提供依据。

④ 自觉遵守政府的各项法规条令，用法规、法纪规范企业的生产经营活动，主动协调和正确处理企业与国家的利益关系，维护和服从国家的整体利益。

⑤ 邀请政府官员到企业参观访问，或出席企业庆典仪式、成果展览、新闻发布会等，利用各种渠道和形式加强政府与企业的联系，增进政府对企业的了解和支持。

⑥ 主动协助政府解决一些社会问题，如出资赞助社会公益事业，提供就业机会，进行就业培训和在职培训，积极参加各种公益活动，自觉保护生态环境等，以获得政府的信任。

4. 连锁企业与新闻媒介的关系

与新闻媒介的关系是指企业与掌握和运用各种新闻传播媒介的社会组织机构、人员的关系，包括与报纸、杂志、广播、电视等媒介实体，编辑记者等新闻从业人员的关系。

(1) 新闻媒介对连锁企业生存发展的影响。

新闻媒介是企业的重要公众，它们虽然不直接与企业发生利益关系，但由于具有传播信息、影响舆论、沟通联系等功能，在现代社会中居于"无冕之王"的特殊地位，所以对企业的生存与发展有着重要影响。这种影响主要表现在以下几个方面：

① 新闻媒介是塑造企业形象的主要力量。企业的形象战略很大程度上依赖于新闻媒介的力量。新闻媒介通过大量收集、整理和集中发送信息，能在企业和公众之间架起沟通的桥梁，引导公众对企业的评价，影响企业在公众心目中的地位。因此，新闻媒介不仅是权威性的舆论机构，而且对社会舆论具有强有力的影响和支配作用。

② 新闻媒介能够密切企业与社会各界公众的广泛联系。新闻媒介尤其是报纸、广播、电视等主要媒体，拥有数量极为庞大的公众群，与公众的联系广泛而密切。企业应积极借助新闻媒体的力量，与公众进行更为广泛的沟通，扩大社会影响，获得社会支持。

③ 新闻媒介可以大大加快企业与公众之间的信息交流。连锁企业要想在社会公众中塑造良好的形象，密切和扩大与公众的联系，加强与公众的信息交流与沟通，必须充分重视并借助新闻媒体的力量。而新闻媒介采用现代传播工具，反应敏捷、传播迅速，可以大大加快信息传递的速度，促进企业与公众之间的信息交流。为此，有必要协调好与各种媒体组织及新闻人员的关系。我国与连锁有关的杂志有《连锁》《零售世界》《商界》《连锁与特许》《现代商业》等。

(2) 连锁企业协调与新闻媒介的关系应当注意的事项。

① 尊重新闻媒介的基本权利，与新闻界人士建立依赖关系。新闻媒介具有独立的工作原则和权利，如坚持信息报道的客观性、社会性和新闻性，有权对事件进行分析和评价，对任何机构提供的消息、新闻稿件有权进行删改，以适合自己的报道方针、编辑意图和版面安排等。企业应将新闻界人士视为企业的朋友和支持力量，在相互信任的基础上建立起友好合作关系。

② 及时向新闻媒介提供各种真实准确的信息。可以采用定期向新闻机构寄发各类资料

和新闻稿件、举办记者招待会或新闻发布会、邀请记者参加企业庆典仪式等多种方式提供信息。帮助它们随时了解企业的发展动态及重大事项，使具有新闻价值的信息及时得到报道。

③ 保持与新闻界的密切联系。企业应热诚接待新闻界人士的来访，积极为记者安排与领导人或有关专家的会见，积极参与媒体组织的活动，利用连锁企业的规模优势为媒体提供方便的服务。

5．连锁企业与社区的关系

有不少连锁店都设在社区里，与社区的关系特别紧密，社区中的居民是连锁店的主要顾客。同时，作为社区一分子，连锁店必须纳入社区管理体系中。因此，连锁企业应积极参加所在社区的各种有益的活动，为社区的建设出谋划策。例如，北京麦当劳连锁店的长安餐厅就设立了"麦当劳奖学金"，用来资助附近的学生。

9.4 连锁企业的推广促销

9.4.1 营业推广的作用

在市场营销学里，促销策略包括 4 个部分内容，即人员直销、广告、营业推广和公共关系，这是广义的促销。而在现实生活和企业运营中，人们俗称的"促销"就是营业推广，或称狭义促销、小促销。营业推广是指企业向消费者传递商品信息和企业信息，刺激和诱导消费者购买的过程。促销的根本目的是聚集人气、吸引客户、提高销售额。根据调查，消费者进入商店计划性购买仅占 30%～70%，而冲动性购买则占到 60%～70%。商业企业只有通过开展各种营业推广活动，才能提高销售额和效益。

9.4.2 营业推广的方案

1．明确营业推广活动的目的

（1）树立企业形象，参与市场竞争。连锁企业应发挥自身多分店的规模经营优势，制定统一的促销方案，通过大型促销活动和企业形象宣传，提高企业的知名度，加深企业在消费者心目中的印象，增强消费者对企业的认同感。

（2）刺激消费，增加销售额。在企业的正常销售阶段，通过采取一项或几项促销手段，刺激和扩大消费需求，以提高销售额。

（3）优化商品结构。将滞销的商品推销出去，以调整库存结构，加速资金流转。

（4）推广新商品。联合生产厂家共同参与活动可以直接向消费者推广新的商品。大力宣传消费新观念、新时尚、新生活方式以及与之对应的新商品，这样可缩短消费者接受某种生活观念的时间。同时在这个过程中，不仅普及了新产品，而且也使商家获得了利润。

2．确定推广规模、预算推广费用

开展各种促销活动，费用的大小与促销规模成正比。这些必要的费用支出的大部分是用来进行销售刺激的，如折扣、赠物、降价等。由于这些费用支出要从销售额中得到补偿，所以推广活动方案的制定必须要考虑企业的实际承受能力。

3. 确定推广活动受益者的范围

推广活动可以针对任何一个进店购物的顾客,也可以是经过选择的参加购物的一部分人。比如,如果是让利销售,连锁店在全面降价时就是针对一切来店内购物的顾客;如果采用规模购买让利活动,顾客购买商品就必须达到规定的消费额后才能享受让利;如果组织小范围的特殊活动,那就只有参加活动的人才能受益。总之,不管采取哪种方法,在推广方案之中都要规定得明确而且具体。同时,在宣传中要有醒目的提示,使顾客了解推广活动的内容。

4. 营业推广前期准备工作

每一次推广活动,不论其规模大小,时间长短,都必须提前做好各项准备工作。前期准备工作的主要内容有:方案的策划与制定;商品标价签的修改;文字宣传品的准备、印刷与分发;广告的设计、制作与安置;营业场所人员的调配和工作安排;商品库存数量的落实以及销售额的预测。

5. 营业推广活动时间的设定

(1)推广活动的持续时间。

① 长期推广活动。一般为持续一个月以上的推广活动,其目的是为了建立企业的差异优势,增强顾客对卖场的认同感,以确保顾客长期购买,如大型百货商场的"太阳节"营业推广活动。

② 短期推广活动。短期推广活动通常为 3~7 天,其目的是希望在有限的时间内,通过特定的主题活动,来提高顾客数量和销售数量,以达到预期的营业目标。推广活动通常安排在节假日,起止日期时间与节假日基本同步,可提前几天开始,如世纪联华的换购活动。

(2)营业推广活动的季节。

① 季节。推广活动应根据季节的不同来选择促销品种。比如,暖季应以清凉性商品为重点,同时要考虑季节性的色调配合。

② 月份。商品销售有淡季、旺季之分。在淡季做好推广活动是非常重要的。为使淡季不淡,商业企业应该有创新的推广点子,而不能一味依靠特价来吸引顾客,应力求激发消费者的需求动机。

③ 日期。一般而言,由于发薪、购买习惯等因素,顾客在月初的购买力比月底强,而周末、节日的购买力又比平日强,所以推广活动的实施应与日期配合。

6. 推广活动总结

每一次推广活动结束后都要从整体到局部对整个活动展开总结,为下一次成功举办促销活动积累经验。

9.4.3 营业推广的方式

连锁企业在实际经营过程中,为了争取到更多的顾客、增加销售额和提升企业的竞争力,可以采用多种营业推广方式。

1. 会员推广方式

企业会员制推广的一般做法是:由到某一场所消费或享受某一产品、某一服务的人们组成一个俱乐部形式的集合,加入俱乐部的条件是交一笔小数额的会费,成为会员后便可在一定时期内享受折扣、抽奖、积分等优惠及其他优先服务。一般以会员卡作为会员资格的凭证,如沃尔玛、麦德龙、华联等都采用过会员制。会员制可为顾客带来低价优惠、积分、享受优质全面服务及其他特殊服务、副卡作为礼品赠送友人等利益。

会员制为企业带来的利益有:一是以一定约束力的方式建立长期稳定的顾客来源;二是培养连锁企业消费的忠实顾客群;三是能给企业带来可观的会费收入;四是会员的变动情况可为连锁企业提供有关消费者的信息情报,有利于进行消费分析。此外,连锁企业还可以发放"会员介绍卡",利用会员将企业介绍给新的顾客。

2. 活动策划推广方式

活动策划是一种重要的推广手段。很多设计新颖的活动能吸引大批顾客,从而给企业带来更大的经济效益和社会效益。企业活动主要有以下几种类型:

(1)演出类活动。企业通过邀请著名的歌星、影星、艺术团或乐队来演出,吸引这些相关的崇拜者和顾客前来观看和消费。如某连锁饭店策划的"武侠类"表演,以江湖、武侠作为表演主题,另外还设计了很多顾客参与的活动,吸引了顾客,从而增加了收益。

(2)节日类活动。节日是连锁企业开展活动策划推广的好机会,节日活动要以节日为背景,突出节日气氛。企业既可举办中国传统节日活动,如以春节、中秋节等为主题的推广活动,同时也可举办外国节日活动,如以万圣节、圣诞节等为主题的推广活动。此类活动关键在于企业要搞出有创意的精彩节目,从而吸引顾客给企业增加收益。

3. 奖励推广方式

连锁企业的有奖推广是企业根据自身的经营状况、产品及服务特征、顾客的情况,通过给予奖励来刺激顾客的消费欲望,从而增加经营效益的一种促销手段。有奖销售主要有刺激顾客需求、便于控制推广费用、树立和强化品牌形象、提升销售量等作用,是一种比较灵活的推广方式。奖励推广方式一般分为消费奖励和竞赛奖励两种。

(1)消费抽奖推广方式。

① 填写式抽奖。顾客可从各种渠道获得抽奖活动的参加表,将相关所需信息填好后,寄给组织者,然后在预定的时间和地点通过随机抽取的方式,从全部参加者中抽出获奖者,这种方式是抽奖中最普通的一种方式。

② 消费获奖方式。凡是超过一定消费额度的顾客,均有获奖机会。连锁企业可根据顾客的消费额度发放抽奖券,然后在某一固定时间,经由媒体告知或直接通知获奖的顾客到企业领取相应奖品。

③ 积点优待形式。顾客消费后可获得消费凭证,当顾客积攒到一定数量的消费凭证或达到某种要求时即可获奖。这种推广方式可以培养长期顾客,增加企业的营业额。积点优待通常是为了积极地与竞争对手抗衡,因此,对于有较多竞争者的企业和产品是一种有效的竞争手段。它主要适用于 4 种情况:一是当品牌间无明显差异,而令顾客难以选择时;二是当主要媒体广告费用太高时;三是当想让销售突破季节限制时;四是当为了配合其他广告形式时。

(2)企业竞赛推广形式。

这是企业组织的各种特定的比赛,并通过奖品来吸引顾客,从而带动营业额提升的一种推广方式。它的主要形式有 4 种:一是在经营场所或通过媒介开展各类游戏活动,让顾客参加；二是让消费者回答问题；三是征求企业的宣传词和标志；四是针对商品开展竞赛，促进顾客对产品的认识、了解及使用。

4. 折价推广方式

折价推广是指直接采用降价或折价的方式招徕顾客。折价推广的实质是把企业应得的一部分利润让渡给消费者，在购买旺季、换季应用较多。这种方式规则简单，易于操作，所以应用较为广泛。折价推广方式具体有以下5种形式：

（1）企业限时折扣推广。由于顾客有工作和休息的时间等多方面原因，所以连锁企业的销售往往存在着高、低峰时段。因此，为了刺激低峰时段的消费，连锁企业可提出在特定的时段进行价格折让的推广方式，如限定上午 8:00~10:30 实行购物打折优惠等。

还有就是限期价格折扣，就是在一定期限内进行价格折扣，过期恢复原价的一种推广方式。如"五一"节期间、连锁店开业期间、店庆期间、"十一"黄金周期间，可以进行折价销售，节日过后恢复原价，这利用的是薄利多销的原理。季节性折扣、反季节折扣都是此理。

（2）批量作价折扣。批量作价折扣即消费者整箱、整包、整桶或较大批量购买商品时，给予价格上的优惠。这种方法一般用在周转频率较高的食品和日常生活用品上，可以增加顾客一次性购买商品的数量。

（3）设置特价区。设置特价区即把店内某个区域或一个陈列柜设定为特价区，销售特价商品。特价商品多是应季大量销售的商品，或是过多存货而快到保质期的商品，或是外包装有所损伤的商品。但这里有一点需要注意，就是不能鱼目混珠，把一些变质损坏的商品卖给消费者；否则，会引起消费者的反感。

（4）优待券推广。顾客凭连锁企业提供的优待券消费时可享受到一定的折扣优惠，比如消费原价 100 元，凭优待券只需付 80 元即可（即打 8 折）。企业的优待券通常印刷在平面媒体广告或店内的小传单、POP 广告上。优待券可以与抽奖、赠送等活动相结合，也可以作为与其他企业进行联合推广的一种方式。优待券使用的目的在于，可吸引顾客对产品的注意，刺激顾客产生购买欲望，扩大产品销量。它主要适用于：产品出现滞销时；产品的市场占有率下降时；新产品宣传推广时；抵制竞争品牌时；为提高本产品和本企业顾客品牌忠诚度时。

（5）累积价格折扣。累积价格折扣即消费者累积消费到一定数额后，连锁企业根据优惠价格的标准，给予该消费者以后消费时一定比例的价格折扣，如火锅店、中式餐饮店多用此种方法。

5. 赠送推广方式

一种新产品市场知名度不高时，为了打开销路，"免费赠送"是通常手法。"先尝后买，方知好歹"，这是一句古老的生意经和广告术语。这是一种意在传名的方法，后人称之为"活广告"。这种"活广告"至今仍被广泛运用，并从食品类延伸到机器设备等产品。免费赠送适用于以下场合：一是吸引顾客从其他品牌企业到本连锁企业消费；二是在本企业一次消费达到一定标准数量时；三是在销售淡季为了维持市场份额时；四是促使顾客试用新产品，为扩大影响时；五是连锁企业庆典时，为扩大影响时。

（1）免费样品赠送、品尝。免费样品赠送就是将产品直接送到顾客手中的一种推广方式。免费样品品尝即是在店堂里设专人对进店的消费者免费赠送某一种或几种商品，让消费者现场品尝、使用，如一些连锁店里的免费品尝饺子、汤圆等活动。这种推广方式主要是当一种新产品或新开发、改良的产品推向市场时,为了鼓励顾客试用,迅速地向顾客介绍和推广产品,争取消费者的认同,提高产品的知名度和美誉度而使用的推广方式。

(2)免费礼品赠送。免费礼品赠送即设计一些带有连锁企业形象标识的小礼品,比如佩戴饰物、卡通玩具等。在新店开业或消费者购买一定数量的商品时免费赠送,这样相当于做了一次广告。消费者在商店中购买商品后,附赠精美的包装,也属这一类。连锁店为了加大促销力度,有时也会赠送价值较高的商品,如购买冰箱送微波炉。

6. 展销推广方式

展销即邀请多家同类商品厂家,在所属分店内,共同举办商品展销会,形成一定的声势和规模,让消费者有更多的选择机会。也可以组织与自己品牌关联的商品展销,如进行多种节日菜肴配套销售等。这种活动通过各商家的竞争,可促进商品的销售。

9.5 连锁经营与企业形象

9.5.1 企业形象战略对连锁经营的重要性

随着产品日益丰富,各种商品和劳务在品质上已不再具有很大差别,消费者在选择具有相同条件的商品时,很重要的一条评判标准,便是对这种商品品牌或生产者及经营者的评价,即企业形象。

企业形象是指社会公众或消费者按照一定的标准和要求,对某个企业经过主观努力所形成和表现出来的形象特征所形成的整体看法和最终印象,并转化而成的基本信念和综合评价。换句话说,企业形象就是该企业的关系者对本企业的整体感觉、印象和认知。当前,企业形象已成为连锁企业在市场角逐中取胜的无形力量,塑造良好的企业形象已成为连锁企业无形资产保值、增值的重要手段。

9.5.2 连锁企业的 CI 战略实施

1. 连锁企业形象战略的含义

一般来讲,连锁企业的形象战略就是人们常说的企业识别(Corporate Identify,CI)战略。连锁企业的 CI 战略旨在塑造企业的良好形象,将企业理念和企业文化,通过所谓的企业识别系统(Corporate Identify System,CIS)凸显出来,以便消费者一眼就能将其从众多的商家中识别出来,进而购买该企业的商品或劳务。

2. CIS 在连锁企业中的功能

CIS 作为现代连锁企业用来设计和塑造企业形象的有力手段,其主要功能是通过传播媒介使企业本身和外界所共同承认的"存在意义"和其应有的态度做整体性的传达,以获得社会公众的认同,从而树立良好的企业形象,最终目的则是为企业带来更好的经营效果。其具体功能有以下几个方面:

(1)管理功能。在开发和导入 CIS 的进程中,最终企业应当制定 CIS 推进手册,让企业全体职工共同遵守执行,这样才能保证企业识别的统一性和权威性。通过总结和提升企业的历史、信仰、所有权、技术、人员责任和战略规划,从而增强企业的实力,提高企业的经济效益和社会效益。

（2）识别功能。CIS 的开发和导入，能够促使企业与其他同类企业区别开来。在各零售企业的商品品质、性能、外观、促销手段都已趋雷同的趋势下，唯有导入 CIS，树立起特有的、良好的企业形象，才能提高企业产品的非品质的竞争力，才能在市场中脱颖而出、独树一帜，取得领先的市场地位；同时，也有利于在消费者心目中取得认可，建立起品牌的偏好和信心。

（3）协调功能。良好的 CIS，可以加强连锁企业各部门的归属感和向心力，齐心协力为企业的美好未来效力。也就是说，它可以将地域分散、独立经营的分支业务机构组织统合在一起，形成实力强大的竞争群体，发挥群体效应。同时，CIS 规范统一的设计与制作，如统一的造型、色彩，应用于连锁企业的各个连锁店，可以节省各店另行设计与制作的费用，并且由于各连锁店都采用相同的材料与施工工程，所以可有效降低连锁企业的经营成本。同样，各连锁店标准化的广告宣传、教育培训等其他共同行为，也会令连锁企业的经营成本大大降低。

（4）应变功能。在当今瞬息万变的市场环境中，作为一个企业要随机应变。连锁企业导入 CIS，能够使企业具有足够的应变能力。"无论任何时代，企业的走向一定跟随消费者的脚步"，随着消费者市场日趋成熟，人们已经逐步从物质享受的阶段过渡到以满足精神需求为主的今天，他们希望通过消费过程获得良好的服务与尊重。因此，连锁企业的 CI 战略实施的重要内容还包括传递未来的消费需求。

（5）传播功能。在 CIS 的运作过程中，统一性与系统性的视觉要素计划，可加强信息传播的频率和强度，产生倍增的传播效果。通过一系列统一化、整体化、全方位的理念识别、行为识别、视觉识别的反复运用，不断强化社会公众对企业的印象，提高企业的市场占有率。

（6）文化教育功能。连锁企业导入 CIS，应当最大限度地发挥其文化功能，使企业处在一种最佳的生存环境之中：一是增强文化整合功能，增强企业的整体性、统一性和凝聚力，使企业运转有序、协调统一；二是文化导入功能，CI 战略通过它的理念识别，导入更加成熟的经营理念，经由经营信条、精神标语、座右铭、企业性格、经营策略等传达出去，着重塑造企业员工的理念意识。这样，员工就能明确意识到自己是这个集体中的一员，在心理上会形成一种对群体的认同感和归属感，员工间形成密不可分的关系，强化了企业的存在价值。

总之，对于连锁企业来说，CIS 是全新的、全方位的公共关系战略，是现代连锁企业与公众沟通的最有效手段。它能使企业树立良好的形象，从而让公众自然感受到企业个性的独特魅力。它已经成为企业经营发展的必备工具和市场竞争的先锋，更是今日提升形象的最佳途径。

3．CIS 的构成及本质

CIS 作为一个战略体系，由三大识别系统构成：理念识别系统（Mind Identify System，MIS）、行为识别系统（Behavior Identify System，BIS）、视觉识别系统（Visual Identify System，VIS）。

（1）MIS 是企业的经营理念，是 CI 战略运作的原动力和实施基础，也是 CI 的灵魂，被称为企业识别系统的"心"。

（2）BIS 是企业经营理念的动态化体现，它通过动态的活动或训练形式建立企业形象，规划企业内部的组织、管理、教育以及对社会的一切活动。它被称为企业识别系统的"手"，包括企业内部行为和企业对外行为。

（3）VIS 是企业形象的静态表现，也是具体化、视觉化的传达形式，经由组织化的视觉方案，传达企业经营的信息。它与社会公众联系最为密切，影响面也最广，故而它被称为企业识别系统的"脸"。

由此可以看出，理念识别是最高决策层次，也是 CIS 的基本精神所在。CIS 的内涵是由内而外的总体表现，只有具备了内在明确的经营理念，行为意识才能得以表现，也才能完整而一致地塑造企业的形象诉求。只有 MIS、BIS、VIS 三者高度统一，在相互关联中协调运作，才能在消费者心目中树立一个良好的企业形象。

综上所述，CIS 的本质就是运用企业的经营理念，在整体视觉设计与内外行为意识上加以发挥，建立企业文化，并使消费大众认同的企业管理。

4．连锁企业 CIS 战略实施

CIS 对于连锁企业来说，应用范围相当广泛，但如果在整体上的 CIS 应用不足，则不容易引起消费者的连锁反应。CIS 各子系统包含要素如图 9.3 所示。

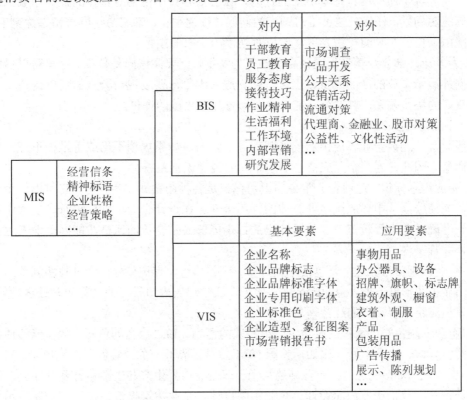

图 9.3　企业识别系统各子系统包含要素

连锁企业 CIS 战略的实施一般包括以下步骤。

（1）理念识别系统的应用。

连锁企业由多个连锁店组成，不论各店是直营还是加盟，理念意识的整合是非常重要的。有了企业成员共同的、明确的理念，才能凝聚整体行为，才能塑造企业整体形象。因此，在开发连锁企业的理念识别系统时应注意以下几点：

① 要培育具有企业个性的企业精神。

② 确立具有特性的经营理念。
③ 设计具有感召力的形象口号。

经过这样的开发后,连锁企业就可以主动积极地将企业理念传达给社会大众。同时,为了活跃各连锁店气氛,还可以通过具体的文字说明、图形、歌曲、征文等活动,使大众融入其中。

(2) 行为识别系统的应用。

连锁企业的行为识别是以企业理念为核心,渗透在企业内部的组织、教育、管理、制度、行为等,并包括支持社会的公益事业、各项赞助活动、公共关系专题活动等动态识别形式。连锁企业在应用行为识别系统时,应注意以下几点:

① 要实行科学的管理,将企业的各项工作标准化、专门化和简单化。明确划分各个工作岗位,将各岗位考核与员工的激励挂钩,促使其完成工作任务。此外,如果连锁企业能将这种程序化的控制与员工的自我管理结合起来,效果会更好。

② 作为连锁企业,为了达到行为的规范化,还需要在企业内部制定严格的管理规范和工作规范。通过各个连锁店、每个员工的行为,在公众心目中留下对企业的良好印象。比如,在连锁店的卖场里,任何一位员工对顾客的问候、行为举止,都容易给顾客留下深刻的印象,所以不能由于自己一时的行为表现,造成对连锁店形象的损害。

③ 为了让外部公众感受到连锁企业的行为特征,就要注重向外传播。这里可以借助各种媒体,向外展示企业的产品质量、工作态度、服务水平,要重视与公众的情感沟通,要与公众建立良好的协作关系,以便公众能对企业形象形成正确的评价。

(3) 视觉识别系统的应用。

一般而言,连锁企业各连锁店的外观都是一致的,如果规划不当或者维护不好,容易引起不良印象。因此,连锁企业应恰当运用企业的视觉识别系统。

① 企业识别标识。连锁企业常见的识别标识是各种图案和文字符号,它可以使企业形象明确化,能使公众从中体验到企业整体的鲜明个性。在设计企业识别标识时,要考虑到标识的独特、准确、艺术等特点,要使设计出的标识能够显示企业的风格,能准确地表达企业形象定位,并且美观。

② 企业识别口号。这主要包括厂风口号、广告口号、宣传口号。通过独特创意的企业口号,可凸显企业形象,扩大企业知名度。比如,沃尔玛店内口号"谁是第一?顾客!"展示了沃尔玛重视满足顾客需求的经营理念。

③ 企业识别色彩。色彩是人类生活中特殊的语言,通过恰当的色彩运用,能够使企业形象更加鲜明具体、生动丰富。比如,美国 IBM 公司塑造了一个"蓝色巨人"形象。

④ 企业识别环境。这是指企业环境形象,即企业内外生产和生活条件及其在公众心目中的总体评价。它包括企业门面设计、企业招牌设计、企业建筑物造型设计、企业展示场地设计、企业象征物设计、企业环境美化设计、企业空间布局等。因此,各连锁店海报的张贴、陈列布置、角落美化等,都要独特而美观。

⑤ 企业识别音乐。连锁企业在应用识别音乐时,应尽量考虑优美的节奏和旋律,通过传播媒介传递给公众,使公众通过音乐熟悉企业,增进好感。

9.5.3 连锁企业的 CI 管理

连锁企业 CI 战略的实施是一个长期的动态管理过程。CIS 需要协调,CI 的运行需要控制,CI 的传播需要策划。

1. CI 控制

连锁企业的 CIS 是一个统一的系统，其识别作用源于个性化的统一。其中，个性化在 CI 导入计划中确立、统一化需要长期的营造。实施 CI 控制管理，可以确保在企业人员流动、设备更新、产品换代等要素发生变化的情况下，保持 CIS 的相对稳定。

2. CI 检讨

CI 检讨分两个层面：一是对 CI 实施情况的检查、检验、修正；二是对 CI 实施效果的补充、内容的改进。通过问卷调查等方式调查企业认知度、广告接触度、企业形象评价率，或编制分析表对企业形象综合要素进行打分，并与企业导入 CI 前的数据进行比较分析，可以分析判断出导入 CI 的效果。透过 CI 效果评估，可以检验企业 CI 推广成果，检讨 CI 计划执行情况，在此基础上做出调整或加强的决策。

3. CI 教育

随着时间的推移，连锁企业的员工会对所实施的 CI 逐渐淡漠，新的员工和客户又会对它感到陌生。因此，要通过 CI 教育，使企业的理念在员工头脑里不断扎根，促使企业员工行为统一，激发员工的使命感，巩固 CI 成果，将 CI 作为一种企业经营文化沉淀下来。

4. CI 传播

CI 的形象来自有计划的、较大规模的、持久有效的传播。CI 传播管理就是企业的 CIS 对内、对外进行有组织、有计划的传播宣传，包括信息传播、广告、新闻宣传、公关活动、促销活动等的 CIS 统筹，以提高传播的力度和效果。

5. CI 更新

随着连锁企业内外环境发生变化，需要对 CIS 做出必要的调整和改进，使 CIS 与企业发展战略规划契合，生命力更为强大。一般 5 年左右为一个周期，一个周期过去，CIS 需要进入更新期。

连锁企业实施 CI 战略的原则是基本不变的，但各企业在实施过程中，可视企业的具体情况，采用不同的 CI 展示方法和技巧。

本 章 小 结

连锁促销是连锁经营管理的重要内容，对连锁企业的形象和经营业绩有着重大意义。连锁促销要有计划、有目的地进行。连锁企业促销策略是根据促销目标的要求，对各种促销方式、促销手段的灵活运用和有机组合。不同的促销策略有着不同的特点和适用范围，连锁企业应有针对性地选用或合理地组合，以实现促销目标。

连锁企业的广告促销是运用广告手段向消费者、厂商企业和各类社会机构提供各种商品、服务与信息，以此来传播企业形象、扩大知名度和提高销售额的一种方法。而公关宣传能为连锁企业树立良好的企业形象，促进商品的销售；建立良好的信誉，有助于连锁企业赢得大众支持；建立良好的声望，有助于连锁企业开拓发展。

案例思考：物美组合条件促销创新

2008年下半年以来，面对金融危机的影响，各商家加大了降价促销的力度，此起彼伏的降价促销，使各商家陷入打价格战的怪圈，零售商和供应商为了频繁降价，付出了巨大的成本和代价。为了增加促销活动的内容，有些商家经常在促销时穿插一些诸如捆绑买赠、抽奖、换购、返券……但这些活动需要在服务台人工进行，由于人工登记等作业过于烦琐，缺少与顾客的互动，而顾客往往也需要单独排队等候参加，导致顾客参与热情大打折扣，商家即使有良好的创意，也很难达到预期的效果。

在这种形势下，物美公司从"顾客至上"的理念出发，在实施ERP信息化工程的过程中，注重信息技术对营销的支持，结合新POS系统上线，开发出一套支持新营销模式的模块，实现了在收银终端完成丰富多彩的组合条件促销。

2008年年初，物美公司在ERP系统上线后，通过对系统功能的深入研究，再结合物美以及零售行业的操作经验，把业务模块和系统功能有机结合起来，通过较复杂的系统技术研究，开发出适合物美经营部门和分店促销需求的15种组合条件促销方式。这些组合条件促销都能直接在收银台POS机上实现。其中，经常使用的7种促销类型见表9-5。

表9-5 物美公司常见的促销类型

促 销 类 型	促 销 描 述
品类满就减	购买指定MC满××元就减××元（固定金额折扣）
整单减额	整单满××元（任意商品），享受××元折扣
整单换购	购物满××元（任意商品），加××元换购原价××元商品
加××元多一件	第1件10元，第2件以××元购买
第2件5折	第1件原价，第2件5折
××元3件	××元任选3件
会员红利	扣减N点积分，可免费获得A商品，或以特定低价购买A商品

在POS机中设定一个相对合理的客单价作为促销的条件，让顾客感到放弃享受促销就是对自己"既有资格"的浪费。同时将换购活动放在收银台进行，顾客购买的商品在收银台扫描时，达到特定金额，POS机屏幕直接显示该顾客已经取得换购资格，收银员现场询问顾客是否需要进行换购活动。顾客需要在极短的时间内现场做出决定，而人的直觉一般不会放弃"既得利益"，大多数顾客都会现场决定购买。由于加钱换购还是在收银台进行，不必再经过额外的排队环节，节约了顾客的时间，顾客参与意愿相对较高；对于超市来讲，也没必要安排单独的人力，完全靠顾客自助进行活动，也节约了成本。

系统支持的组合条件促销，突破了以往降价促销的死板方式，能够直接与顾客互动。顾客从购物中不但得到了实惠，而且享受了购物乐趣，所以顾客参与热情高涨，得到了良好的促销效果。组合条件促销活动在物美的各家分店氛围都很热烈，顾客参与率非常高，甚至有许多顾客为了参加活动而特意增加购物金额，带动了超市整体销售。

促销案例1 物美的维达150抽×3层抽取式面巾纸，实行的是第二件5折的组合条件促销。为了进行比较，在一个分店进行第二件5折的促销（即购买第一件原价，再买第二件就打5折），在另外一个分店进行直接降价25%的促销。这个商品在两个分店的促销力度其实是一样的，因为如果买两件的话，消费者都是节省25%。但是，在相同的促销时间内，这两种促销的效果差异却很大，参见表9-6。

表 9-6 相同促销力度下两种促销方法的效果比较

门店	促销方式	销售量	销售额	毛利	毛利率	分店来客
惠新店	A（第二件）	222 个	1 472.82 元	181.98 元	12.36%	18 500 人
回龙观东店	B（直接降价25%）	39 个	240 元	13.41 元	5.59%	12 900 人
A 方式的业绩提升	—	469%	514%	1 257%	121%	43%

促销案例 2 2008 年 11 月一个促销档期进行的"大号果碗"的整单换购。其中"大卖场购物满 68 元，加 3 元换购""综超购物满 48 元，加 3 元换购"的促销，实现销售额 41.59 万元，毛利额 2 万余元。形成巨大反差的是，该商品 3 个月前在物美做过一期"大号果碗"售价 3 元的降价促销，但是降价促销在一个档期内的销售额仅仅有 3 万多。可见，同一个商品售价同样是 3 元钱，组合条件的换购的业绩比降价促销提升 10 多倍。

促销案例 3 2009 年 1 月进行的会员红利促销：扣减 20 分，加 1 元购买汰渍 238g 三重功效洗衣皂；扣减 50 分，加 10 元购买奥妙全自动 1 700g 洁彩洗衣粉。结果该促销会员顾客，也就是老顾客的参与度非常高。其中扣减 20 分加 1 元购买汰渍 238g 三重功效洗衣皂的促销，一个档期内一家店实现销售额 2 万多元，吸引参与顾客日均 2 300 多人。同时这个商品在另一家同等规模分店做正常的降价促销，售价为 3 元，一个档期内仅实现销售额约 2 000 元。由此可见，这种有针对性的促销，对提高顾客的促销参与度、培养顾客忠诚度起到了积极的作用。

根据测算，同样条件下，使用收银台进行组合条件促销与在收银线外服务台手工进行组合条件促销相比，顾客参与人数的比例为 4∶1。丰富多样的促销，吸引了顾客参与形式多样的促销体验，促进了销售。从 POS 组合条件促销功能使用到 2009 年 6 月的 1 年时间里，在物美集团所属北京区域超市实现的促销收入已经达到 35.36 亿元，比上年同期增长 45%，物美的"换购"已在北京消费者中广为流传，取得了很好的效果。

思考：
（1）物美的促销创新主要体现在哪些方面？
（2）为什么以往的零售商不能像物美一样直接在收银机上实现以上的组合条件促销，而要把这些组合条件的促销放到服务台去操作呢？

同 步 训 练

一、基础训练

1. 选择题
（1）连锁企业营业推广常见的方式有（　　）。
　　A. 会员推广　　B. 活动策划　　C. 奖励类　　D. 折价、赠送
（2）连锁经营 CIS 设计的基础和核心是（　　）。
　　A. MIS　　B. BIS　　C. VIS　　D. CIS
（3）（　　）是指企业向消费者传递商品信息和企业信息，刺激和诱导消费者购买的过程。
　　A. 营业推广　　B. 人员推销　　C. 广告　　D. 公共关系

(4) 连锁企业常用的广告媒体有（　　）。
   A. 电视广播　　　B. 报纸　　　　C. 杂志　　　　D. 户外广告
(5) 连锁企业外部公共关系范围主要包括（　　）。
   A. 文化关系　　　　　　　　　　B. 与交易伙伴的关系
   C. 集团关系　　　　　　　　　　D. 与新闻从业人员的关系

2. 判断题
(1) 促销的目的是引发刺激消费者产生购买行为。　　　　　　　　　　（　　）
(2) 广告是指企业运用各种短期诱因，鼓励消费者和中间商购买、经销或代理企业产品或服务的促销活动。　　　　　　　　　　　　　　　　　　　　　　　　（　　）
(3) 销售型 POP 广告与装饰型 POP 广告在功能和种类上是一样的。　　（　　）
(4) 展销不属于营业推广的方式。　　　　　　　　　　　　　　　　　（　　）

3. 简答题
(1) 什么是 POP 广告？说出你所见过的 POP 广告样式。
(2) 结合实际分析连锁企业的形象战略的运用。
(3) 试分析针对不同职业的消费者，连锁企业的广告媒体选择应有何不同。
(4) 连锁企业如何实施 CI 战略？
(5) 连锁企业的公共关系包括哪些内容？

二、实践训练

【实训项目】
零售终端节日促销策划
【实训情景】
情境一：离端午节还有 20 多天的时间，你作为某大型零售超市的策划人员，请制定一份端午节的促销策划方案。
情境二："飞翔"体育用品专卖店是一家位于大学城的体育用品零售商店，情人节（2·14）将至，请你为该店制定一份节日促销方案。
【实训任务】
拟订以上两项零售终端节日促销活动的策划方案；通过本次实训，熟悉促销活动方案的分类、策划的流程、主题及具体的内容格式，掌握促销组合策略、组织实施及方案设计；了解和掌握零售终端节日促销策划的步骤及要点，并一定程度上培养把促销与节日文化相结合的策划创意能力。
【实训提示】
学生以小组为单位，模拟卖场的特点和优势，讨论该节日的特殊性和消费者在节日期间的消费行为，确定促销主题和促销目的，讨论具体促销方式的选择，为该卖场寻找此次促销方案策划的切入点；小组制定出活动的形式和针对顾客的具体方案，要体现模拟节日的特点，制定促销费用预算，注意方案的可行性，写出促销策划书。

【实训评价】

表 9-7 促销策划书评价表

评 价 内 容	评 价 标 准	得 分
团队成员参与程度	成员是否都提出了自己的方案	
方案的完整性	方案内容是否完整	
方案的创意性	是否有创意和吸引力	
方案的执行性	方案内容是否具体、可执行	
形成文案	是否条理化和标准化	
合　计		

得分说明:各小组的调查表现分为优秀、良好、合格、不合格、较差五档,对应得分分值为 20 分、18 分、15 分、12 分、10 分;将每项得分记入得分栏,全部单项分值合计得出本实训项目总得分;总得分 91~100 分为优秀,76~90 分为良好、60~75 分为合格,低于 60 分为不合格,不合格须重新训练。

第 10 章

连锁企业的物流管理

 学习目标

职 业 要 求	学 习 任 务
（1）掌握物流的概念和构成要素，能运用现代物流的观点来分析物流现象 （2）熟悉连锁物流的功能要素，学会连锁物流系统的运作 （3）掌握配送中心的运作流程，能够进行现代物流配送中心的设计 （4）熟练掌握连锁企业物流系统的设计，能用所学知识设计合理的物流系统	（1）了解连锁物流的概念及其地位作用 （2）了解连锁物流的系统构成 （3）掌握连锁物流的运作程序和模式 （4）熟悉配送中心的主要功能和一般作业流程

导入案例

沃尔玛的配送中心

作为美国最大的连锁公司，沃尔玛在全美设有 30 个配送中心，这些配送中心只为公司所属的连锁店配送商品，不接受其他商店的订单，也不实行独立核算。连锁分店将订单传递给临近的配送中心，配送中心汇总后报公司总部，商品由公司总部向工厂统一采购，分店将货款汇至总部，由总部与工厂结算，配送中心不负责货款结算。

沃尔玛连锁公司的某配送中心，拥有 11 000 多平方米的立体仓库，位于加州地区，为周围 4 个州的 77 家分店配送商品，每天进出库的商品达 15 万～20 万箱（件）。该中心的自动化设施齐备，除了公司总部与各地配送中心，以及配送中心内部实行计算机管理外，库房内从货物入库时的分拣、刷码到进入指定的货架，从订单处理、拣选商品、传送到指定的库房门待装卡车，全部是自动化操作，代表了目前美国物流管理与技术的最高水平。

（资料来源：根据百度文库、中国物流与采购网等资料整理）

连锁经营采用统一决策、分散经营，集中采购、分散销售的经营体制，是流通水平较高的经营形式。合理安排物流、组织统一送货是连锁经营的必备条件之一，作为连锁经营的核心技术——物流配送也逐渐引起人们的关注。随着竞争的加剧，连锁企业的经营基本上实现了规模经营，但物流配送滞后逐渐成为制约连锁规模扩张的瓶颈，加上目前顾客需求的更加个性化，建立高效的物流配送体系成为连锁经营的重要任务。

10.1 连锁经营与物流配送

10.1.1 连锁物流的概念

物流是物资商品流通的简称，是物质资料从供应者向需要者物理性移动过程中创造时间价值、场所价值，也创造一定的加工价值的经济活动。现代物流是指以适应顾客的需求为目的，货物、服务以及所相关的信息从生产地点到消费地点时，保证其流动和储存的效率化和效益化的计划、执行和控制的供应链过程中的一部分。现代物流具备 8 个要素：运输、保管、包装、装卸、加工、信息、分拣、配送。

连锁物流是物流运营同连锁经营相结合的结果，是指从商品采购到商品销售给消费者的商品移动过程，是与商流、信息流和现金流并列的四大流通机能之一。

以零售业物流为例，零售业物流也就是广义的、与零售业有关的物流，是指人们生活中的商品从供货方到零售企业以及通过零售企业销售给消费者的物流过程。这里的供货方可以是生产厂家也可以是批发商，物流过程同时可能涉及专业从事物流服务的物流企业。

提起连锁经营的物流，人们可能首先想到的就是建立配送中心，但其实更重要的是，一个连锁经营企业如何在企业经营中建立完整、完善的物流体系，包括物流战略、物流技术和物流人才。配送中心也是由制造企业、批发或分销企业、第三方物流企业和零售企业共同建设，为流通渠道和零售企业、特别是为连锁分店企业提供服务的。这些也都是连锁物流的重要内容。

10.1.2 物流系统在连锁经营中的地位与作用

1. 物流系统在连锁经营中的地位

在连锁经营中，物流系统主要起到商品集散及带动商流、信息流、现金流三流运转的作用，它通过商品的集中采购、集中储备和统一配送，成为连锁经营市场供应的保障系统，也是连锁企业运作的基础。

有效率的物流系统给连锁经营带来诸多好处：一是丰富、及时、充足、适应市场的商品；二是降低运营成本；三是更为丰富的信息情报。作为企业"精气神"的物流、商流、信息流、现金流，物流是最主要的，没有物流，其他三流无法实现，企业也就无法生存。物流不仅仅体现在降低成本上，更主要地体现在"物畅其流"。加快物流就能缩短商品的销售周期，加快商流和现金流的流转速度，从而为企业赚取更大的利润。之所以这么说，是因为消费者的消费形态发生了很大变化，一是要求更方便快捷地取得其所需商品，二是在产品种类或服务时间上要获得最大的服务空间。这就要求连锁店必须分布在消费者经常活动的地点附近，且商品种类必须一应俱全。如果由供应商送货，一是很难保证不出现缺货，二是在这种情况下连锁店的接货就已经疲于应付了，努力提高对顾客的服务水准就会更具难度。

在连锁经营中，有物流系统和无物流系统有很大的区别，具体分析如图 10.1 和图 10.2 所示。

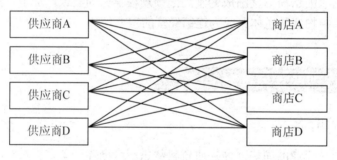

图 10.1 无物流系统的交换关系

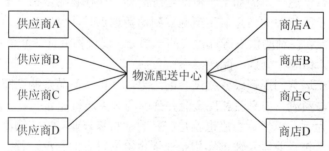

图 10.2 有物流系统的交换关系

图 10.1 显示 4 个供应商分别向 4 家店供应 4 次商品，共有 16 次，每个供应商供应 4 次，每个店接收 4 次。图 10.2 显示物流配送次数共有 8 次，供应商每家只供一次，物流配送中心每店只供 1 次，各店接货也只有 1 次。结果不言而喻，后者无论从效率上还是从效果上都会更胜一筹。这样的结果说明：有高效物流配送系统的企业，可以在财务上和管理上节约更多的成本，无疑在竞争中就处于更加有利的地位。

2. 物流系统在连锁经营中的作用

（1）保障连锁经营规模效益的实现。连锁企业的规模效益是通过"统一进货、统一配送、统一管理"来降低经营成本的，物流配送中心是使这些"统一"得以实现的基础。物流配送系统与各连锁店联合形成经销系统，使分店与供应商等外部经济关系变为统一所有者的公司各部门内部业务关系。总部通过配送系统，一方面可以汇总多分店的经营数量，形成相当需求的规模；另一方面可以在高度、广度上给各零售商店以业务上的指导，提高其经营水平，将集中化进货与分散化销售结合起来，使分散的销售力转化为大量集中的进货力，变集中零星要货为大批量要货，对供应商在价格上形成影响力。同时，在与同行的竞争关系中也可以获得优势，从而实现经营的规模效益。

（2）帮助实现连锁经营的速度效益。连锁店的营运是在总体规划下进行专业化分工，如采购、库存、配送、收银、经营、公关、促销及商品陈列等。在分工的基础上实施集中管理，以便使连锁店在激烈的竞争中能快速反应，领先对手。物流配送系统作为总部与分店的联系纽带，通过分店快销、配送中心快送和采购部快购，使物流运转速度大大高于独立商店。在高度专业化基础上的营运使连锁店获得了竞争中的速度优势，从而实现连锁经营高效、节约、优质的服务。

（3）最大化连锁经营的管理效益。一般各分店要求交货期短、定时配送，而且品种多，批量小，对于物流配送来说比较困难，而且浪费运输量，使物流成本上升。物流配送系统通过对整体供应链的协调，实行大批量的统一采购和全方位的代理功能，可以在较大范围内选择有利资源，对物流系统进行整体优化、合并，减少不必要的物流活动，消除物流中的作业浪费，提高设施和运输工具的使用效率，提供物流多元化服务，实现连锁企业资源的优化组合，达到连锁利润最大化而物流成本合理化的目的。

🌐 案例阅读

干货物流公司

这家公司成立于 1960 年，开始只是一家普通的仓储企业，从 1979 年起将各地的干货仓库改作运输和配送公司，并于 1981 年签订了第一份配送合同。在美国，除生鲜食品之外的货物统称为干货。从此，该公司的配送中心及配送业务发展到全美国，公司名称也由原来的干货储存公司变更为干货物流公司。这从一个侧面反映出美国物流观念变化与物流业发展的轨迹。该公司现有 35 个配送中心，100 万平方米仓库，2 000 名员工，每年配送商品在 540 万吨以上，是美国大型专业物流企业之一。该公司的主要业务是将 300 多家工厂生产的商品配送给美国各地 7 000 多家零售企业，其中 16 家工厂的商品由该公司独家配送。其对配送的商品没有所有权与经营权，主要是为工厂服务，工厂生产的商品就近存入该公司各地的配送中心，零售商向工厂订货，工厂汇总后通知公司送货，送给谁由工厂决定，具体送货时间由各配送中心与零售商店协商确定。货款由零售商与工厂结算，配送中心向工厂收取相应的物流费用。所有环节包括存货、处理订单和配送商品都由以卫星通信为载体的计算机网络跟踪控制。

该公司的配送中心地处芝加哥西部的一个郊区，到附近的机场及 3 条高速公路只需几分钟，主要为美国中西部的零售商配送商品。该中心拥有一个占地 13 万平方米的立体仓库（库高 9m），库房两侧有 342 个供卡车装卸货物的库门，有先进的安全控制及自动化喷淋系统以及装有可视屏（计算机终端）的叉车，但没有自动分拣设施。通常的作业流程为：装满工厂货物的卡车从库房一侧卸货，然后根据商品的品类、生产厂家等资料，由工人刷涂该中心自编的仅供储存、发货之用的条形码，再用叉车送到指定的货架（指令由计算机终端给出）；接到配送货物的指令后，由工人拣选商品，送到库房的另一侧装入卡车。该中心负责人说，货物进出库房最理想的情况是，白天进晚上出，但实际上做不到。据统计，该中心储存的包装食品 1 年周转 12 次（即最多存放 30 天），储存的其他干货 1 年周转 7.5 次（即最多存放 49 天）。

（资料来源：根据百度文库、中国物流与采购网等资料整理）

10.1.3 连锁物流的职能

1. 运输

运输在物流活动中占有很重要的地位，它在很大程度上影响着物流的效率。对于运输的管理就是选择最好的运输方式，确定合理的运输量，规划合理的运输路线，其目标是安全、迅速、准时、价廉。例如，连锁店在大量进货时可考虑采用火车运输、船舶运输，而在配送中心则往往以货车运输为主。由于汽车运输对于中、小批量的商品近距离运输，运费便宜，所以连锁店货物在配送中心到各分店之间的移动，一般由汽车运输来完成。然而对一些分店距配送中心较远或国际性连锁店而言，采用空运进行配送有时也是一种便宜高效的方法。例如，富兰克林连锁店在世界范围内有 1 100 家分店，其配送原来是由公司的自有车队完成的，需要 2~4 周。为了提高配送效率，该公司转而求助于美国空中快递公司。每周二下午由空中快递公司的卡车从富兰克林连锁店的配送中心提取配送货物并运往快递公司的物流中心，经检查、分类、贴签后送往空运商品待运处，之后运往阿拉斯加，在 4 天之内这些配送商品就可为各分店所收到。自从采取了新的配送方式，该公司运输成本降低了 20%，运输时间从原来 2~4 周减少到 4 天。

2. 储存与保管

如果说运输解决了生产和消费间的空间矛盾，那么储存、保管就解决了它们之间时间上的矛盾。储存、保管的职能一般由仓库完成，这样的仓库被称为保管仓库。但随着连锁店把握未来需求能力的增强，为了强化促销与服务工业，必须迅速送货，这样就从过去的储藏保管转化为流通保管，即将所购之商品在仓库中暂时保管，备齐各种商品，进行定价、包装或简单加工，使物流速度加快，这样的仓库便成为流通仓库。其特点是商品的保管期较短，商品的出库、入库多，成为物流据点，承担流通服务职能。

随着物流量的增加，仓库及设施也走向专用化；随着信息技术进一步走向自动化，自动化仓库便应运而生。根据用途、构造、保管的物品和所在地，可对仓库作如下分类：

（1）按仓库的用途分类，仓库分为自备仓库与营业仓库。大多数连锁店物流中心的仓库为自备的，但也有在一定程度上对社会、同行开放的，以增加使用效率。

（2）按保管的物品分类，仓库分为冷藏仓库、恒温仓库、服装仓库等。不少连锁店是对不同商品设置不同的物流中心，也有的连锁店是在同一物流中心内设置多种库房，分工使用。

（3）按仓库结构分类，仓库分为平房仓库、多层仓库、高层货架仓库、筒仓。平房仓库构造简单、建造费用少，因此被广泛采用。多层仓库是指两层以上的、钢筋混凝土结构的现代化仓库，可扩大仓库容量。高层货架仓库为目前国外大多数连锁店所采用。在保管活动中，高层货架仓库采用了最先进的物流现代化技术，有几十层货架可供保管货物，并可实现货物自动出入库。筒仓是指散装储存谷物、饲料、水泥等粒状、粉状物品的一种储藏量很大的塔形建筑物。

(4) 按仓库所在地分类，仓库分为城市仓库、港口仓库、车站仓库等。

3. 包装

物流意义上的包装，主要目的是保护商品、区分商品、实现装卸的单品化。

包装材料有很多，主要要求是廉价、加工性好、能承受冲击。现代物流的包装一般都由包装机械来完成，这样既省力又提高了速度。使商品在运输时不至于太分散，能够按照一定的单位整合，是现代意义上物流对包装的一项基本要求。单位可以用箱、车等来计量，最具有代表性的是"托盘""集装箱"等。商品经过单位化后，既可以使一次包装的数量增大，又便于利用各种包装机械，降低破损率，便于搬运运输。因此，对于包装，需要精心设计，制定统一规范。

4. 装卸与搬运

装卸与搬运是对运输、保管、包装、流通加工等物流活动进行衔接的活动，如将卡车上运来的商品入库保管。在这一过程中，必然会发生卸货、搬运入库、入库分类等一系列的装卸搬运活动。除此之外，分货、拣货也是其重要组成部分。

在传统意义上，物流的这一职能需要大量的人工，而且也会花费较大的成本。但是随着一些新型物流机械的出现，许多发达国家都已实现了装卸、搬运的自动化，最引人注目的是由计算机、条形码识别装置、高速自动分货装置、自动拣货装置等组成的自动装卸搬运系统。装卸、搬运活动是为了下一步作业做准备，因此在设计、规划和管理时，要充分考虑到是否有利于下一阶段作业的展开，如在出货装车的时候，就应该按配送顺序的相反顺序来进行作业。

5. 流通加工

流通加工是在流通阶段实施的对商品简单加工、组装的活动，如家具、家电制品的组装调整，衣饰在陈列前的上架，生鲜食品的切割以及小包装。流通加工的目的是为了能够进一步适应顾客的需要，同时，商品也由此增加了附加价值。

传统意义上的流通加工集中在批发和零售业。然而，大型连锁体系发展到现在，几乎所有的流通加工都被集中在物流中心进行，各个分店自身不必再设加工场所。这样既使分店扩大了有限的分店营业面积，又节省了人力，而且将流通加工集中到一起，可实现规模效益，提高加工的效率。当然，也有一些连锁店将流通加工全部集中到最上端的商品生产厂商，利用计算机的信息情报系统和配送系统相结合，直接将连锁分店和消费者的要求输入工厂，在工厂直接进行传统意义上的流通加工。不过，实现这一点需要厂商和连锁分店的共同配合和资源共享。

6. 配送

配送是以配货、送货的形式最终完成物流的活动。配送是指将连锁分店所需要的货物配齐，并按要求的时间和地点送达。过去将配送作为运输中的末端运输来看待，但是事实上，作为现代意义上的配送，已远远不是单纯的一种送货运输活动，现在一般将其单独列出作为一种职能。

10.1.4 连锁物流系统

要使物流系统高效率、低费用地完成上面所述的各项职能，需要建立有效运作的物流系统。连锁经营的物流系统包括以下几个分系统：自动化、机械化仓储系统；计算机订货、配货情报信息系统；温度、湿度控制设备和系统；运输量、线路、频率规划系统；物流配送组织管理系统。这些分系统各成系统，但又彼此交叉。现代连锁经营物流系统的运作如图 10.3 所示。

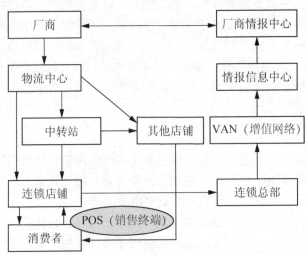

图 10.3　现代连锁经营物流系统运作示意图

从图 10.3 中可以看到，连锁经营物流系统的运作必然涉及信息流。可以说，信息情报系统已经成为整个物流系统运作的基础，以情报信息为基础的订货、发货系统是整个系统的核心。

10.2　连锁物流系统的运作程序与模式

10.2.1　连锁物流系统的运作程序

1. 物流系统的运作环节

（1）连锁店环节。

① 通过 POS 终端来收集销售信息，即何种商品在几时几分向什么样的顾客（男性、女性，年轻人、中年人、老年人）销售了多少，货架上还剩多少。

② 预测订货数量，即根据商品销售的情况、动向所做的预测。

③ 通过 EOS 向连锁总部订货。EOS 是利用店内手持订货终端（计算机网络终端），经由电话线（或光缆宽带）将订货信息传送至总部订货（当然有一部分商品也可采用传真形式）。采用 EOS 可以有助于实现多品种、高频率、少批量的商品配送，降低分店库存压力，减少缺货率。连锁分店通过 EOS 向总部订货原则上有固定的时间，在固定的时间订货，如每天中午 12 点到下午 5 点前。

（2）连锁总部环节。连锁总部设有计算机中心（或信息中心）和分店一起进行 POS 终端的管理，同时起指挥、协调的作用，从整体上把握连锁店的经营和管理。连锁总部在收到各连锁分店发来的电子订货后，也以 EOS 的形式通过 VAN 传至连锁集团的情报信息中心（有的连锁企业没有这一机构）。

（3）连锁集团情报信息中心环节。连锁集团根据总部发来的电子订单，通过计算机联网批示物流中心出货。同时，通过 EDI（电子数据交换）与厂商的信息中心随时保持密切联系。有时，可直接将信息发给厂商直接订货。

（4）厂商环节。在规定的时间内，各厂商接受不同客户、不同商品种类的订货指示单，将各处的订货指示单汇总，开始制造订货商品或是调度库存，并做好出货准备，然后往配送中心送货。

（5）物流配送中心环节。大部分的物流活动都将在这一环节完成。物流配送中心将各地厂商运来的整货验收入库，并根据各连锁店的订货要求，通过自动化机械进行自动分货、拣货，再将各家分店的货物都集中起来，安排卡车配送。

物流中心还会调查各连锁店的到货情况以及运输车辆的有效利用情况，如调查商店是否准确、及时地接到商品；在运输中是否有效地装卸货物；运输路线是否合理；等等。以日本伊藤洋华堂为例，它们对配送商品的交、接货实行高效率管理方式。其具体的手段是设立定时配送、划卡制度，即每一台配送车辆到店时要划卡，离店时也要划卡，到店至离店的时间为卸货和验货的时间。配送中心根据 POS 系统获取的信息以及配送车辆的到店和离店的划卡时间，分析交接货的作业效率。如发现配送车辆比按规定的时间早到或晚到店 15min 的话（早到无接货人员，晚到则会使商店失去最佳销售机会），总部的职能部门就要按照合同规定，对运输公司的当事者处以罚款（委托运输的情况下）。对配送车辆每到一店都实行同样的划卡制度，这样负责商品配送的物流配送中心就能掌握车辆在途时间，从而规划较为合理的配送路线，以确保物流的通畅，使各连锁店能够顺利地运营。

国外的连锁企业实践说明，要使连锁经营的物流系统能够真正有效地运作起来，不能再依靠单纯的物流活动（体力的、机械的），而需要用信息系统像一根链条将它们串连起来，做到准时、高度协调，否则整个物流系统就会瘫痪。这也就是现在为什么一提物流系统以及物流系统的运作，就要将它和信息系统联系在一起的原因。

2．JITS 物流配送体系

传统的物流系统都是在物流中心配置一定的库存（根据预测），再根据各连锁店的需求配送。但是由于市场行情具有很大的不确定性，所以要准确确定库存的合理数量是件很不容易的事。库存过量会增加不必要的库存成本，库存短缺又会丧失销售机会。JITS（Just In Time System）就是为解决这一问题而开发的新的物流配送系统。JITS 在日本被称为"多频度、小批量配送系统"，意思是尽量减少每次配送的商品数量，而同时增加配送的次数。这一系统在日本的连锁店（特别是便利连锁店）的经营中已经得到广泛使用。它的基础还是各个分店的 POS 情报信息系统以及广泛的 EDI 的信息交流。作为连锁分店，为了能够满足顾客多品种、小批量的购买需要，同时又不愿增加过多的库存，最希望是在最必要的时候补充最必要的商品，既满足销售目的，又尽可能减少必要的库存。这套 JITS 系统适应了上述要求，因此，被广泛采用并得到企业的好评。

在泡沫经济时期，由于物流量急剧增大，所以 JITS 系统曾受到质疑。事实上，JITS 系统会在一定程度上降低供货方的效率，而且在道路交通以及环境保护方面也存在着缺陷。由此看出，这一系统也是一把双刃剑。最近，JITS 系统也出现了新的趋势，即把送往各个分店的少量商品都集中起来，实行大量配送、共同配送、委托配送、集中交货等改进做法。JITS 物流系统可以减少连锁分店的库存,但给供货方如物流中心、厂商造成很大的困扰。因此,厂商也努力形成一套相应的体系来适应这种变化。

最新出现的 JITS Ⅱ 就是对 JITS 的进一步改进。连锁分店将销售预测的数据提供给供货方,供货方接到信息后,不直接出货,而是根据这些数据来调整自己的生产量、库存量,努力使生产、库存与销售动态相一致。连锁分店和供货方如同一个企业追求共同的利益,这就是现在所谓的"企业同盟"。有时,厂商或物流中心派人员长期在连锁分店巡回工作,协作连锁分店进行统一完整的库存管理和完善订、发货系统,仅仅把预测任务交给连锁分店效果也很有限,需要各方面的协调和配合。JITS Ⅱ 的发展,最终促进了商品的共同开发和企业在更为广阔领域进行合作的战略系统的建设。

案例阅读

不可复制的沃尔玛

人们通常把快速转运、VMI(供应商管理库存)、EDLP(天天平价)当作沃尔玛成功的三大法宝,其中商品的快速转运往往被认为是沃尔玛的核心竞争力。于是不少企业纷纷仿而效之,大力加快建设配送中心的步伐,认为只要加强商品的配送与分拨管理,就能像沃尔玛一样找到在激烈的商战中制胜的精髓。但经过一段时间的运营之后,效果却不尽如人意,究其原因,主要是曲解了沃尔玛的运营管理模式。

当沃尔玛第一家店在阿肯色州的一个小镇开业时,由于其位置偏僻,路途遥远,供应商很少愿意为其送货,所以山姆·沃尔顿不得不在总部所在地本顿威尔建立了第一家配送中心,显然,一家店不可能单独支撑一个配送中心的运营成本,于是以该配送中心为核心,在周围一天车程即 500km 左右的范围内迅速开店。获得成功后,又迅速复制该运营模式。而同期的其他大连锁公司,基本位于美国大城市,有大量的经销商为他们提供完善的物流等方面的专业化服务,因此,也就不会把商品配送视为自己的核心竞争力。

随着 IT 技术的迅猛发展,沃尔玛以最快的速度把世界一流的信息技术运用到实践中,其耗资 7 亿多美元的通信系统,是全美最大的民用电子信息系统,甚至超过了电信业巨头——美国电报电话公司,其数据处理能力仅次于美国国防部,EDI 及条码等现代物流技术的使用,更为全球每个分店的销售分析、商品的分拨及进销存管理等提供了最强有力的武器。反观中国零售企业,分店数量少,销售量低,单店利润差,很少有实力能投资完善的信息系统。因为一套系统的研发少则几百万,多则几千万甚至过亿,使不少的小型零售企业望而兴叹。

沃尔玛在美国本土有近 4 000 家店,配送中心有 30 多家,约 100 家分店才能支撑一个现代配送中心的巨额费用。在分店数量不足时,配送中心的巨额费用往往会成为企业的经济负担。当沃尔玛进入中国时,也同样复制了美国的运营模式,在广东与天津分设了两个配送中心。经过多年的苦心经营,沃尔玛尚未实现全面赢利,不少业内人士认为与其完全照搬美国本土的运营模式有关。美国本土的商店选址大都位于小镇,而在中国的商店大都位于中心城市,大量的供应商可以提供专业化服务,集中配送反而难以体现高效率。

(资料来源:根据百度文库、中国行业研究网等资料整理)

10.2.2 连锁物流系统的运作模式

连锁零售业物流系统是其所从属的消费品供应链的终端构成环节,也是形成商品使用价值的最重要环节,是对连锁经营的物流活动的整合,涵盖了从商品采购到商品销售的整个物流全过程。根据提供物流服务的主体不同,一般将其运作模式分为以下 4 类。

1. 自建配送中心的自营配送模式

零售业巨人沃尔玛在配送方面的成功说明了配送中心的重要作用。在我国商业连锁经营中，具有一定规模的超市、综合商场等，也都十分重视配送环节，相继建立了配送中心。实力较强的连锁超市自建配送中心，主要是为本企业的连锁分店进行配货，同时也可以为其他企业提供货物，能够创造更大的经济效益和社会效益。而且，这种做法也符合企业的长期利益和战略发展需要。连锁企业都各有自己的经营特色，自建配送中心有利于协调与连锁分店之间的关系，保证这种经营特色不受破坏和改变。

但是，如果各家零售连锁超市都各自建立配送中心，会造成大量配送中心资源的浪费和人员的闲置，使得配送中心的费用和物流运营成本偏高。只有分店规模扩大使配送中心正常运转所取得的数量折扣和加速资金周转的效益，足以抵偿配送中心建设和设备所花费的成本，才能取得预期的经济效益。

2．供应商直接配送模式

在中国连锁店发展初期，许多连锁店都采取了把供应商直送方式简单地组合成物流配送体系，实践证明这种方式有许多弊端。在导入期的中国连锁店，业态上大多选择了超市形式，而且是规模不大的第一代传统食品超市。连锁店扩大规模需要发展更多的分店来实现，供应商的运输系统适应不了多分店、广地域发展的要求，配送不到位，缺货断档，时间衔接不上，会制约连锁超市的发展。

3．第三方物流配送模式

这种配送模式中，连锁企业的物流活动完全由第三方的专业物流公司来承担。社会化物流的优势在于专业物流公司能提供更多的作业和管理上的专业知识，可以使连锁企业降低经营风险。在运作中，专业物流公司对信息进行统一组合、处理后，按客户订单的要求，配送到各分店。用户之间还可交流供应信息，从而起到调剂余缺、合理利用资源的作用。社会化的中介配送模式是一种比较完整意义上的配送模式，国内多数物流配送企业也正在积极探索。

4．共同配送模式

共同配送是多家连锁企业为实现整体物流配送的合理化，以互惠互利为原则，共同出资建立配送中心，并由出资企业共同经营管理，为所有出资企业提供统一配送服务的物流模式。

共同配送在国外已经得到广泛的应用，越来越多的货主几乎把所有的商品（无论是溢出库存还是新品上市）都进行共同配送。之所以会出现这种情况，是因为共同配送在物流领域正显现出其独特的魅力。

首先，从货主的角度来看，共同配送可以降低配送成本。由于共同配送是多个货主企业共享一个第三方物流服务公司的设施和设备，所以由多个货主共同分担配送成本，从而降低了成本。其次，由多个不同货主的零散运输通过整合可以变成成本更低的整车运输，从而使得运输费用大幅度降低。共同配送还可以降低每个货主的日常费用支出，降低新产品上市时的初始投资的风险。

从第三方物流服务商的角度来看，共同配送同样可以降低他们的成本，从而间接地为其客户带来费用的节省。美国第三方物流商 Exel 的副总裁托马斯认为："我们之所以能够降低我们的成本，是因为我们的人工、设备和设施费用分摊到了很多共享的客户身上。这些零散客户共享所带来的生意就像大客户所带来的生意量一样大，使得我们可以发挥物流的规模效益，从而节约成本，这些成本的节约又反过来可以使我们公司实施更加优惠的低价政策"。

10.2.3 连锁企业物流配送模式的选择

1. 我国连锁企业物流配送模式现状及存在的问题

经过多年的实践探索，我国连锁企业对物流配送模式进行了一些有益的探索，取得了初步成功。除以上 4 种不同的配送模式外，多种配送模式并存是我国现阶段连锁企业物流配送模式的国情之一，由于我国连锁企业起步较晚，所以连锁经营企业的物流配送还十分薄弱，甚至是制约连锁企业发展的瓶颈。

（1）多种渠道并存的物流配送模式。我国从计划经济转到市场经济后，连锁企业虽然进行了相应的改革和重组，但是仍然存在着一些旧的配送渠道，在配送过程中，生产企业、批发商、代理商以及零售商在目前连锁企业中同时发挥着重要的作用，有些连锁企业也部分尝试开展第三方物流，多渠道的物流是我国连锁企业经营管理物流模式的重要特征之一。在这样的国情下，如何选择与连锁企业相适应的物流模式，成为我国连锁企业发展过程中的一个急需解决的问题。

（2）配送中统一配送率低，采购成本居高不下。中国连锁经营协会对 16 家比较成功的连锁企业的调查表明，没有一个企业的配送中心对各店经营的所有商品实行 100%的统一配送，少数企业的统一配送率在 50%左右，最好的在 80%～90%，多数在 60%～70%；而且许多分店都有相对独立的供应商和物流渠道，实行单店采购和进货。这就在一定程度上提高了进货成本，没有取得因大规模进货所带来的优惠进货价格，不统一配送说明也没有统一进货，而不统一进货也就丧失了连锁经营的根基。统一配送率低带来的成本居高在一定程度上降低了连锁企业的市场竞争能力，不利于连锁企业的发展和壮大。

（3）国内大型连锁企业大多采用自营配送，但还没有实现完善的配送作业。近年来，我国连锁企业大力发展物流配送体系，大部分大型连锁企业都创建了自己的配送中心，但是大多数是将原先的仓库或者是租用仓库进行改造而成。由于企业对供应链的控制意愿、国有企业的产权约束、"大而全、小而全"体制与"肥水不流外人田"等观念障碍以及我国第三方物流配送质量不高等原因，在配送过程中没有形成完善的配送作业体系，而且在选择物流配送模式的过程中，很少使用专业的第三方物流企业组织配送。

（4）国内物流配送方面的人才相对短缺。国外物流配送的教育和培训系统非常发达，许多国家的物流从业人员必须接受职业教育，获得从业资格后，才能从事物流配送方面的工作。相比较而言，我国在物流配送方面的教育还比较落后，在高等院校中开设物流专业课程的高校数量较少。物流人才的相对短缺，对于我国连锁企业的物流配送模式的构建和选择是不利的。

（5）我国连锁企业物流配送的过程中信息化水平、标准化水平低。虽然我国连锁企业不断加大信息化建设力度，但现阶段我国连锁企业物流配送信息化水平较低，许多连锁企业信息技术落后，总店与分店之间、分店与分店之间以及连锁企业与供货商之间缺乏必要的实时性沟通，商品销售库存分析、商品调剂、销售信息流、进货信息流等无法及时处理，甚至有些连锁企业配送模式停留在人工记账管理这一阶段上，配送中心没有相应的配送管理系统，或者配送管理系统相当落后，在这种落后的信息化技术下，缺货、断货以及货物积压是不可避免的。另外，在我国物流体系中缺乏相应的标准，同时由于我国物流部门条块分割、自成体系，使得物流配送环节中各种运输方式之间装备标准不统一，增加了物流配送的无效作业环节，使物流配送速度降低、成本升高。

2．我国连锁企业物流配送模式的选择

我国连锁企业物流配送模式，应根据自身的经营管理水平、发展规模和特色以及业务发展的需要做出正确的选择。根据现阶段我国连锁企业的物流配送能力和物流配送水平，可以将连锁企业分为 4 个等级，如图 10.4 所示。

从连锁企业的规模、经营管理能力、配送能力和企业对配送业务水平的要求程度等方面来划分，得出 4 种类型的连锁企业。连锁企业以物流配送的实际水平和能力为基础，根据连锁企业对物流业务水平的要求程度的高低，恰当选择与之相适合的物流配送模式。

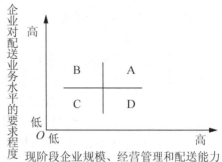

图 10.4　连锁企业经营能力分类图

（1）A 类连锁企业物流配送模式的选择。

A 类连锁企业规模大，配送中心的经营管理能力也强，而且企业对配送业务水平的要求也高，属于这类企业的大多数是国内规模较大的成功企业，如华联、国美、苏果等。这类企业大都是规模和效益非常好的大型连锁企业，拥有大量直营分店，同时可能还拥有大量的加盟店。现阶段，大部分 A 类连锁企业都拥有自己的配送中心，实行统一配送。根据中国连锁经营协会的统计，2001 年国内连锁百强企业当中，有 80%的企业拥有自己的配送中心，配送中心的平均面积达到 9 693m^2；销售额在 1 亿元以上的 91 家超市公司，配送中心的平均面积为 8 359m^2。

此类型的连锁企业由于业务量大，配送频繁，对配送要求很高。经过分析可以得出 A 类连锁企业的物流配送模式应根据企业的发展趋势和业务发展需求，选择以设立自营配送中心为主，供应商共营配送为辅，提供全天候物流配送和加工服务的物流配送模式。A 类连锁企业不但要综合承担本企业的全部配送业务，而且达到一定规模以后，自营配送中心可以将剩余的配送能力面向社会开放，除了为本身直营分店提供物流配送以外，也可以为广大加盟店提供专业化的物流服务，在配送过程中，直营分店和加盟店享受同等的进价和服务，不断加大自营配送中心的服务能力，并通过自身的物流服务提高连锁企业的核心竞争力。

（2）B 类连锁企业物流配送模式的选择。

B 类连锁企业对配送水平的要求很高，但是自身的物流配送能力和经营实力较弱，这类企业一般为发展中的中小型连锁企业。这一类连锁企业由于规模较小和经营管理能力较弱，不可能像 A 类连锁企业那样建立自己的配送中心、自营配送业务，如果盲目建设自己的配送中心，可能会因为配送中心很高的建设成本和维护成本而使自身陷入困境。综合考虑 B 类连锁企业的现状和发展规划，其物流配送模式有以下 3 种选择策略：

① 选择供货商供货。B 类连锁企业在物流模式的选择过程中，应该加强与供货商的联系，以得到更高的物流效率。这类企业可以选择由供应商直接供货。B 类连锁企业通过和物流上层伙伴的战略合作，可以从根本上提高自己的物流管理水平，促进企业的发展壮大。

② 引入第三方物流服务。现阶段我国第三方物流发展迅速，已经具备为 B 类连锁企业提供全面专业的物流服务的能力。B 类连锁企业因资本规模较小、管理经验缺乏等原因规模普遍偏小，经营成本没有得到有效降低。从其发展战略层面来说，B 类连锁企业应该提高资本利用率，适度扩大企业规模，获得连锁经营的规模经济。为了解决资本和经验等方面的约束，同时为了减少连锁零售企业固定资产投资，规避经营风险，使用第三方物流可以使连

锁零售企业获得更多的利益。B 类连锁企业通过选择第三方物流模式而带来的资本投入的减少、交易费用的节约将加速其规模的不断扩大，有利于提高市场占有率，促进其不断发展壮大。

③ 进行连锁企业联盟，积极开展共同配送。共同配送的实质是物流资源利用的共同化、物流设施与设备利用的共同化以及物流管理的共同化。共同配送的模式有多种，B 类连锁企业可以根据区域内同类企业的数量、规模以及区域内物流企业的功能和设施设备及网络信息资源等进行综合考虑，选择合适的共同配送合作伙伴，节约资源投入的同时提升了企业的核心竞争力，促进企业成长和发展。共同配送可以对连锁企业和物流企业的功能、设施设备、信息、网络等资源进行整合，实现物流资源的优化配置。

（3）C 类连锁企业物流配送模式的选择。

这类企业对配送的水平要求不高，而且现阶段的经营管理能力还处于较低水平。这一类型的企业大多是刚建立或者是发展时间较短的小规模连锁企业，它们往往因为刚起步或规模不大，无力出资建立配送中心，甚至也无法像 B 类连锁企业那样去联合其他企业组织共同配送模式。以下为 C 类连锁企业适合的物流配送模式的选择策略：

① 选择供货商供货。C 类连锁企业和 B 类连锁企业一样，由于规模较小，应加强与供应商的联系，可以选择有供应商直接供货的模式。

② 引入社会化物流模式。C 类连锁企业由于刚刚起步，规模小，可以将企业全部的配送业务委托给有齐全的专业化物流设施设备、有成熟的配送管理经验的专业性社会化的物流公司或配送中心来承担。其中，社会化的物流模式也包括了上面提到的 A 类连锁企业面向社会提供的物流服务，C 类连锁企业可以作为 A 类连锁企业加盟店的方式全面地接受高质量的物流服务。这在 C 类连锁企业发展初期是十分有利的，这样有助于 C 类连锁企业管理者掌握连锁行业先进的物流配送技术和经验，而且 C 类连锁企业也不需要在物流业务上投入太多，可以全身心地进行企业发展初期的经营管理和制定有针对性的营销策略，不断促进企业的发展和壮大。

（4）D 类连锁企业物流配送模式的选择。

D 类连锁企业是现代物流与连锁经营业态的融合，在国内起步不久，最具代表性的是 2006 年 3 月份成立的上海爱普司运输服务有限公司。此类连锁企业具有较强的配送能力，有着先进的配送设备和高素质的物流人才，但是配送业务在整个企业的战略发展中却不占据主要地位。这类企业适宜于利用高水平的经营管理能力和经营规模自建配送中心或者和其他类型的连锁企业共建配送中心，在共建的配送中心中担当配送活动的组织者和执行者的角色，能充分利用企业在配送业务中的优势。如果 D 类连锁企业在配送方面确实具有较大竞争优势时，应适当调整业务方向，将物流配送部门从企业中独立出去，设立为专业的配送企业，成为向社会开放的第三方物流企业，以提高资金和设备以及物流人员的利用率。这类连锁企业在企业发展的同时，也促进我国第三方物流业的发展和进步，同时也可以为我国中小型连锁企业提供更多物流配送合作伙伴的选择机会。

从以上 4 种类型的连锁企业对物流配送模式的选择可以看出，我国各种发展阶段的连锁企业共存，而且发展不平衡。连锁企业为了在激烈的市场竞争中存在一席之地，就需要合理地选择配送模式，在选择的过程中应首先分析企业自身的发展现状，明确企业现阶段的物流配送和经济管理能力，并结合企业长期的发展规划，慎重地选择合适的物流配送模式。同时，物流模式的选择也是一个动态的过程，是一个"选择—淘汰—选择"的不断往复的过程。因此，连锁企业应根据企业的发展规模和发展的要求，实时淘汰落后的物流配送模式，不断选择适合连锁企业的物流模式。

随着新经济和信息时代的到来，连锁企业之间的竞争已发展为快速响应和低价战略的竞争，连锁经济必将是我国最具成长潜力和前途的商品流通方式。连锁经营企业根据自身实际条件和发展现状选择合适的、有效合理的物流配送模式，是连锁企业不断发展壮大的关键所在。

10.3 物流配送中心建设

10.3.1 配送中心的概念、目的与功能

1．配送中心的概念

配送中心就是从事货物配备（集货、加工、分货、拣选、配货）和组织对用户的送货，以高水平实现销售和供应服务的现代流通设施。配送中心是基于物流合理化和发展市场（连锁分店）两个需要而发展的，是以组织配送式销售和供应执行实物配送为主要功能的流通型物流节点。配送中心很好地解决了用户多样化需求和厂商大批量专业化生产的矛盾，因此，逐渐成为现代化物流的标志。

2．建设配送中心的目的

（1）扩大市场占有率。企业除了提供品质优良的物品外，还必须提供适时适量的配送服务，作为企业增加营业额的秘密武器，进而扩大市场占有率。

（2）降低成本。降低物流成本是最根本的目的。一般情况下，连锁企业与生产企业的营业部门整合成立大型的配送中心，以提高作业效率，从而降低库存和运输配送费用。降低成本主要体现在资源、人员的统筹利用和配送线路的缩短等方面。

（3）提高服务质量。消费者对物品品牌的迷信度越来越低，物品之间的品质差异也越来越小，当要购买的品牌缺货时，可能会马上以其他品牌取而代之。因此，商店里都尽可能地销售畅销物品，库存数量最好是不太多，又不会缺货。这就会要求多品种少批量的订货及多频度的配送，从而要求快速反应处理订货及出货。

通过设立配送中心，可以从以下几个方面提高服务品质：缩短交货时间；提高交货频度；降低缺货率、误配率；紧急配送、假日配送；流通加工；改善司机的服务态度。

3．配送中心的功能

配送中心与传统的仓库、运输是不一样的，一般的仓库只重视商品的储存保管，传统的运输只是提供商品运输配送而已，而配送中心是重视商品流通的全方位功能，同时具有商品流通行销、储存保管、分拣配送、流通加工及信息提供的功能。

（1）流通分销功能。流通分销是配送中心的一个重要功能，尤其是现代化的工业时代，各项信息媒介的发达，再加上商品品质的稳定及信用，有许多直销业者利用配送中心，通过有线电视或互联网等配合进行商品分销。这种商品分销方式可以大大降低购买成本，因此广受消费者喜爱，如在国外有许多物流公司的名称就是以分销公司命名。此外，批发商型的配送中心、制造商型的配送中心与进口商型的配送中心也都拥有分销（商流）的功能。

（2）储存保管功能。商品的交易买卖达成之后，除了采行直配直送的批发商之外，均将商品经实际入库、保管、流通加工包装而后出库，因此，配送中心具有储存保管的功能。在配送中心一般都有库存保管的储放区，因为任何商品为了防止缺货，或多或少都有一定的安全库存，商品的特性及生产置前时间不同，则安全库存的数量也不同。一般国内制造的商品库存较少，而国外制造的商品因船期的原因库存较多，为2~3个月。另外，生鲜产品的保存期限较短，因此保管的库存量较少；冷冻食品因其保存期限较长，因此保管的库存量比较多。

（3）分拣配送功能。在配送中心里另一个重点就是分拣配送的功能，因为配送中心就是为了满足多品种小批量的客户需求而发展起来的，所以配送中心必须根据客户的要求进行分拣配货作业，并以最快的速度送达客户手中或者在指定时间内配送到客户。配送中心的分拣配送效率是物流质量的集中体现，是配送中心最重要的功能。

（4）流通加工功能。配送中心的流通加工作业包含分类、磅秤、大包装拆箱改包装、产品组合包装、商标和标签粘贴作业等。这些作业是提升配送中心服务品质的重要手段。

（5）信息提供功能。配送中心除了具有分销、配送、流通加工、储存保管等功能外，还能为配送中心本身及上下游企业提供各式各样的信息情报，以供配送中心营运制定管理政策、开发商品路线、制定商品销售推广政策的时候参考。例如，"哪一个客户订多少商品？""哪一种商品畅销？"，从计算机的 EIQ（Entry、Item、Quantity）分析资料中看得非常清楚，甚至可以将这些宝贵资料提供给上游的制造商及下游的零售商当作经营管理的参考。

10.3.2 配送中心的结构与类型

配送中心是一种新兴的经营管理形态，具有满足多量少样的市场需求及降低流通成本的作用。但是，由于建造企业的背景不同，其配送中心的功能、构成和运营方式就有很大区别，所以在配送中心规划时应充分注意配送中心的类别及其特点。

1. 按配送中心的设立者分类

（1）制造商型配送中心。制造商型配送中心（Distribution Center built by Maker，MDC）是以制造商为主体的配送中心。这种配送中心里的物品100%是由自己生产制造，用以降低流通费用、提高售后服务质量和及时地将预先配齐的成组元器件运送到规定的加工和装配工位。从物品制造到生产出来后条码和包装的配合等多方面都较易控制，所以按照现代化、自动化的配送中心设计比较容易，但不满足社会化的要求。

（2）批发商型配送中心。批发商型配送中心（Distribution Center built by Wholesaler，WDC）是由批发商或代理商所成立的配送中心，以批发商为主体的配送中心。批发是物品从制造者到消费者之间的传统流通环节之一，一般是按部门或物品类别的不同，把每个制造厂的物品集中起来，然后以单一品种或搭配向消费地的零售商进行配送。这种配送中心的物品来自各个制造商，它所进行的一项重要的活动是对物品进行汇总和再销售，而它的全部进货和出货都是社会配送的，社会化程度高。

（3）零售商型配送中心。零售商型配送中心（Distribution Center built by Retailer，RDC）是由零售商向上整合所成立的配送中心。以零售业为主体的配送中心，零售商发展到一定规模后，就可以考虑建立自己的配送中心，为专业物品零售店、超级市场、百货商店、建材商场、粮油食品商店、宾馆饭店等服务，其社会化程度介于前两者之间。

（4）专业物流配送中心。专业物流配送中心（Distribution Center built by TPL，TDC）是

以第三方物流企业（包括传统的仓储企业和运输企业）为主体的配送中心。这种配送中心有很强的运输配送能力，地理位置优越，可迅速将到达的货物配送给用户。它为制造商或供应商提供物流服务，而配送中心的货物仍属于制造商或供应商所有，配送中心只是提供仓储管理和运输配送服务。这种配送中心的现代化程度往往较高。

2. 按配送中心的服务范围分类

（1）城市配送中心。城市配送中心是以城市范围为配送范围的配送中心，由于城市范围一般处于汽车运输的经济里程，这种配送中心可直接配送到最终用户，且采用汽车进行配送。由于这种配送中心往往和零售经营相结合，运距短，反应能力强，所以从事多品种、少批量、多用户的配送较有优势。

（2）区域配送中心。区域配送中心以较强的辐射能力和库存准备，向省（州）际、全国乃至国际范围的用户配送的配送中心。这种配送中心配送规模较大，一般而言，用户也较大，配送批量也较大，而且往往是配送给下一级的城市配送中心，也配送给营业所、商店、批发商和企业用户。它虽然也从事零星的配送，但不是主体形式。

3. 按配送中心的功能分类

（1）储存型配送中心。储存型配送中心有很强的储存功能。例如，美国赫马克配送中心的储存区可储存16.3万个托盘。我国目前建设的配送中心，多为储存型配送中心，库存量较大。

（2）流通型配送中心。流通型配送中心包括通过型或转运型配送中心，基本上没有长期储存的功能，仅以暂存或随进随出的方式进行配货和送货的配送中心。其典型方式为：大量货物整批进入，按一定批量零出，一般采用大型分货机，将其进货直接放入分货机传送带，分送到各用户货位或直接分送到配送汽车上。

（3）加工型配送中心。加工型配送中心是以流通加工为主要业务的配送中心。

4. 按配送货物的属性分类

根据配送货物的属性，配送中心可以分为食品配送中心、日用品配送中心、医药品配送中心、化妆品配送中心、家电品配送中心、电子（3C）产品配送中心、书籍产品配送中心、服饰产品配送中心、汽车零件配送中心以及生鲜处理中心等。

由于所配送的产品不同，配送中心的规划方向就完全不同。例如，生鲜品配送中心主要处理的物品为蔬菜、水果与鱼肉等生鲜产品，属于低温型的配送中心，是由冷冻库、冷藏库、鱼虾包装处理场、肉品包装处理场、蔬菜包装处理场及进出货暂存区等组成的，冷冻库为-25℃，而冷藏库为0~5℃，又称为湿货配送中心。而书籍产品的配送中心，由于书籍有新出版、再版及补书等的特性，尤其是新出版的书籍或杂志，其中的80%左右不上架，直接理货配送到各书店去，剩下的20%左右库存在配送中心等待客户的再订货；另外，书籍或杂志的退货率非常高，达3%~4%。因此，在书籍产品的配送中心规划时，就不能与食品、日用品的配送中心一样。服饰产品的配送中心也有淡旺季及流行性等的特性，而且较高级的服饰必须使用衣架悬挂，其配送中心的规划也有其特殊性。

对于不同种类与行业形态的配送中心，其作业内容、设备类型、营运范围可能完全不同，但是系统规划分析的方法与步骤有其共通之处。配送中心的发展已逐渐由以仓库为主体的配送中心向信息化、自动化的整合型配送中心发展。

10.3.3 配送中心的作业流程

不同模式的配送中心作业内容有所不同,一般来说配送中心执行如下作业流程:进货→进货验收→入库→存放→标示包装→分类→出货检查→装货→送货。归纳而言,配送中心的作业管理主要有进货入库作业管理、在库保管作业管理、加工作业管理、理货作业管理和配货作业管理。

1. 进货入库作业管理

进货入库作业主要包括收货、检验和入库3个流程。

(1) 收货作业。

收货是指连锁店总部的进货指令向供货厂商发出后,配送中心对运送的货物进行接收。收货检验工作一定要慎之又慎,因为一旦商品入库,配送中心就要担负起商品完整的责任。一般来说,配送中心收货员应做好的准备包括及时掌握连锁总部(或客户)计划中或在途中的进货量、可用的库房储仓位、装卸人力等情况,并及时与有关部门、人员进行沟通,做好以下接货计划。

① 使所有货物直线移动,避免出现反方向移动。
② 使所有货物移动距离尽可能短,动作尽可能少。
③ 使机器操作最大化、手工操作最小化。
④ 将某些特定的重复动作标准化。
⑤ 准备必要的辅助设备。

(2) 检验作业。

检验活动包括核对采购订单与供货商发货单是否相符、开包检查商品有无损坏、商品分类、所购商品的品质与数量比较等。数量检查有以下3种方式:

① 盲查。即直接列出所收到的商品种类与数量,待发货单到达后再做检查。
② 半盲查。即事先收到有关列明商品种类的单据,待货物到达时再列出商品数量。
③ 联合检查。即将直接检查与盲查结合起来使用,如果发货单及时到达就采用直接检查法,未到达就采用盲查法。

(3) 入库作业。

经检查准确无误后方可在厂商发货单上签字将商品入库,并及时登录有关入库信息,转达采购部,经采购部确认后开具收货单,从而使已入库的商品及时进入可配送状态。

2. 在库保管作业管理

商品在库保管的主要目的是加强商品养护,确保商品质量安全,同时还要加强储位合理化工作和储存商品的数量管理工作。商品储位可根据商品属性、周转率、理货单位等因素来确定。储存商品的数量管理则需依靠健全的商品账务制度和盘点制度。商品储位合理与否、商品数量管理精确与否,都将直接影响商品配送作业效率。

3. 加工作业管理

加工作业管理主要是指对即将配送的产品或半成品按销售要求进行再加工,包括以下操作:

(1) 分割加工。如对大尺寸产品按不同用途进行分割。

（2）分装加工。如将散装或大包装的产品按零售要求进行重新包装。
（3）分选加工。如对农副产品按质量、规格进行分选，并分别包装。
（4）促销包装。如促销赠品搭配。
（5）贴标加工。如粘贴价格标签，打制条形码。

加工作业完成后，商品即进入可配送状态。

4．理货作业管理

理货作业是配货作业最主要的前置工作。即配送中心接到配送指示后，及时组织理货作业人员，按照出货优先顺序、储位区域、配送车辆趟次、分店号、先进先出等方法和原则，把配货商品整理出来，经复核人员确认无误后，放置到暂存区，准备装货上车。

理货作业主要有两种方式，一种是播种方式，另一种是摘果方式。

（1）播种方式。是把所要配送的同一品种货物集中搬运到理货场所，然后按每一货位（按分店区分）所需的数量分别放置，直到配货完毕。在保管的货物较易移动、分店数量多且需要量较大时，可采用此种方法。

（2）摘果方式。又称挑选方式，就是搬运车辆巡回于保管场所，按理货要求取出货物，然后将配好的货物放置到配货场所指定的位置，或直接发货。在保管的商品不易移动、分店数量较少且要货比较分散的情况下，常采用此种方法。

在实际工作中，可根据具体情况来确定采用哪一种方法，有时两种方法也可同时运用。

5．配货作业管理

（1）制订配送计划。配送计划是根据配送的要求，事先做好全局筹划并对有关职能部门的任务进行安排和布置。全局筹划主要包括制订配送中心计划、规划配送区域、规定配送服务水平等。制订具体的配送计划时应考虑以下几个要素：连锁企业各分店的远近及订货要求，如品种、规格、数量及送货时间、地点等；配送的性质和特点以及由此决定的运输方式、车辆种类；现有库存的保证能力；现时的交通条件。进而决定配送时间，选定配送车辆，规定装车货物的比例和选择最佳配送路线、配送频率。

（2）配送计划的实施。配送计划制订后，需要进一步组织落实，完成配送任务。

① 应做好准备工作。配送计划确定后，将到货时间、到货品种、规格、数量以及车辆型号通知各分店，做好接车准备；同时向各职能部门，如仓储、分货包装、运输及财务等部门下达配送任务，各部门做好配送准备。

② 组织配送发运。理货部门按要求将各分店所需的各种货物进行分货及配货，然后进行适当的包装并详细标明分店名称、地址、送达时间以及货物明细。按计划将各分店货物组合、装车，运输部门按指定的路线运送各分店，完成配送工作。如果分店有退货、调货的要求，则应将退调商品随车带回，并完成有关单证手续。

10.3.4 连锁企业配送中心的管理

作为配送活动的主要承担者，配送中心的数量和地点是决定连锁企业的配送能否取得良好经济效益的前提条件。在配送中，配送区域的确定和配送路线的选择都是在配送中心的数量、地点已经确定的前提下作出的。虽然在满足一定前提条件下，可以选择出最适合的配送区域、最好的送货形式和最佳的运输路线，但是如果前提本身就存在缺陷，则很难改变或弥补,甚至会造成更大的浪费和不合理。因此,配送中心的正确建设决策至关重要。连锁企业配送中心的建设决策就是在一个地区范围内合理地规划配送中心,确定配送中心的数量、规模和地点。

1. 确定配送中心数量的原则

对于一个特定的区域来说,在配送总规模确定的前提下,配送中心的数量可以在一定范围内进行选择。配送中心数量决策的主要依据是配送中心数量的经济性和服务能力。一般来说,确定配送中心的数量时应重点考虑以下 3 个方面的因素:

(1)设施投资费用。目前企业的配送中心有向集约化、综合化方向发展的趋势,其优点是设施投资费用减少、配送中心数量减少,单个配送中心的规模较大,单位投资成本可因规模增大而减少。此外,采用大规模作业和使用处理商品的设备,也能降低单位配送成本。

(2)物流费用。物流费用是由运输费、配送费、配送中心的营运费、在库维持费和收发货处理费等构成。配送中心数量多,建设投资大、成本高,但因数量多,可以使配送中心更接近各个销售或供应网点,从而改善供应条件,能迅速、及时地补充企业库存,降低库存水平,也有利于减少商品迂回运输和缩短小额运输的距离,降低物流成本。但是随着配送中心数量的进一步增加,配送中心的投资和运转费用相对也会有所增加,当配送中心的数量超过一定限度时将导致库存分散,使总储存量增加,并且配送中心集中运输的商品数量大大下降,小额运输增多,致使运输费用上升。因此在确定配送中心数量时,必须考虑配送规模对企业物流费用的影响。最佳的配送中心数量应使总的物流费用达到最小。

(3)配送服务水平。配送中心的数量与配送服务水平有一定关系。一般来说,配送中心数量多,可以减少配送中心到配送目的地的距离,从而在一定程度上减少商品配送成本。由于配送中心接近配送目的地,配送时间可以缩短,保证及时快速送货,满足客户的需求,提高配送服务水平。配送中心数量少,其服务水平相对来讲也较低。

2. 配送中心选址

配送中心地址的选择,是配送中心建设中一个重要的决策问题。这是因为配送中心的位置对于配送速度和流通费用都有直接影响,并且关系到配送中心的服务水平和服务质量。选择和确定配送中心的位置,可以采取定性分析和定量分析两种。

(1)定性分析的方法是针对各种影响因素,提出选址应遵循的一些基本原则,如选择交通发达、交通条件便利的地点;接近消费区;靠近超市;选在城乡结合部;等等。从这些基本原则出发,对现有条件进行分析、评价、比较,从备选的地址中做出选择。

(2)定量分析的方法是根据影响配送中心位置的各种因素,建立数学模型,通过反复迭代,从中选择、确定出最优方案。

配送中心选址包括单一配送中心的选址和多个配送中心的选址两种情况。

(1)单一配送中心选址。单一配送中心选址是在某一区域内有若干个网点时求一个配送中心的最佳位置。可以采用的方法有重心法、最短距离法等,最好的方法是采用重心法与最短距离法相结合的方法。这种方法是从影响配送中心位置选择的两个最主要的因素,即从运输量和运输距离出发,先根据该配送中心未来要服务的各网点的需求量(运量),求出该地区各网点需求量(运量)中心所在的位置,以此位置作为配送中心的初始位置,然后以该初始位置为基础,遵循使配送中心至各个网点总距离最短的原则,求出经改善的配送中心位置,经过多次迭代，不断地修正和改善配送中心的位置，直至确定出配送中心的最佳位置。

（2）多个配送中心选址。多个配送中心选址是在某一区域内有若干个网点时求多个配送中心的最佳位置。多个配送中心的选址同样可以采用上述方法，所不同的是先要通过定性分析按配送中心的供应能力与网点的分布情况，划分配送中心的供应区域，从而将一个地区的多个配送中心选址问题变成局部地区内一个配送中心的选址问题，再按上述方法求出各个区域的配送中心的最佳位置，即为该地区内多个配送中心的最佳位置。

3．确定配送中心的规模

准确地确定配送中心的规模是配送中心建设决策中一项十分重要的内容。缺乏对配送中心规模的合理规划和计算，错误地估计客观实际需要，就会严重影响配送的经济效益。如果配送中心的规模过大，超过实际需要，会造成配送中心闲置，利用率不高；反之，配送中心的规模小于配送的实际需要，不仅无法满足配送的需要，而且会影响配送各项作业活动的顺利进行。

确定配送中心规模的主要任务是根据配送业务的实际需要，计算所需要的配送中心的面积。影响配送中心规模的主要因素是配送的商品种类、数量和周转速度。确定配送中心规模时，先根据各个网点的需求量确定总配送量，然后根据配送中心作业的需要，合理划分各个作业区域，如储存区、理货区、作业通道和生产辅助区，并合理规划各个区域所占的面积，经过推算得出配送中心的总面积。

10.3.5 连锁企业物流配送常见问题的控制

1．连锁企业物流配送常见问题

我国的连锁经营是建立在对过去旧的、分散于各地区的企业的改组和改造的基础上的，虽然对原有松散的组织结构进行了改造，初步建立了供应链管理体系和移植了比较先进和完善的经营模式，但业态的改造和组织结构的改组普遍不到位，物流配送在多数连锁经营企业还很不成熟，配送中心的建设明显落后于连锁经营的发展，影响了连锁经营的进一步发展，具体表现在以下几个方面：

（1）连锁企业对物流配送认识不足。许多连锁企业对现代物流发展方向缺乏深入了解，对配送中心的认识还停留在传统的"静态仓库"上，只要一部电话、几部车子、几间房子就行了，担心建立现代化配送中心投资太多，成本难以收回。国外连锁企业成长的经验表明，当一个连锁超市拥有 10 个分店，总面积达 5 000m^2 时，就有建立配送中心的必要，所以在一个连锁超市开店的同时，就应考虑配送中心的建立。而目前有的连锁超市总面积已超过 1 万平方米，但其规模效益及价格优势均未体现出来，各分店经营惨淡，其根本原因是缺少与之配套的配送中心。

（2）物流配送规模小，统一配送率低。我国连锁企业初期的发展大多考虑在连锁分店数量方面的增加，没有把统一物流配送作为连锁业发展的基础。在中国，平均一个物流中心配送 20 个分店，平均每辆车承担 2～3 个分店的送货；而日本的一个物流中心负责 70 个分店，需 4～5 辆车。由于物流配送规模小，多数企业统一配送率只有 50%左右，造成人员闲置，运输设备不能充分利用，所以物流成本偏高，导致商品零售价格居高不下。可见，物流配送规模最终制约了连锁经营的发展。

（3）物流配送功能不健全，管理落后。物流配送中心是集诸多功能于一体的现代化流通中心，而且尤其强调功能的协调和一体化。其基本功能不仅是仓储和运输，而且是具有采购、运输、装卸、流通加工、配送、信息处理与信息反馈等服务功能的服务中心，更是物流集散地。目前，我国物流中心在功能上主要存在两大缺陷：一是流通加工功能缺陷，流通加工在很多配送中心内还没有开展起来；二是信息处理与信息反馈功能缺陷，物流信息没有得到充分利用，没有起到对流通加工的导向作用。由于不能充分利用计算机技术，物流信息系统薄弱，致使高效率的信息收集、传递和信息处理成为空谈。因物流配送功能不足而导致经营商品的成本过高，商品价格居高不下，企业效益不佳。

（4）物流配送设施不匹配，物流技术装备水平低。配送中心是一种动态性仓库，其高效高质的运作需要以现代化的配套设施为基础。目前，国外现代化配送中心作业面积大，设施先进，配有自动分拣机、自动升降机、自动传送带及真空包装机等机械设备，并采用自动化管理，充分体现了其快速、准确的配送服务功能。中国的物流中心设施无论是技术还是设备都比较陈旧，在仓储设施方面，70%是普通平房仓库，具有冷藏、保鲜、空调的仓库较少；在运输车辆方面，普通车辆占70%以上，现代化的箱式货柜、集装箱拖斗及特种运输车辆很少；在计算机应用方面，仅限于日常事务的管理，配送中心的内部数据采集、配送中心与外部接口系统（如电子自动订货系统、电子数据交换等多数中心）还没有完全建立起来，既影响了配送质量又影响了配送速度。

（5）标准化程度低，运营效率低。物流配送是跨地区、跨行业的运作系统，标准化程度的高低在很大程度上影响着物流效率的提高。我国商品容器及有关的装卸、搬运、储藏、运输等设备未能实现统一的规模化和标准化，商品条形码化率低，故难以发挥电子计算机控制的作用，制约了自动化水平的提高和运营效率的提高。运营效率的低下，致使配送服务水平降低，供货的及时性、准确性和经济性受到影响，连锁经营"质优价廉"这一商业竞争的优势没能充分发挥出来。

2．解决连锁企业物流配送问题的方法

目前，我国连锁企业的物流配送中心一般都以原来的商品仓库、物流仓库、运输公司及批发站为基础，功能仅限于储存、保管、运输。造成这一问题的原因除政策影响和传统观念的沉淀外，根本的原因是没有建立一个统一的物流配送管理系统来对企业及其供应链的资源按照供应链的战略进行统一分配，造成企业和供应链在物流管理上的地区差别，无法在事实上对网络内的资源按照供应链的战略目标统一规划和配置。因此，建立科学的物流配送系统已成为连锁企业发展的关键。

（1）正确选择物流配送模式。从国外的经验来看，连锁经营的发展必然走向配送的共同化和社会化。中国连锁企业应结合自身特点及本地物流业、配送中心的状况，采取相应的配送方式，这样才能实现优化资源配置的目的。大型连锁企业应首选自营配送模式，合营配送模式适合于那些对配送中心要求高但企业规模小、资金有限的连锁企业，刚运营不久的中小型连锁经营企业可考虑外包配送模式。

🌐 案例阅读

食品配送公司

这是一家具有批发（分销）功能的配送公司，在美国国内拥有30家配送中心，主要分布在东部地区，公司总部也设在东部，因此东部地区的配送中心由公司总部统一经营（统一采购、统一配送）。位于加州地区的一个配送中心，有占地 1 万平方米的立体仓库和 38 辆运货卡车以及维修车间、加油站等，由于远离公司总部而实行独立经营。其主要业务是根据市场调查的情况从生产企业进货（买断或代理），再根据零售企业的订单组织商品配送，货款结算时间对工厂是 21~30 天时间，对零售企业是 7 天时间。该中心仓库内没有自动分拣选设备，都是手工操作，由工人现场手写代码，分区存放（分为两类：需即时送走的和需储存一段时间的）。该公司于 1996 年年底实行计算机管理，达到上述干货公司的水平。

值得一提的是该中心货运卡车的管理，其卡车调度的原则是尽可能多地利用社会卡车，只有为了降低成本时才用自有卡车。该中心的 38 辆卡车由专门机构统一调度使用，并且通过公共计算机网络与货主、专业运输公司、卡车协会（即美国个体卡车司机协会）等组织保持联系，及时沟通货源与卡车流向的信息，以保证卡车回程运输的货源，避免卡车空驶。

（2）加强物流配送设施和设备的现代化建设。在硬件设置上，要加快仓储设施建设，采用现代化的物流设施，实现装卸、搬运等过程的机械化以及拆零商品电子化；在软件建设上，应发展高科技物流，注重物流信息系统的建设。配送中心应构建信息系统，建立计算机管理信息系统包括 EOS、POS、EDI 和信息反馈系统等，提高信息的传输速度和准确性，降低票据处理成本、人力资源成本和库存控制成本，实现配送过程的无纸化。

（3）完善物流功能，选择有效的管理模式。配送中心通常有采购、加工、储存、组配、装卸、运输、信息等功能，在配送中心的管理上应树立效率与效益观念，合理确定连锁企业配送管理中心、运转中心、加工中心和仓储中心的任务，提高其工作效率。

（4）合理布局连锁企业配送网点。各配送中心只有合理布局、合理分工、合理衔接才能匹配企业规模扩张，为此必须遵循下述原则：

① 按经济区域建立配送中心，借助配送中心将区域内的企业密切联系起来，实现物流合理化，优化运输配送线路。

② 以城市为中心，考虑配送中心的布局。连锁经营配送中心网络布局必须满足城市的生产和需求，还应考虑到与城市的发展规划同步。

③ 商物分离是物流合理化的核心。配送中心宜处于城市同乡村的连接处，主要考虑交通便利因素，不宜设在繁华场所。

④ 重视物流配送的人才培养，提高从业人员素质。配送中心能否发挥其各种功能、作用并完成其承担的任务，人才配置是关键。要加快培养一批懂得现代物流的专业人才，以确保配送中心的顺利运转，使物流更趋合理，从而提高连锁经营企业的整体效益。

本 章 小 结

物流活动在连锁经营中占有重要的地位，是提高连锁经营服务水平和降低经营成本的重要手段和途径。连锁物流是物流运营同连锁经营相结合的结果。连锁物流是指从商品采购到商品销售给消费者的商品移动过程，是与商流、信息流和现金流并列的四大连锁经营机能之一。

连锁企业常用的物流模式大致可以分为 4 种：连锁企业的自营物流配送、供应商的物流配送、第三方物流配送和共同配送。连锁企业在物流配送模式选择的过程中应首先分析企业自身的发展现状，明确企业现阶段的物流配送和经济管理能力，并结合企业长期的发展规划，慎重地选择合适的物流配送模式。同时，连锁企业应根据企业的发展规模和发展的要求，实时淘汰落后的物流配送模式，不断选择适合连锁企业的物流模式。

配送中心是一种新兴的经营管理形态,具有满足多量少样的市场需求及降低流通成本的作用,在配送中心规划时应充分注意配送中心的类别及其特点。配送中心重视商品流通的全方位功能,同时具有商品储存保管、流通行销、分拣配送、流通加工及信息提供的功能。不同类型的配送中心的作业流程和作业环境虽然会有一定的差异,但是基本的作业环节还是一致的。连锁企业在配送中心的建设上不仅要根据自身的条件决定是否有需要,而且要作出正确的配送中心建设决策。连锁企业配送中心的建设决策就是在一个地区范围内合理地规划配送中心,确定配送中心的数量、规模和地点,狠抓管理,从而确保配送中心的高效运作。

案例思考:没有瞬间的奇迹

1978年,统一集团决定与美国南方公司技术合作在中国台湾设立第一家便利商店7-11,以"只要用心,就有用力的地方"的经营理念和"小企业的精神、大企业的体力"的精神来服务和保持顾客,他们相信只要用心努力耕耘就有收获。如今,中国台湾的7-11凭借便捷的物流系统和7-11的"基本四原则"(鲜度管理、清洁卫生、亲切的服务、满足顾客的商品组合),一步一步地改变了消费者的消费形态。目前中国台湾7-11分店数为全球第三位,仅次于日本与美国,在当地的市场占用率超过52%。在如此炫目的成绩背后隐藏着一个巨大并高效的物流供应系统。

1. 7-11便利店的物流体系

统一超商在1990年将原物流科独立为专业物流公司,成立了捷盟营销股份有限公司,总投资4 000万元人民币,其中统一集团占51%,统一超商占14%,日本三菱商社占25%等;1999年又将原低温物流事业部独立,成立了统柏营销股份有限公司,为统一超商便利店提供低温物流服务,同时又成立了大智通印刷品物流中心。目前,统一超商拥有四大物流系统,即常温物流、低温物流、鲜食物流、印刷品物流,它们紧密环扣,展现了最具竞争力的配送体系。

捷盟常温物流目前共有8个常温物流中心,分布在中国台湾各地。其中,台北物流中心占地15亩,仓储容积为7 660m^3,是捷盟公司属下最大的物流中心,承担着向周边1 776个7-11门市配送商品的任务,每月配送商品价值达2亿元人民币。台北物流中心是一个信息化、自动化、机械化程度很高的现代化常温物流基地,具有订货补货、入库验收、库存管理、理货分拣、流通加工、配送、逆向物流回收等功能。

捷盟以"引进新的科技设备、改善作业流程、提升物流作业效率"为物流运作方向,为分店提供快速、正确、准时的服务。计算机及网络技术的应用,使物流中心各环节提高了工作效率。计算机订货系统根据库存及平均出货量计算出建议订货量,辅助订货人员订货;计算机拣货系统辅助拣货;输送带和分流系统使同一分店的拆零商品、周转箱汇集到一起;计算机运输排程系统协助调度员排定配送分店的先后顺序,合理选择运输路线,并根据配送分店的顺序安排商品分拣。无线传输设施、计算机主机、堆高机上的计算机终端及掌上型终端机,实现了在物流中心作业区内的信息实时传递。

2. 物流整合带来的巨大效益

为了满足顾客的需求,物流中心从上午10:00分店订货开始,每项作业流程分秒必争,各流程紧密衔接串联,分店订货后,物流中心保证在24h内将商品配送到分店,为顾客创造最大价值。物流整合对7-11零售带来以下几个方面的效益:

(1)节省收货次数。捷盟、统柏物流中心的建立,使物流中心的集散功能得以充分发挥,在供货商及各分店之间起到了桥梁和纽带的作用。对分店而言,经过物流中心的整合,数百家厂商的商品可一次配送到分店,分店只需一次订货、一次收货,就可完成商品购进。

(2)解决供货商送货到数千分店的麻烦。对供货商来说,通过共同配送,供货商只要一次送货到物流中心,就能解决原先必须面对数千家分店送货的困扰,大大节约了运输费用,间接降低了商品的成本。

(3)提高商品的鲜度和质量。为了确保商品的鲜度和质量,商品从生产、加工、理货、运输,一直到上柜销售,整个过程都是在低温环境中作业,这就是通常所讲的"冷链物流"。车辆在行驶过程中,驾驶员可随时调控车厢内的温度，使商品始终处于规定的温度环境中。温度自动记录器会随时记录车厢内的温度，完成配送任务后，将温度记录器中的数据输入计算机，可随时查询。实现了全程温度监控，使商品的鲜度和质量大大提高，增强了分店的竞争力。

在物流费用控制方面，捷盟采用了很多国际上流行的做法。厂房采取租赁的办法。物流中心没有自有的运输车队，商品配送外包给3家运输公司。其中一家公司为捷盛运输股份有限公司，是统一超商的关联企业。有趣的是，捷盛运输公司也没有自有的车队，它更像一家管理公司，它与捷盟签订商品配送合同后，采用组织社会车辆的办法把商品配送到分店。这种办法很好地解决了车辆在外难于管理的问题，同时又减少了大量投入，降低了经营成本和风险。2001年捷盟物流实现税后利润1 900万元人民币，资本利润率高达35%。捷盟和统柏股份有限公司的建立，使统一超商从原来的物流费用大户变成企业的第三利润源泉。

任何卓越公司的最终飞跃，靠的不是市场，不是技术，不是竞争，也不是产品。有一件事比其他任何事都举足轻重，那就是要有做到更好的信念，这不需要款式更新、功能更强大的计算机，它所需要的是为了目标心无旁骛，投入所有的时间，发挥所有的才干，永远比对手更专注于顾客的需求和消费者都未意识到的梦想。

思考：

（1）7-11的物流模式是什么？

（2）7-11的物流整合巨大效益说明了什么？

（3）物流运营和连锁经营有什么关系？

同 步 训 练

一、基础训练

1. 选择题

（1）连锁物流配送中心的职能是（　　）。

　　A. 备货功能　　　B. 理货功能　　　C. 送货功能　　　D. 流通加工

（2）连锁物流配送中心按配送中心的主要功能划分为（　　）类型。

　　A. 储存型配送中心　　　　　　B. 自用型配送中心

　　C. 流通型配送中心　　　　　　D. 加工型配送中心

（3）自建配送中心的优点是（　　）。

　　A. 初始投资小　　　　　　　　B. 规模和效益一致性高

　　C. 可控制性强　　　　　　　　D. 区域可选择性强

（4）分拣配货作业主要有（　　）方式。

　　A. 摘果式配货　　B. 播种式配货　　C. 收割式配货　　D. 插秧式配货

（5）按配送中心的服务范围，可以分为（　　）。

　　A. 多功能型　　　　　　　　　B. 专业配送型

　　C. 城市配送中心　　　　　　　D. 区域配送中心

（6）连锁企业选择配送模式时应考虑的依据是（　　）。

　　A. 配送需求程度　　　　　　　B. 配送规模与距离

　　C. 配送中心管理能力　　　　　D. 配送成本与时间

2．判断题

（1）连锁物流的职能包括运输、储存与保管、包装、装卸与搬运、配送。（　　）

（2）所谓播种方式，就是搬运车辆巡回于保管场所，按理货要求取出货物，然后将配好的货物放置到配货场所指定的位置，或直接发货。（　　）

（3）配送中心的功能有流通行销的功能和分拣配送功能。（　　）

（4）JITS 系统可以减少连锁分店的库存，也可以给供货方如物流中心、厂商减少困难。（　　）

（5）连锁总部的职能包括物流配送职能和监督职能。（　　）

3．简答题

（1）连锁物流的概念是什么？与现金流、商流和信息流有怎样的联系？

（2）连锁物流在连锁经营中的作用主要体现在哪些方面？

（3）连锁物流的常见运作模式有哪些？在选择的时候要考虑哪些因素？

（4）配送中心的类型有哪些？

二、实践训练

【实训项目】

分析一家连锁企业物流配送的基本情况

【实训情景】

根据当地实际情况，调查当地有代表性的连锁企业，如餐饮连锁企业和零售连锁企业。

【实训任务】

通过实地调查和分析，了解当地主要的连锁企业物流配送所采用的模式，分析他们选用的物流配送模式的优劣；了解和掌握当地连锁企业物流配送的基本要求，并提交调查报告。

【实训提示】

可在教师的帮助下，确定当地有代表性的连锁企业；学生以小组为单位，分别选取不同类型的连锁企业进行调查；建议每组学生的调查资料可以共享，在资料共享的基础上分别完成调查报告。

【实训评价】

项　　目	表　现　描　述	得　　分
调查的对象和目的		
人员及分工		
调查方法		
报告内容		
报告形式		
合　　计		

得分说明：各小组的调查表现分为优秀、良好、合格、不合格、较差五档，对应得分分值为 20 分、18 分、15 分、12 分、10 分；将每项得分记入得分栏，全部单项分值合计得出本实训项目总得分；总得分 91～100 分为优秀，76～90 分为良好，60～75 分为合格，低于 60 分为不合格，不合格须重新训练。